Symposion Insolvenz- und Arbeitsrecht 2018

Professor Dr. Christian Heinrich (Hrsg.)

Krisen im Aufschwung

Neues zur Restrukturierung, Sanierung und Insolvenz von Unternehmen

SYMPOSION
Insolvenz- und Arbeitsrecht

Nomos

Die Deutsche Nationalbibliothek verzeichnet diese Publikation in der Deutschen Nationalbibliografie; detaillierte bibliografische Daten sind im Internet über http://dnb.d-nb.de abrufbar.

ISBN 978-3-8487-5906-4 (Print)
ISBN 978-3-7489-0033-7 (ePDF)

1. Auflage 2019

Vorwort

Die absolute Zahl der Unternehmensinsolvenzen ist weiterhin rückläufig. Im ersten Halbjahr 2018 sind rund 9.900 Fälle zu verzeichnen, während es im gleichen Zeitraum des Vorjahres etwa 10.250 Fälle waren. Die relative Bedeutung der Insolvenzen nimmt hingegen zu. Die Zahl der betroffenen Arbeitnehmer ist um 20 Prozent und der wirtschaftliche Schaden von 17 Millionen Euro im Jahr 2015 auf 30 Millionen Euro im Jahr 2017 gestiegen. Das liegt daran, dass es sich bei den insolventen Unternehmen zunehmend um mittlere und große Firmen handelt. Bei den mittelständischen Unternehmen hat die Zahl der Insolvenzen um etwa 10 Prozent und bei Firmen mit mehr als 50 Millionen Euro Jahresumsatz sogar um 65 Prozent zugenommen. Einher mit der steigenden wirtschaftlichen Bedeutung geht eine zunehmende rechtliche Komplexität.

Bei den beiden wissenschaftlichen Symposien in Ingolstadt und am Tegernsee kamen rund 420 Vertreter aus Wirtschaft und Politik sowie aus Anwaltschaft, Justiz und Wissenschaft zusammen, um aktuelle Fragen der Restrukturierung, Sanierung und Insolvenz von Unternehmen zu erörtern. Unter dem Titel „Krisen im Aufschwung“ diskutierten Referenten und Teilnehmer insbesondere über das Konzerninsolvenzrecht, das Insolvenzarbeitsrecht, die Massegenerierung, Compliance sowie das Betriebsverfassungs- und Anfechtungsrecht.

Den Referenten danke ich besonders sowohl für die zeitraubende und mühevolle Aufarbeitung der verschiedenen Themen als auch für die zahlreichen praxisrelevanten Vorträge und hilfreichen Gestaltungsvorschläge. Die engagierten Beiträge der Teilnehmer haben interessante Facetten der komplexen Fragestellungen deutlich gemacht, weiterführende Hinweise ermöglicht und auf diese Weise den Dialog zwischen Wissenschaft und Praxis vertieft. Vielen Dank!

Herzlicher Dank gebührt Herrn Dr. Martin Wagener, dem Leiter der Rechtsabteilung der AUDI AG, ohne dessen freundliches Engagement die Veranstaltung nicht durchführbar gewesen wäre. Zu danken habe ich überdies Herrn Rechtsanwalt Jan Gerrit Kehbel von der KPMG Rechtsanwaltsgesellschaft für das herausragende Entgegenkommen bei der wissenschaftlichen Organisation.

Frau Assessorin Wiebke Hartmann und Frau Birgit Schirmer ist für wissenschaftliche Hinweise sowie für redaktionelle Arbeiten an diesem Sammelband zu danken. Ferner möchte ich dem Nomos Verlag für die hervorragende Betreuung und die unkomplizierte Drucklegung danken.

Ingolstadt, im Oktober 2018 Christian Heinrich

Inhaltsverzeichnis

Deutsches und europäisches Konzerninsolvenzrecht – ein Leitfaden für die Praxis

Professor Dr. Dr. h.c. mult. Hanns Prütting, Universität zu Köln

I. Die Besonderheiten des Konzerninsolvenzrechts

Um die Besonderheiten eines Konzerninsolvenzrechts zu verstehen, muss man sich zunächst ganz kurz die Begriffe der prozessualen Parteifähigkeit, der Prozessfähigkeit und der Insolvenzfähigkeit vor Augen führen. Parteifähigkeit ist die Fähigkeit, Subjekt eines Prozesses (also Kläger oder Beklagter) sein zu können. Nach § 50 ZPO ist parteifähig, wer rechtsfähig ist. Dies ist die Fähigkeit, Träger von Rechten und Pflichten, also ein Rechtssubjekt zu sein. Parteifähig sind daher natürliche und juristische Personen, ebenso der nicht rechtsfähige Verein (§ 50 Abs. 2 ZPO), die OHG und die KG (§§ 124 Abs. 1, 161 Abs. 2 HGB) sowie die Reederei

(§ 473 Abs. 3 HGB), die Partnerschaftsgesellschaft (§ 7 Abs. 2 PartGG) und die EWiV, ferner Gewerkschaften und politische Parteien. Dass auch die Gesellschaft bürgerlichen Rechts parteifähig ist, verdanken wir bekanntlich der Entscheidung „Weißes Ross“ des BGH vom 29.01.2001. Im Gesetz ist dies bis heute nicht verankert.

Prozessfähigkeit ist die Fähigkeit, Prozesshandlungen selbst oder durch einen selbstbestellten Vertreter wirksam vornehmen zu können (§§ 51, 52 ZPO). Nach § 52 ZPO ist prozessfähig, wer voll geschäftsfähig ist.

Die Insolvenzfähigkeit ist in der InsO (ebenso wie früher in der KO) nicht eigenständig geregelt und nicht legal definiert. § 11 InsO enthält lediglich eine Aufzählung der insolvenzfähigen Rechtsträger. Die Insolvenzfähigkeit ist die formelle Voraussetzung einer Eröffnung des Insolvenzverfahrens über den insolvenzfähigen Rechtsträger. Insolvenzfähigkeit bedeutet also, Schuldner eines Insolvenzverfahrens sein zu können. Damit ist die Insolvenzfähigkeit ein Teilaspekt der allgemeinen verfahrensrechtlichen Beteiligtenfähigkeit. Da die Position des Schuldners in der Einzelzwangsvollstreckung strukturell derjenigen des Schuldners einer Gesamtvollstreckung nach der InsO vergleichbar ist, liegt die These nahe, die Insolvenzfähigkeit mit der passiven Parteifähigkeit des früheren § 50 Abs. 2 ZPO und des § 735 ZPO gleichzusetzen. Nach § 11 InsO sind insolvenzfähig bekanntlich alle für die Parteifähigkeit genannten Rechtsträger und zusätzlich der Nachlass und das Gesamtgut einer gemeinschaftlich verwalteten Gütergemeinschaft.

Es fällt auf, dass in diesem Feld von prozessualer Parteifähigkeit, Prozessfähigkeit und Insolvenzfähigkeit der Begriff des Konzerns nicht genannt wurde. Denn ein Konzern ist nicht parteifähig, prozessfähig oder insolvenzfähig. Was also ist ein Konzern?

II. Der Konzern als Rechtsbegriff

Das deutsche Recht kennt drei nähere Regelungen zum Konzernbegriff: den § 18 AktG, den § 290 HGB und nunmehr den § 3e InsO. Alle drei Normen unterscheiden sich.

1. § 18 AktG

Der engste Rechtsbegriff des Konzerns ist in § 18 AktG enthalten. Dort wird vorausgesetzt, dass es sich um rechtlich selbständige Unternehmen i.S.d. § 15 AktG handelt, dass die Unternehmen von einem herrschenden Unternehmen abhängig i.S.d. § 17 AktG sind, und dass die abhängigen Unternehmen unter einheitlicher Leitung stehen (Unterordnungskonzern, § 18 Abs. 1 AktG). Liegt diese einheitliche Leitung vor, ohne dass die Unternehmen in einer Abhängigkeit stehen, so ist gemäß § 18 Abs. 2 AktG ein Gleichordnungskonzern gegeben.

Der *Begriff des Unternehmens* ist weder in § 18 noch in § 15 AktG definiert. Es ist anerkannt, dass das aktienrechtliche Konzernrecht rechtsformneutral ausgestaltet ist. Es können also juristische Personen und ebenso Personengesellschaften, also Gesamthandsgemeinschaften, Konzernunternehmen sein.

Das *Merkmal der Abhängigkeit* ist in § 17 AktG erläutert. Abs. 1 verlangt die Feststellung, dass ein herrschendes Unternehmen auf andere Unternehmen unmittelbar oder mittelbar einen beherrschenden Einfluss ausüben kann. Diese Abhängigkeit wird vermutet, wenn ein Unternehmen in Mehrheitsbesitz des herrschenden Unternehmens steht (§ 17 Abs. 2 AktG). Es handelt sich um eine gesetzliche Vermutung gemäß § 292 ZPO, die somit widerlegbar ist. Die verlangte Abhängigkeit muss nur möglich sein, sie muss im Einzelfall nicht tatsächlich ausgeübt werden. Die verlangte *einheitliche Leitung* ergibt sich beim Unterordnungskonzern direkt aus dem Bestehen eines Beherrschungsvertrags oder einer Eingliederung (§ 18 Abs. 1 S. 2 AktG). Darüber hinaus wird eine einheitliche Leitung nach § 18 Abs. 1 S. 3 AktG bei abhängigen Unternehmen vermutet.

2. § 290 HGB

Der für die Fragen der Rechnungslegung maßgebliche handelsrechtliche Konzernbegriff gemäß § 290 HGB muss hier nicht vertieft behandelt werden. Er ist insofern weiter und flexibler, als im HGB auf die Zusammenfassung unter einer einheitlichen Leitung verzichtet wird. Allein die Möglichkeit eines beherrschenden Einflusses genügt. Allerdings ist § 290 HGB nicht rechtsformneutral. Er setzt als Mutterunternehmen eine Kapitalgesellschaft voraus.

3. § 3e InsO

Der deutsche Gesetzgeber hat nunmehr in § 3e InsO die Unternehmensgruppe für das deutsche Insolvenzrecht näher bestimmt. Nach § 3e Abs. 1 InsO besteht eine Unternehmensgruppe aus rechtlich selbständigen Unternehmen, die den Mittelpunkt ihrer hauptsächlichen Interessen im Inland haben und die unmittelbar oder mittelbar miteinander verbunden sind durch die Möglichkeit der Ausübung eines beherrschenden Einflusses oder eine Zusammenfassung unter einheitlicher Leitung. Es müssen also nicht die engeren Voraussetzungen des § 18 AktG vorliegen. Vielmehr genügt es, dass entweder die Möglichkeit der Ausübung des beherrschenden Einflusses oder eine Zusammenfassung unter einheitlicher Leitung zu bejahen ist. Der Begriff des Unternehmens ist hier rechtsformneutral. Insgesamt schafft § 3e InsO Flexibilität für den Konzernbegriff, was angesichts der Vielfalt der tatsächlichen Gestaltungsformen zu begrüßen ist.

III. Die Regelungsmöglichkeiten des Gesetzgebers

Damit kommen wir zu der Frage, was der Gesetzgeber angesichts dieser Ausgangslage an Regelungsmöglichkeiten hatte und welche Probleme auftauchen können.

Die Regelung einer Konzerninsolvenz sei der Lackmustest für die Leistungsfähigkeit des Insolvenzrechts, hieß es einmal in der Literatur (*Thole*), weil hier die wirtschaftliche Einheit und die rechtliche Selbständigkeit der einzelnen Konzernglieder ihr Spannungsfeld voll entfaltet. Eine voneinander abgeschirmte und vollkommen getrennte Verfahrenseröffnung und Verfahrensabwicklung für die einzelnen Konzerngesellschaften würde eine Strategie der Gesamtverwertung, die häufig für alle beteiligten Gläubiger mit höherem Nutzen verbunden ist, scheitern lassen. Umgekehrt kann das unterschiedslose Zusammenfügen der Insolvenzverfahren der verschiedenen Konzernglieder das bewährte Rechtsträgerprinzip obsolet machen. Die getrennten Wirkungen der Insolvenz jedes einzelnen Rechtsträgers würden unterlaufen. Es ist daher unstreitig, dass innerhalb dieser gegensätzlichen Positionen eine irgendwie geartete Koordinierung der Insolvenzen der einzelnen Konzerngesellschaften erfolgen muss. Angesichts der Tatsache, dass es sich bei einem Konzern um zwei oder mehrere rechtlich selbständige Unternehmen, also um selbständige Rechtssubjekte handelt, bieten sich dem Gesetzgeber im Wesentlichen vier verschiedene Gestaltungsmöglichkeiten an, will er eine Konzerninsolvenz regeln.

1. Materielle Konsolidierung (substantive consolidation)

Nach US-amerikanischem Vorbild wäre eine Zusammenfassung der Haftungsmassen im Insolvenzfall denkbar, also eine insolvenzrechtliche Verschmelzungslösung. Eine solche Lösung ist in Deutschland allerdings weithin auf Ablehnung gestoßen. Sie würde erhebliche Gefahren für die Rechtssicherheit und die Identifizierung der beim Schuldner bestehenden Risiken mit sich bringen. Das Rechtsträgerprinzip hat den Vorzug, dass das Haftungssubjekt, das sich die rechtsgeschäftlichen Gläubiger ausgesucht haben, diesen Gläubigern identifizierbar gegenüber tritt. Die Gläubigerkonkurrenz besteht daher zunächst nur zu den anderen Gläubigern dieses besonderen Rechtsträgers. Der Gläubiger trägt nur das Risiko haftungsvermeidender Transaktionen und anderen Verhaltens durch seinen besonderen Schuldner. Würde aber im Insolvenzverfahren eine materielle Konsolidierung erfolgen, führte dies zu einer Umverteilung innerhalb der Gläubigerschaft. Gläubiger von Gesellschaften mit wenig Haftungssubstrat und hohen Verbindlichkeiten würden tendenziell bevorzugt, Gläubiger von massereicheren Gesellschaften und geringerer Gläubigerkonkurrenz würden benachteiligt.

2. Volle Zuständigkeitskonzentration

Ein zweiter Weg für die Regelung einer Konzerninsolvenz könnte eine vollständige Zuständigkeitskonzentration sein, also mit getrennten Verfahren an einem Gericht und möglichst bei einem Richter. In diesem Fall müsste der Gesetzgeber einen einheitlichen obligatorischen Konzerngerichtsstand schaffen. Er könnte dies für den gesamten Konzern durch einen neuen Mittelpunkt der hauptsächlichen Interessen oder durch die Bestimmung des Gerichtsstandes zwingend am Sitz der Konzernmutter erreichen. Beides könnte aber zu einer erheblichen Komplizierung des Verfahrens führen. Das wird vor allem dann deutlich, wenn man bedenkt, dass Konzernsachverhalte in vielen Fällen grenzüberschreitende Zuständigkeitsfragen aufwerfen. Ein neuer und für den Konzern einheitlicher COMI (center of main interest) würde aber zwangsläufig zur Verlagerung der internationalen Zuständigkeit von Tochtergesellschaften und damit zu einer

Änderung des anwendbaren Insolvenzrechts führen. Dann müsste und würde nunmehr das Insolvenzrecht des Konzerngerichtsstandes einheitlich Anwendung finden. Dass dies unerwünschte Folgewirkungen auslösen kann, bedarf keiner näheren Diskussion. Im Übrigen wäre grenzüberschreitend trotz einheitlicher internationaler Zuständigkeit ein Sekundärverfahren möglich, was wiederum einen großen Abstimmungsbedarf erforderte.

3. Prozessuale Konsolidierung

Eine dritte Möglichkeit zur Regelung einer Konzerninsolvenz wäre die prozessuale Konsolidierung, wie sie insbesondere von *Eidenmüller* favorisiert wurde. Diese Lösung zeichnet sich dadurch aus, dass das Insolvenzverfahren als Einheitsverfahren geführt wird. So kommt es also für alle Konzerngesellschaften zu einem gemeinsamen und einheitlichen Verfahren, wobei innerhalb dieses Verfahrens die Haftungsmassen getrennt bleiben. Ein solches Einheitsverfahren an einem Insolvenzgericht und mit einem Insolvenzverwalter erscheint koordinierungsmäßig einfacher und kostengünstiger. Grenzüberschreitend würden allerdings die genannten Probleme der Zuständigkeitskonzentration auftreten. Darüber hinaus wird diesem Modell ein Verlust an Transparenz entgegengehalten. Denn eine materiellrechtliche Trennung bei verfahrensmäßiger Einheit lässt sich nicht vollständig realisieren, weil aus den materiellen Berechtigungen der Beteiligten auch Verfahrensrechte folgen. Wenn also ein am Insolvenzverfahren Beteiligter Einwände gegen die Verteilung erhebt oder der Feststellung einer Forderung widerspricht, so lässt es sich nicht vermeiden, bei materiell strikt getrennten Vermögensmassen innerhalb des Einheitsverfahrens fiktiv eine Verfahrensaufspaltung vorzunehmen. Hinzu kommt das Problem möglicher Interessenkonflikte, wenn der einheitliche Insolvenzverwalter die Interessen mehrerer getrennter Vermögensmassen wahrnehmen muss, die möglicherweise Interessenkollisionen aufweisen. Es müsste bei dieser Verfahrensgestaltung also häufig zur Einsetzung eines Sonderinsolvenzverwalters kommen, was letztlich das Einheitsverfahren entwerten dürfte.

4. Koordinierung der Verfahren

Die bisher geschilderten drei Modell-Lösungen und ihre Schwierigkeiten haben den deutschen und den europäischen Gesetzgeber zu einem deutlich vorsichtigeren Lösungsweg geführt, der unter dem Begriff der *verfahrensmäßigen Koordinierung* bekannt geworden ist. Kerngedanke dieses Modells ist die Durchführung selbständiger Insolvenzverfahren über jede einzelne Konzerngesellschaft nach dem Rechtsträgerprinzip. Als relativ vorsichtiges Gesamtsteuerungsinstrument ist eine Pflicht zur Kooperation und zur Koordinierung sowohl der betroffenen Insolvenzgerichte wie der beteiligten Insolvenzverwalter vorgesehen. Dieses nunmehr Gesetz gewordene Modell sei im Folgenden dargestellt.

IV. Das deutsche Regelwerk seit 21.04.2018

Die vom Gesetzgeber zur Lösung von Konzerninsolvenzen vorgesehene Koordinierungslösung lässt sich im Wesentlichen in vier verschiedene Verfahrensschritte aufteilen. Nach § 3a InsO kann ein einheitlicher Gruppengerichtsstand angestrebt werden. Nach § 56b InsO kann für alle Verfahren ein einheitlicher Insolvenzverwalter bestimmt werden. Nach §§ 269a-269c InsO sind für mehrere vorhandene Verwalter und Gerichte Kooperationspflichten vorgesehen. Schließlich enthält das Gesetz in §§ 269d-269i InsO ein besonderes Koordinierungsverfahren.

1. Der einheitliche Gruppengerichtsstand (§ 3a InsO)

§ 3a InsO enthält einen neuen Wahlgerichtsstand. Die Norm schafft damit die Möglichkeit, einen einheitlichen Gruppengerichtsstand an einem einzigen Insolvenzgericht für alle konzernangehörigen Unternehmen i.S.v. § 3e InsO einzurichten. Damit stellt die Norm einen zentralen Baustein des neuen Konzerninsolvenzrechts dar. Bei dem neuen Gruppengerichtsstand handelt es sich, wie § 3c Abs. 2 InsO zu entnehmen ist, um einen zusätzlichen besonderen Gerichtsstand, der neben § 3 Abs. 1 InsO tritt, obgleich § 3 Abs. 1 InsO als ausschließlicher Gerichtsstand ausgestaltet ist.

Das Verfahren zur Schaffung eines Gruppengerichtsstandes setzt zunächst einen zulässigen Eröffnungsantrag eines Gläubigers oder des Schuldners gemäß § 13 InsO voraus. Von diesem allgemeinen Eröffnungsantrag zu trennen ist der Antrag gemäß § 3a InsO, das angerufene Insolvenzgericht möge sich für Gruppen-Folgeverfahren für zuständig erklären. Diesen Antrag kann nur der Schuldner stellen, der einer Unternehmensgruppe i.S.v. § 3a InsO angehört, sofern das Insolvenzverfahren noch nicht eröffnet ist. Ab dem Zeitpunkt der Verfahrenseröffnung kann statt des Schuldners allein der Insolvenzverwalter den Antrag stellen. Das gilt auch für den vorläufigen Insolvenzverwalter, auf den die Verwaltungs- und Verfügungsbefugnis übertragen ist. Der Antrag kann zeitgleich mit einem zulässigen Eröffnungsantrag oder zeitlich danach gestellt werden. Der Antrag bedarf umfangreicher Darlegungen gemäß § 13a InsO. Neben dem Eröffnungsantrag und dem Schuldnerantrag setzt die Einrichtung eines Gruppengerichtsstandes voraus, dass der Schuldner einer Unternehmensgruppe i.S.v. § 3e InsO angehört. Die Möglichkeit des Schuldners bzw. seines Insolvenzverwalters, einen Gruppengerichtsstand zu beantragen, wird allerdings dadurch eingeschränkt, dass der Antragsteller nicht offensichtlich von untergeordneter Bedeutung für die gesamte Unternehmensgruppe sein darf. Das Gesetz verlangt hier vom Insolvenzgericht eine individuelle Einschätzung des Einzelfalles. Das Merkmal „offensichtlich" deutet eine Steigerung des Beweismaßes an. Über die gemäß § 4 InsO mit § 286 ZPO vom Insolvenzrichter verlangte Überzeugung von der Wahrheit hinaus muss eine besondere Evidenz vorliegen. Auch nur ganz geringe Zweifel daran, ob das Merkmal der „untergeordneten Bedeutung" vorliegt, müssen zu einer positiven richterlichen Entscheidung über die Zuständigkeit für Gruppen-Folgeverfahren führen. Die richterliche Entscheidung über die untergeordnete Bedeutung für die gesamte Unternehmensgruppe wird durch zwei Aspekte erheblich erleichtert. Zum einen muss der schuldnerische Antrag umfangreiche Einzelangaben zur Konzernsituation enthalten (§ 13a InsO), zum anderen enthält § 3a Abs. 1 S. 2 InsO genauere Regelkriterien, anhand derer das Merkmal zu prüfen ist. Das Gesetz stellt darauf ab, dass im Jahresdurchschnitt des vergangenen abgeschlossenen Geschäftsjahres mehr als 15 % der in der Unternehmensgruppe beschäftigten Arbeitnehmer beim Schuldner tätig waren und dass entweder die Bilanzsumme des Schuldners oder die Umsatzerlöse des Schuldners 15 % der Unternehmensgruppe übersteigen. Der Regierungsentwurf hatte zunächst nur jeweils mehr als 10 % verlangt.

Einen Sonderfall regelt § 3a Abs. 1 S. 4 InsO. Hier geht das Gesetz von der Situation aus, dass ein Konzernsachverhalt gegeben ist, dass aber keiner der Schuldner ein solches Gewicht im Konzern aufweist, so dass ihm die Antragsbefugnis zukommen könnte. Hier lässt das Gesetz dennoch einen Antrag desjenigen Schuldners zu, der im vorangegangenen abgeschlossen Geschäftsjahr die meisten Arbeitnehmer beschäftigt hat.

Liegen mehrere Anträge von Schuldnern bzw. Insolvenzverwaltern zur Bildung eines Gruppengerichtsstands vor, so gilt das Prioritätsprinzip. Maßgeblich ist also der zuerst gestellte Antrag, nicht der Antrag mit den höchsten Schwellenwerten. Die später gestellten Anträge sind unzulässig (Sperrwirkung des Erstantrags). In krassen Fällen unterschiedlicher Schwellenwerte kann dieses Ergebnis durch eine Prüfung nach § 3a Abs. 2 InsO korrigiert werden, soweit eine Verfahrenskonzentration am zuerst angerufenen Gericht nicht im gemeinsamen Interesse der Gläubiger liegt. Das Prioritätsprinzip ist im Gesetz nicht ausdrücklich genannt, ergibt sich aber aus einem Umkehrschluss zu § 3 Abs. 1 S. 3 InsO. Dogmatisch lässt sich das Prioritätsprinzip aus dem Gedanken der Rechtshängigkeitssperre entnehmen. Sind mehrere Anträge gleichzeitig gestellt worden oder ist bei mehreren Anträgen unklar, welcher Antrag zuerst gestellt worden ist, so ist der Antrag des Schuldners entscheidend, der im vergangenen abgeschlossenen Geschäftsjahr die meisten Arbeitnehmer beschäftigt hat. Alle anderen Anträge sind unzulässig.

Die Herbeiführung eines Gruppengerichtsstands bei Konzernsachverhalten verlangt neben den Antragserfordernissen auch eine Prüfung vom Insolvenzgericht, ob eine solche Verfahrenskonzentration dem gemeinsamen Interesse der Gläubiger entspricht. Bei diesem gemeinsamen Interesse ist darauf abzustellen, ob es bei allen Gläubigern sämtlicher gruppenangehöriger Schuldner zu bejahen ist. Es ist also nicht allein auf die Gläubiger des antragstellenden Schuldners abzustellen. Das Gesetz verdeutlicht den Begriff der gemeinsamen Interessen nicht. Laut Begründung zum Regierungsentwurf sei das gemeinsame Interesse zu bejahen, wenn sich „durch eine koordinierte Abwicklung der Einzelverfahren Koordinationsgewinne erzielen lassen, die einigen Insolvenzmassen zugute kommen, ohne dabei die übrigen Massen zu benachteiligen“. Solche Feststellungen werden sich zu dem Zeitpunkt der Antragstellung schwerlich treffen lassen. Allerdings verlangt das Gesetz keine positive Feststellung gemeinsamer Interessen, sondern es will nur im Fall ernstlicher Zweifel die Möglichkeit geben, dass das Gericht den Antrag ablehnt.

Sind die Voraussetzungen für die Begründung eines Gruppengerichtsstands gegeben, so erklärt sich das angerufene Insolvenzgericht durch Beschluss für zuständig und begründet damit den Gruppengerichtsstand. Diese Zuständigkeit ist vom weiteren Insolvenzverfahren des antragstellenden Schuldners unabhängig. Auch wenn dessen Verfahren durch Nichteröffnung, Aufhebung oder Einstellung des Insolvenzverfahrens endet, bleibt der Gruppengerichtsstand erhalten, so lange noch ein Verfahren über einen anderen gruppenangehörigen Schuldner anhängig ist. Dies gilt umgekehrt in gleicher Weise, wenn das Verfahren eines gruppenangehörigen Schuldners durch Nichteröffnung, Aufhebung oder Einstellung endet, der nicht Antragsteller ist. Liegt ein Grund vor, der den Antrag als unzulässig erscheinen lässt, so weist das Insolvenzgericht diesen Antrag durch Beschluss als unzulässig ab. Hat das Gericht Zweifel am gemeinsamen Interesse aller Gläubiger, so lehnt es durch Beschluss den Antrag ab. Das Gesetz spricht davon, dass der Antrag abgelehnt werden „kann". Damit ist kein Ermessen im technischen Sinn eingeräumt. Das Wort „kann" ist hier in dem Sinn zu verstehen, dass das Gericht die Rechtsmacht (die Befugnis) hat, den Antrag abzulehnen. Wenn das Gericht ernste Zweifel hat, muss es den Antrag ablehnen.

2. Der einheitliche Insolvenzverwalter (§ 56b InsO)

§ 56b InsO will im Interesse einer einheitlichen und abgestimmten Abwicklung der Einzelverfahren die Bestellung eines personenidentischen Verwalters für alle Konzerngesellschaften fördern, ohne dies allerdings zu einer Pflicht oder überhaupt zu einer Regel zu machen. Es kommt stets auf die Umstände des Einzelfalls an. Dafür begründet Abs. 1 die Pflicht der beteiligten Gerichte, sich darüber abzustimmen, ob die Bestellung eines personenidentischen Verwalters sinnvoll ist. Dieser Einheitsverwalter ist in rechtlicher Hinsicht kein Gruppeninsolvenzverwalter für ein gemeinsames Verfahren. Es werden rechtlich mehrere Verfahren mit mehreren Verwaltern betrieben, nur eben personenidentisch. Dazu enthält § 56b InsO eine Amtspflicht der beteiligten Gerichte. Damit will das Gesetz die im Fall einer Konzerninsolvenz oft sinnvolle Variante des Einheitsverwalters zwar nicht vorschreiben, wohl aber fördern, weil dies im Gesamtverwertungsinteresse sein kann, freilich nicht sein muss.

§ 56b Abs. 2 InsO stellt eine Erweiterung der Ausnahmen von § 56a InsO dar und ist eine notwendige Konsequenz aus der Anerkennung einer einheitlichen Verwalterbestellung. Grundsätzlich wäre das Gericht im Fall des einstimmigen Gläubigerausschussvotums an den Vorschlag zur Person des Verwalters gebunden. Dann könnte allerdings der mit den anderen Gerichten abgestimmte Kandidat für das Amt des Einheitsverwalters gerade nicht bestellt werden. Daher weicht § 56b Abs. 2 InsO die Bindung des Gerichts an den Vorschlag in solchen Fällen auf.

Zu den *einzelnen Voraussetzungen* einer einheitlichen Verwalterbestellung: Vorausgesetzt wird zunächst, dass es nicht zur Begründung eines Gruppengerichtsstands nach § 3a InsO gekommen ist. Im Einzelnen setzt die Anwendung von § 56b Abs. 1 InsO voraus, dass über das Vermögen von gruppenangehörigen Schuldnern i.S.d. § 3e InsO die Eröffnung eines Insolvenzverfahrens beantragt ist. Ob dem ein Schuldner- oder ein Gläubigerantrag zu Grunde liegt, ist ohne Bedeutung. Zweitens darf (wie erwähnt) nicht der Fall des Gruppengerichtsstandes nach § 3a InsO vorliegen. Vielmehr setzt § 56b InsO voraus, dass Anträge bei verschiedenen Gerichten gestellt wurden.

Nur in Klammern sei erwähnt, dass der umgekehrte Fall eines gemeinsamen Gruppengerichtsstandes nach § 3a InsO nicht mit § 56b InsO in Verbindung steht. Die Wahl eines Gruppengerichtsstandes erzwingt also nicht einen einzigen und einheitlichen Verwalter. Denn auch dort bleiben ja die verschiedenen Verfahren der einzelnen Rechtsträger selbständig.[1]

Konsequenz der geschilderten Anträge ist es, dass für die beteiligten Gerichte zwingend eine Abstimmungspflicht entsteht, die auch schon die Bestellung des vorläufigen Insolvenzverwalters betrifft. Insoweit liegt die Abstimmung also nicht im Ermessen der Gerichte.

Noch nicht betroffen von der Pflicht zur Abstimmung zwischen den Gerichten ist lediglich ein gruppenangehöriger Rechtsträger und das für ihn zuständige Gericht, wenn insoweit noch kein Verfahren beantragt ist.

Die Pflicht zur Abstimmung bedeutet aber nicht eine Pflicht zur Einsetzung eines einheitlichen Verwalters. Die Abstimmung ist ergebnisoffen und nicht davon abhängig, ob ein in Betracht kommender Verwalter bei den jeweiligen Gerichten gelistet ist. Die Abstimmung ist formlos möglich. Alleiniger Maßstab der Abstimmung ist das Interesse der Gläubiger. Entscheidend ist dabei das Interesse der in den Einzelverfahren beteiligten

1 So auch KPB-*Thole*, § 56b InsO, Rn. 11; a.A. *Mock*, DB 2017, 953.

Gläubiger, nicht das gruppenübergreifende gemeinsame Interesse i.S.v. § 3a Abs. 2 InsO.

3. Die Kooperationspflichten (§§ 269a-269c InsO)

Der Gedanke der Schaffung von Kooperationspflichten ist schon seit längerer Zeit in der Diskussion. Vor allem die Kooperation von Verwaltern in internationalen Verfahren hat sich als sinnvoll erwiesen. Dabei wurden zum Teil Absprachen getroffen und durch sog. bankruptcy protocols verbindlich gemacht. Der deutsche Gesetzgeber hat diese Gedanken aufgegriffen und sowohl für Verwalter (§ 269a InsO) wie für Gerichte (§ 269b InsO) und für Gläubigerausschüsse (§ 269c InsO) Kooperationspflichten in das Gesetz eingefügt, die als allgemeine Regeln einen Teilaspekt der Verfahrenskoordinierung darstellen. Daher sind die §§ 269a-296c InsO innerhalb und außerhalb des besonderen Koordinierungsverfahrens anwendbar. Auch hier geht es jeweils um die Effizienz der Verfahrensabwicklung und die Vergrößerung der Haftungsmasse. Allerdings bleibt jeder Verwalter im Bereich des § 269a InsO nur seinem Verfahren verpflichtet. Die Beachtung eines umfassenden Gesamtinteresses (wie in § 3a Abs. 2 InsO) gibt es hier nicht. Die Vorteile einer Kooperation beschränken sich daher auf eine Pareto-Effizienz. Die Vermehrung und Förderung des Gesamtgläubigerinteresses kann allenfalls als Reflex eintreten, weil Maßnahmen im Interesse des Einzelverfahrens angebracht erscheinen. Im Übrigen hat der Gesetzgeber die Pflichten zur gegenseitigen Unterrichtung und zur Zusammenarbeit nicht konkretisiert. Zwar handelt es sich zweifellos um echte Rechtspflichten, deren Verletzung eine Haftung nach § 60 InsO auslösen könnte. Dennoch dürfte es sich um ein eher schwaches Instrument des Zusammenwirkens handeln.

In der Literatur werden als *typische Maßnahmen* nach § 269a InsO genannt: Das Kontaktaufnehmen sowie die Mitteilung von Sicherungsmaßnahmen und Hinweise auf konkrete Verfahrensbeziehungen im Eröffnungsverfahren; später dann die Abklärung von Möglichkeiten der Finanzierung einer Betriebsfortführung (Massedarlehen, konzerninterner Leistungsaustausch); weiterhin die Weichenstellung zwischen Sanierung und Liquidation sowie die Abklärung, ob eine Gesamtverwertungsstrategie in Betracht kommt.

§ 269a InsO verlangt vom Verwalter aber keine Pflicht zu einer eingehenden Mitgestaltung anderer Verfahren und keine Pflicht, verbindliche Regelungen durch protocols zu schaffen.

Für die Zusammenarbeit der Gerichte ist in § 269b InsO der Kanon von Informationspflichten deutlich konkretisiert und damit verstärkt. Andererseits sind über diese Informationspflichten hinausgehende Einzelpflichten der Zusammenarbeit kaum abstrakt konkretisierbar.

4. Das Koordinierungsverfahren (§§ 269d-269i InsO)

Ist in einer Konzerninsolvenz nach deutschem Recht weder ein Gruppengerichtsstand gemäß § 3a InsO zustande gekommen noch ein einheitlicher Verwalter nach § 56b InsO bestellt worden, begnügt sich die Neuregelung nicht mit der soeben dargestellten lockeren Kooperation von Gerichten, Verwaltern und Gläubigerausschuss. Geschaffen wurde vielmehr als spezieller und zusätzlicher Teil der Koordinierungsmöglichkeiten ein besonderes Koordinationsverfahren gemäß §§ 269d-269i InsO. Kern dieser Regelung ist die Möglichkeit (nicht aber die Pflicht), durch das Gericht einen Verfahrenskoordinator (§ 269e InsO) zu bestellen, der gemäß §§ 269f und h InsO einen Koordinationsplan vorlegen kann. Im Übrigen lässt das Koordinationsverfahren (ebenso wie die allgemeinen Kooperationspflichten) die rechtliche Selbständigkeit der einzelnen Insolvenzverfahren unangetastet. Zwangsweise Eingriffe in die einzelnen Insolvenzverfahren sind nicht möglich.

Für die Einleitung des Koordinationsverfahrens ist ein gesonderter Antrag erforderlich, der weder in § 3a InsO noch in § 13 InsO enthalten ist. Zuständig ist gemäß § 269d InsO das sogenannte Koordinationsgericht. Es ist dasjenige Insolvenzgericht, das für die Eröffnung von Gruppenfolgeverfahren i.S.v. § 3a InsO zuständig wäre. Die Zuständigkeit des Koordinationsgerichts ist strikt begrenzt auf die Anordnung des Koordinationsverfahrens und die Aufsicht über den Verfahrenskoordinator (§ 269f Abs. 3 InsO) sowie die Festsetzung der Vergütung des Verfahrenskoordinators. Der besondere Antrag gemäß § 269d Abs. 2 InsO kann von jedem gruppenangehörigen Schuldner gestellt werden, auch von demjenigen, gegen den ein Insolvenzantrag noch nicht gestellt wurde. Am Insolvenzverfahren wäre dieser Antragsteller aber noch nicht beteiligt. Es wird befürchtet, dass hier ein Druckmittel gegen bereits in der Insolvenz befindliche Schuldner entstehen könnte. Eine Begrenzung von Antragstellern durch Bagatellregeln (wie sie § 3a Abs. 1 S. 2 InsO vorsieht) kommt hier nicht in Betracht.

Mit der Einleitung eines Koordinationsverfahrens erfolgt die Bestellung eines Verfahrenskoordinators gemäß § 269e InsO, der in dreifacher Hinsicht unabhängig sein muss (nämlich von den gruppenangehörigen Schuldnern, von den Gläubigern und von den Verwaltern und Sachwaltern der Einzelverfahren). Nach § 269f InsO muss der Verfahrenskoordinator für die abgestimmte Abwicklung der Verfahren sorgen und er kann insbesondere einen Koordinationsplan vorlegen. Die Insolvenzverwalter der Einzelverfahren sind zwar nach § 269f Abs. 2 InsO zur Zusammenarbeit mit dem Verfahrenskoordinator verpflichtet, aber es besteht keinerlei Weisungsrecht oder Bindungswirkung bezüglich seiner Maßnahmen und Anordnungen. Daher wird in der Praxis alles auf die Erstellung eines Koordinationsplans nach § 269h InsO hinauslaufen, will der Verfahrenskoordinator ernsthaft auf die Abwicklung der Einzelverfahren einwirken. Allerdings enthält auch der Koordinationsplan zunächst nur Vorschläge, die erst mit ihrer Umsetzung in den einzelnen Verfahren Verbindlichkeit erlangen. Es liegt hierbei also ein Plan vor, der nur einen darstellenden Teil und keine Gestaltungswirkung enthält. Eine unmittelbare Bindungswirkung der einzelnen Insolvenzverwalter existiert nicht. Eine mittelbare Bindung entsteht allein dadurch, dass der einzelne Insolvenzverwalter beim Abweichen von dem Plan eine Begründung abgeben muss (§ 269i InsO). Das Ausscheren Einzelner aus einer Gesamtverwertungsstrategie kann eine Pflichtverletzung des ausscherenden Verwalters darstellen. Auch das könnte zu einer mittelbaren Bindung führen.

Die Planinitiative geht vom Verfahrenskoordinator aus. Eine Pflicht zur Planvorlage besteht aber nicht. Ein bestellter Gruppengläubigerausschuss muss dem Plan zustimmen. Das Koordinationsgericht prüft anschließend den Plan und entscheidet über die Bestätigung durch Beschluss. Wird die Bestätigung versagt, hat allein der den Plan Vorlegende das Recht zur sofortigen Beschwerde. Dagegen ist die (positive) Bestätigung des Koordinationsplans nicht selbständig anfechtbar.

Nach der Gesetzesbegründung soll der Verfahrenskoordinator „die Seele des gesamten Koordinationsverfahrens“ sein. Das ist ein mutiges Wort. Er wird viel Autorität und gute Ratschläge für den Koordinationsplan benötigen, um die fehlende Bindungswirkung zu ersetzen. Einzuräumen ist freilich, dass der Verfahrenskoordinator eine ungewöhnliche Sonderstellung einnimmt. Er ist weder mit dem einen oder den mehreren Verwaltern eines einheitlichen Gruppengerichtsstandes (§ 3a InsO) noch mit dem einheitlichen Verwalter gemäß § 56b InsO zu vergleichen. Vielleicht liegt aber der Charme der Neuregelung gerade in den verschiedenen alternativen Möglichkeiten einer Gruppeninsolvenz, die den großen praktischen Unterschieden der vielfältigen Konzernstrukturen gerecht zu werden versuchen.

V. Die europäische InsVO 2015

1. Grundlagen

Der europäische Gesetzgeber hatte bereits am 29. Mai 2000 eine Verordnung über Insolvenzverfahren (Nr. 1346/2000) erlassen, die am 31. Mai 2002 in Kraft getreten ist. Diese enthielt allerdings keine Regelung über Fragen des Konzerninsolvenzrechts. Das wurde weithin als schmerzliche Lücke empfunden, zumal Konzernsachverhalte europaweit sehr häufig sind. Am 20. Mai 2015 wurde eine Neufassung dieser Verordnung (Nr. 2015/848) erlassen, die am 26. Juni 2017 in Kraft getreten ist. Sie enthält in ihrem Kapitel V (Art. 56-77 EuInsVO) nunmehr Regelungen für Insolvenzverfahren über das Vermögen von Mitgliedern einer Unternehmensgruppe. Unterteilt ist Kapitel V in zwei Abschnitte. Der erste Abschnitt behandelt die Zusammenarbeit und die Kommunikation, also Kooperationspflichten (Art. 56-60 EuInsVO). Der zweite Abschnitt regelt Fragen der Verfahrenskoordinierung (Art. 61-77 EuInsVO). Schon diese Einteilung zeigt, dass der europäische Gesetzgeber von ähnlichen Überlegungen ausgegangen ist wie das nationale deutsche Recht. Auch hier wurde von Regelungen Abstand genommen, die eine materielle Konsolidierung oder eine vollständige prozessuale Konsolidierung bedeuten würden. Wie im deutschen Recht enthält die EuInsVO 2015 den vorsichtigen Weg der Verfahrenskoordinierung. Nicht vorgesehen ist allerdings ein einheitlicher Gruppengerichtsstand (also der Weg des § 3a InsO) oder ein einheitlicher Insolvenzverwalter (und damit der Weg des § 56b InsO). Die Zweiteilung des Kapitel V in Kooperationspflichten und ein Koordinierungsverfahren lässt sich gut mit den §§ 269a-269i InsO vergleichen.

2. Kooperationspflichten

Die Verordnung kennt in Art. 56 EuInsVO eine Zusammenarbeit und Kommunikation der Verwalter. Voraussetzung ist lediglich ein Insolvenzverfahren über das Vermögen von zwei oder mehreren Mitgliedern einer Unternehmensgruppe. Diese ist in Art. 2 Nr. 13 EuInsVO definiert. Unternehmensgruppe ist danach ein Mutterunternehmen und alle seine Tochterunternehmen. Das Mutterunternehmen ist in Art. 2 Nr. 14 EuInsVO definiert als Unternehmen, das ein oder mehrere Tochterunternehmen entweder unmittelbar oder mittelbar kontrolliert. Die einzelnen Maßnahmen zur Durchführung der Zusammenarbeit zwischen den Verwaltern sind in Art. 56 Abs. 2 EuInsVO konkretisiert. Es geht um Informationen, die für andere Verfahren von Bedeutung sind, um eine Prüfung, ob die Verwaltung koordiniert werden kann, sowie um die Prüfung, ob Sanierungsmöglichkeiten bestehen. Der Wortlaut im Einzelnen ist weitgehend dem Art. 41 EuInsVO angeglichen, der die Zusammenarbeit von Verwaltern in Hauptverfahren und Sekundärverfahren regelt.

Nach (allerdings bestrittener) Auffassung gilt Art. 56 EuInsVO ausschließlich für Hauptinsolvenzverfahren und Hauptinsolvenzverwalter. Die einzelnen Gruppenunternehmen müssen in mehreren Mitgliedsstaaten der EU belegen sein. Sind Verfahren in mehreren Staaten eröffnet, gilt Art. 56 EuInsVO aber auch im Verhältnis von zwei Gesellschaften im selben Belegenheitsstaat. Hat nur eine Gesellschaft ihren Sitz in der EU, mehrere Gesellschaften aber in Drittstaaten, so gelten die Art. 56 ff. EuInsVO nicht (Erwägungsgrund Nr. 62).

Interessant ist Art. 56 Abs. 1 S. 2 EuInsVO, der ausdrücklich den Abschluss von Vereinbarungen und Verständigungen vorsieht, und damit die Idee der protocols aufgreift.

Die in den Art. 56, 58 und 60 EuInsVO vorgesehenen Pflichten der verschiedenen Verwalter sind echte Rechtspflichten. Aber weder Art. 41 EuInsVO noch die Art. 56 ff. EuInsVO enthalten Hinweise zur Durchsetzbarkeit. Soweit echte Vereinbarungen vorliegen, müssten diese notfalls im Klageweg durchsetzbar sein. Der praktische Erfolg solcher Versuche dürfte allerdings sehr zweifelhaft sein.

3. Koordinationsverfahren

Ähnlich dem deutschen Recht enthält die EuInsVO 2015 ein ausführlich geregeltes Gruppenkoordinationsverfahren (Art. 61-77 EuInsVO). Jeder einzelne Verwalter eines Gruppenunternehmens kann bei jedem Gericht, das für das Insolvenzverfahren eines Gruppenmitglieds zuständig ist, einen solchen Antrag stellen. Diese Möglichkeit lädt allerdings wohl zu einem *forum shopping* ein. Bei mehreren Anträgen gilt gemäß Art. 62 EuInsVO das Prioritätsprinzip. Der erste Antragsteller kann also das gewünschte Gericht verbindlich festlegen. Der Antrag muss einen Vorschlag für die Person des Koordinators, eine Darlegung des Koordinationsvorteils, eine Liste der notwendig Beteiligten und eine Kostenschätzung enthalten. An den Antrag schließt sich ein Verfahren mit Einwendungsmöglichkeiten an (Art. 64, 65 EuInsVO). Sodann erfolgt die Wahl des Gerichts durch die betroffenen Verwalter mit einer erforderlichen Zweidrittelmehrheit (Art. 66 EuInsVO).

Der Koordinator gibt Empfehlungen an die einzelnen Verwalter ab. Diese sind aber nicht verpflichtet, den Empfehlungen zu folgen (Art. 70 Abs. 2 EuInsVO). Eine Ablehnung ist jedoch zu begründen (Art. 70 Abs. 3 EuInsVO). Die Verordnung enthält nähere Einzelheiten zu den Voraussetzungen für einen Koordinator (Art. 71 EuInsVO) und für seine Aufgaben und Rechte (Art. 72 EuInsVO). Zentrale Aufgabe ist (wie im deutschen Recht) die Erstellung eines Koordinationsplans. Im Übrigen kommt dem Koordinator bei Streit eine Vermittlerrolle zu. Er kann sich als Mediator zwischen den Verwaltern betätigen.

Neben der Erstellung eines Koordinationsplans sieht Art. 72 Abs. 2 EuInsVO fünf weitere Rechte des Koordinators vor, die (nach allerdings bestrittener Auffassung) abschließend gemeint sind. Der Koordinator hat erstens das Recht, in jedem Insolvenzverfahren gehört zu werden und an allen Gläubigerversammlungen teilzunehmen. Zweitens hat er (wie erwähnt) das Recht, bei Streitigkeiten zwischen den einzelnen Verwaltern zu vermitteln. Allerdings sind seine Schlichtungsvorschläge nicht bindend und bedürfen einer Vereinbarung zwischen den jeweils streitenden Verwaltern. Denkbar wäre insoweit auch eine Schiedsvereinbarung. Drittens hat der Koordinator das Recht zur Vorlage und Erklärung des Koordinationsplans. Viertens hat er ein umfassendes Informationsrecht gegenüber allen nationalen Verwaltern. Fünftens hat er die Möglichkeit, einen Antrag auf Aussetzung des Verfahrens über das Vermögen jedes Mitglieds der

Gruppe zu stellen. Dies ist nach seiner Wirkung das wohl weitreichendste Instrument des Koordinators. Er kann das gesamte Verfahren für bis zu sechs Monate stilllegen. Dadurch wird zwar der Insolvenzbeschlag nicht aufgehoben, aber es werden unter Umständen Nachteile von Verfahrenseröffnungen unterbunden, die sich aus der Unterbrechung der Leitungsmacht und der Möglichkeit der Liquiditätssteuerung ergeben. Die dadurch zu beobachtenden Ketteninsolvenzen (also der berühmte Domino-Effekt) können so möglicherweise verhindert werden.

VI. Das Problem der Verweisung

1. Der deutsche Gesetzgeber hat – bei allen Bemühungen in der Sache – in mancher Hinsicht terminologisch und inhaltlich unglücklich agiert. Als Beispiel sei der Begriff der Verweisung genannt. Unter einer Verweisung im technischen Sinn versteht man den Fall, dass eine rechtshängige Sache am *unzuständigen* Gericht (so etwa § 281 ZPO) oder gar im falschen Rechtsweg (so § 17a GVG) anhängig geworden ist und nun auf Antrag oder von Amts wegen an ein zuständiges Gericht verwiesen wird. § 281 ZPO gilt über § 4 InsO unstreitig auch im Insolvenzverfahren.

2. Nun hat der deutsche Gesetzgeber im Bereich der Konzerninsolvenz eine klare Zuständigkeitsregelung vermieden und in § 3c Abs. 2 InsO normiert, dass sowohl beim Gruppengerichtsstand als auch beim allgemeinen Gerichtsstand ein Eröffnungsantrag gestellt werden kann. Daher ist (wie bereits dargelegt) der Gruppengerichtsstand nur ein Wahlgerichtsstand. Das angerufene Gericht entscheidet dann, ob es das Verfahren fortführt oder ob die Sache an ein anderes Gericht verwiesen wird. Die Möglichkeiten der Verweisung sind in § 3d InsO geregelt. Drei Fälle sind zu unterscheiden. In nahezu allen Fällen wechselt aber die Insolvenzsache von einem zuständigen Gericht an ein anderes zuständiges Gericht. Das ist bei korrekter Terminologie keine Verweisung, sondern eine Abgabe. Dies ist nicht nur ein terminologischer Unterschied, sondern davon hängt auch die zentrale Frage ab, ob die Verweisung bzw. Abgabe bindend ist.

3. Der erste Fall der Verweisung ist in § 3d Abs. 1 S. 1 InsO geregelt. Danach kann im Falle der Eröffnung eines Insolvenzverfahrens über das Vermögen eines gruppenangehörigen Schuldners bei einem anderen Gericht als dem Gruppengerichtsstand eine „Verweisung“ an dieses erfolgen. Es handelt sich um eine Ermessensvorschrift. Das Gericht hat also auch ohne

Antrag zu erwägen, bei welchem Gerichtsstand die Ziele eines Konzerninsolvenzverfahrens am besten gewährleistet sind. Obwohl es sich um eine Abgabe, nicht um eine Verweisung handelt, wird in der Literatur eine Bindungswirkung analog § 281 ZPO bejaht.

4. Der zweite Fall der Verweisung ist in § 3d Abs. 1 S. 2 InsO enthalten. Er setzt einen Antrag des Schuldners voraus und steht nicht im Ermessen des Gerichts. Geregelt ist der Fall, dass zuerst ein Gläubiger am Sitz des Schuldners (also der Fall des § 3 Abs. 1 InsO) einen Insolvenzantrag stellt und daraufhin der Schuldner am (abweichenden) Gruppengerichtsstand einen Eigenantrag stellt. Hier ist das Gericht zur Verweisung bzw. Abgabe an den Gruppengerichtsstand verpflichtet. Auch diese Regelung begünstigt sicherlich künftig ein *forum shopping*.

Nicht geregelt hat die Norm den Fall, dass nach dem Fremdantrag, dem Eigenantrag und der anschließenden Verweisung bzw. Abgabe ein weiterer Fremdantrag am allgemeinen Gerichtsstand eingeht. § 3d Abs. 1 S. 2 InsO erfasst diesen Fall nicht. Das Gericht könnte hier aber wohl eine Ermessensentscheidung nach § 3d Abs. 1 S. 1 InsO treffen.

5. Besondere Probleme können drittens auftreten, wenn gemäß dem neuen § 2 Abs. 3 InsO durch Rechtsverordnung ein einheitlicher Gruppengerichtsstand für den gesamten OLG-Bezirk oder für das ganze Bundesland bestimmt wird. Diesen Fall regelt § 3d InsO nicht. Hier wäre wohl über § 4 InsO der § 281 ZPO analog heranzuziehen, wobei es sich dann um eine echte Verweisung handeln würde.

VII. Das Problem der Zuständigkeitskonzentration

Zum Abschluss meiner Überlegungen will ich noch ein Thema aufgreifen, das scheinbar von den Fragen der Konzerninsolvenz weit entfernt ist, nämlich das Problem der Zuständigkeitskonzentration. Bisher kaum beachtet hat der Gesetzgeber dieses Thema im Konzerninsolvenzgesetz (KIG) aufgegriffen, was in Zukunft noch mancherlei Aufregung verursachen dürfte.

Es geht zunächst um das allgemeine Problem der Zuständigkeitskonzentration im Insolvenzrecht. Die frühere KO enthielt in § 71 eine Regelung, wonach jeweils das Amtsgericht am allgemeinen Gerichtsstand des

Schuldners örtlich und sachlich zuständig war. Eine Konzentration auf einzelne Amtsgerichte war durch Rechtsverordnung der Bundesländer möglich. Davon wurde aber kaum Gebrauch gemacht. Die Insolvenzordnung hat im Jahr 1999 die Regelung der KO umgedreht. Seither ist nur das Amtsgericht, in dessen Bezirk ein Landgericht seinen Sitz hat, ausschließlich zuständig (§ 2 Abs. 1 InsO). Allerdings wurden die Bundesländer ermächtigt, davon abweichend auch andere Amtsgerichte durch Rechtsverordnung zu Insolvenzgerichten zu bestimmen. Der Gesetzgeber versprach sich von der zum Grundsatz erhobenen Gerichtskonzentration, dass die Richter und Rechtspfleger an den Insolvenzgerichten besondere Erfahrung und Sachkunde auf diesem Gebiet erwerben und damit auch den zum Teil erhöhten Anforderungen des neuen Insolvenzverfahrens gewachsen sind. Da sich die Hoffnungen des Gesetzgebers im Hinblick auf die Gerichtskonzentration nach 1999 nicht erfüllt haben (die Hälfte der Bundesländer hat Ausnahmen durchgesetzt), hatte der Regierungsentwurf des ESUG vorgeschlagen, § 2 InsO dahin zu ändern, dass die Ermächtigung an die Bundesländer zwar eine Abweichung vom Amtsgericht im Bezirk des jeweiligen Landgerichts vorsieht, dass aber pro Landgerichtsbezirk zwingend nur noch maximal ein Insolvenzgericht existiert. Es sollte also eine deutlich stärkere Konzentration als bisher vorgeschrieben werden. Dieser Vorschlag hätte die Bundesländer Baden-Württemberg, Bayern, Berlin, Bremen, Hessen, Niedersachsen, Rheinland-Pfalz und Schleswig-Holstein zu erheblichen Änderungen im Gerichtssystem gezwungen. Im Gesetzgebungsverfahren haben die genannten Bundesländer der Änderung des § 2 Abs. 2 InsO massiven Widerstand entgegen gebracht. Im Hinblick auf diesen massiven Widerstand der Bundesländer hat letztlich der Rechtsausschuss des Bundestags für eine Beibehaltung von § 2 InsO in seiner bisherigen Form votiert. Wir haben also weiterhin die Ihnen allen bekannte Situation, dass es in der Hälfte der deutschen Bundesländer Amtsgerichte mit Insolvenzabteilungen gibt, die keinen insolvenzrechtlichen Schwerpunkt haben und bei denen der zuständige Richter nur einen ganz geringen Teil seiner Arbeit dem Insolvenzrecht widmen kann.

Nunmehr ist durch das Konzerninsolvenzgesetz (KIG) weithin unbeachtet ein neuer Abs. 3 dem § 2 InsO angefügt worden. Dieser neue Abs. 3 schafft die Möglichkeit, im Fall der Begründung eines Gruppengerichtsstandes gemäß § 3a InsO durch Rechtsverordnung die Zuständigkeit eines einzelnen Insolvenzgerichts im Bereich eines gesamten Oberlandesgerichtsbezirks festzulegen. Darüber hinaus kann innerhalb eines Bundeslandes gemäß Abs. 3 S. 2 sogar die Zuständigkeit über den Bezirk eines

Oberlandesgerichts hinaus erstreckt werden. Abs. 3 spricht davon, dass diese weitergehende Konzentration für Gruppengerichtsstände eingeführt werden „soll“. Dies bedeutet, dass die Bundesländer eine solche Konzentration vornehmen müssen, ohne dass eine abweichende Regelung allerdings Sanktionsfolgen hätte. Es wird daher mit Spannung zu beobachten sein, ob die bisher die Konzentration der Insolvenzsachen verweigernden Bundesländer den neuen Auftrag in § 2 Abs. 3 InsO umsetzen werden. Falls das geschehen sollte, wäre es meines Erachtens der erste zentrale Schritt hin zu einer generellen Zuständigkeitskonzentration.

Nur in Klammern gesprochen sollte eine solche höchst wünschenswerte Zuständigkeitskonzentration nur der erste Schritt hin zum großen Insolvenzgericht sein. Bekanntlich kennt das deutsche Recht bis heute keine vis attractiva concursus, die dazu führen würde, andere Streitverfahren, die in einem engen sachlichen Zusammenhang mit dem Insolvenzverfahren stehen, ebenfalls der Zuständigkeit des Insolvenzgerichts zu übertragen. Nicht zur Zuständigkeit der Insolvenzgerichte gehören bisher die Prozesse über die Insolvenzanfechtung, die Verfahren zu Klärung streitiger Aussonderungs- und Absonderungsrechte sowie die Feststellungsklagen über die zur Tabelle angemeldeten Forderungen. Auch alle sonstigen Streitigkeiten zwischen den am Insolvenzverfahren Beteiligten über materiellrechtliche Rechtspositionen sind nicht den Insolvenzgerichten zugewiesen.

In jüngerer Zeit wurde wiederholt darauf hingewiesen, dass man eine Ausweitung der Zuständigkeit der Insolvenzgerichte ins Auge fassen sollte. Erreicht werden soll damit eine Stärkung der richterlichen Kompetenz und der Sachnähe bei allen insolvenzrechtlich geprägten Sachverhalten. Die Gleichmäßigkeit der Entscheidungen und die Vereinheitlichung der Rechtsprechung könnte ein zweites Ziel dieser Ausweitung sein. Schließlich wäre zu prüfen, ob damit personelle Einsparungen oder eine Verbesserung der personellen Ausstattung sowie eine deutliche Erleichterung der richterlichen Fortbildung ermöglicht würden.

Die Möglichkeit und die Sinnhaftigkeit der Schaffung eines großen Insolvenzgerichts habe ich an anderer Stelle geprüft und dargelegt.[2] Ich denke, der Gesetzgeber sollte diesen Schritt tun.

2 *Prütting,* in: Festschrift für Graf-Schlicker, 2018, S. 361.

VIII. Fazit

Vielleicht sollten wir abschließend noch einmal ganz bewusst auf Distanz zu den vielen Details gehen, die ich Ihnen zugemutet habe. Der deutsche und der europäische Gesetzgeber haben nach langen Überlegungen ein Konzerninsolvenzrecht geschaffen. Das war ein durchaus mutiger Schritt. Es ändert freilich nichts daran, dass ein Konzern auch heute nicht insolvenzfähig ist. Vielmehr hat der Gesetzgeber den Grundsatz beibehalten: „Ein Rechtssubjekt – ein Vermögen – ein Insolvenzverfahren". Das sollte man nicht tadeln. Im Vorfeld der Reform hat eine Kommission des Bundesjustizministeriums zur Schaffung eines Konzerninsolvenzrechts intensiv die auch hier angedeuteten Alternativen diskutiert. Ich glaube, der Gesetzgeber hat sich mit guten Gründen für eine Lösung entschieden, die die grundlegenden Strukturen unserer Rechtsordnung nicht antastet. Wie erfolgreich das variable Konzept des neuen Rechts zur Bewältigung von Konzerninsolvenzen wirklich sein wird, lässt sich heute nicht abschließend sagen. Ebenso wenig lässt sich prognostizieren, ob der im Konzerninsolvenzgesetz (KIG) enthaltene unscheinbare § 2 Abs. 3 InsO die Zuständigkeitskonzentration und darüber hinaus das große Insolvenzgericht voranbringen wird. Ich selbst habe keinen Zweifel, dass die Zeit reif ist für diese Entwicklung.

Risiken der Betriebsverfassungswidrigkeit im Insolvenzverfahren[1]

Professor Dr. Roland Schwarze, Leibniz Universität Hannover

1 Schriftliche Fassung des Vortrags, den Verf. unter dem Titel „Das Risiko der Betriebsverfassungswidrigkeit für den Turnaround" auf dem „Symposion Insolvenz- und Arbeitsrecht" an der Kath. Universität Eichstätt-Ingolstadt am 14.6.2018 gehalten hat.

Materiell-rechtlichen Vorteilen, die aus formalen Fehlern und Verfahrensverstößen entstehen, haftet das Odium des Unverdienten an. Sie mögen mit juristischer ratio erklärbar sein, das Rechtsgefühl lassen sie unbefriedigt. Das Risiko der Betriebsverfassungswidrigkeit strapaziert das Rechtsgefühl besonders, weil ein im betrieblichen Rechtsverhältnis (Arbeitgeber – Betriebsrat) eingetretener Verfahrensfehler nicht nur materielle Folgen hat, sondern materielle Folgen in einem ganz anderen, dem individuellen Rechtsverhältnis (Arbeitgeber – Arbeitnehmer) zeitigt. Das führt unvermeidlich zu einer Inkongruenz zwischen Fehler und Rechtsfolge: Der Vorteil, den der Arbeitnehmer erhält, gleicht selten einen nachweisbar aus der Betriebsverfassungswidrigkeit resultierenden Nachteil aus. Vor allem die akute Krise der Insolvenz lässt oft nur eine Lösung zu, zu der es mit oder ohne Betriebsrat kommt bzw. gekommen wäre. Trotzdem muss der Arbeitsrechtler auf dem guten Sinn der Mitbestimmung auch in der Insolvenz bestehen. Daraus ergibt sich das Darstellungsschema für die folgende Rechtsprechungsanalyse: Das insolvenztypische Risiko der Betriebsverfassungswidrigkeit auszumessen und etwaige Begrenzungen des Risikos in den Blick zu nehmen. Die Methode ist induktiv. Es werden also nicht alle bei strenger Systematik zu beachtenden Risikoparameter beleuchtet, sondern die, die in den etwa 60 ausgewerteten Entscheidungen der Arbeitsgerichte aus den letzten rd. acht Jahren bedeutsam waren.

I. Das Risiko der Betriebsverfassungswidrigkeit

In einem ersten Schritt sind Thema und Tatbestand einzugrenzen.

1. Die „Betriebsverfassungswidrigkeit"

Das BetrVG normiert ein Procedere, das materielle Rechtsfolgen hervorbringt. Die Betriebsverfassungswidrigkeit kommt daher in zwei Formen vor: (1) Die formale Betriebsverfassungswidrigkeit bezeichnet die Nichteinhaltung des Verfahrens, praktisch vor allem die Verletzung von Beteiligungsrechten durch den Arbeitgeber/Insolvenzverwalter, z.B. die verspätete Inkenntnissetzung des Betriebsrates über eine bevorstehende Betriebsänderung (§ 111 S. 1 BetrVG). (2) Die materielle Betriebsverfassungswidrigkeit betrifft das Verfahrensergebnis, sie bezeichnet die Verletzung des Rechtsaktes, der aufgrund des betriebsverfassungsrechtlichen Verfahrens ergangen ist, im vorliegenden Kontext etwa die Nichtbeachtung eines Interessenausgleichs oder eines Sozialplans. In der forensischen Praxis überwiegt die prozedurale Betriebsverfassungwidrigkeit. Von den rund 60 insolvenzbezogenen Entscheidungen, die für den vorliegenden Beitrag ausgewertet wurden, befassen sich 58 mit der formalen Betriebsverfassungswidrigkeit. Sie steht daher auch im Folgenden im Mittelpunkt. Dabei steht ganz im Vordergrund die Verletzung von Beteiligungsrechten durch den Arbeitgeber/Insolvenzverwalter. Betriebsverfassungswidrigkeiten, die vom Betriebsrat oder einzelnen Betriebsratsmitgliedern ausgehen, spielen im Folgenden nur eine Nebenrolle.[2]

2. Das Risiko der Betriebsverfassungswidrigkeit

Das „Risiko" der Betriebsverfassungswidrigkeit bezeichnet das Risiko, dass das vertragliche Handeln des Arbeitgebers infolge Betriebsverfassungswidrigkeit (1) *unwirksam* oder (2) *undurchführbar* ist oder dass es (3) zu *Zahlungsansprüchen* des einzelnen Arbeitnehmers führt. Diese Rechtsfolgen sind nur in wenigen Fällen ausdrücklich im Gesetz geregelt: namentlich in § 102 Abs. 1 S. 3 BetrVG im Sinne der Unwirksamkeit der arbeitgeberischen Maßnahme (Kündigung), in § 100 Abs. 3 BetrVG im

2 S. unter II.2.c)bb).

Sinne der Undurchführbarkeit und in § 113 Abs. 1, Abs. 3 BetrVG im Sinne der Auslösung einer Zahlungspflicht. Im Übrigen ist die rechtliche Folge der Betriebsverfassungswidrigkeit für den Vertrag eine rechtsdogmatische Frage, die nicht einheitlich beantwortet wird, und die innerhalb der Rechtsprechung differenziert behandelt wird. Festzustellen ist, dass die Rechtsprechung um einer effektiven Sicherung der Beteiligung des Betriebsrates und des Schutzes des Arbeitnehmers willen die Unwirksamkeit eines mitbestimmungswidrigen Rechtsgeschäfts als mögliche Folge einer vom Arbeitgeber zu verantwortenden Betriebsverfassungswidrigkeit auch ohne ausdrückliche gesetzliche Anordnung akzeptiert.[3]

3. Insolvenztypische Risiken der formellen Betriebsverfassungswidrigkeit

Das insolvenztypische Risiko der Betriebsverfassungswidrigkeit meint im Sinne der hier anzustellenden Analyse das Risiko, das aus der Betriebsverfassungswidrigkeit für das Handeln des an die Stelle des insolventen Arbeitgebers handelnden Insolvenzverwalters typischerweise erwächst. Dazu zählen vor allem drei Risiken: (1) das Risiko von Zahlungspflichten in Gestalt des Nachteilsausgleichs gem. § 113 BetrVG wegen eines Verstoßes gegen die Beteiligung des Betriebsrates gem. §§ 111 ff. BetrVG; (2) das Risiko der Unwirksamkeit von Kündigungen gem. § 17 KSchG wegen unzureichender und/oder verspäteter Beteiligung des Betriebsrates wegen anstehender Massenentlassungen oder unzureichender Weitergabe der Betriebsrat-Beteiligung an die Agentur für Arbeit; (3) das Risiko der Undurchführbarkeit vertragsbezogener Handlungen infolge eines mit einstweiligem Rechtsschutz durchgesetzten Unterlassungsanspruchs zur Sicherung der Beteiligungsrechte (insbes. der §§ 111 ff. BetrVG). Verschärfend wirkt sich die prozessuale Aufarbeitung der Betriebsverfassungswidrigkeit aus, da sie oft in einem post festum durchgeführten Individualprozess zur Erlangung individueller Zahlungsansprüche instrumentalisiert wird, in der die streitmildernde Wirkung eines fortbestehenden Rechtsverhältnisses fehlt.

3 BAG (GS) v. 16.9.1986 – GS 1/82 –, Rn. 98, juris; *Schwarze,* RdA 2019, Heft 1.

II. Das Risiko des Nachteilsausgleichs (§ 113 BetrVG)

Nun zum ersten Risiko, dem des Nachteilsausgleichs (§ 113 Abs. 3 BetrVG) infolge eines Verstoßes gegen das Beteiligungsrecht des Betriebsrates gem. § 111 BetrVG. Es werden zuerst die Risikoparameter analysiert, dann sind die risikobegrenzenden Elemente herauszuarbeiten.

1. Risiko-Parameter

a) Insolvenzfestigkeit der Beteiligungsrechte

Die Beteiligungsrechte gem. §§ 111 f. BetrVG gelten in der Insolvenz unverändert fort. Es gibt keinen Vorbehalt der Insolvenz, weder einen rechtlichen noch einen wirtschaftlichen.

aa) Kein rechtlicher Vorbehalt

Der Schutz nach §§ 111 ff. BetrVG ist vollständig insolvenzfest. Die Vorschriften sind im Insolvenzverfahren genauso anzuwenden wie außerhalb desselben, so wie das BetrVG insgesamt von der Eröffnung des Insolvenzverfahrens unberührt bleibt. So kann der Anspruch auch ausgelöst werden, wenn die Beteiligungsrechte eines Betriebsrates verletzt werden, der erst nach Eröffnung des Insolvenzverfahrens gewählt worden ist.[4] Das Verbot des Erwerbs von Massegegenständen nach Eröffnung des Insolvenzverfahrens (§ 91 InsO) steht der Entstehung von Ansprüchen aus §§ 112 f. BetrVG nicht entgegen, da weder die Beteiligungsrechte des Betriebsrates noch Ansprüche aus § 113 BetrVG „Rechte an Massegegenständen" sind,[5] d.h. zu einer insolvenzwidrigen Verkürzung der Masse führen.

bb) Kein wirtschaftlicher Vorbehalt

Aber auch in wirtschaftlich-tatsächlicher Hinsicht gibt es keinen Vorbehalt. Die Rechtsprechung zur Konkursordnung enthob den Arbeitgeber der

4 BAG v. 18.11.2003 – 1 AZR 30/03 –, juris.
5 BAG v. 18.11.2003 – 1 AZR 30/03 –, Rn. 22, juris.

Pflicht zur Verhandlung über einen Interessenausgleich und damit des Risikos einer daran anknüpfenden Pflicht zum Nachteilsausgleich, wenn die Nichteröffnung des Konkursverfahrens wegen Masseunzulänglichkeit und die sofortige Schließung derart offensichtlich war, dass die Verhandlung über einen Interessenausgleich angesichts der offensichtlichen „Alternativlosigkeit" der Schließung eine leere Formalität gewesen wäre. Diese Rechtsprechung will das LAG Sachsen-Anhalt[6] im Anschluss an eine frühere Entscheidung des BAG[7] für das Insolvenzverfahren jedenfalls für den Fall nicht fortgesetzt wissen, dass die Massearmut oder -unzulänglichkeit erst *nachträglich*, also nach Eröffnung des Insolvenzverfahrens eintritt bzw. angezeigt wird (§§ 207, 208 InsO). Ob genügend Geld für einen Sozialplan vorhanden ist oder nicht, ist unerheblich für die Anwendbarkeit des Beteiligungsrechts gem. §§ 111 f. BetrVG. Selbst wenn nicht einmal Geld für die Erstattung der Fahrtkosten zur Einigungsstellensitzung vorhanden war, bleibt es bei der Pflicht zur Verhandlung. Die Begründung für diesen Befund liegt nicht allein darin, dass die Offensichtlichkeit im Nachhinein (im Klageverfahren über den Nachteilsausgleich) sicherer zu beurteilen ist als im Vorhinein (zum Zeitpunkt des Insolvenzantrags). Es hat vor allem mit der in der KO nicht vorgesehenen Möglichkeit zu tun, die Beteiligung des Betriebsrates gem. § 111 BetrVG durch gerichtlichen Beschluss gem. § 122 InsO ersetzen zu lassen, wenn die wirtschaftliche Lage des Unternehmens dies erfordert. Es spricht viel für den vom LAG Sachsen-Anhalt befürworteten Vorrang und abschließenden Charakter dieses Verfahrens bei nachträglicher Massearmut oder -unzulänglichkeit, nicht zuletzt die Vermeidung von Rechtsunsicherheit, die mit ungeschriebenen Ausnahmen zu §§ 111 f. BetrVG und mit der einschneidenden Zahlungslast gem. § 113 BetrVG verbunden wäre. Das Gericht lässt offen,[8] ob die alte Rechtsprechung fortbesteht, wenn die Massearmut „anfänglich" besteht und ein Insolvenzverfahren deshalb nicht eröffnet wird (§ 26 InsO). Das ist keine genuin insolvenzrechtliche Problemstellung mehr, sondern eine betriebsverfassungsrechtliche. Soviel ist aber hier zu sagen: Es geht darum, die nachträgliche Instrumentalisierung eines Verstoßes gegen § 112 BetrVG zur Geltendmachung eines Nachteilsausgleichs als rechts-

6 LAG Sachsen-Anhalt v. 29.7.2016 – 2 Sa 53/14 –, Rn. 119, juris, unter Verweis auf BAG v. 22.7.2003 – 1 AZR 541/02; BAG v. 18.11.2003 – 1 AZR 30/03 –, Rn. 23., juris.

7 BAG v. 22.7.2003 – 1 AZR 541/02 –, Rn. 18 ff., juris.

8 LAG Sachsen-Anhalt v. 29.7.2016 – 2 Sa 53/14 –, Rn. 119, juris, im Anschluss an BAG v. 22.7.2003 – 1 AZR 541/02 –, Rn. 18, juris.

missbräuchlich auszuschließen, wenn der Interessenausgleichsversuch offensichtlich sinnlos ist. Der richtige Ort für diese gewiss einzelfallbezogene Einschränkung ist kaum § 112 BetrVG. Man würde dem Betriebsrat nicht im Vorhinein Verhandlungen versagen können unter Hinweis auf deren Rechtsmissbräuchlichkeit. Der richtige Ort ist vielmehr § 113 BetrVG: Die nachträgliche Geltendmachung eines Verstoßes gegen § 112 BetrVG zur Durchsetzung eines Nachteilsausgleichs ist als rechtsmissbräuchlich einzustufen, wenn Verhandlungen mit dem Betriebsrat wegen der durch den Abweisungsbeschluss (§ 26 Abs. 1 S. 1 InsO) belegten Vermögenslosigkeit des Arbeitgebers offensichtlich zu keinem anderen Ergebnis hätte führen können als von einem Interessenausgleich abzusehen.

b) Komplexität der Beteiligung

Ein zweiter Parameter für das Risiko des Nachteilsausgleichs gem. § 113 Abs. 3 BetrVG ist die Komplexität der Beteiligung, die auch den Gesetzestreuen vor Herausforderungen stellt und durch zwei Momente charakterisiert wird: das aufwändige Procedere und der inhaltsreiche Tatbestand.

aa) Struktur des Verfahrens

Das normale Verfahren des Interessenausgleichs gem. § 112 BetrVG kann sich dehnen: Es ist zu unterrichten, zu beraten, eine Einigung zu versuchen. Zum „Versuch" des Interessenausgleichs, zu dem der Arbeitgeber verpflichtet ist, gehört das Scheitern der Verhandlungen: Möglich ist ein Vermittlungsverfahren unter Beteiligung der Agentur für Arbeit auf Ersuchen einer Betriebspartei, unumgänglich ist ein Einigungsverfahren (Einigungsstelle). Dass das gesamte Procedere ohne Fristvorgabe ist, befördert eine auf Verzögerung angelegte Verhandlungstaktik des Betriebsrates.

bb) Beteiligung im Einzelnen

Der Insolvenzverwalter hat den Betriebsrat zu *informieren* über das „Ob", „Wann" und „Wie" der Betriebsänderung: Im Fallbeispiel des Airberlin-

Verfahrens[9] gab es nach Durchführung eines Bieterverfahrens keine akzeptablen Übernahmeangebote für die in Insolvenz geratene Fluglinie, so dass der Insolvenzverwalter die Stilllegung für Oktober 2017 plante. Er hatte daher zu informieren über die geplante Stilllegung der Betriebe („ob“) zum Oktober 2017 („wann“) durch Einstellung des operativen Flugbetriebs („wie“). Der Insolvenzverwalter hat sodann einen Interessenausgleich zu versuchen. Der Interessenausgleich ist erst dann "versucht" worden, wenn der Insolvenzverwalter das Verfahren nach § 112 BetrVG vollständig durchgeführt hat; dabei ist das Verfahren bis hin zur Einigungsstelle zu betreiben, und zwar, bis diese die Verhandlungen für gescheitert erklärt.[10]

cc) Komplexität des Tatbestandes „Betriebsänderung“

Die Komplexität des Verfahrens wird nicht zuletzt durch den Tatbestand der „Betriebsänderung“ bestimmt. Veranschaulicht sei dies am insolvenztypischen, die Rspr. oft beschäftigenden Fall der Betriebsänderung in Form der *Stilllegung*. Die Vielgliederigkeit einer Stilllegung würde bei einer strengen Handhabung des Beteiligungsrechts das Verhalten des Insolvenzverwalters schon in einem sehr frühen Stadium informationspflichtig machen. Das würde die Aktionsmöglichkeiten empfindlich einschränken, die man im Stadium des Vorverhandelns benötigt. Wäre etwa im Fallbeispiel des Airberlin-Verfahrens[11] die erste Mail zur Kontaktaufnahme mit einem Bieter, die der Insolvenzverwalter mit der Absicht des Verkaufs von Leasingverträgen über Flugzeuge schreibt, unter den Tatbestand zu subsumieren, würde spätestens mit Absenden der Mail die Ausgleichspflicht ausgelöst, wenn nicht zuvor der Betriebsrat unterrichtet und ihm Gelegenheit zur Beratung und Einigung gegeben worden ist. Andererseits widerspricht es dem Sinn der Beteiligung des Betriebsrates, die Stilllegung erst dann als erfüllt anzusehen, wenn „nichts mehr da“ ist.

Die Rspr. löst den Konflikt mit der *Unumkehrbarkeitsdoktrin:* Nicht erforderlich ist die Unumkehrbarkeit der Stilllegung insgesamt; das wäre im Fallbeispiel Airberlin erst anzunehmen, wenn etwa ein Großteil der Flug-

9 LAG Berlin-Brandenburg v. 8.12.2017 – 6 TaBVGa 1484/17 –, juris.

10 BAG v. 30.5.2006 – 1 AZR 25/05 –, Rn. 23, juris; Richardi BetrVG/*Annuß*, 16. Aufl., § 113 Rn. 29.

11 LAG Berlin-Brandenburg v. 8.12.2017 – 6 TaBVGa 1484/17 –, juris.

zeuge veräußert wäre. Es genügt die erste unumkehrbare Maßnahme zum Zwecke der Stilllegung,[12] also etwa die Veräußerung des ersten Flugzeugs in der Absicht alle zu verkaufen, oder die erste Kündigung in der Absicht, alle Arbeitsverhältnisse zum Zwecke der Betriebsstilllegung zu kündigen.[13] Dabei ist die Unumkehrbarkeit dem Zweck des § 112 BetrVG entsprechend nicht im strengen Sinne der Unmöglichkeit (§ 275 BGB) zu verstehen, so dass Verhandlungen mit dem Betriebsrat sinnlos werden, es genügt ein Entscheidungsstatus, der die Verhandlungen mit dem Betriebsrat erheblich beeinträchtigt, etwa dadurch, dass eine durchaus mögliche Rückgängigmachung mit erheblichem finanziellen Aufwand verbunden ist. Sodann ist die konkrete Festlegung der Unumkehrbarkeit abhängig vom *rechtlichen Charakter* der Betriebsänderungs-Handlung.

Der maßgebliche Zeitpunkt beim *rechtsgeschäftlichen Handeln* muss, abstrakt formuliert, der Zeitpunkt sein, zu dem das Rechtsgeschäft wirksam wird, bei empfangsbedürftigen Willenserklärungen also mit dem Zugang (§ 130 BGB). Bei der auf Stilllegung zielenden Massenkündigung der Arbeitsverhältnisse ist dies der Zugang der ersten Kündigung, die zum „Massengeschehen" gehört,[14] die also in „Absicht" folgender Massenkündigung geschieht. Eine sachgerechte Beteiligung des Betriebsrates ist dagegen nicht mehr gewährleistet, wenn man den Tatbestand der Stilllegung erst beim Ausspruch so vieler Kündigungen für gegeben hält, dass die Schließung des Betriebs unumkehrbar ist.[15] Richtig ist daran nur, dass die Unumkehrbarkeit ein Indiz für den Beweis des Stilllegungscharakters der Kündigung(en) ist.

Eine wichtige zeitliche Vorverlagerung der Betriebsstilllegung findet statt, wenn der Insolvenzverwalter in Vorbereitung der Kündigung Arbeitnehmer von der Arbeitspflicht *„freistellt"*. Ein geeigneter Anknüpfungspunkt für die Annahme einer Betriebsstilllegung ist die Freistellung nach der Rechtsprechung, wenn sie „unwiderruflich" erfolgt. Der praktische Grund

12 BAG v. 14.4.2015 – 1 AZR 794/13 –, Rn. 22, juris m.w.N.; LAG Sachsen-Anhalt v. 29.7.2016 – 2 Sa 53/14 –, Rn. 129, juris, unter Verweis auf BAG v. 4.12.2002 – 10 AZR 16/02; OLG Düsseldorf v. 20.6.2006 – I–24 U 20/06 –, Rn. 22, juris.

13 Vgl. BAG v. 18.7.2017 – 1 AZR 546/15 –, Rn. 21, juris (dort nur ausgesprochen für Kündigung aller Arbeitsverhältnisse).

14 LAG Sachsen-Anhalt v. 29.7.2016 – 2 Sa 53/14 –, Rn. 130, juris.

15 So aber LAG Köln v. 22.10.2001 – 2 (4) Sa 208/01 –, NZA-RR 2002, 248, 250.

dieser Verfahrensweise liegt darin, die Arbeitnehmer verfügbar für den Arbeitsmarkt zu machen und damit eine entscheidende Voraussetzung für Leistungen nach dem SGB III zu erfüllen. Das ist im Ergebnis sicher nicht zu kritisieren, hat aber seine konstruktiven Schwierigkeiten. Der Anspruch des Arbeitgebers auf die Arbeitsleistung kann nicht durch einseitige Erklärung des Arbeitgebers als Gläubiger beseitigt werden, schon gar nicht endgültig. Dafür bedarf es eines Erlassvertrages (§ 397 BGB), und somit der Zustimmung des Arbeitnehmers.[16] Immerhin ist das in der Freistellungserklärung liegende Angebot des Arbeitgebers (§ 145 BGB) auf Abschluss eines Erlassvertrages mit Zugang beim Arbeitnehmer unwiderruflich (§ 130 Abs. 1 S. 1 BGB), so dass der Arbeitgeber das Geschehen aus der Hand gibt. Das mag bei teleologischer Betrachtung für die „Unumkehrbarkeit" ausreichen, zumal der Arbeitnehmer die ihn begünstigende Erklärung gem. § 151 BGB wird annehmen können.[17]

Die Unumkehrbarkeit bei Rechtsgeschäften ist in einem doppelten Sinne zu prüfen. Zum einen muss, wie gerade erörtert, das Rechtsgeschäft formal unumkehrbar sein. Es muss aber darüber hinaus seinem Inhalt nach als unumkehrbare Stilllegung des Betriebs oder als Teil davon gewertet werden können. Das ist bei der Kündigung des Mietverhältnisses über die vom Arbeitgeber bislang genutzten Gewerberäume nicht der Fall, wenn diese jederzeit ersetzt werden können, wenn also der Betrieb insbesondere nicht an einen bestimmten Standort gebunden ist. Dasselbe gilt für die Vergabe eines Versteigerungsauftrags, da und soweit der Auftrag rückgängig gemacht werden kann oder die Betriebsmittel jederzeit ersetzbar sind.[18] Als Indizien für eine Betriebsstilllegung sind beide Umstände (Kündigung des Mietverhältnisses, Versteigerungsauftrag) verwertbar.

Der Entzug einer für den Betrieb erforderlichen *öffentlich-rechtlichen Genehmigung* stellt eine unumkehrbare Situation nicht dar, solange der entziehende Verwaltungsakt nicht bestandskräftig ist. Selbst bei Eintritt der Bestandskraft soll nicht der Entzug der Genehmigung als „Stilllegung"

16 Vgl. *Schwarze,* RdA 2007, 301 ff. (Anmerkung zu BAG v. 6.9.2006 – 5 AZR 703/05–).

17 Näher zur Konstruktion bei begünstigenden Erklärungen *Schwarze,* AcP 202 (2002), 607 ff.

18 BAG v. 30.5.2006 – 1 AZR 25/05 –, Rn. 23, juris.

gewertet werden, sondern erst die darauf reagierende Entscheidung des Insolvenzverwalters über die Stilllegung.[19]

Die Beurteilung sowohl des Stilllegungszwecks als auch der Unumkehrbarkeit gestaltet sich erheblich schwieriger bei *Realhandeln* des Insolvenzverwalters. Hier tritt eine Entscheidung nicht in einem kommunikativen Akt einem anderen gegenüber hervor, an dessen Inhalt anzuknüpfen wäre. Die Mehrdeutigkeit des Handelns wird oft durch das Schwanken der Aussichten für eine Fortsetzung erhöht, die die Bedeutung ein und derselben Handlung verändern kann. Die tatsächliche Einstellung des Betriebs, etwa die Schließung des Spielbetriebs bei einer Spielbank, ist für sich genommen nicht als Betriebsstilllegung zu werten, da und soweit der Betrieb wieder aufgenommen werden kann.[20] Es würde hier wohl auf die Veräußerung der Geräte und Aufgabe der Räumlichkeiten ankommen, mit denen die materielle betriebliche Struktur beseitigt würde. Verhandlungen mit Investoren sind ein Indiz gegen die Stilllegung, ebenso das weitere Vorhalten einer Belegschaft.[21]

c) Umfang des Nachteilsausgleichs

Die Ausgleichspflicht kann einen beträchtlichen Umfang haben. Der Verweis in § 113 Abs. 1 BetrVG auf § 10 KSchG bedeutet, dass Zahlungsansprüche bis zu 12 Monatsverdienste, bei Langzeitbeschäftigten bis zu 18 Monatsverdienste entstehen können. Das geht weit über den engen Rahmen hinaus, der bei Einhaltung des Beteiligungsverfahrens im Sozialplan maximal erzwingbar ist (zweieinhalb Monatsverdienste, § 123 InsO). Die aus einer Nachteilsausgleichspflicht resultierende Last kann sich auf das Insolvenzverfahren, in dem die Vorschrift unverändert gilt,[22] erheblich auswirken.

19 BAG v. 7.11.2017 – 1 AZR 186/16 –, Rn. 1 ff., juris (Sachverhalt).

20 LAG Sachsen-Anhalt (Spielbank) v. 12.1.2016 – 7 Sa 87/13 –, juris; nachfolgend BAG v. 7.11.2017 – 1 AZR 186/16 –, juris.

21 BAG v. 7.11.2017 – 1 AZR 186/16 –, juris.

22 BAG v. 7.11.2017 – 1 AZR 186/16 –, Rn. 16, juris.

aa) Maßgeblichkeit des Sanktionszwecks?

Vom BAG wird der Zweck des Anspruchs dahin bestimmt, es ginge um die „Sanktionierung" „objektiv betriebsverfassungswidrigen" Verhaltens.[23] Damit ist hier zumindest die Verhaltenssteuerung gemeint, die auf künftige Einhaltung des Beteiligungsverfahrens zielt.[24] Dieser Zweck trägt aber nur für die Fälle, in denen das Verhalten des Arbeitgebers/Insolvenzverwalters steuerbar ist. Wenn der Arbeitgeber/Insolvenzverwalter seine Pflicht zur Beteiligung des Betriebsrates auch bei Aufwendung aller Sorgfalt nicht erkennen oder einhalten konnte, ist eine Sanktion in diesem Sinn nicht angebracht. Zudem fehlt es an einem vernünftigen Maß für die Bestimmung der Sanktion, wenn sie auch ohne Verschulden angeordnet werden kann. Am Beispiel des Airberlin-Verfahrens verdeutlicht: Dort waren Flugpersonal und Kabinenpersonal aufgrund Tarifvertrages gem. § 117 BetrVG in zwei Betriebe aufgeteilt.[25] Der Insolvenzverwalter führte das Beteiligungsverfahren plangemäß durch, und zwar, dieser Aufteilung folgend, separat für jeden Betrieb. Er musste sich in einem später von einem Mitglied des Kabinenpersonals angestrengten § 113 BetrVG-Verfahren sagen lassen, dass er mit der Kündigung der Piloten auch den Betrieb des Kabinenpersonals „stillgelegt" habe, da das Kabinenpersonal ohne Piloten keine sinnvolle Beschäftigung finden würde.[26] Gegen diese Sicht und für die Sicht des Insolvenzverwalters kann man manches einwenden: etwa, dass der „Betrieb" die maßgebliche Bezugsgröße für das Beteiligungsrecht ist und daher nur auf diesen Betrieb bezogene Maßnahmen die Beteiligungspflicht auslösen können; ferner, dass der Betrieb „Kabinenpersonal" sehr wohl ohne den Betrieb „Flugpersonal" fortbestehen könnte, etwa in Gestalt eines Betriebsübergangs. Kurzum: Dem Insolvenzverwalter wird man attestieren müssen, dass er sein Handeln auf eine gut vertretbare Rechtsansicht stützt. Stellt man sich weiterhin vor, dass er sorgfältig recherchiert hat, dass ein einschlägiges Präjudiz oder eine ihm nahekommende eindeutige literarische Meinungslage nicht existiert, hat er alle Sorgfalt gewahrt. Eine generelle Pflicht, „auf Nummer Sicher zu gehen" gibt es nicht, sie liefe darauf hinaus, den verpflichteten Insolvenzverwalter

23 BAG v. 7.11.2017 – 1 AZR 186/16 –, Rn. 16, juris.

24 S. BT-Drucks. VI 1786/, S. 55; Richardi BetrVG/*Richardi*, 16. Aufl., § 113 Rn. 2.

25 LAG Berlin-Brandenburg v. 8.12.2017 – 6 TaBVGa 1484/17 –, Rn. 3, juris.

26 S. ArbG Berlin-Brandenburg v. 21.12.2017 – 41 BV 13752/17 –, Rn. 105, juris.

bei ungesicherter Rechtslage generell zur Hintansetzung des eigenen Interesses zu verpflichten. Welchen Sinn sollte es nun haben, diesen Insolvenzverwalter zu „sanktionieren“? Nicht einmal die Generalprävention könnte dafür angeführt werden, da in Situationen der Rechtsunsicherheit andere Insolvenzverwalter künftig so handeln dürften und müssten.

bb) Doppelcharakter des Nachteilsausgleichs

Deshalb vorzuziehen ist eine Zweckbestimmung, die nach der Art des Verstoßes unterscheidet. Im Ausgangspunkt ist der Nachteilsausgleich eine Entschädigung des Arbeitnehmers für den Nachteil, der aus unzureichender Beteiligung des Betriebsrates erwächst.[27] Der Betriebsrat soll die Interessen der Arbeitnehmer wahrnehmen, das Ausbleiben seiner Beteiligung erhöht daher „objektiv“ und unabhängig von einem Verschulden des Arbeitgebers/Insolvenzverwalters das Risiko einer interessenwidrigen Gestaltung und Durchführung der Betriebsänderung. Die Entschädigung gem. § 113 Abs. 3 BetrVG beruht darauf, dass ein durch die Betriebsänderung verursachter Verlust des Arbeitsplatzes oder eines anderen wirtschaftlichen Nachteils auf die unzureichende Beteiligung des Betriebsrates zurückzuführen ist, wobei hier dahin gestellt bleiben kann, ob diesbezüglich eine unwiderlegliche Vermutung anzunehmen ist oder eine abstrakte Bewertung des Nachteils. Insoweit weist § 113 BetrVG das Risiko der Fehleinschätzung der Beteiligungspflichtigkeit einer Entscheidung dem Arbeitgeber/Insolvenzverwalter zu, der als Beteiligter des betrieblichen Rechtsverhältnisses dieses Risiko besser beherrscht oder ihm näher steht als der Arbeitnehmer. Verletzt der Arbeitgeber/Insolvenzverwalter das Beteiligungsrecht gem. §§ 111 f. BetrVG schuldhaft, tritt die Sanktionierung dieses Verhaltens als weiterer Zweck hinzu mit der praktischen Folge, dass der Nachteilsausgleich höher ausfällt. Diese Interpretation des Nachteilsausgleichs deckt sich mit jener der Abfindung gem. §§ 9, 10 KSchG, der gleichfalls im Ansatzpunkt „objektiv“ anknüpft, das Verschulden des Arbeitgebers aber anspruchserhöhend berücksichtigt.[28] Dem entspricht

27 S. BT-Drucks. VI 1786/, S. 55; Richardi BetrVG/*Richardi,* 16. Aufl., § 113 Rn. 2.

28 BAG v. 24.5.2018 – 2 AZR 73/18; APS/*Biebl* § 10 KSchG Rn. 28; MünchKomm/*Hergenröder* § 10 KSchG Rn. 22.

weiterhin, dass ein Verschulden des Betriebsrates anspruchsmindernd berücksichtigt werden kann.[29]

d) Insolvenzrechtlicher Status

aa) Einordnung

Für den insolvenzrechtlichen Status des Nachteilsausgleichs ist maßgeblich, wann die Betriebsänderung in Gang gesetzt wurde. Ist die erste beteiligungspflichtige Handlung des Arbeitgebers vor Eröffnung des Insolvenzverfahrens erfolgt, ist der Anspruch nur Insolvenzforderung. Ist sie nach Eröffnung des Insolvenzverfahrens erfolgt, liegt eine Masseverbindlichkeit vor. Liegt die Handlung nach Eröffnung des Insolvenzverfahrens und nach Mitteilung der Unzulänglichkeit der Masse (§ 207 InsO), ist der Nachteilsausgleichsanspruch eine Neumasseverbindlichkeit gem. § 209 Abs. 1 Nr. 2 InsO.[30] Daraus entsteht die Merkwürdigkeit, dass der Insolvenzverwalter, der im Interesse der Masseerhaltung an dem schlechteren Status des Nachteilsausgleichs als Insolvenzforderung interessiert zu sein hat, im § 113 BetrVG-Prozess versuchen muss darzulegen, dass die Betriebsänderung schon vor der Mitteilung der Unzulänglichkeit begonnen hatte und dass er schon viel eher gem. § 111 S. 1 BetrVG hätte informieren sollen. Solche Selbstbezichtigung sollte man mit Blick auf die Haftung gem. § 60 Abs. 1 S. 1 InsO nicht zu weit treiben.

bb) Gerichtliche Geltendmachung

Die verfahrensrechtliche Durchsetzung des Nachteilsausgleichs folgt dem insolvenzrechtlichen Status des Anspruchs. Ist er Insolvenzforderung, ist der Anspruch zur Insolvenztabelle anzumelden.[31] Ist er Altmasseverbindlichkeit, ist zu klagen auf Feststellung, dass der Insolvenzverwalter verpflichtet ist, einen Nachteilsausgleich, dessen Höhe in das Ermessen des Gerichts gestellt wird, jedoch einen näher bezifferten Betrag nicht unterschreitet, als (Alt-)Masseverbindlichkeit anzuerkennen. Der Leistungsklage fehlt wegen des nach Anzeige der Masseunzulänglichkeit eintretenden

29 S. noch unter II.2.c)bb).
30 BAG v. 7.11.2017 – 1 AZR 186/16 –, Rn. 17, juris.
31 LAG Sachsen-Anhalt v. 29.7.2016 – 2 Sa 53/14 –, Rn. 95 f., juris.

insolvenzrechtlichen Vollstreckungsverbots gem. §§ 208, 209 Abs. 1 Nr. 3 InsO, § 210 InsO das Rechtsschutzbedürfnis.[32] Nur als Neumasseverbindlichkeit (§ 209 Abs. 1 Nr. 2 InsO) kann der Anspruch mit der Leistungsklage verfolgt werden.[33]

2. Begrenzung des Risikos

Nachdem wichtige Parameter des Nachteilsausgleichsrisikos erörtert sind, ist nun auf einige begrenzende Momente einzugehen.

a) Vorbehalt unternehmerischer Entscheidung

Eine praktisch wichtige Begrenzung der Beteiligungspflicht gem. §§ 111 f. BetrVG ergibt sich aus der unternehmerischen Entscheidungsfreiheit des Arbeitgebers, die auch für Entscheidungen des Insolvenzverwalters zu beachten ist. Die Beteiligung des Betriebsrates erstreckt sich auf „Ob“, „Wann“ und „Wie“ der Betriebsänderung, nicht auf die ihr vorausgehende unternehmerische Entscheidung. Deshalb muss z.B. der Insolvenzverwalter nicht über ein von ihm durchgeführtes Bieterverfahren informieren, schon gar nicht über einzelne Angebote und seine Entscheidung bei der Auswahl. Auch die Entscheidung, kein Angebot anzunehmen, ist mitbestimmungsfrei. Von dieser Entscheidung ist die beteiligungspflichtige Entscheidung, den Betrieb mangels geeigneten Bieters stillzulegen, gedanklich klar zu trennen. Erst hier setzt die Pflicht zur Information des Betriebsrates ein.[34]

b) Substitution der Betriebsrat-Beteiligung (§ 122 InsO)

Eine praktisch nicht unerhebliche Milderung des Risikos der Betriebsverfassungswidrigkeit gewährt das Verfahren gem. § 122 InsO. Die Risikominderung ist eine dreifache: Die *erste* liegt in einer scharfen zeitlichen

32 LAG Sachsen-Anhalt v. 29.7.2016 – 2 Sa 53/14 –, Rn. 98, juris m.w.N. zur Rechtsprechung des BAG.

33 LAG Sachsen-Anhalt v. 29.7.2016 – 2 Sa 53/14 –, Rn. 99, juris.

34 *Fitting* BetrVG, 29. Aufl., § 111 Rn. 11; NK-GA/*Spirolke*, 2016, § 111 Rn. 22 f.; Richardi BetrVG/*Annuß*, 16. Aufl., § 111 Rn. 150.

Begrenzung der Interessenausgleichsverhandlungen, die dem Insolvenzverwalter zugleich einen Verhandlungsvorteil verschafft: Kommt innerhalb von drei Wochen nach ordnungsgemäßer Unterrichtung des Betriebsrates eine Einigung über den Interessenausgleich nicht zustande, kann der Verwalter das Verfahren abkürzen, indem er die Zustimmung des Arbeitsgerichts zur Betriebsänderung beantragt. Die zweite Risikominderung besteht in der *Endgültigkeit* des Verfahrensergebnisses als Folge der Rechtskraftfähigkeit der Entscheidung. Die dritte ergibt sich aus der *Erstreckung der Verbindlichkeit* auf alle an dem Verfahren beteiligten Arbeitnehmer. Diese Vorteile haben ihren Preis: Den Antrag auf Durchführung des Beschlussverfahrens kann der Insolvenzverwalter zwar ohne besondere Voraussetzungen jederzeit, auch aus Verhandlungen heraus, stellen, die Zustimmung des Gerichts erhält er gem. § 122 Abs. 2 InsO aber nur, wenn die wirtschaftliche Situation des Unternehmens unter Beachtung der sozialen Belange der Arbeitnehmer die Meidung des normalen Procedere nach § 112 Abs. 2 BetrVG fordert.

Die Option des § 122 InsO würde empfindlich eingeschränkt, wenn das Beschlussverfahren als unzulässig anzusehen sein würde, sobald der Anspruch auf Nachteilsausgleich gem. § 113 BetrVG bereits verwirkt ist, sei die Verletzung des Beteiligungsrechts auch eher geringfügig und überdies unverschuldet. Da die eingetretene Betriebsverfassungswidrigkeit durch die Entscheidung gem. § 122 InsO nicht geheilt wird, gibt es nach Ansicht des LAG Berlin-Brandenburg kein Rechtsschutzbedürfnis für das Verfahren mehr, es kann dem Insolvenzverwalter seine Segnungen nicht mehr zuteil werden lassen. Dabei spielt es offenbar keine Rolle, in welchem Entscheidungsstadium sich der Insolvenzverwalter befindet. Auch wenn mit der Betriebsänderung noch nicht begonnen wurde und daher noch alles gestaltbar wäre, kann ja der § 113 BetrVG-Anspruch bereits verwirkt sein und würde daher das § 122 InsO-Verfahren nicht mehr zugänglich sein.[35] Mit einer Verfahrenswidrigkeit im Insolvenzverfahren handelte man sich also nicht nur die üblichen Nachteile ein, sondern verlöre überdies das Privileg nach § 122 InsO. Zu überzeugen vermag diese Position nicht. Auch wenn der Arbeitgeber bereits einen Nachteilsausgleich verwirkt hat, muss er das Beteiligungsrecht des Betriebsrates weiterhin beachten und das Verfahren weiter durchführen, jedenfalls solange noch nicht alle Arbeitnehmer entlassen sind, denn die Verwirkung des Nach-

35 LAG Berlin-Brandenburg v. 5.8.2016 – 3 Sa 71/16 –, Rn. 89, juris.

teilsausgleichs lässt nicht das Beteiligungsrecht nach § 112 BetrVG entfallen. Also gibt es auch weiterhin das Interesse an einer Beschleunigung dieses Beteiligungsverfahrens und folglich ein Rechtsschutzinteresse am substituierenden Gerichtsbeschluss. Richtig bleibt, dass die Entscheidung nach § 122 InsO verwirkte Nachteilsausgleichansprüche nicht mehr aus der Welt schaffen kann.

c) Begrenzung des Nachteilsausgleichs

aa) Begrenzung analog § 123 InsO

Eine Begrenzung des Nachteilsausgleichs auf die Grenze, die § 123 InsO für den erzwingbaren Sozialplan setzt, lehnt die Rechtsprechung unter Hinweis auf den postulierten Sanktionscharakter des Nachteilsausgleichs ausnahmslos ab.[36] Folgt man der hier vorgetragenen Kritik an der „Sanktionstheorie“[37] ergibt sich eine Differenzierung: Nur wenn die Verletzung des Beteiligungsrechts für den Insolvenzverwalter erkennbar und vermeidbar war, sie ihm also vorzuwerfen ist, erscheint eine Deckelung zweckwidrig, weil die Folgen des schuldhaften Normverstoßes „betragsscharf“ kalkulierbar wären und damit ein Anreiz zum lohnenden Rechtsbruch gegeben würde. Für die unvermeidbare bzw. unerkennbare Rechtsverletzung gilt dieses Bedenken nicht. Hier geht es allein um den Ausgleich des Risikos der Betriebsverfassungswidrigkeit. Der Nachteil der objektiven Betriebsverfassungswidrigkeit für den Arbeitnehmer kann schwerlich höher veranschlagt werden als der schlimmstmögliche Nachteil, der ihn infolge der Betriebsänderung treffen kann – der Verlust des Arbeitsplatzes. Die hierfür geltende Grenze ist daher entsprechend heranzuziehen. In diesem Fall sind auch die wirtschaftlichen Verhältnisse des Unternehmens für die Bestimmung des Abfindungsumfangs heranzuziehen.[38]

36 BAG v. 7.11.2017 – 1 AZR 186/16 unter Hinweis auf BAG v. 22.7.2003 – 1 AZR 541/02; LAG Sachsen-Anhalt v. 29.7.2016 – 2 Sa 53/14 –, Rn. 153 ff., juris.

37 S. unter II.1.c)aa).

38 Anders – wiederum unter Berufung auf den generell bejahten Sanktionszweck – LAG Sachsen-Anhalt v. 29.7.2016 – 2 Sa 53/14 –, Rn. 157, juris.

bb) Fehlverhalten des Betriebsrates

Ein Verstoß des Betriebsrates gegen den Grundsatz der vertrauensvollen Zusammenarbeit (§ 2 Abs. 1 BetrVG) kann sich mindernd auf den Nachteilsausgleich auswirken. Das Fehlverhalten ist dem einzelnen Arbeitnehmer zwar nicht zurechenbar, denn der Betriebsrat ist bei der Wahrnehmung seiner Rechte nicht Erfüllungsgehilfe des einzelnen Arbeitnehmers. Aber der Nachteilsausgleich knüpft an eine Verletzung des Verfahrens gem. §§ 111, 112 BetrVG durch den Arbeitgeber an. Diese Voraussetzung ist nicht in vollem Umfang erfüllt, soweit ein Fehlverhalten des Betriebsrates (mit-)ursächlich ist; insoweit wird das Risiko der Betriebsverfassungswidrigkeit nicht vom Arbeitgeber/Insolvenzverwalter beherrscht. Der Nachteilsausgleich ist daher niedriger anzusetzen als im Falle des allein vom Arbeitgeber begangenen Verstoßes.[39] Es muss sich wegen des Charakters der Interessenvertretung aber um ein schwerwiegendes Fehlverhalten des Betriebsrates handeln, also eine grobe Pflichtverletzung im Sinne des § 23 Abs. 1 BetrVG.[40] So etwa, wenn der Betriebsrat auf mehrfache Aufforderung zu Verhandlungen über den Interessenausgleich aus Nachlässigkeit nicht reagiert oder das Verfahren zwecks Verschärfung der Krise gezielt hinauszögert, um auf diese Weise nicht der Mitbestimmung unterliegende Forderungen durchzusetzen – gewiss schwer beweisbare Fälle. Dem Betriebsrat zuzurechnende schwerwiegende formale Fehler der Beschlussfassung, die zur Nichtigkeit des Beschlusses führen, gehen vollständig zu Lasten des Betriebsrates und des Arbeitnehmers, wenn sie für den Arbeitgeber/Insolvenzverwalter nicht erkennbar (offensichtlich) waren und der Arbeitgeber/Insolvenzverwalter keinen Einfluss auf die Fehlervermeidung hat;[41] die dadurch verursachte objektive Verletzung des Beteiligungsrechts löst Ansprüche nach § 113 BetrVG nicht aus. Dasselbe gilt für eine unwirksame Vertretung des Betriebsrates, da und soweit der Arbeitgeber nach den Regeln der Anscheinsvollmacht auf ausreichende

39 LAG Sachsen v. 29.7.2016 – 2 Sa 53/14 –, Rn. 152, juris.

40 Ähnlich LAG Sachsen v. 29.7.2016 – 2 Sa 53/14 –, Rn. 152, juris (Verfahren „offensichtlich in die Länge gezogen“).

41 BAG v. 4.8.1975 – 2 AZR 266/74 –, juris; BAG v. 16.1.2003 – 2 AZR 707/01 –, juris; BAG v. 24.6.2004 – 2 AZR 461/03 –, juris, jeweils zum Anhörungsverfahren nach § 102 BetrVG; zur Differenzierung nach Verantwortungsbereichen s. auch ErfK/*Kania*, 18. Aufl., § 102 BetrVG Rn. 26; näher *Schwarze,* RdA 2019, Heft 1, dort auch zur Übertragbarkeit auf andere Beteiligungsrechte.

Vertretungsmacht des für den Betriebsrat Handelnden (i.d.R. der Vorsitzende, § 26 Abs. 2 S. 1 BetrVG) vertrauen durfte[42].

III. Das Risiko der Unwirksamkeit von Kündigungen (§ 17 KSchG)

1. Parameter

a) Komplexität

Das Risiko eines Verstoßes gegen das Beteiligungsrecht gem. § 17 Abs. 2 S. 1 KSchG wird durch die Komplexität und zum Teil auch Kompliziertheit[43] der Beteiligung charakterisiert. Sie resultiert aus dem Hinzutreten weiterer Beteiligungsrechte: der Beteiligung gem. § 102 BetrVG (ggf. § 103 BetrVG) und der in Fällen der Massenkündigung i.d.R. bestehenden Beteiligung nach §§ 111 f. BetrVG. Die daraus resultierenden Verhaltensanforderungen sind nicht aufeinander abgestimmt. Redundanz und Subtilisierung sind die Folge: Man darf bezweifeln, dass „Auskünfte erteilen" und „Unterrichtung" oder „Unterrichtung" und „umfassende Unterrichtung" einen sachlichen Unterschied bezeichnen, das Nebeneinander der Tatbestände reizt aber zu Unterscheidungen. Hinzu tritt die Verschränkung der Betriebsratsbeteiligung mit der Unterrichtung der Agentur für Arbeit, denen die Beteiligung der jeweils anderen Stelle angezeigt oder nachgewiesen werden muss (§ 17 Abs. 3 KSchG), jeweils mit Fehler- und Unwirksamkeitsrisiko. Schließlich eine Vervielfachung der Rechtsfolgen bei Verletzung der Beteiligungsrechte: neben der ungeschriebenen Unwirksamkeit gem. § 17 KSchG die ausdrückliche nach § 102 Abs. 1 S. 3 BetrVG, daneben die Sperrfrist gem. § 18 KSchG, zu allem hinzutretend die Nachteilsausgleichspflicht nach § 113 BetrVG.

b) „Objektivität" der Unterrichtungspflicht

Abweichend von § 102 BetrVG, der den Arbeitgeber nur zur Unterrichtung über die für ihn erheblichen und sonst bekannten Tatsachen ver-

42 Vgl. BAG v. 19. 3. 2003 – 7 ABR 15/02 –, juris; LAG Köln v. 14. 12. 1995 – 5 Sa 1350/94 –, juris; näher *Schwarze,* RdA 2019, Heft 1.

43 Verstanden als sachlich nicht erforderliche Ausdifferenzierung (im Unterschied zur Komplexität).

pflichtet,[44] ist die Unterrichtungspflicht hier objektiv gefasst. Zu unterrichten ist über alle nach dem Katalog des § 17 KSchG erheblichen Umstände, unabhängig davon, ob der Arbeitgeber/Insolvenzverwalter sie kennt oder erkennen kann. Ein weiterer Risikoparameter ist die unionsrechtliche Grundierung des § 17 KSchG, die das Risiko der Betriebsverfassungswidrigkeit mit dem Risiko unzureichender Umsetzung anreichert. Wenn etwa § 17 KSchG zur Information über die betroffenen „Berufsgruppen" verpflichtet, die zugrunde liegende Massenentlassungsrichtlinie (MERL)[45] aber von „Kategorien" der Arbeitnehmer spricht, riskiert der Insolvenzverwalter, der z.B. nicht die Zahl der Voll- und Teilzeitbeschäftigten besonders ausweist oder auf betroffene arbeitnehmerähnliche Personen hinweist, den Rechtsverstoß.

c) Schriftlichkeit der Unterrichtung

Die Schriftlichkeit der Unterrichtung ist ein weiterer Risikoparameter. Die Form dient zwar der Verfahrenssicherheit, schafft aber zugleich ein neues Unwirksamkeitsrisiko, wenn man an den Formverstoß die Unwirksamkeitsfolge knüpft, wenn Formenstrenge gilt, also keine Abstufung nach der Erheblichkeit des Fehlers stattfindet, und Heilung nicht möglich ist.

d) Prozessrisiko

Dass der Insolvenzverwalter im Kündigungsschutzverfahren die Einhaltung der Betriebsratsbeteiligung darlegen und beweisen muss, verdient angesichts der skizzierten Verfahrenskomplexität als besonderer Risikoparameter herausgehoben zu werden. Dabei setzt sich die Komplexität der Beteiligung als Komplexität der Darlegung und Beweisführung fort. So wird die im Verfahren vorgelegte schriftliche Erklärung des Betriebsrates, rechtzeitig und umfassend unterrichtet worden zu sein, nicht als hinreichender Nachweis im Kündigungsschutzprozess über ausreichende Unterrichtung akzeptiert.[46] Da die Unterrichtungspflicht nach § 17 Abs. 2 S. 1

44 „Subjektive Determiniertheit", BAG v. 23.10.2014 – 2 AZR 736/13; zur Präzisierung der Lehre *Schwarze,* RdA 2019, Heft 1.

45 RL 98/59/EG.

46 BAG v. 18.1.2012 – 6 AZR 407/10 –, Rn. 33, juris; *Franzen/Gallner/Oetker/Spelge*, EuArbR, 2. Aufl., Art.6 RL 98/59EG Rn. 9.

KSchG vor dem Interessenausgleich liegt, ist eine im Interessenausgleichsverfahren abgegebene Erklärung über die Unterrichtung dahin verstehbar, dass (nur) im Interessenausgleichsverfahren rechtzeitig und umfassend unterrichtet worden ist. Hier müsste im Verfahren wohl ein richterlicher Hinweis (§ 139 ZPO) ergehen, der dem Insolvenzverwalter die Vorlage einer hinreichend deutlichen Erklärung ermöglicht.

2. Milderung des Risikos

Nun zur Milderung des Risikos.

a) Begrenzung der Unterrichtungspflicht

Begrenzt wird das Unwirksamkeitsrisiko durch punktuelle teleologische Begrenzungen der Informationspflicht. Einmal bezüglich des Unterrichtungsumfangs: Der unterlassene Hinweis auf eine betroffene Berufsgruppe soll unerheblich sein, wenn ohnehin alle Arbeitnehmer entlassen werden sollen.[47] Aus der Information über die Entlassung aller Beschäftigten kann der Betriebsrat den Schluss auf die Betroffenheit auch dieser Berufsgruppe ziehen.[48] Das kann natürlich nur gelten, wenn der Betriebsrat über die Existenz der Berufsgruppe im Bilde ist. Sodann in zeitlicher Hinsicht: Die Unterrichtung muss im Lauf des Konsultationsverfahrens spätestens mit dessen Abschluss erfolgen, nicht unbedingt am Anfang; insoweit gibt es ein Ermessen des Insolvenzverwalters.[49]

b) Erleichterung der Form

Ob das Gebot „schriftlicher“ Unterrichtung im Sinne der Schriftform zu verstehen ist, hat das BAG bislang unentschieden gelassen.[50] Unbeantwortet ist auch die Frage, ob die Verletzung der Schriftform zumindest dann unbeachtlich ist, wenn der Betriebsrat eine Stellungnahme abgegeben hat.

47 Offengelassen noch von BAG v. 18.1.2012 – 6 AZR 407/10 –, Rn. 36, juris.
48 BAG v. 9.6.2016 – 6 AZR 405/15 –, Rn. 32, juris.
49 BAG v. 9.6.2016 – 6 AZR 405/15 –, Rn. 25, juris; EuGH v. 10.9.2009 – C-44/08 –, Rn. 53, juris.
50 BAG v. 20.9.2012 – 6 AZR 155/11 –, Rn. 55, juris.

Offen ist ferner, ob die „Auflockerungsrechtsprechung" des BGH[51] anwendbar wäre, sollte im Sinne einer echten Schriftform entschieden werden, so dass es genügen würde, wenn im Unterrichtungsschreiben das Dokument hinreichend bestimmt benannt wird, aus dem sich die nötigen Informationen (= Namen der Beteiligten) erschließen. Für die echte Schriftform spricht die Steigerung der Rechtssicherheit; für die Anwendung der „Auflockerungsrechtsprechung", dass es keine erheblichen Einwände dagegen gibt.

c) Vereinfachungen

aa) Bündelung

Die aus der beschriebenen Vervielfachung der Beteiligungsrechte und Verschränkung der Verfahren entstehende Komplexität wird abgemildert dadurch, dass der Insolvenzverwalter seine Bemühungen, der Betriebsratsbeteiligung gerecht zu werden, bündeln kann. Er kann bei kluger Gestaltung mit derselben Handlung mehrere, u.U. alle Beteiligungspflichten erfüllen, soweit die Pflichten inhaltlich übereinstimmen.[52] Dabei sollte zur Vermeidung neuer Risiken vorsorglich klargestellt werden, welche Beteiligungsansprüche mit der betreffenden Handlung erfüllt werden sollen. Eine Vorgabe in zeitlicher Hinsicht ergibt sich daraus, dass die Unterrichtung sachlogisch vor der Beratung liegt, diese wiederum vor einer Vereinbarung. Trotzdem bleibt eine Bündelung möglich dadurch, dass die Unterrichtung durch *Übersendung eines Interessenausgleich-Entwurfs* erfolgt, der der anschließenden Beratung zugrunde gelegt wird. Ein so gestaltetes Verfahren erfüllt die Unterrichtungspflicht gem. § 17 Abs. 2 S. 1 KSchG und § 111 S. 1 BetrVG, auch die Unterrichtungspflicht gem. § 102 Abs. 1 S. 1 BetrVG, wenn die Namen zur Kündigung anstehender Arbeitnehmer aufgelistet sind. Die darauf basierende Beratung erfüllt sowohl die Konsultationspflicht nach § 111 S. 1 BetrVG als auch die gem. § 17 Abs. 2 S. 1 KSchG[53] als auch ggf. (bei Namensauflistung) die Anhörung nach § 102 Abs. 1 S. 1 BetrVG.[54] Stimmt der Betriebsrat zu, kann mit der Wei-

51 BGH v. 24.9.1997 – XII ZR 234/95 –, Rn. 14, juris.
52 BAG v. 18.1.2012 – 6 AZR 407/10 –, Rn. 34, juris.
53 So BAG v. 7.7.2011 – 6 AZR 248/10 –, juris.
54 BAG v. 18.1.2012 – 6 AZR 407/10 –, Rn. 33, 34, juris, unter Hinweis auf den Beschleunigungszweck des § 125 Abs. 2 InsO.

terleitung des vom Betriebsrat konsentierten Interessenausgleichs der Pflicht zur Weiterleitung der Stellungnahme des Betriebsrates an die Agentur für Arbeit (§ 17 Abs. 2 S. 1 KSchG) Genüge getan werden.[55]

bb) Substitution

Einigen sich Insolvenzverwalter und Betriebsrat auf einen Interessenausgleich, in dem die zur Kündigung Anstehenden namentlich benannt sind, wird dadurch die Stellungnahme des Betriebsrates gem. § 17 KSchG ersetzt (§ 125 Abs. 2 InsO). Die Pflicht zur Weiterleitung der Stellungnahme des Betriebsrates an die Agentur für Arbeit erfüllt der Insolvenzverwalter hier durch Weiterleitung eines Exemplars oder einer Kopie des Interessenausgleichs. Dass der Interessenausgleich nur vom Vorsitzenden des Betriebsrates unterschrieben ist, aber noch nicht vom Insolvenzverwalter, ist nach Ansicht des BAG unschädlich, da die Agentur für Arbeit die für sie nötige Information (die Meinung des Betriebsrates) erhält.[56] Allerdings wird der Betriebsrat seine Meinung daran gebunden sehen, dass der Interessenausgleich auch wirksam wird. Man wird daher dem Insolvenzverwalter die Berufung auf die Weiterleitung des Dokuments zum Nachweis der Unterrichtung der Agentur für Arbeit im Kündigungsschutzverfahren nach § 242 BGB versagen müssen, wenn er den Interessenausgleich letztlich nicht umsetzt.

d) „Heilung“ von Unterrichtungsfehlern

Nach Ansicht des BAG soll eine Erklärung des Betriebsrates über die Erfüllung des Beratungsanspruchs, die etwaige Verletzung der vorher zu erfüllenden Unterrichtungspflicht „heilen“, wenn der Betriebsrat bei der Beratung in Kenntnis der in der Unterrichtung nicht enthaltenen Umstände handelt.[57] Ebenso soll die Verletzung der Schriftlichkeit[58] der Unterrichtung geheilt sein, wenn der Betriebsrat seinen Wissensstand in der an-

55 BAG v. 21.3.2012 – 6 AZR 596/10 –, Rn. 19 ff., juris.
56 BAG v. 18.1.2012 – 6 AZR 407/10 –, Rn. 44 f., juris.
57 BAG v. 20.9.2012 – 6 AZR 155/ 11 –, Rn. 61, juris.
58 Dabei unterstellt, diese sei als echte Schriftform zu nehmen, vgl. im Text unter III.2.b).

schließenden Beratung für ausreichend erklärt.[59] Dabei muss der Betriebsrat zum Zeitpunkt dieser Erklärung offenbar nicht in dem Bewusstsein des vom Arbeitgeber begangenen Verstoßes gehandelt haben.[60] Entscheidend ist, dass der Betriebsrat nach seiner Einschätzung ausreichend unterrichtet ist.[61] Diese Aussagen auf eine dogmatische Grundlage zu stellen, ist nicht ganz einfach. Über sein Beteiligungsrecht disponieren kann der Betriebsrat nicht, daher auch nicht über die Verletzung der Unterrichtungspflicht. Es kann nur um die Folgen der Verletzung der Unterrichtungspflicht gehen, und darum, diese unter dem Gesichtspunkt der Verhältnismäßigkeit auf ein vernünftiges, dem Zweck genügendes Maß zu begrenzen und die Folge nicht eintreten zu lassen, wenn der Betriebsrat im Ergebnis Stellung nehmen konnte, zumal die Unwirksamkeitsfolge nicht ausdrücklich im Gesetz angeordnet, sondern nur dogmatisch begründet ist.

IV. Das Risiko der präventiven Sperre für unternehmerisches Handeln

1. Risiko-Parameter

Die Rechtsprechung gewährt dem Betriebsrat bekanntlich einen Anspruch auf Unterlassung mitbestimmungswidrigen Verhaltens, der allein an die objektive Verletzung des Mitbestimmungsrechts geknüpft ist und ermöglicht dessen praktische Durchsetzung mithilfe des einstweiligen Rechtsschutzes.[62] Das hieraus resultierende vertragliche Risiko besteht vor allem im arbeitsvertraglichen Entgeltrisiko (§ 615 BGB, § 326 Abs. 2 BGB), u.U., wenn das Verbot ausnahmsweise ausgreift auf Verträge mit Dritten, im Risiko der (vorübergehenden) Undurchführbarkeit des Vertrages (§ 275 BGB) und den hieraus entstehenden Vertragsrechten. Der Unterlassungsanspruch kommt grundsätzlich auch zum Schutz der Beteiligungsrechte gem. §§ 111 f. BetrVG in Betracht.[63] Seine Reichweite ist indessen zweifelhaft.

59 BAG v. 9.6.2016 – 6 AZR 405/15 –, Rn. 32, juris.

60 So offenbar die Situation in BAG v. 9.6.2016 – 6 AZR 405/15 –, Rn. 32, juris.

61 Zur Erfüllung der Informationspflicht gegenüber der Agentur für Arbeit: BAG v. 20.9.2012 – 6 AZR 155/11 –, Rn. 61 und 62, juris.

62 BAG v. 9.7.2013 – 1 ABR 17/12; NK-GA/*Schwarze* § 87 BetrVG Rn. 30.

63 NK-GA/*Spirolke*, 2016, § 111 BetrVG Rn. 28, 30; Richardi BetrVG/*Annuß*, 16. Aufl., § 111 Rn. 166.

2. Begrenzung des Risikos

a) Zeitliche Begrenzung des Unterlassungsanspruchs?

Gewiss könnte der Betriebsrat die Unterlassung von Handlungen verlangen, die unmittelbar auf Vereitelung seiner Beteiligung zielen, z.B. die Unterlassung von Anweisungen des Insolvenzverwalters, die für die Unterrichtung nötigen Unterlagen zu vernichten. Hoch problematisch ist aber die auf das mitbestimmungsfreie unternehmerische Handeln übergreifende Unterlassung: wenn z.B. der Betriebsrat vom Insolvenzverwalter verlangt, den Verkauf von Betriebsanlagen solange zu unterlassen, bis die Verhandlungen über einen Interessenausgleich beendet sind. Denn am Ende kann der Insolvenzverwalter eben dies auch gegen den Willen des Betriebsrates tun, und in der Insolvenz muss schnell gehandelt werden. Andererseits konterkarieren solche Entscheidungen den Zweck der Beteiligung: Der Insolvenzverwalter darf verkaufen, er soll dies aber erst nach Beratung mit dem Betriebsrat und im Lichte der hieraus gewonnenen Erkenntnisse tun. Eine höchstrichterliche Entscheidung dieses Konflikts steht aus, die obergerichtliche Rechtsprechung ist gespalten.[64] Im Airberlin-Verfahren hat das LAG Berlin-Brandenburg einen Mittelweg eingeschlagen. Das Gericht schließt wohl nicht aus, dass der Anspruch auch auf unternehmerisches Handeln ausgreifen könnte – in casu ging es darum, die Herausgabe der Flugzeuge an Leasinggeber oder Erwerber bis zur Beendigung der Verhandlungen über den Interessenausgleich zu unterbinden. Aber das Gericht begrenzt den Unterlassungsanspruch auf den Zeitpunkt des Beginns der Verhandlungen. Sobald der Insolvenzverwalter sich – nach ordnungsgemäßer Unterrichtung des Betriebsrates – auf Verhandlungen eingelassen hat, darf er unternehmerisch handeln, er muss nicht das Ende des Verfahrens abwarten, um die Unterlassungsverfügung zu vermeiden. Der Unterlassungsanspruch diene nur der Durchsetzung des Verhandlungsanspruchs, nicht der Unterbindung der Betriebsänderung selbst. Hierfür ist nach Ansicht des LAG Berlin-Brandenburg § 113 BetrVG abschließend.[65] Man kann nicht sagen, dass die Entscheidung das Dilemma beseitigt, sie

64 LAG Köln v. 27.5.2009 – 2 TaBVGa7/09, LAG Nürnberg v. 9.3.2009 – 6 TaBVGa 2/09, jeweils verneinend; LAG München v. 22.12.2008 – 6 TaBVGa 6/08 –, AuR 2009, 142, LAG Niedersachsen v. 4.5.2007 – 17 TaBVGa 57/07–, LAGE § 111 BetrVG 2001 Nr. 7, jeweils bejahend.

65 LAG Berlin-Brandenburg v. 8.12.2017 – 6 TaBVGa 1484/17 –, Rn. 157, juris.

arbeitet es nur deutlicher heraus. Denn an der (Teil-)Entwertung des Beratungsrechts ändert auch diese Verfahrensweise nichts.

b) Fortfall des Verfügungsgrundes wegen eines Antrags gem. § 122 InsO?

Der Antrag auf Erlass einer Unterlassungsverfügung kann jedenfalls nicht mit der Einleitung eines Verfahrens nach § 122 InsO ausgehebelt werden. Zwar ist das Verfahren der gerichtlichen Ersetzung gegenüber der Einigung über den Interessenausgleich vorgreiflich, die Durchführung des Verfahrens setzt aber die ordnungsgemäße Unterrichtung des Betriebsrates voraus. Da und soweit diese streitig ist, ist die Abweisung des § 122 InsO-Antrags ein möglicher Ausgang des Verfahrens, somit die Durchführung des Verfahrens nach §§ 111 f. BetrVG nicht ausgeschlossen, so dass der Verfügungsgrund nicht schon wegen des § 122 InsO-Antrags entfällt. Dies tut er erst, wenn im Verfahren nach § 122 InsO die ordnungsgemäße Unterrichtung festgestellt ist.

V. Ausblick

Das Betriebsverfassungsrecht bleibt für das Insolvenzverfahren sperrig. Die Sperrigkeit ist unvermeidlich, sie rechtfertigt sich aus dem existentiellen Risiko, das die Insolvenz auch für den Arbeitnehmer bedeutet. Er sitzt mit im leckgeschlagenen Boot. So gesehen ist das arbeitgeberische Risiko der Betriebsverfassungswidrigkeit ein Ausgleich für das arbeitnehmerische Risiko der Insolvenz.

Insolvenzarbeitsrecht – one more thing!

Rechtsanwalt Dr. Tobias Polloczek, CMS Hasche Sigle, Frankfurt am Main

I. Einführung[1]

Zwischen einem insolventen Unternehmen und seinen Mitarbeitern bestehende Arbeitsverhältnisse bleiben von der Eröffnung des Insolvenzverfahrens im Ausgangspunkt unberührt: Aus § 108 Abs. 1 S. 1 InsO ergibt sich, dass Dienst- und Arbeitsverhältnisse des Schuldners insoweit mit Wirkung

1 Dieser Beitrag wurde auf Grundlage des gehaltenen Vortrags verfasst. Frau Victoria Alekseeva danke ich herzlich für ihre Unterstützung.

für die Masse fortbestehen. Nach der für den arbeitsrechtlichen Praktiker maßgeblichen Auffassung des BAG und der herrschenden Meinung übt dabei der Insolvenzverwalter für die Dauer des Regelinsolvenzverfahrens die *Funktion* des Arbeitgebers aus.[2] Vertragsarbeitgeber bleibt indes auch in der Insolvenz der – allerdings wegen des Eintritts des Insolvenzverwalters in die Arbeitgeberstellung nicht mehr handlungsfähige – Schuldner. Bei der Eigenverwaltung gehen die Arbeitgeberbefugnisse dagegen nicht auf den Insolvenzverwalter über. Sie verbleiben bei dem Insolvenzschuldner.[3] Insolvenzverwalter bzw. Schuldner sind dabei an den jeweils bestehenden arbeitsrechtlichen "status quo" gebunden. Sie müssen – one more thing – auch in der besonderen Situation der Insolvenz die arbeitsrechtlichen Vorgaben beachten.

Gleichzeitig ist der Bestand von Arbeitsverhältnissen regelmäßig ab Antragstellung, insbesondere aber in einem eröffneten Insolvenzverfahren, in höchstem Maße gefährdet. Die Gründe hierfür sind stark von der konkreten Insolvenzsituation abhängig.

Die Auflösung des skizzierten Spannungsfeldes zwischen Fortbestand der Arbeitsverhältnisse und Geltung des Arbeitsrechts einerseits und den insolvenzrechtlichen Gegebenheiten andererseits ist Aufgabe der Bestimmungen des Insolvenzarbeitsrechts, wie sie – als arbeitsrechtliche Sonderregelungen für den Fall der Arbeitgeberinsolvenz – insbesondere in den §§ 108, 113-128 InsO enthalten sind.

In diesem Beitrag sollen im Sinne eines Rundgangs durch das Insolvenzarbeitsrecht einige praxisrelevante Bestimmungen sowie die jüngste Rechtsprechung hierzu dargestellt und eingeordnet werden. Zunächst ist dabei auf wichtige Entscheidungen zu den §§ 108, 113-128 InsO einzugehen. Anschließend wird die Behandlung bestimmter Vergütungsansprüche im Insolvenzfall erörtert.

2 Zuletzt BAG, NZI 2014, 324, 325; vgl. auch GmS-OGB, NJW 2011, 1211, 1213; aus der Literatur etwa Schmidt/*Sternal*, Insolvenzordnung, 2016, § 80 Rn. 67. Zu dem Theorienstreit hinsichtlich der dogmatischen Einordnung vgl. MüKoInsO/*Ott/Vuia*, Band 2, 2013, § 80 Rn. 26 ff.

3 BAG, NZA 2017, 995, 997; BAG, NZA 2016, 102, 107; Gottwald/*Bertram*, Insolvenzrechts-Handbuch, 2015, § 104 Rn. 7; MüKoInsO/*Caspers* (Fn. 2), Vor §§ 113-128 InsO Rn. 23; Röger/*Lau/Schlicht*, Insolvenzarbeitsrecht, 2018, § 2 Rn. 143.

II. Insolvenzarbeitsrechtliche Grundlagen

Ziel der arbeitsrechtlichen Sonderregelungen der InsO ist die Schaffung eines angemessenen Ausgleichs zwischen den Interessen der Arbeitnehmer und denen der übrigen Gläubiger.[4] Ein solcher Interessenausgleich ist erforderlich, weil Arbeits- und Insolvenzrecht unterschiedliche Anliegen im Blick haben. Während die Regelungen des nationalen Arbeitsrechts insbesondere das Ziel eines umfassenden Arbeitnehmerschutzes verfolgen, bezweckt das Insolvenzrecht im Gläubigerinteresse die bestmögliche Schuldenregulierung und Haftungsverwirklichung.[5] Spezialgesetzliche Konfliktlösungsmechanismen gibt es nicht. Hinsichtlich des Verhältnisses von Arbeits- und Insolvenzrecht gilt insofern, dass auch im Insolvenzverfahren grundsätzlich die allgemeinen Regelungen des Arbeitsrechts anzuwenden sind.[6] Nur in den Bereichen, in denen der Gesetzgeber den Interessen der Insolvenzgläubiger den Vorrang einräumt, kommen die Sondervorschriften der §§ 113 bis 128 InsO zur Anwendung[7] und überlagern das außerhalb der Insolvenzordnung geltende Arbeitsrecht.

Nach § 279 S. 1 InsO sind die arbeitsrechtlichen Sonderregelungen auch bei der Eigenverwaltung anzuwenden. Die Eigenverwaltung ist, wie eingangs erwähnt, insoweit dadurch gekennzeichnet, dass die Verwaltungs- und Verfügungsbefugnis nicht auf den Insolvenzverwalter übergeht, sondern beim Schuldner verbleibt.[8] Dies bedeutet für den hiesigen Kontext insbesondere, dass das schuldnerische Unternehmen weiterhin Arbeitgeber mit allen damit verbundenen Rechten und Pflichten bleibt.[9] Dabei ist jedoch zu berücksichtigen, dass der Insolvenzschuldner nach § 279 S. 2 InsO gehalten ist, seine Rechte im Einvernehmen mit dem Sachwalter auszuüben. Von den arbeitsrechtlichen Möglichkeiten der §§ 122, 124 und 126 InsO kann er gemäß § 279 S. 3 InsO sogar nur mit

4 BT-Drucks. 12/7302, S. 169; *Bertram* (Fn. 3), § 104 Rn. 2; MüKoInsO/*Caspers* (Fn. 2), Vor §§ 113-128 InsO Rn. 4.

5 Vgl. MüKoInsO/*Caspers* (Fn. 2), Vor §§ 113-128 InsO Rn. 1.; vgl. auch Beck/Depré/*Depré/Heck*, Praxis in der Insolvenz, 2017, § 27 Rn. 1; ErfK/*Müller-Glöge*, 2018, Einf. zu §§ 113-128 InsO Rn. 2.

6 Vgl. hierzu BAG, NZA 2013, 797, 799; BAG, NZA 2004, 220, 221.

7 *Bertram* (Fn. 3), § 104 Rn. 8 ff.; MüKoInsO/*Caspers* (Fn. 2), Vor §§ 113-128 InsO Rn. 4; *Depré/Heck* (Fn. 5), § 27 Rn. 2.

8 Beck/Depré/*Beck/Lebmeier* (Fn. 5), § 44 Rn. 12; Bork/Hölzle/*Hölzle*, Handbuch Insolvenzrecht, 2014, Kap. 4 Rn. 36; Nerlich/Römermann/*Riggert*, Insolvenzordnung, 2018, § 270 Rn. 2.

9 *Bertram* (Fn. 3), § 104 Rn. 7; MüKoInsO/*Caspers* (Fn. 2), Vor §§ 113-128 InsO Rn. 23; *Lau/Schlicht* (Fn. 3), § 2 Rn. 143.

der Zustimmung des Sachwalters wirksam Gebrauch machen. Die Zustimmung ist hier tatsächlich Wirksamkeitserfordernis für die Rechtsausübung.[10] Hintergrund dieser Einschränkung ist, dass die dort in Bezug genommenen Handlungen als besonders bedeutsame Maßnahmen angesehen werden, die typischerweise weitreichende Folgen für eine Vielzahl von Arbeitnehmern[11] haben.[12]

III. Insolvenzarbeitsrecht im Lichte der aktuellen Rechtsprechung

1. Kündigungsfristen in der Insolvenz

§ 113 S. 2 InsO bestimmt, dass die Kündigungsfrist in der Insolvenz sowohl für eine Kündigung durch den Insolvenzverwalter als auch für eine Kündigung durch den Arbeitnehmer maximal drei Monate zum Monatsende beträgt. Dies gilt wegen § 113 S. 1 InsO ohne Rücksicht auf eine vereinbarte Vertragsdauer oder auf einen vereinbarten Kündigungsausschluss. Besonders praxisrelevant ist indes die Durchbrechung längerer gesetzlicher oder tariflicher Kündigungsfristen.[13] Ziel von § 113 InsO ist dabei die Beschleunigung notwendiger Kündigungen im Insolvenzverfahren und eine dadurch zu erreichende Begrenzung der Kostenbelastung der Insolvenzmasse.[14]

10 BAG, NZI 2017, 577, 578; BAG, NZI 2015, 1041, 1046; BT-Drs. 12/2443, S. 225.

11 Gemeint sind Beschäftigte jeder Geschlechtsidentität. Lediglich der leichteren Lesbarkeit halber wird künftig bei allen Bezeichnungen nur noch die grammatikalisch männliche Form verwendet.

12 Vgl. auch MüKoInsO/*Tetzlaff/Kern*, Band 3, 2014, § 279 Rn. 2; Schmidt/*Undritz*, Insolvenzordnung, 2016, § 279 Rn. 3.

13 Vgl. zu den Fallgruppen insoweit etwa *Zwanziger*, Arbeitsrecht der Insolvenzordnung, 2015, § 113 InsO Rn. 14 ff.; Andres/Leithaus/*Andres*, Insolvenzordnung, 2014, § 113 Rn. 23; Henssler/Willemsen/Kalb/*Annuß*, Arbeitsrecht Kommentar, 2018, § 113 InsO Rn. 8.

14 BAG, NJOZ 2009, 60, 66; BAG ZIP 2007, 1875, 1876; Däubler/Hjort/Schubert/Wolmerath/*Markowski*, Arbeitsrecht Handkommentar, 2017, § 113 InsO Rn. 4; ErfK/*Müller-Glöge* (Fn. 5), § 113 InsO Rn. 1.

a) § 113 InsO in der Eigenverwaltung

Aus dem Verweis in § 279 S. 1 InsO folgt, dass § 113 InsO in den Fällen der Eigenverwaltung Anwendung findet.[15] Hier stellt sich indes die Frage, ob dies auch gilt, sofern sich der Schuldner, ggf. in Kenntnis der bevorstehenden Verfahrenseröffnung, zunächst für die Begründung von Arbeitsverhältnissen mit längerer Kündigungsfrist entscheidet, sich nach Verfahrenseröffnung aber auf die Frist des § 113 S. 2 InsO beruft.[16] Für eine Einschränkung wird vorgebracht, dass sich ein eigenverwaltender Schuldner, der die Umstände der wirtschaftlichen Krise in der Regel kennt und sich trotzdem zur Eingehung eines neuen Arbeitsverhältnisses mit entsprechender Kündigungsfrist entschließt, widersprüchlich im Sinne des Verbots von venire contra factum proprium verhält, wenn er den Arbeitsvertrag im Anschluss unter den erleichterten Bedingungen des § 113 InsO beenden will.[17] Das BAG ist dem nicht gefolgt. Im Grundsatz verstößt ein eigenverwaltender Schuldner also gerade nicht deshalb gegen die Prinzipien von Treu und Glauben, wenn er vor Verfahrenseröffnung arbeitsvertragliche Zusagen erteilt, sich aber nach Verfahrenseröffnung hinsichtlich der Beendigung des Arbeitsvertrages auf § 113 InsO beruft.[18] Die Begründung des BAG ist überzeugend: Der Gesetzgeber hat bei der Ausgestaltung der Eigenverwaltung kein besonderes materielles Insolvenzarbeitsrecht eingeführt, sondern den Gleichlauf mit dem Regelfall des fremdverwalteten Verfahrens vorgesehen. Da bei der Eigenverwaltung der Schuldner unter Beibehaltung aller Arbeitgeberbefugnisse an die Stelle des Insolvenzverwalters tritt, ist es konsequent, dass auch die Wahrnehmung des Kündigungsrechts bei ihm verbleibt. Aus diesem Grund ist es dem eigenverwaltenden Schuldner gestattet, mit der Frist des § 113 S. 2 InsO zu kündigen.[19] Eine Berufung des Gekündigten auf § 242 BGB dürfte im Lichte der Leitlinien des BAG hierzu[20] allenfalls in extremen Ausnahmefällen in Betracht kommen.

15 BAG, NZA 2017, 995, 997; BeckOK InsO/*Gossack*, 2018, § 113 Rn. 11; *Markowski* (Fn. 14), § 113 InsO Rn. 4.

16 So etwa *Kraft/Lambrecht*, NZI 2015, 639, 642.

17 *Kraft/Lambrecht*, NZI 2015, 639, 642; *Kraft/Lambrecht*, NZI 2017, 577, 582.

18 BAG, NZA 2017, 995, 997 f.

19 BAG, NZA 2017, 995, 997.

20 Vgl. etwa BAG, NJW 2016, 2972, 2974; BAG, NZA-RR 2015, 272, 276.

b) § 113 InsO bei Kündigungen vor Dienstantritt

In der bereits erwähnten Entscheidung[21] hat das BAG ferner die Frage bejaht, ob § 113 InsO auch auf Kündigungen anzuwenden ist, die vor Antritt des Arbeitsverhältnisses ausgesprochen worden sind. Begründet wird dies zunächst damit, dass § 113 InsO keine Einschränkung dahingehend enthält, dass die erleichterte Kündigungsmöglichkeit nur für ein "angetretenes Dienstverhältnis" gilt.[22] Im Gegenteil, § 113 S. 1 InsO sieht gerade die Möglichkeit zur Kündigung ohne Rücksicht auf eine vereinbarte Vertragsdauer oder einen Kündigungsauschluss vor.[23] Nach der Auffassung des BAG beginnt die Kündigungsfrist des § 113 S. 2 InsO in den Fällen der Kündigung vor Dienstantritt regulär mit dem Zugang der Kündigungserklärung zu laufen.[24] Eine vor der Insolvenzeröffnung getroffene Vereinbarung der Arbeitsvertragsparteien, nach der die Kündigungsfrist bei einer Kündigung vor Dienstantritt erst ab dem vereinbarten Dienstantritt zu laufen beginnt, soll unbeachtlich sein. Anderenfalls würde eine "vereinbarte Vertragsdauer" im Sinne des § 113 S. 1 InsO vorliegen. Somit sind Insolvenzverwalter bzw. Schuldner in der Eigenverwaltung nicht gehalten, den Lauf der Kündigungsfrist ab dem vereinbarten Zeitpunkt des Dienstantritts abzuwarten.[25]

Der Entscheidung des BAG ist auch insoweit zuzustimmen, denn § 113 InsO differenziert nicht zwischen angetretenen und nicht angetretenen Arbeitsverhältnissen. Ferner ist wertungsmäßig in der Insolvenz kein Raum für eine "Privilegierung" des bereits vor Tätigkeitsbeginn gekündigten Mitarbeiters.

c) § 113 InsO bei langjähriger Abwicklungstätigkeit

§ 113 InsO verbietet dem Insolvenzverwalter nicht, mit einer längeren Frist als der in § 113 S. 2 InsO vorgesehenen zu kündigen.[26] Dies wird

21 BAG, NZA 2017, 995.
22 BAG, NZA 2017, 995, 997.
23 BAG, NZA 2017, 995, 999.
24 BAG, NZA 2017, 995, 999.
25 BAG, NZA 2017, 995, 1000.
26 BAG, NZA 2014, 897, 899; vgl. insoweit auch BAG, NZA 2016, 102, 105; *Bissels/Schroeders*, NZI 2016, 849, 850; Jaeger/*Giesen*, Kommentar zur Insolvenzordnung, 2014, § 113 Rn. 76.

insbesondere praxisrelevant, wenn (einzelne) Arbeitnehmer noch zu Abwicklungsarbeiten benötigt werden[27] (wobei in einem solchen Fall nach dem KSchG auch nicht zu einem früheren Termin wirksam betriebsbedingt gekündigt werden könnte).

Bisher nicht Gegenstand einer höchstrichterlichen Entscheidung ist, ob der Anwendungsbereich des § 113 InsO bei langjährigen Abwicklungstätigkeiten überhaupt noch eröffnet ist. Hierzu hat das ArbG Kiel die Auffassung vertreten, dass bei einer über zehn Jahre währenden Befassung mit Abwicklungsarbeiten kein Raum für die Anwendung des § 113 S. 2 InsO sei.[28] Begründet wird dies mit dem Sinn und Zweck der Kündigungserleichterung nach § 113 InsO, der darin bestünde, die Sanierung von insolventen Unternehmen durch einen beschleunigten Personalabbau zu befördern.[29] Die Entscheidung des ArbG Kiel ist im Schrifttum auf Kritik gestoßen.[30] Richtigerweise verbleibt es auch bei langjährigen Abwicklungsarbeiten bei der Kündigungsfrist des § 113 S. 2 InsO. Neben dem insoweit uneingeschränkten Wortlaut der Vorschrift ist zu bedenken, dass der weitere Zweck des § 113 S. 2 InsO – Schutz der Insolvenzmasse – nicht etwa aufgrund von Zeitablauf an Bedeutung verliert.[31] Eine teleologische Reduktion von § 113 S. 2 InsO kommt daher auch bei langähriger Abwicklungsarbeit nicht in Betracht.

d) § 113 InsO und nach Verfahrenseröffnung begründete Arbeitsverhältnisse bzw. verlängerte Befristungen

Nicht Gegenstand der höchstrichterlichen Rechtsprechung ist bisher auch, ob § 113 S. 2 InsO auf solche Arbeitsverhältnisse anwendbar ist, die der Insolvenzverwalter selbst nach der Eröffnung des Insolvenzverfahrens neu begründet hat. Ebenfalls ungeklärt ist die durchaus praxisrelevante Frage, wie sich eine Verlängerung von befristeten Arbeitsverhältnissen nach Verfahrenseröffnung zu § 113 InsO verhält. Gegen eine Anwendbarkeit der

27 Vgl. BAG, NZA 2014, 897, 899; *Bissels/Schroeders*, NZI, 2016, 849, 850; *Giesen* (Fn. 26), § 113 Rn. 76.
28 ArbG Kiel, NZI 2016, 849, 850.
29 ArbG Kiel, NZI 2016, 849, 850.
30 *Gossak* (Fn. 15), § 113 InsO Rn. 11a; Tschöpe/*Schulte*, Arbeitsrecht Handbuch, 2017, Teil 3, I. Kündigungsschutz in der Insolvenz, Rn. 26c.
31 Vgl. auch *Gossak* (Fn. 15), § 113 InsO Rn. 11a; *Schulte* (Fn. 30), Kündigungsschutz in der Insolvenz, Rn. 26c.

Norm kann in beiden Fällen eingewandt werden, dass der Regelungszweck des § 113 InsO bei Neueinstellungen oder Verlängerungen von befristeten Verträgen nach der Verfahrenseröffnung nicht betroffen sei.[32] Beide Konstellationen sind dadurch geprägt, dass der Insolvenzverwalter den Arbeitsanfall sowie die wirtschaftliche Leistungsfähigkeit bei der Einstellung neuer Arbeitnehmer oder dem Angebot von befristeten Arbeitsverträgen an bereits tätige Arbeitnehmer zumindest ein Stück weit überschauen kann. Da er in diesem Fall die Insolvenzmasse bewusst belaste, wird von Teilen der Literatur eine teleologische Reduktion von § 113 InsO erwogen.[33] Dagegen hat das LAG Berlin-Brandenburg die Auffassung vertreten, dass die Kündigungsfrist des § 113 InsO auch auf Arbeitsverhältnisse anzuwenden ist, die durch den Insolvenzverwalter neu begründet worden sind.[34] Das LAG Berlin-Brandenburg führt diesbezüglich an, dass der Wortlaut des § 113 InsO nicht hinsichtlich des Zeitpunkts der Begründung des Arbeitsverhältnisses differenziert.[35] Zudem komme der Regelungszweck des § 113 InsO auch bei den durch den Insolvenzverwalter neu begründeten Arbeitsverhältnissen zur Geltung.[36] Die Gegenauffassung, die auf die Überschaubarkeit des Arbeitskräftebedarfs nach der Verfahrenseröffnung abstellt, berücksichtigt aus Sicht des LAG Berlin-Brandenburg nicht, dass eine Sanierung sich über Jahre sowie unter einem wechselhaften und nicht von vornherein vorhersehbaren Bedarf an Arbeitskräften hinziehen kann.[37] In der Praxis dürfte bei der Neueinstellung von Arbeitnehmern die Vereinbarung einer kürzeren Kündigungsfrist als der des § 113 S. 2 InsO üblich sein. Dies ist jedoch nicht zwingend, etwa wenn der Arbeitnehmer mit prognostisch langlaufenden Abwicklungsarbeiten zu betrauen ist. Nach hiesiger Auffassung muss es insoweit auch dann bei der Anwendbarkeit von § 113 InsO verbleiben, wenn der Insol-

32 In der Literatur wird, soweit ersichtlich, nur die Problematik des Abschlusses von Arbeitsverträgen nach Verfahrenseröffnung diskutiert, vgl. etwa Schmidt/*Ahrens* (Fn. 12), § 113 Rn. 5; Nerlich/Römermann/*Hamacher* (Fn. 8), § 113 Rn. 35a; *Markowski* (Fn. 14), § 113 InsO Rn. 5.

33 Vgl. für die Konstellation der Einstellung nach Verfahrenseröffnung Schmidt/*Ahrens* (Fn. 12), § 113 Rn. 5; Nerlich/Römermann/*Hamacher* (Fn. 8), § 113 Rn. 35; *Markowski* (Fn. 14), § 113 InsO Rn. 5; *Zwanziger* (Fn. 13), § 113 Rn. 6.

34 LAG Berlin-Brandenburg, ZIP 2007, 2002, 2002; so auch *Giesen* (Fn. 26), § 113 Rn. 57; ErfK/*Müller-Glöge* (Fn. 5), § 113 InsO Rn. 5; Uhlenbruck/*Zobel*, Insolvenzordnung, 2015, § 113 Rn. 9.

35 LAG Berlin-Brandenburg, ZIP 2007, 2002, 2003.

36 LAG Berlin-Brandenburg, ZIP 2007, 2002, 2003.

37 LAG Berlin-Brandenburg, ZIP 2007, 2002, 2003.

venzverwalter erst nach Verfahrenseröffnung Arbeitsverträge mit Wirkung für die Masse abschließt oder verlängert. Führt man sich vor Augen, dass die §§ 113-128 InsO einen Ausgleich zwischen Arbeitnehmerschutz und dem Grundsatz der bestmöglichen Gläubigerbefriedigung/Masseschutz intendieren, bleibt kein Raum für eine im Widerspruch zum Wortlaut stehende Auslegung der Norm. Hinzu kommt, dass der Ansatz der Gegenauffassung – der Insolvenzverwalter könnte den Beschäftigungsbedarf präzise einschätzen – auf eher praxisfernen, jedenfalls nicht verallgemeinerungsfähigen, Annahmen beruht.

e) § 113 S. 3 InsO bei Beendigung aufgrund Prozessvergleichs

Kündigt der Insolvenzverwalter das Arbeitsverhältnis mit der kurzen insolvenzarbeitsrechtlichen Frist, steht dem Arbeitnehmer nach § 113 S. 3 InsO als Insolvenzgläubiger ein verschuldensunabhängiger Anspruch auf Schadensersatz wegen der vorzeitigen Beendigung des Arbeitsverhältnisses zu (sog. Verfrühungsschaden). Eine Frage, die die Praxis – auch vor dem Hintergrund der regelmäßig komplexen Schadensberechnung einerseits und dem häufig geringen wirtschaftlichen Wert von Insolvenzforderungen andererseits – immer wieder beschäftigt, ist die nach dem Ausschluss von § 113 S. 3 InsO:

§ 113 S. 3 InsO ist nicht anzuwenden, sofern das Arbeitsverhältnis durch Aufhebungsvertrag[38] oder Eigenkündigung[39] beendet wird. Aber auch ein Vergleich im Kündigungsschutzprozess dergestalt, dass das Arbeitsverhältnis infolge der Kündigung des Verwalters erst zu einem Zeitpunkt *nach* Ablauf der Frist des § 113 S. 2 InsO endet, schließt den Anspruch auf Schadensersatz grundsätzlich aus.[40] Das BAG begründet dies zutreffend damit, dass die Parteien mit einem solchen Prozessvergleich materiell-rechtlich einen Aufhebungsvertrag abschließen, welcher als neuer Beendigungstatbestand an die Stelle der Kündigung tritt und diese gegenstandslos werden lässt.[41]

38 BAG, ZIP 2007, 1875, 1875.

39 So auch Schmidt/*Ahrens* (Fn. 12), § 113 Rn. 58; ErfK/*Müller-Glöge* (Fn. 5), § 113 InsO Rn. 16.

40 Vgl. den Fall von BAG, NZA 2016, 573, 574.

41 BAG, NZA 2016, 573, 574.

Bisher nicht geklärt ist dagegen, ob ein Anspruch nach § 113 S. 3 InsO auch ausgeschlossen ist, sofern bei einem im Kündigungsrechtsstreit abgeschlossenen – insoweit "masseneutralen" – Vergleich eine Einigung auf den Termin der Kündigung im Rahmen der Höchstfrist des § 113 InsO erfolgt. Hier wird es entscheidend auf die genauen Formulierungen in dem Vergleich ankommen. Sofern dort, wie regelmäßig, formuliert wird, dass das Arbeitsverhältnis aufgrund der Kündigung zu einem Datum endet, welches dem von § 113 InsO vorgesehenen Termin entspricht, kann in dem Vergleich ohne Hinzutreten besonderer Umstände wohl keine Änderung des Schuldverhältnisses gesehen werden. Eine solche Konstellation entspricht einer Regelung über Abwicklungsmodalitäten. Somit bleibt es in diesem Fall bei dem Beendigungstatbestand der Kündigung mit der Folge, dass ein Schadensersatzanspruch nach § 113 S. 3 InsO nicht ausgeschlossen wird.

2. Freistellung von der Arbeitspflicht

Aus der Arbeitgeberfunktion folgt, dass der Insolvenzverwalter berechtigt sein kann, Mitarbeiter freizustellen. Umstritten ist dabei, ob ihm ein "insolvenzspezifisches Freistellungsrecht" zukommt. Zum Teil wird dies aus der insolvenzrechtlichen Systematik, wonach sich der Rang von Forderungen bei Masseunzulänglichkeit danach richtet, ob freigestellt wird oder nicht, abgeleitet.[42] Demgegenüber wird von weiten Teilen der Literatur eingewandt, dass die InsO keine Regelung zur Zulässigkeit von Freistellungen trifft.[43] Jüngst hat sich auch das LAG Hessen gegen ein insolvenzspezifisches Freistellungsrecht ausgesprochen.[44] Die besseren Argumente sprechen in der Tat gegen ein solches spezifisches Freistellungsrecht: Zum einen beinhalten die §§ 113-128 InsO keine Sonderregelung, da die §§ 55 Abs. 2, 209 Abs. 2 Nr. 3 InsO lediglich das Schicksal von Vergütungsansprüchen regeln. Daher und insbesondere im Lichte der grundrechtlichen Dimension des Beschäftigungsanspruchs[45] müssen auch in der Insolvenzsituation insoweit die allgemeinen Voraussetzungen für eine arbeitgeber-

42 LAG Niedersachen, BeckRS 2016, 66455, Rn. 49; LAG Nürnberg, NZA-RR 2006, 151, 151; LAG Hamm, NZA-RR 2001, 654, 655.

43 Vgl. etwa *Bertram* (Fn. 3), § 104 Rn. 34; *Wroblewski*, NJW 2011, 347, 348; *Zwanziger* (Fn. 13), Einführung, Rn. 134 mit weiteren Nachweisen.

44 LAG Hessen, NZI 2017, 902, 904 (mit Anmerkung *Fuchs*).

45 BAG, ZIP 1985, 1214, 1217.

seitige Freistellung vorliegen. In diesem Sinne liegen allerdings bei einem reduzierten oder vollständig fehlenden Beschäftigungsbedarf regelmäßig die Voraussetzungen für die Wirksamkeit entsprechender Freistellungen vor.[46]

3. Übertragende Sanierung und Unionsrecht

Die unionsrechtliche Dimension der Frage des Übergangs von Arbeitsverhältnissen bei übertragender Sanierung hat zuletzt den EuGH beschäftigt.[47] Ausgangspunkt hierfür war das sog. pre-pack-Verfahren in den Niederlanden: Vereinfacht gilt, dass dabei bereits im Vorfeld eines Insolvenzantrags, unter Einbeziehung des künftigen Verwalters, ein "pre-pack" ausgehandelt und unmittelbar nach Verfahrenseröffnung vollzogen wird.[48] Hierzu kann auch gehören, dass der Verwalter sogleich Kündigungen ausspricht und gekündigten Mitarbeitern anbietet, neue Arbeitsverträge mit dem Erwerber abzuschließen. Im Fall "Federatie Nederlandse Vakvereniging u. a./Smallsteps BV"[49] haben sich einige der Arbeitnehmerinnen, die keine neuen Angebote erhalten hatten, gegen die Kündigung gewandt. Die Klägerinnen waren der Auffassung, dass ihre Arbeitsverhältnisse entsprechend der Vorgaben der Richtlinie 2001/23/EG des Rates vom 12. März 2001 zur Angleichung der Rechtsvorschriften der Mitgliedstaaten über die Wahrung von Ansprüchen der Arbeitnehmer beim Übergang von Unternehmen, Betrieben oder Unternehmens- oder Betriebsteilen zu unveränderten Bedingungen auf den Erwerber übergegangen sind. Das angerufene Gericht setzte das Verfahren aus und legte dem EuGH die Frage vor, ob der durch Artikel 3 und 4 der Richtlinie 2001/23/EG gewährleistete Schutz der Arbeitnehmer im Rahmen eines pre-pack-Verfahrens erhalten bleiben muss oder ob der Schutz wegen Eingreifens der insolvenzbedingten Ausnahme des Artikel 5 der Richtlinie 2001/23/EG zu versagen ist.[50] Artikel 3 und 4 der Richtlinie 2001/23/EG sehen vor, dass die mit dem Veräußerer bestehenden Arbeitsverhältnisse bei einem Betriebsübergang zu gleichen Bedingungen auf den Erwerber übergehen und dass Kündi-

46 *Andres* (Fn. 13), § 113 Rn. 39; *Bertram* (Fn. 3), § 104 Rn. 34.
47 EuGH, ZIP 2017, 1289.
48 Näher dazu *Zanten*, NZI 2018, 144 ff.; vgl. auch *Bothe*, ZIP, 2017, 2441, 2442; *Paulus*, EWiR 2017, 467, 467.
49 EuGH, ZIP 2017, 1289, 1290.
50 EuGH, ZIP 2017, 1289, 1290.

gungen, die auf den Betriebsübergang als solchen gestützt werden, unzulässig sind. Diese Schutzbestimmungen finden jedoch – sofern die Mitgliedstaaten nichts anderes vorsehen – unter den Voraussetzungen von Artikel 5 der Richtlinie 2001/23/EG auf insolvente Veräußerer keine Anwendung. Das niederländische Recht ordnete insoweit ausdrücklich an, dass die Schutzbestimmungen zugunsten der Arbeitnehmer nicht zur Anwendung gelangen, wenn der Übergang im Rahmen eines Insolvenzverfahrens erfolgt.[51] Der EuGH setzte sich mit der Frage auseinander, ob die Nichtanwendbarkeit der Arbeitnehmerschutzbestimmungen auch im Rahmen des verfahrensgegenständlichen pre-pack-Verfahrens in den Niederlanden, durch Artikel 5 der Richtlinie 2001/23/EG gerechtfertigt ist. Hierzu subsumierte der EuGH das pre-pack-Verfahren unter die Tatbestandsvoraussetzungen dieser Vorschrift. Artikel 5 der Betriebsübergangsrichtlinie setzt kumulativ zu der Eröffnung des Insolvenzverfahrens voraus, dass das Verfahren "mit dem Ziel der Auflösung des Vermögens" und "unter der Aufsicht einer zuständigen öffentlichen Stelle" eröffnet wird. Der EuGH kam zu dem Ergebnis, dass das pre-pack-Verfahren gerade nicht in den Anwendungsbereich der Insolvenzausnahmevorschrift falle. Dieses Verfahren sei nicht auf die Vermögensauflösung, sondern auf die Geschäftsfortführung gerichtet. Ferner stünde das Verfahren – zumindest in der Phase, die der Verfahrenseröffnung vorausgeht – nicht unter der Aufsicht einer öffentlichen Stelle.[52]

Trotz der fehlenden unmittelbaren Auswirkungen auf das deutsche Insolvenzarbeitsrecht ist die Entscheidung des EuGH auch für die nationale Sanierungspraxis im Blick zu behalten. Sofern § 613a BGB vom Gesetzgeber für den Sanierungskontext angepasst würde, dürfte nach derzeitigem Stand des europäischen Arbeitsrechts ein Betriebsübergang aus einem Sanierungs- oder Eigenverwaltungsverfahren wohl nicht von den Vorgaben der Richtlinie befreit werden, da diese Verfahrensarten gerade die Unternehmensfortführung intendieren. Dass das Urteil dabei in einem klaren Spannungsverhältnis zu dem Richtlinienentwurf zur Einführung eines prä-

51 EuGH, ZIP 2017, 1289, 1289.
52 EuGH, ZIP 2017, 1289, 1291 f.

ventiven Restrukturierungsrahmens[53] steht, wurde bereits zutreffend angemerkt.[54] Für die Sanierungspraxis bleibt zumindest zu hoffen, dass im weiteren Verlauf des Rechtssetzungsprozesses auf europäischer Ebene eine Synchronisierung der Förderung von Unternehmenssanierungen und dem Arbeitnehmerschutz nach der Richtlinie 2001/23/EG erreicht wird.

4. Betriebsänderung; Rechtsschutzbedürfnis im Rahmen von § 122 InsO

"Gerichtliche Zustimmung zur Durchführung einer Betriebsänderung"[55] klingt nach Rechts- und Planungssicherheit. Dennoch fristet § 122 InsO in der Praxis weiter ein Schattendasein.[56] Dies ist wohl vor allem darauf zurückzuführen, dass der den Beteiligten bei Betriebsänderungen zur Verfügung stehende Zeit- und Verhandlungsrahmen im eröffneten Insolvenzverfahren – insbesondere im Hinblick auf die Deckelung von Sozialplänen nach § 123 InsO – regelmäßig stark begrenzt ist. Lehrreich sowohl für das Normverständnis als auch den praktischen Umgang mit § 122 InsO ist hier eine Entscheidung des ArbG Berlin anlässlich der Auseinandersetzungen zwischen Arbeitnehmervertretungen und Arbeitgeberin im Falle der Insolvenz der Fluglinie Air Berlin[57]. Doch der Reihe nach: Ausgangspunkt ist, dass die arbeitsrechtlichen Grundprinzipien, die bei Betriebsänderungen zu beachten sind, in der Insolvenz gelten. Dies bedeutet, dass auch in der Insolvenzsituation vor Beginn einer Betriebsänderung ein regelmäßig zeitintensives Verfahren über den Interessenausgleich vollständig durchgeführt werden muss.[58] Hierzu gehört bei fehlender innerbetrieblicher Einigung, dass der Arbeitgeber, sofern der Betriebsrat dies nicht tut, die Einigungsstelle anruft.[59] Unterbleibt dies, drohen insbesondere Nachteilsaus-

53 Vorschlag für eine Richtlinie des Europäischen Parlaments und des Rates über präventive Restrukturierungsrahmen, die zweite Chance und Maßnahmen zur Steigerung der Effizienz von Restrukturierungs-, Insolvenz- und Entschuldungsverfahren und zur Änderung der Richtlinie 2012/30/EU, COM(2016) 723 final.

54 *Paulus*, EWiR 2017, 467, 468.

55 So die amtliche Überschrift zu § 122 InsO.

56 Vgl. auch Göpfert/*Gossak*, Handbuch Arbeitsrecht in Restrukturierung und Insolvenz, 2013, § 10 Rn. 207.

57 ArbG Berlin, NZI 2018, 222; vgl. auch LAG Berlin-Brandenburg, BeckRS 2017, 140299.

58 BAG, ZIP 1985, 633, 634; BAG, NZA 2005, 237, 238.

59 BAG, ZIP 1985, 633, 634; BAG, NZA 2005, 237, 238.

gleichsanspsprüche nach § 113 Abs. 3 BetrVG und, je nach LAG-Bezirk, Unterlassungsansprüche des Betriebsrats.[60]

Hier setzt § 122 InsO als insolvenzarbeitsrechtliche Besonderheit an. Die Vorschrift intendiert nach allgemeiner Auffassung in der Literatur, dem Insolvenzverwalter bzw. dem sachwaltenden Schuldner eine vergleichsweise schnelle Durchführung von Betriebsänderungen zu ermöglichen.[61]

Dies geschieht nach der Regelung in der Weise, dass der Insolvenzverwalter die gerichtliche Zustimmung zur Durchführung einer Betriebsänderung ohne Befassung einer Einigungsstelle verlangen kann, sofern innerhalb von drei Wochen nach ordnungsgemäßer Unterrichtung des Betriebsrats kein Interessenausgleich zustande kommt. Das Gericht hat gemäß § 122 Abs. 2 InsO die Zustimmung zu erteilen, wenn die wirtschaftliche Lage des Unternehmens auch unter Berücksichtigung der sozialen Belange der Arbeitnehmer erfordert, dass die Betriebsänderung ohne vorheriges Einigungsstellenverfahren durchgeführt wird.

Aus Sicht des ArbG Berlin fehlt indes ein Rechtsschutzbedürfnis für ein Verfahren nach § 122 InsO, sofern eine Betriebsänderung in Form der Betriebsstilllegung bereits – ohne vollständiges Durchlaufen des betriebsverfassungsrechtlichen Prozesses – begonnen wurde. Dies hat das ArbG Berlin sehr ausführlich begründet und insbesondere darauf abgestellt, dass § 122 InsO nicht dazu diene, den Insolvenzverwalter nachträglich vor bereits verwirkten Nachteilsausgleichsansprüchen zu bewahren. Im konkret entschiedenen Fall wurde ein Beginn der Betriebsänderung in diesem Sinne deshalb bejaht, da Air Berlin mit der Kündigung aller Piloten letztlich unumkehrbare Maßnahmen zur Stilllegung des Betriebes Kabinenpersonal ergriffen hatte.[62] Die Entscheidung des ArbG Berlin ist insbesondere vor dem Hintergrund beachtenswert, dass gemäß § 122 Abs. 3 InsO als einziges Rechtsmittel die Rechtsbeschwerde an das BAG zur Verfügung steht. Diese hat das ArbG Berlin nicht zugelassen.[63] Der Beschluss des ArbG Berlin verdeutlicht die immense Relevanz einer präzisen zeitlichen Pla-

60 BeckOK ArbR/*Besgen*, 2018, § 113 BetrVG Rn. 5; zum Streitstand bezüglich des Unterlassungsanspruchs etwa Richardi/*Annuß*, Betriebsverfassungsgesetz, 2018, 16. Auflage, § 111 Rn. 166.

61 Schmidt/*Ahrens* (Fn. 12), § 122 Rn. 1; Braun/*Wolf*, Insolvenzordnung, 2017, § 122 Rn. 1; *Zwanziger* (Fn. 13), § 113 Rn. 1.

62 ArbG Berlin, NZI 2018, 222, 226.

63 ArbG Berlin, NZI 2018, 222, 227.

nung von arbeitsrechtlichen Maßnahmen bei Betriebsänderungen in der Insolvenz.[64] Hieran ändern auch die insolvenzarbeitsrechtlichen Besonderheiten nichts.

5. Qualifizierung von Nachteilsausgleichsansprüchen

Es entspricht der gefestigten Rechtsprechung, dass Ansprüche auf Nachteilsausgleich gemäß § 113 BetrVG Masseverbindlichkeiten nach § 55 Abs. 1 Nr. 1 InsO sind, wenn eine Betriebsänderung nach Eröffnung des Insolvenzverfahrens durchgeführt wird.[65] Bekräftigt wurde vom BAG jüngst, dass der Sanktionscharakter von § 113 BetrVG und das Fehlen einer Regelungslücke eine Begrenzung des Nachteilsausgleichs durch analoge Anwendung von § 123 InsO nicht zulasse.[66] Nach der Auffassung des BAG hat die Bemessung der Abfindungshöhe vielmehr auch in einem Insolvenzkontext unter Berücksichtigung des Lebensalters und der Betriebszugehörigkeit zu erfolgen. Das BAG geht hierbei in Anlehnung an § 1a Abs. 2 KSchG von einem Regelwert von einem halben Bruttomonatsgehalt pro Beschäftigungsjahr aus.[67] Die Insolvenzsituation und die Interessen anderer Gläubiger sind im Rahmen der Ermessensentscheidung der Instanzgerichte über die Abfindungen bei Nachteilsausgleichsansprüchen folglich keine zulässigen Kriterien.

6. Betriebsänderung und Kündigungsschutz

Kündigungsschutzgesetz sowie sämtliche flankierenden arbeitsrechtlichen Regelungen gelten im Grundsatz auch in der Insolvenz, sofern nicht die Vorschriften des Insolvenzarbeitsrechts oder andere Normen[68] Modifikationen vorsehen.[69]

64 Vgl. auch *Krings*, Anmerkung zu ArbG Berlin, NZI 2018, 222, 228.
65 BAG, NZI 2018, 278, 279; BAG, NZI 2004, 99, 100; BAG, NZA 2006, 1122, 1123.
66 BAG, NZI 2018, 278, 281.
67 BAG, NZI 2018, 278, 281.
68 Vgl. insbesondere § 172 SGB IX.
69 *Andres* (Fn. 13), § 113 Rn. 1; *Depré/Heck* (Fn. 5), § 27 Rn. 96.; ErfK/*Müller-Glöge* (Fn. 5) Einf. zu §§ 113-128 InsO Rn. 37.

Durch § 125 InsO werden betriebsbedingte Kündigungen zur Durchführung von Betriebsänderungen in der Insolvenz beschleunigt und erleichtert[70]: Ist eine Betriebsänderung geplant und kommt zwischen Insolvenzverwalter und Betriebsrat ein Interessenausgleich zustande, in dem die Arbeitnehmer, denen gekündigt werden soll, namentlich bezeichnet sind, so wird gemäß § 125 Abs. 1 S. 1 Nr. 1 InsO vermutet, dass die Kündigung durch dringende betriebliche Erforderdnisse bedingt ist. Zudem ist die Sozialauswahl der Arbeitnehmer bei Vorliegen dieser Voraussetzungen gemäß § 125 Abs. 1 S. 1 Nr. 2 Hs. 1 InsO nur im Hinblick auf die Betriebszugehörigkeitsdauer, das Lebensalter und die Unterhaltspflichten und insoweit auch nur auf grobe Fehlerhaftigkeit hin überprüfbar. § 125 Abs. 1 S. 1 Nr. 2 Hs. 2 InsO statuiert, dass bei Erhalt oder Schaffung einer ausgewogenen Personalstruktur die Sozialauswahl nicht als grob fehlerhaft anzusehen ist.

Hierbei besteht zunächst Einigkeit darin, dass dem Insolvenzverwalter durch die Bezugnahme auf die Schaffung bzw. die Erhaltung einer ausgewogenen Personalstruktur die Möglichkeit eröffnet wird, von den sich nach der klassischen Sozialauswahl ergebenden Ergebnissen abzuweichen.[71] Umstritten ist dagegen bereits, was unter "Personalstruktur" zu verstehen ist. Bei eher extensiver Auslegung können neben dem Alter, der Aufteilung in Qualifikations- und Berufsgruppen insbesondere etwa auch Leistungsstärke, Schwerbehindertenquote oder Teilzeitbeschäftigtenanteil darunter gefasst werden.[72] Dem wird zum Teil ein einschränkendes Verständnis gegenüber gestellt, wonach etwa Fehlzeiten bzw. präziser: nach Fehlzeiten differenzierte Arbeitnehmergruppen, kein tauglicher Gesichtspunkt im Rahmen einer Personalstruktur sein könnten.[73] Da einschlägige Entscheidungen des BAG zu der Frage, ob neben dem Lebensalter und der Qualifikation der Arbeitnehmer[74] auch andere Bezugspunkte bei der Schaffung einer ausgewogenen Personalstruktur berücksichtigt werden dürfen, bislang fehlen, ist für die Praxis Vorsicht geboten. In jedem Fall

70 BT-Drucks. 12/2443, S. 149; BAG, NZA 2013, 32, 34; BAG, NZA 2012, 817, 822.

71 Beck/Depré/*Zobel* (Fn. 5), § 28 Rn. 127; Röger/*Hützen* (Fn. 3), § 5 Rn. 264; *Wolf* (Fn. 60), § 125 Rn. 15.

72 Röger/*Hützen* (Fn. 3), § 5 Rn. 265; *Wolf* (Fn. 15), § 125 Rn. 15; *Andres* (Fn. 13), § 125 Rn. 16.

73 Nerlich/Römermann/*Hamacher* (Fn. 8), § 125 Rn. 55; Ascheid/Preis/Schmidt/*Künzl*, § 125 InsO Rn. 26.

74 Diese Bezugspunkte wurden bereits anerkannt: BAG, NZA 2004, 432, 435.

wird nämlich die Frage, ob das von den Betriebsparteien gewählte Konzept auch zu einer ausgewogenen Personalstruktur führt, gerichtlich voll und nicht nur auf grobe Fehlerhaftigkeit überprüfbar sein.[75] Es muss also zumindest konkret nachvollziehbar sein, welche Struktur denn geschaffen werden sollte und warum die wesentlichen Interessen des Falles ordnungsgemäß gegeneinander abgewogen worden sind.[76]

Mit dem LAG Sachsen[77] hat sich nunmehr, soweit ersichtlich, zum ersten Mal ein LAG für ein eher weites Verständnis des Begriffs der Personalstruktur ausgesprochen. Neben Altersstruktur, Ausbildung und Qualifikation könnten, so das LAG Sachsen, unter Personalstruktur auch etwa Leistungen, Fehlzeiten und bestimmte Verhaltensweisen gefasst werden.[78] Neben dem sprachlich weiten Begriff der Personalstruktur spricht für die Sichtweise des LAG Sachsen auch nach hiesiger Auffassung, dass der Gesetzgeber von einem "funktions- und wettbewerbsfähigen Arbeitnehmerteam" spricht.[79] Es bleibt indes abzuwarten, ob das BAG sich dem anschließt; das Revisionsverfahren wurde jedoch durch Vergleich erledigt, so dass nicht mit einer kurzfristigen höchstrichterlichen Klärung gerechnet werden kann.

IV. Arbeitnehmervergütung und ihre Qualifizierung

Bekanntlich gibt es, grob gesagt, zwei Forderungsklassen: Masseverbindlichkeiten und Insolvenzforderungen. Häufig sind nur die Masseverbindlichkeiten werthaltig (Schnittinsolvenzquote 2016 bei Unternehmensinsolvenzen: 4,1 %[80]). Die wesentliche Zäsur ist der Zeitpunkt der Eröffnung des Insolvenzverfahrens. Die Zuordnung erfolgt dabei grundsätzlich nach dem Zeitpunkt der Entstehung der Forderung, also der rechtlichen Be-

75 Vgl. auch Henssler/Willemsen/Kalb/*Annuß* (Fn. 13), § 125 InsO Rn. 12; Nerlich/Römermann/*Hamacher* (Fn. 8), § 125 Rn. 56.

76 Vgl. Nerlich/Römermann/*Hamacher* (Fn. 8), § 125 Rn. 58; *Künzl* (Fn. 72), § 125 InsO Rn. 27; *Wolf* (Fn. 60), § 125 Rn. 15.

77 LAG Sachsen, BeckRS 2017, 133768 Rn. 34, 37.

78 LAG Sachsen, BeckRS 2017, 133768 Rn. 37.

79 BT-Drucks. 12/7302 S. 172.

80 Statistisches Bundesamt Pressemitteilung Nr. 113 vom 28.3.2018: https://www.destatis.de/DE/PresseService/Presse/Pressemitteilungen/2018/03/PD18_113_52431.html (zuletzt abgerufen am 17.9.2018).

gründung des Anspruchs. Die Fälligkeit spielt dagegen keine Rolle.[81] In der Praxis kommt es bei Mitarbeiterforderungen immer wieder zu erheblichen Abgrenzungsschwierigkeiten. Hier sind zwei neuere BAG-Entscheidungen von besonderer Bedeutung:

1. Bedeutung des "Schuldrechtsorganismus" für Einstufung

Das BAG hatte jüngst anhand einer etwas speziellen Konstellation – Zahlung aus einem sog. ERA-Anpassungsfonds[82] – Ausführungen von grundsätzlicher Bedeutung getätigt[83]: Im entschiedenen Fall wurde ein Zahlungsanspruch als Insolvenzforderung qualifiziert, obgleich eine schuldrechtliche Anspruchsvoraussetzung nach Verfahrenseröffnung geschaffen wurde. Konkret betraf dies eine erst vom Insolvenzverwalter abgeschlossene Betriebsvereinbarung, die auch notwendig war, um den Zahlungsanspruch überhaupt der Höhe nach bestimmen zu können.[84] Die Begründung des BAG ist lesenswert. Zunächst wird allgemein ausgeführt, dass die Annahme einer Insolvenzforderung bei Vergütungsansprüchen die Regel, die Begründung von Masseverbindlichkeiten systematisch dagegen die Ausnahme sei.[85] In Bezug auf den im Fall gegenständlichen Abschluss der Betriebsvereinbarung und die dadurch ausgelösten Ansprüche auf die Auszahlung, sei der Masse kein Vorteil zugeflossen.[86] Ferner liegt der Argumentation die Wertung zugrunde, dass der Insolvenzverwalter letztlich nichts "begründet" habe, sondern nur den Anspruch auf die Auszahlung "ausgelöst" habe. Der "Schuldrechtsorganismus" habe schon vorher bestanden.[87] Diese Situation sei parallel zu der vom Insolvenzverwalter erklärten Kündigung, die den tariflichen Anspruch auf eine Abfindung oder den Anspruch auf die Rückzahlung eines Eingliederungszuschusses auslöst.[88] Schließlich seien auch der Grundsatz der Verteilungsgerechtigkeit sowie der Einklang mit der steuerrechtlichen Behandlung zu sehen.[89]

81 BAG, ZIP 2018, 589, 590 f.; BGH, ZVI 2011, 408, 409; BGH, ZVI 2005, 364, 365.
82 Zum ERA-Anpassungsfonds im Einzelnen vgl. BAG, ZIP 2018, 589, 590.
83 BAG, ZIP 2018, 589.
84 BAG, ZIP 2018, 589, 592.
85 BAG, ZIP 2018, 589, 591.
86 BAG, ZIP 2018, 589, 592.
87 BAG, ZIP 2018, 589, 591.
88 BAG, ZIP 2018, 589, 592.
89 BAG, ZIP 2018, 589, 592 f.

Kennzeichnend für eine Masseverbindlichkeit ist mithin immer, dass die von der Masse aufzubringende Leistung das Äquivalent für die ihr zufließende Gegenleistung des Mitarbeiters darstellt: Der Anspruch muss nach der Auffassung des BAG daher in einem zumindest teilweise synallagmatischen Verhältnis zur nach Verfahrenseröffnung erbrachten Arbeitsleistung stehen. Dies sei anzunehmen, wenn eine Leistung mit Entgeltcharakter vorliegt, die im weitesten Sinne für die Zeit nach der Insolvenzeröffnung geschuldet ist.[90]

Bei Rechtsgeschäften, die lediglich zur Abwicklung der bereits für den Schuldner begründeten Verpflichtungen erforderlich sind und die keine Mehrung der Masse bewirken, bleibt es somit auch bei bereits bestehendem Schuldrechtsorganismus dabei, dass die Annahme einer Insolvenzforderung die Regel und die Begründung einer Masseverbindlichkeit die Ausnahme darstellt. Der insolvenzrechtlichen Betrachtung gebührt insoweit der Vorrang vor einer rein formalen schuldrechtlichen Sichtweise.

2. Qualifizierung von einmaligen Sonderzahlungen

Auch bei "normalen" Sonderzahlungen bestehen häufig erhebliche Unsicherheiten, ob Insolvenzforderungen oder Masseverbindlichkeiten vorliegen. Hier ist von besonderer Bedeutung, wann der konkrete Anspruch zumindest teilweise entstanden ist. Herkömmlich wird vom BAG nach dem Zweck der Sonderzuwendung unterschieden:[91] Bei zusätzlicher Honorierung einer bestimmten Arbeitsleistung entsteht der Anspruch pro rata temporis. Solche "arbeitsleistungsbezogenen Sonderzuwendungen" sind dann dem Zeitraum zuzuordnen, für den sie als Gegenleistung geschuldet sind. Anders ist dies in der Regel bei "Treueprämien", "Halteprämien" o.ä. Diese sind insolvenzrechtlich dem Zeitraum zuzurechnen, in den der Stichtag fällt.[92] Die entscheidende und oftmals schwierige Frage ist also, ob Vergütungscharakter vorliegt oder nicht. Der Vergütungscharakter ist zu bejahen, wenn die Sonderzahlung an das Erreichen von Zielen gebunden ist. Entsprechende Schadensersatzansprüche, wie sie insbesondere bei fehlen-

90 BAG, ZIP 2018, 589, 592; BAG, ZIP 2014, 37, 40; BAG, ZIP 2013, 1033, 1035.

91 BAG, NZA-RR 2014, 29, 31; BAG, NZA 2013, 273, 274.

92 BAG, NZA-RR 2014, 29, 31; BAG, NZA 2013, 273, 274.

den Zielvereinbarungen häufig sind, sind insolvenzrechtlich wie die ihnen zugrunde liegenden Vergütungsansprüche zu behandeln.[93]

Die hier skizzierten Grundsätze sind vom BAG für die Konstellation der Einordnung von Sonderzahlungen nach angezeigter Masseunzulänglichkeit fortentwickelt worden.[94] In dem zugrunde liegenden Fall machte der Kläger eine Sonderzahlung aus einem Tarifvertrag als Neumasseverbindlichkeit geltend, da sein Arbeitsverhältnis erst ca. einen Monat nach dem maßgeblichen tariflichen Stichtag endete.[95] Das BAG ordnete die Sonderzahlung im konkreten Fall als Sonderzahlung mit "Mischcharakter" ein, da nicht allein die Betriebstreue, sondern auch die konkrete Arbeitsleistung honoriert werden sollte.[96] Allerdings sei für die insolvenzrechtliche Zuordnung nicht die Zwecksetzung, sondern § 209 InsO maßgeblich. Für alle Sonderzahlungen gelte nämlich, dass sie nach Anzeige der Masseunzulänglichkeit nicht vollständig Neumasseverbindlichkeiten seien. Nur der auf die Zeit der Arbeitsleistung nach Anzeige der Masseunzulänglichkeit entfallende anteilige Anspruch sei als Neumasseverbindlichkeit im Sinne von § 209 Abs. 1 Nr. 2, Abs. 2 Nr. 3 InsO zu berichtigen.[97] Zweck der Begünstigung aus § 209 InsO sei es, den Insolvenzverwalter in die Lage zu versetzen, den Betrieb zumindest zeitweise fortzuführen, weshalb sich Neumasseverbindlichkeiten in der Regel dadurch auszeichneten, dass der Insolvenzverwalter diese freiwillig leiste.[98]

In Folge dieser Entscheidung dürften alle Sonderzahlungen nach angezeigter Masseunzulänglichkeit, unabhängig von ihrem jeweiligen Zweck, der "Umgestaltung" nach § 209 InsO unterfallen. Die allgemeinen arbeitsrechtlichen Grundsätze treten in diesem Fall hinter die insolvenzrechtlichen Verteilungsgrundsätze zurück. Die Entscheidung lässt eine Tendenz des BAG erkennen, arbeitsrechtliche Wertungen bei der insolvenzrechtlichen Qualifizierung nicht überzubetonen.[99] Das Urteil ist daher grundlegend und in der Praxis von erheblicher Relevanz.

93 BAG, NZA 2013, 273, 275.
94 BAG, NZA 2017, 779.
95 BAG, NZA 2017, 779, 779 f.
96 BAG, NZA 2017, 779, 781.
97 BAG, NZA 2017, 779, 781.
98 BAG, NZA 2017, 779, 782.
99 So auch *Hess*, EWiR, 2017, 473, 474; *Wilke*, ArbRAktuell 2017, 270, 270; *Windel*, AP InsO § 209 Nr. 7.

3. Exkurs: Ermessensvergütung in der Insolvenz

Während sich die Rechtsprechung, insbesondere des BAG, in zahlreichen Entscheidungen mit der Einstufung von variablen Vergütungsansprüchen befasst hat[100] und auch Ermessensboni die Arbeitsgerichte verschiedentlich beschäftigen[101], ist der "Schnittbereich" noch nicht ausgeleuchtet. So gibt es aktuell keine verlässlichen Leitlinien der Rechtsprechung, wie Ansprüche auf eine Ermessensvergütung einzuordnen und zu bewerten sind, wenn zwischen Erbringung der Arbeitsleistung und der Fälligkeit – häufig nach Abschluss des Geschäftsjahres – das Insolvenzverfahren eröffnet worden ist. Hierzu sollen ein paar Gedanken geäußert werden:

Erste Schwierigkeit ist bereits die Bestimmung des Zeitpunkts der Ermessensentscheidung. Arbeitsrechtliche Prinzipien streiten dafür, dass dies vom Insolvenzverwalter qua Arbeitgeberfunktion zum "normalen Termin" geschieht. Aus Sicht der Insolvenzgläubiger (ggf. gerade auch der Arbeitnehmer) wird dagegen häufig erst zu einem späten Zeitpunkt im Verfahren, je nach Entwicklung der Masse und dem Verfahrensfortgang, eine Entscheidung sinnvoll und interessengerecht möglich sein. Die weitere erhebliche Schwierigkeit liegt im materiellen Recht: Wie kann die bereits im arbeitsrechtlichen "Normalfall" extrem streitanfällige richtige Ermessensentscheidung im Insolvenzkontext erfolgen? Gibt es überhaupt Raum für ein solches Ermessen oder binden nicht insolvenzrechtliche Prinzipien den Insolvenzverwalter dahingehend, dass zumindest in der Regel keine "Ermessensvariable" zugesprochen werden kann? Angesichts der zunehmenden Verbreitung von variablen Vergütungsbestandteilen, die in ein – gerichtlich überprüfbares – Ermessen des Arbeitgebers gestellt sind, wird es nur eine Frage der Zeit sein, bis sich die Arbeitsgerichte hiermit befassen werden.

Bei der materiellen Bemessung der variablen Vergütung dürften in einem solchen Fall indes die von der Rechtsprechung entwickelten Grundsätze zu Ermessensboni außerhalb der Insolvenz übertragbar sein.[102] Demnach

100 Vgl. etwa BAG, NZA 2017, 779; BAG, NZA-RR 2014, 29; BAG, NZI 2013, 357.

101 Vgl. etwa BAG, NZA 2016, 1334; BAG, NZA 2014, 595; BAG, NZA 2013, 1013.

102 Vgl. BAG, NZA 2016, 1334; BAG, NZA 2014, 595; BAG, NZA 2013, 1013.

kommt in besonderen Fällen selbst dann eine Bonusfestlegung auf Null in Betracht, wenn persönliche Ziele vollständig erreicht worden sind.[103] Die Insolvenzsituation kann dabei im Grundsatz nach hier vertretener Auffassung als eine Art Regelbeispiel eines besonderen Falles angesehen werden. Entsprechend der zur Bankenkrise entwickelten Rechtsprechung[104] – die übertragbar ist – muss aber auch in der Insolvenz ein besonderes Augenmerk auf die individuellen Umstände des Falles gelegt werden. Hier stellen sich in der Praxis vielfältige Fragen, die noch an Komplexität gewinnen, sofern aufsichtsrechtliche Beschränkungen vor der Insolvenz Auszahlungen verbieten.

4. Neumasseverbindlichkeiten durch unwirksame Kündigung

Abschließend soll auf eine aktuelle Entscheidung des 6. Senats des BAG zur Begründung von Neumasseverbindlichkeiten durch eine unwirksame Kündigung eingegangen werden.[105] Kurz zum zugrunde liegenden Sachverhalt: Im Streit war die insolvenzrechtliche Einordnung von Annahmeverzugsansprüchen. Der Insolvenzverwalter wurde am 28. März 2012 bestellt, die Klägerin wurde am 1. Juli 2012 freigestellt. Die Masseunzulänglichkeitsanzeige erfolgte am 31. August 2012. Zwei Kündigungen (zum 30. Juni bzw. zum 30. November 2012) wurden rechtskräftig für unwirksam erklärt. Das Arbeitsverhältnis endete (erst) am 31. August 2013. Die Klägerin verlangte Vergütung für den Zeitraum vom 1. Januar 2013 bis zum 31. August 2013 mit dem Argument, dass der Insolvenzverwalter nach Anzeige der Masseunzulänglichkeit – jedenfalls bis Mitte September 2012 – die Voraussetzungen für eine Kündigung hätte schaffen müssen. Da er dies versäumt habe, seien die entsprechenden Zahlungsansprüche Masseverbindlichkeiten im Sinne von § 209 Abs. 2 Nr. 2 InsO ("Masseverbindlichkeiten für die Zeit nach dem ersten Termin, zu dem der Verwalter nach der Anzeige der Massenunzulänglichkeit kündigen konnte"). Argument des Insolvenzverwalters war, dass rechtzeitig gekündigt wurde und die Wirksamkeit dieser Kündigung nicht entscheidend sei.[106] Die entsprechenden Vergütungsansprüche sind aus Sicht des BAG so zu behandeln, als wären sie vom Insolvenzverwalter nach der Anzeige neu begrün-

103 BAG, NZA 2014, 595.
104 BAG, NZA 2014, 595.
105 Vgl. BAG, NJW 2018, 1563.
106 BAG, NJW 2018, 1563.

det worden.[107] Die vorigen Kündigungen waren zwar rechtzeitig im Sinne von § 209 Abs. 1 Nr. 2 InsO, indes aufgrund ihrer Unwirksamkeit unbeachtlich. Zur Vermeidung von neuen Masseverbindlichkeiten genügt es nicht, dass eine Kündigung zum erstmöglichen Termin nach der Anzeige erklärt wird. Die Kündigung muss wirksam sein.[108] Der Insolvenzverwalter muss daher in jedem Fall zunächst die Voraussetzungen für eine wirksame Kündigung herbeiführen; andererseits darf (und muss) er etwaige Hindernisse wie eine Betriebsratsanhörung oder die Einbindung von Behörden auch mit dem insoweit erforderlichen Zeitaufwand beseitigen.[109] Die Neumasse trägt das Risiko, dass der Insolvenzverwalter dies nicht in arbeitsrechtlich zutreffender Weise schafft.

V. Fazit

Die Komplexität des Insolvenzarbeitsrechts ergibt sich aus den unterschiedlichen Regelungsanliegen von InsO einerseits sowie dem allgemeinen Arbeitsrecht, insbesondere des KSchG und des BetrVG, andererseits. Der Rechtsprechung kommt die Aufgabe zu, diesen Grundkonflikt im Einzelfall und vor dem jeweiligen normativen Hintergrund zu lösen. Die besprochenen Entscheidungen enthalten hier wesentliche Leitlinien für die Praxis. Werden diese beachtet und halten sich Insolvenzverwalter, Betriebsparteien und sachbefasste Arbeitsrechtler hier "am Puls der Zeit", ist auch das Insolvenzarbeitsrecht in den Griff zu bekommen.

107 BAG, NJW 2018, 1563, 1563.
108 BAG, NJW 2018, 1563, 1565.
109 Vgl. BAG, NJW 2018, 1563, 1565.

Update Arbeitsrecht

Professor Dr. Steffen Klumpp, Friedrich-Alexander Universität Erlangen-Nürnberg

I. Einführung

Ein arbeitsrechtliches Update[1] zu geben ist gefahrgeneigt, erwartet der Hörer doch einen umfassenden Überblick über die jüngere und jüngste Entwicklung im Arbeitsrecht. Dabei sind diese Erwartungen von vornherein nicht umsetzbar, weil im Arbeitsrecht vielleicht mehr noch als in anderen Rechtsgebieten sowohl in der Gesetzgebung aber auch in der Rechtsprechung eine erhebliche Dynamik gegeben ist. Kurz: Die Fülle der eigentlich zu berichtenden Neuerungen geht über das zur Verfügung stehende zeitliche Reservoir weit hinaus. Deshalb sei es mir erlaubt, im Folgenden einen Fokus auf einige Judikate zu legen und die Gesetzgebung nur zu Beginn kurz andeutend aufzunehmen.

1 Die Weise des Vortrags, der auf dem Symposion vom 14.6.2018 in Ingolstadt gehalten wurde, wurde beibehalten.

II. Gesetzgebung

In den letzten Jahren gab es eine wirkmächtige und systematisch relevante Aktivität des Gesetzgebers auf dem Gebiet des Arbeitsrechtes, deren Auswirkungen in weiten Bereichen aber noch nicht „verdaut" sind. Das betrifft vor allem das kollektive Arbeitsrecht und hier maßgeblich das Tarifrecht. Hier ist zuerst das Gesetz zur Tarifautonomiestärkung[2] zu nennen, das durch die Reform des § 5 TVG eine (potentiell erhebliche) Ausdehnung der Möglichkeit einer Allgemeinverbindlicherklärung grundlegte und zudem den allgemeinen Mindestlohn mit dem MiLoG einführte. Gerade die Änderung der Voraussetzungen der Allgemeinverbindlichkeit hat nicht unbedingt zu mehr Rechtssicherheit geführt, im Gegenteil. Dies liegt insbesondere in der Unbestimmtheit der neuen Voraussetzungen der Allgemeinverbindlicherklärung begründet.[3] Interessant ist hier freilich eine anderweitige Entwicklung: Der Gesetzgeber hat die mit der Erklärung der Allgemeinverbindlichkeit verbundenen Unsicherheiten gewandt auf andere Weise gelöst. Um die Sonderkasse Bau zu schützen und den Einbezug auch der Außenseiter weiterhin zu gewährleisten, hat der Gesetzgeber auf die durch die Rechtsprechung festgestellte Unwirksamkeit der entsprechenden Allgemeinverbindlicherklärung reagiert und die Allgemeinverbindlichkeit per Gesetz hergestellt. Damit zeichnet sich eine neue gesetzgeberische Linie ab, die den aufgestellten Maßstäben des § 5 TVG nur bedingt vertraut und selbst direkt je nach Bedeutung des betreffenden Tarifvertrages stabilisierend eingreift. Jüngstes Beispiel ist gerade das Sozialkassensicherungsgesetz.[4]

Des Weiteren und auch im Bereich des Tarifrechts hat der Gesetzgeber mit § 4a TVG (vermeintlich) Klarheit für die Auflösung von Tarifkollisionen im Betrieb geschaffen.[5] Er hat den (von vielen Gewerkschaften und Arbeitgeberverbänden geforderten) Grundsatz der Tarifeinheit, den die Rechtsprechung erst 2010 aufgegeben hatte, gesetzlich normiert. Die Verfassungsgemäßheit dieser (recht schlichten) gesetzlichen Normierung des

2 Gesetz zur Stärkung der Tarifautonomie (Tarifautonomiestärkungsgesetz) vom 11.8.2014, BGBl.I, S. 1348.

3 Siehe dazu MüchHdbArbR/*Klumpp*, 4. Auflage, 2019, § 248, Rn. 45 ff.

4 Siehe das Gesetz zur Sicherung der Sozialkassenverfahren im Baugewerbe (Sozialkassenverfahrensicherungsgesetz – SokaSiG I) vom 16.5.2017, BGBl. I S. 1210 und II vom 1.9.2017, BGBl. 2017 I 3356

5 Gesetz zur Tarifeinheit (Tarifeinheitsgesetz) vom 3.7.2015, BGBl. I S. 1130.

Tarifeinheitsgrundsatzes war danach lange umstritten. 2017 hat nun das Bundesverfassungsgericht eine Verfassungsbeschwerde entschieden und erhebliche verfassungsrechtliche Bedenken an der Regelung angemeldet, ohne jedoch § 4a TVG für nichtig und damit nicht anzuwenden zu erklären. Diese in ihrer Tendenz durchaus fragwürdige Halteentscheidung des Bundesverfassungsgerichtes führte nun dazu, dass der Ball wiederum zum Gesetzgeber zurückgespielt wurde. Er hat(te) bis zum 31.12.2018 Zeit, die Vorgaben des Bundesverfassungsgerichtes ins Gesetz aufzunehmen.[6]

Auf einer anderen Ebene der arbeitsrechtlichen Gesetzgebung findet man die neue Konstruktion des Entgelttransparenzgesetzes.[7] Dieses kann man zwar nicht im Ziel, der Herstellung gleicher Entgeltbedingungen für Arbeitnehmerinnen und Arbeitnehmer, angreifen, sehr wohl aber in der vom Gesetzgeber gewählten Methode zur Zielerreichung.[8] Das Entgelttransparenzgesetz wartet mit einer hochkomplizierten Frage-Antwort-Systematik auf, die sowohl Arbeitnehmer und Arbeitnehmerinnen, Arbeitgeber als auch den kollektiven Akteuren Betriebsrat und Tarifvertragsparteien verschiedene und nur schwer zu durchschauende Rollen zuerkennt. Vor dem Hintergrund der Komplexität dieses Mechanismus ist es fraglich, ob das Gesetzesziel effektiv erreicht werden kann.

Eine eher geräuschlose Einfügung, die gleichwohl den Grundbegriff des Arbeitsrechtes betrifft, wurde 2017 mit § 611a BGB durchgeführt. Der Gesetzgeber nahm den Arbeitnehmerbegriff, wie er auf der Grundlage der Rechtsprechung gebildet wurde, nunmehr als kodifiziertes Richterrecht ins Gesetz auf.[9]

Diese einzelnen Regelungen, die ich nicht weiter vertiefen will, stehen *pars pro toto* für andere gesetzliche Maßnahmen in der jüngeren Vergangenheit, die den weiten Bereich des Arbeitsrechtes abdecken: So etwa

6 Mittlerweile erfolgte eine Ergänzung durch Gesetz vom 18.12.2018, BGBl. I, S. 2651. Ob sie trägt, darf bezweifelt werden.

7 Gesetz zur Gesetz zur Förderung der Entgelttransparenz zwischen Frauen und Männern (Entgelttransparenzgesetz – EntgTranspG) vom 30.6.2017, BGBl. I, S. 2152.

8 Dazu nur *Franzen*, NZA 2017, 814.

9 Gesetz vom 21.2.2017, BGBl. I S. 258.

auch die Datenschutzgrundverordnung[10] oder die Reform des Arbeitnehmerüberlassungsgesetzes.[11] Auf sie soll nicht weiter eingegangen werden.

Im gerade geschlossenen Koalitionsvertrag wurde *de lege ferenda*, darauf sei noch hinzuweisen, vereinbart, dass die Rückkehr eines Teilzeitarbeitnehmers in Vollzeit und damit die sogenannte Brückenteilzeit als Vorhaben in der jetzigen Legislaturperiode festgeschrieben wurde. Hierzu legt nunmehr auch entsprechender Regierungsentwurf vor.[12]

III. Rechtsprechung

Für das Update Arbeitsrecht sollen diese gesetzgeberischen Maßnahmen (jede einzelne wäre vertieft zu besprechen) aber hintangestellt bleiben. Ich will mich deshalb der jüngeren Rechtsprechung des BAG zuwenden, die aber wiederum ihrerseits notwendig punktuell ausfallen muss. Bei der Entscheidung, welche Judikate vorzustellen sind, waren außer dem jüngeren Entscheidungsalter folgende Kriterien maßgeblich: zum einen die exemplarische Verdeutlichung der sowohl in Rechtsprechung als auch in der Literatur bestehenden unklaren, aber praktisch bedeutsamen Bereiche (wie bei Massenentlassung oder der dynamischen Bezugnahme auf Tarifverträge bei Betriebsübergang); zum anderen aber (gleichsam im Gegensatz) auch punktuelle Entscheidungen, die nicht im Grundsatz aber im Detail wirkmächtig sein können, so etwa Fragen, bei denen die Rechtsprechung unter Beachtung einer grundsätzlich erarbeiteten Systematik Feinjustierungen vorangetrieben hat (wie etwa beim AGG und beim TzBfG); und drittens Entscheidungen, die erheblich systemstabilisierend wirken, bei denen etwa bereits getroffenen grundsätzliche Rechtsprechungsaussagen neu justiert oder auch fortgeführt werden (betreffend etwa das Weisungsrecht des Arbeitgebers oder die Bedeutung betrieblicher Entgeltschemata). Bei alledem zeigt sich, das sei schon vorweggenommen, die starke Bedeu-

10 Verordnung (EU) 2016/679 des Europäischen Parlaments und des Rates vom 27.4.2016 zum Schutz natürlicher Personen bei der Verarbeitung personenbezogener Daten, zum freien Datenverkehr und zur Aufhebung der Richtlinie 95/46/EG (Datenschutz-Grundverordnung), ABl. Nr. L 119 S. 1, ABl. Nr. L 314 S. 72 und ABl. 2018 Nr. L 127 S. 2.

11 Gesetz zur Änderung des Arbeitnehmerüberlassungsgesetzes und anderer Gesetze vom 21.2.2017, BGBl. I, S. 258

12 Der mittlerweile verabschiedet wurde: Brückenteilzeit-Einführungsgesetz vom 11.12.2018, BGBl. I, S. 2384

tung des Europäischen Rechts in maßgeblichen Bereichen des deutschen Arbeitsrechts. Freilich bleibt alles das, auch das sei vorangestellt, eine notwendige subjektive Auswahl – sie steht *pars pro toto.*

1. Massenentlassungsrecht

Das Recht der Massenentlassung bleibt für den Rechtsanwender auch weiterhin schwieriges Terrain. Das folgt nicht zuletzt daraus, dass in Folge der *Junk*-Entscheidung des EuGH[13] das Sanktionarium bei Verstoß gegen die massenentlassungsrechtlichen Vorschriften qualitativ erheblich verändert wurde. Die maßgebliche „Entdeckung" des Arbeitnehmerschutzgedankens als Regelungsziel führte dazu, dass die Gerichte nun einen Verstoß gegen die massenentlassungsrechtlichen Regelungen als Verstoß gegen ein Verbotsgesetz im Sinne des § 134 BGB begreifen und (von Ausnahmefällen abgesehen) die Nichtigkeit der Kündigung als Resultat eines solchen Verstoßes feststellen.[14] Damit hängt über einer Massenentlassung stets ein durchaus spitzes Damoklesschwert der Kündigungsnichtigkeit bei falscher Verfahrensdurchführung für den Arbeitgeber. Das betrifft insbesondere die Tatsache, dass die Regelungen der §§ 17 ff. KSchG in mehrfacher Hinsicht schwer anwendbar sind – eine Folge einer durchaus bemerkenswerten Mixtur von ursprünglich nationalem Rechtsdenken mit neu entdeckter europäischer Schutzkomponente. Ging das nationale Recht lange Zeit davon aus, dass das Massenentlassungsrecht vor allem die effiziente Arbeitsmarktverwaltung fördern sollte,[15] so hat sich dies nun ganz erheblich gedreht und infolge der *Junk*-Entscheidung des EuGH wurde der Gesichtspunkt des Arbeitnehmerschutzes (unionsrechtlich durchaus folgerichtig) in den Mittelpunkt geschoben. Diese beiden Schutzzwecke (die nach wie vor, wenn auch in unterschiedlicher Gewichtung, nebeneinanderstehen) zeigen sich auch in den verschiedenen Verfahren, die § 17 KSchG umfasst: zum einen das ursprüngliche Anzeigeverfahren gegenüber der Arbeitsmarktverwaltung und zum anderen das Konsultationsverfahren gegenüber dem Betriebsrat. Die Durchführung dieser Verfahren ist praktisch problematisch und dies nicht nur vor dem Hintergrund, dass we-

13 EuGH vom 27.1.2005 – C–188/03, AP Nr 18 zu § 17 KSchG 1969 = NZA 2005, 213-215.

14 Siehe dazu BAG vom 19.3.2015 – 8 AZR 119/14, AP Nr 464 zu § 613a BGB = DB 2015, 2029.

15 Siehe dazu ErfK/*Kiel*, 19. Auflage, 2019, § 17 KSchG Rn. 2.

sentliche Begriffe des Massenentlassungsrechts durchaus noch einer rechtssicheren Klärung harren. Dies betrifft zunächst die Frage, wann überhaupt eine Massenentlassung vorliegt, wann also die Schwellenwerte des § 17 KSchG (und damit auch der Unionsrichtlinie) erreicht werden. Das betrifft aber auch die Frage, wie Anzeige- und Konsultationsverfahren überhaupt durchzuführen sind.

a) Schwellenwerte

Bekanntlich greift der Massenentlassungsschutz erst ab dem Erreichen der Schwellenwerte nach § 17 Abs. 1 KSchG ein. Maßgeblicher Bezugspunkt hier ist die Anzahl der in der Regel beschäftigten Arbeitnehmer. Das BAG hat mit einem Vorlagebeschluss vom 16.11.2017[16] dem EuGH zwei Fragen vorgelegt. Die erste betraf die Frage danach, was der Unionsrechtsgesetzgeber mit dem Terminus der „in der Regel" Beschäftigten meint; die zweite Frage (wirkmächtiger), wie Leiharbeitnehmer in diesem System zu berücksichtigen sind. Recht unproblematisch ist die Beantwortung der ersten Frage, hier wird man (wie in anderen Bereichen auch)[17] auf die gewöhnlich Beschäftigten abstellen können und weder durchschnittliche Berechnungen anstellen noch Stichtagsregelungen einführen wollen. Die zweite Frage ist von größerer Bedeutung. Der zweite Senat neigt hier einer gespaltenen Berücksichtigung zu. Nämlich bei den beschäftigten Arbeitnehmern die Leiharbeitnehmer zu berücksichtigen, bei den zu entlassenden aber nicht. Das ist schon deshalb richtig, weil die Berücksichtigung von Entlassungen in den Bereich des Verleihers fällt, nicht aber des Entleihers.

In der Zwischenzeit wurde der Rechtsstreit, der der Vorlage durch das BAG zugrunde lag, durch Rücknahme der Revision beendet, so dass auch die Vorlage durch den EuGH nicht mehr entschieden werden wird.[18] Dennoch geht von der Vorlage eine Signalwirkung aus: Sie ist letztlich nur aufgeschoben, weil die Frage der Berücksichtigung von Leiharbeitnehmern bei der Schwellenwertberechnung praktisch von großer Bedeutung

16 BAG vom 16.11.2017 – 2 AZR 90/17 (A), AP Nr 54 zu § 17 KSchG 1969 = NZA 2018, 245-248.

17 Siehe etwa § 9 Abs. 1 BetrVG, dazu siehe ErfK/*Koch*, 19. Auflage, 2019, § 9 BetrVG Rn. 1.

18 Pressemitteilung der BAG Nr. 31/18

ist. Die Argumente des BAG in der Vorlageschrift sind jedenfalls luzide – insofern sollte sich die Praxis darauf einstellen.

b) Entlassungsbegriff

Die Bedeutung des Begriffes der „Entlassung" in den §§ 17 ff. KSchG schien seit der auch in dieser Hinsicht grundlegenden Junk-Entscheidung geklärt. Im Gegensatz zur ursprünglichen Auffassung der deutschen Rechtsprechung, wonach mit der Entlassung nicht die Kündigung des Arbeitsvertrags selbst, sondern die tatsächliche Beendigung des Arbeitsverhältnisses zu verstehen war,[19] folgte die unionsrechtliche Klärung: Entlassung meint demnach die Kündigung selbst, unabhängig von der tatsächlichen Beendigung des Arbeitsverhältnisses. Damit verschiebt sich das Schutzniveau des Massenentlassungsrechts ganz erheblich, weil durch den Bezug zum rechtsgeschäftlichen Akt der Kündigung bei Regelverstoß über § 134 BGB die Nichtigkeit der Kündigung möglich wird.

Allerdings verbleibt es im Massenentlassungsrecht nicht bei der unionsrechtlichen Sichtweise. Mit der Entscheidung vom 26.1.2017[20] hat das BAG die Rechtsprechung zu einer grundrechtliche basierten Ausweitung des Entlassungsbegriffes durch das Bundesverfassungsgericht nachvollzogen. Das Bundesverfassungsgericht hatte am 8.6.2016[21] judiziert, dass der Entlassungsbegriff des § 17 KSchG grundrechtlich vor dem Hintergrund des Art. 6 und Art. 3 GG zu erweitern sei. Bestehe nämlich ein Sonderkündigungsschutz, wie etwa nach dem BEEG, und bedürfe es deshalb einer Zustimmung der entsprechenden Behörde, so könne der Sonderkündigungsschutz des § 17 KSchG nicht unter Hinweis auf den zwar gestellten Antrag, die aber wegen des Abwartens auf die behördliche Entscheidung erst außerhalb des 30 Tage Zeitraums ergangene Kündigung, vorenthalten werden. Damit weitet sich der Entlassungsbegriff potentiell erheblich, weil nun nicht mehr nur auf den punktuellen rechtsgeschäftlichen Akt zu blicken ist, sondern im Rahmen des Sonderkündigungsschutzes auf den Kündigungsentschluss mit entsprechender Antragstellung. Der 6. Senat

19 Siehe dazu ErfK/*Kiel*, 19. Auflage, 2019, § 17 KSchG Rn. 2.

20 BAG vom 26.1.2017 – 6 AZR 442/16, AP Nr 53 zu § 17 KSchG 1969 = NZA 2017, 577-581.

21 BVerfG vom 8.6.2016 – 1 BvR 3634/13, AP Nr 49 zu § 17 KSchG 1969 = NZA 2016, 939-941.

des BAG folgt den Vorgaben des BVerfG, wenn auch, wie zwischen den Zeilen deutlich wird, zähneknirschend. Freilich ergeben sich aus dieser Entscheidung auch maßgebliche Fragen. Welche Zustimmungserfordernisse sind (außer BEEG) noch gemeint, auch die nach § 168 SGB IX? Und wie ist die Zuordnung, wenn die Zustimmung außerhalb der 90 Tage Frist des § 18 Abs. 4 KSchG erfolgt? Der 6. Senat lässt dies offen, er kann dies auch, weil sie für den konkreten Fall keine Rolle spielten, für den Arbeitgeber ergeben sich aber erhebliche rechtliche Unsicherheiten.

c) Verfahrensdurchführung

Ein Detail zur Verfahrensdurchführung im Rahmen des Massenentlassungsrechts enthält die Entscheidung des BAG vom 26.10.2017[22]. Der Senat stellt fest, dass es bei dem Konsultationsverfahren des § 17 Abs. 2 KSchG um die Frage des „Wie" des Personalabbaus geht, nicht um einen Einfluss auf die unternehmerische Entscheidung selbst. Diese ist (entsprechend der kündigungsschutzrechtlichen Systematik) auch hier frei. Der Betriebsrat hat also gerade keinen Zugriff auf die isolierte unternehmerische Entscheidung und hat deshalb auch kein Recht, entsprechende Informationen zu verlangen. Geht es im Konsultationsverfahren also nur um Informationen, die die unternehmerische Entscheidung an sich betreffen, so kann der Arbeitgeber dieses Verfahren beenden und zur Massenentlassungsanzeige schreiten. Wann freilich die unternehmerische Entscheidung betroffen ist und wann die Auswirkung dieser auf den Stellenabbau, liegt in manchen Bereichen durchaus in einem Graubereich, der praktisch schwer handhabbar ist.

d) Conclusio

Die Rechtsprechung zum Massenentlassungsrecht macht vor allem eines deutlich: dass es bis zur Rechtssicherheit noch ein längerer Weg ist. Das liegt nicht zuletzt an der mehrfachen Verschränkung: der Regelungszwecke, der Beteiligungsverfahren und der eigenen unionsrechtlichen Begriffsbildung. Daneben kommt noch die „neu entdeckte" grundrechtliche

22 BAG vom 26.10.2017 – 2 AZR 298/16, AP Nr 53 zu § 17 KSchG 1969 = NZA 2017, 577-581.

Betrachtung des Entlassungsbegriffes nach § 17 KSchG durch das BVerfG. Auch sie wirft mehr Fragen auf als sie beantwortet.

2. Dynamische Bezugnahme auf den Tarifvertrag

a) Dynamikfreundliche Rechtsprechung

Die Frage, wie im Falle eines Betriebsübergangs die arbeitsvertraglich grundgelegte dynamische Verweisung auf einen Tarifvertrag weitergeführt wird, spielt spätestens seit der grundlegenden Entscheidung des BAG vom 14.12.2005[23], bei der das BAG die bis dahin weite Annahme einer Gleichstellungsabrede wesentlich eingeengt hat, eine maßgebliche Rolle. Im Rahmen der nationalen Systematik, ist spätestens seit dieser Entscheidung die Vertragsgestaltungsverantwortung wesentlich: Ist eine Regelung zur dynamischen Bezugnahme auf einen Tarifvertrag nicht hinreichend klar und deutlich mit einem Ende dieser Dynamik im Falle des Betriebsüberganges verknüpft, so lebt diese Dynamik (als einzelvertragliche Regelung nach § 613a Abs. 1 S. 1 BGB) fort.[24] Diese Auffassung ist durchaus folgerichtig, wenn auch in ihrer Grundannahme einer eingeschränkten Auslegung der Bezugnahmeklausel nicht unumstritten.[25] In den letzten Jahren bekam dieser praktisch sehr relevante Bereich des Betriebsübergangsrechts eine deutlich unionsrechtliche Konnotation. Der EuGH hat in verschiedenen Entscheidungen (*Werhoff,*[26] *Alemo-Herron*[27]) Gelegenheit gehabt, zu dieser Frage Stellung zu nehmen. Dabei legte das Gericht vor allem den Fokus darauf, inwieweit beim Betriebserwerber die Möglichkeit besteht, auf die arbeitsvertraglich vereinbarte dynamische Bezugnahme noch Einfluss zu nehmen. Wenngleich zu konstatieren ist, dass der EuGH zu einer belastbaren Rechtsprechung noch nicht gefunden

23 BAG vom 14.12.2005 – 4 AZR 536/04, AP Nr 39 zu § 1 TVG Bezugnahme auf Tarifvertrag = NZA 2006, 607-611.

24 Siehe etwa BAG vom 27.3.2018 – 4 AZR 208/17, AP Nr 142 zu § 1 TVG Bezugnahme auf Tarifvertrag = NZA 2018, 1264-1268.

25 Siehe dazu auch *Löwisch/Rieble*, TVG, 4. Auflage, 2017, § 3 Rn. 631 ff.

26 EuGH vom 9.3.2006 – C–499/04, AP Nr 2 zu Richtlinie 77/187/EWG = NZA 2006, 376-378.

27 EuGH vom 18.7.2013 – C–426/11, AP Nr 10 zu Richtlinie 2001/23/EG = NZA 2013, 835-837.

hat, so ist in seinem jüngsten Judikat vom 27.4.2017[28] (*Asklepios*) durchaus eine Tendenz zur dynamikfreundlichen Rechtsprechung, wie sie auch das BAG vertritt, zu erkennen. Vor dem Hintergrund der Maßgaben der unionsrechtlichen Grundrechtsregelungen, insbesondere des Art. 16 Grundrechtecharta, meint der EuGH nun, dass die unionsrechtliche Unternehmerfreiheit auch dann gewahrt ist, wenn der Arbeitgeber individualrechtliche Mittel hat, um zu einem Ende der Dynamik zu gelangen. Bislang, insbesondere in der Entscheidung *Alemo-Herron*, legte der EuGH den Schwerpunkt auf kollektivrechtliche Mittel. Der 4. Senat des BAG hat nun in zwei Entscheidungen vom 30.8.2017[29] diese Vorgabe des EuGH exekutiert. Das Gericht ist der Meinung, dass auch die Möglichkeit einer einvernehmlichen Vertragsänderung und damit auch einer Änderungskündigung den unionsrechtlichen Vorgaben genügt. Ob dem in dieser Abstraktheit gefolgt werden kann, ist durchaus fraglich.[30] Der 4. Senat führt aus, dass sich aus den individualrechtlichen Gestaltungsmöglichkeiten jedenfalls keine unüberwindlichen Schwierigkeiten für eine Änderung ergäben. Freilich kann dem durchaus entgegengehalten werden, dass die Hürden im Hinblick auf die soziale Rechtfertigung eines Änderungsangebotes bislang jedenfalls nicht zu niedrig angesetzt werden. Allerdings verweist das Gericht durchaus belastbar darauf, dass die Unternehmensfreiheit des Erwerbers bereits dadurch geschützt ist, dass er vor dem Betriebserwerb die Möglichkeit hat, das arbeitsvertragliche „Hausgut" zu untersuchen und daraufhin seine Erwerberentscheidung zu gründen. Der Verweis insbesondere auf die Änderungskündigung als Reaktion und Folge der Rechtsprechung von EuGH und 4. Senat des BAG führt jedenfalls dazu, dass im Rahmen der Prüfung der sozialen Rechtfertigung der Änderungskündigung durchaus gefragt werden kann, ob hier nicht in diesen Fällen die Anforderungen zu hoch sind und eine Änderungskündigung leichter ins Werk zu setzen wäre.

In einem anderen Bereich spielte die Frage der fortgeltenden Dynamik in Bezug genommenen kollektiven Vereinbarungen ebenfalls eine Rolle. Der

28 EuGH vom 27.4.2017 – C–680/15 (*Asklepios*), AP Nr 13 zu Richtlinie 2001/23/EG = NZA 2017, 571-572.

29 BAG vom 30.8.2017 – 4 AZR 95/14, AP Nr 139 zu § 1 TVG Bezugnahme auf Tarifvertrag = NZA 2018, 255-262; LAG München vom 27.3.2014 – 3 Sa 123/13.

30 Kritisch auch *Moll/Katerndahl*, Anm. zu BAG vom 30.8.2017 – 4 AZR 95/14, AP Nr 139 zu § 1 TVG Bezugnahme auf Tarifvertrag.

für das kirchliche Arbeitsrecht zuständige 6. Senat des BAG hat in zwei Entscheidungen[31] vom 23.11.2017 die Frage beantwortet, ob bei einem Betriebsübergang aus dem kirchlichen Bereich in den weltlichen Bereich die dynamische Bezugnahme auf die kirchlichen Arbeitsvertragsrichtlinien (AVR) erhalten bleibt. Der 6. Senat hat dies bejaht. Somit kommt es dazu, dass sich der weltliche Betriebserwerber nicht darauf berufen kann, letztlich in das kirchliche System des 3. Weges nicht eingebunden zu sein. Vor dem Hintergrund der Entscheidungen auch des EuGH im Fall *Asklepios*, ist dies durchaus folgerichtig. Der Betriebserwerber hat auch hier individualrechtliche Möglichkeit einer Änderung des Vertrages.

b) Wesentlich: Vorausschauende Vertragsgestaltung

Diese beiden Beispiele zeigen, dass insgesamt die Rechtsprechungsentwicklung im Hinblick auf die dynamische Bezugnahme auf kollektive Regelungswerke klar in die Richtung einer Weiterführung dieser Dynamik im Falle des Betriebsüberganges geht. Der Hinweis auf die Möglichkeit der individualrechtlichen Abänderung der Dynamik ist systematisch richtig, wenn auch praktisch durchaus nicht immer einfach gangbar. Das freilich wirft den Blick zurück auf die Gestaltung der einzelnen arbeitsvertraglichen Bezugnahmeklauseln. Maßgeblicher Zeitpunkt, um die Interessen auch im Falle des Betriebsübergangs aufzunehmen, ist deshalb nicht nach Betriebsübergang, sondern vielmehr bei der vertraglichen Gestaltung der Klausel selbst. Mit anderen Worten: die Rechtsprechung gibt der Arbeitsvertragsgestaltung letztlich den Vorrang und fordert entsprechende Genauigkeit bei der Vertragsformulierung ein.

3. Weisungsrecht

In jüngerer Zeit hat das BAG zwei Entscheidungen zum arbeitgeberseitigen Weisungsrecht nach § 106 GewO erlassen. In der ersten Entscheidung[32] geht es um Grundlegendes: Ist der Arbeitnehmer vorläufig auch an

31 BAG vom 23.11.2017 – 6 AZR 739/15, AP Nr 86 zu § 611 BGB Kirchendienst = NZA 2018, 301-305; BAG vom 23.11.2017 – 6 AZR 683/16, AP Nr 87 zu § 611 BGB Kirchendienst = NZA 2018, 311-315.

32 BAG vom 18.10.2017 – 10 AZR 330/16, AP Nr 38 zu § 106 GewO = NZA 2017, 1452-1462.

eine unbillige Arbeitgeberweisung gebunden? Die Frage ist von großer praktischer Bedeutung, weil die Arbeitgeberweisung auf sofortige Wirkung ausgerichtet ist, die Frage, ob allerdings Unbilligkeit vorliegt oder nicht, erst nach einem gegebenenfalls längeren gerichtlichen Verfahren festgestellt werden kann. Insofern kommt es zu einer Schwebelage, die bereits im Moment der Arbeitgeberweisung aufgefangen werden muss: Entweder dadurch, dass der Arbeitnehmer eine solche Weisung, die er als unbillig empfindet, zurückweisen kann, oder aber, dass er ihr Folge leisten muss. Diese beiden Möglichkeiten zeigen die verschiedenen Risikozuweisungen auf. Bei Bindung an die unbillige Weisung hat der Arbeitgeber letztlich kein Ausführungsrisiko, sondern der Arbeitnehmer trägt das Unbilligkeitsrisiko. Umgekehrt bei Nichtbindung des Arbeitnehmers trägt der Arbeitgeber das Risiko, weil die Weisung nicht ausgeführt werden muss. Wesentlich ist die Frage einer unbilligen Weisung auch dann, wenn es um die soziale Rechtfertigung einer verhaltensbedingten Kündigung geht. Der 5. Senat des BAG hat 2012 judiziert, dass eine Bindung an die unbillige Arbeitgeberweisung jedenfalls vorläufig besteht und auf § 315 Abs. 3 S. 2 BGB hingewiesen.[33] Dort ist immerhin von der Notwendigkeit der Anrufung des Gerichts zur Feststellung der Billigkeit einer Leistungsbestimmung die Rede. Der 10. Senat folgt nunmehr dieser Rechtsprechung nicht und meint, es bestehe gerade keine vorläufige Bindung.[34] Ohne auf die Einzelheiten eingehen zu wollen, gelingt dem Senat hier eine tiefere dogmatische Auseinandersetzung mit den maßgeblichen schuldrechtlichen Regelungen, die systematisch mit § 106 GewO zusammenhängen. Dies gilt für § 315 Abs. 3 BGB ebenso wie für § 275 Abs 3 BGB. Im Ergebnis führt die Analyse des Senates dazu, dass eine Bindung, wenn auch vorläufig, an die unbillige Arbeitgeberweisung, nicht gerechtfertigt ist. Damit mag theoretisch eine Tür hin zu einer potentiellen Störung des Betriebsablaufes geöffnet werden: Der störungswillige Arbeitnehmer beruft sich auf die Unbilligkeit der Weisung und stellt deshalb die entsprechende Tätigkeit ein. Dem wollen einige Stimmen der Literatur mit der Figur der offensichtlichen Unbilligkeit begegnen.[35] Allerdings fragt es sich auch hier, was eine solche offensichtliche Unbilligkeit sein soll. Das vom 10. Senat

33 BAG vom 22.2.2012 – 5 AZR 249/11, AP Nr 127 zu § 615 BGB = NZA 2012, 858-861.

34 Der 5. Senat hatte an seiner Rechtsauffassung nicht mehr festgehalten BAG vom 14.9.2017 – 5 AS 7/17, AP Nr 37 zu § 106 GewO = NZA 2017, 1452.

35 Siehe dazu nur *Schmitt-Rolfes*, Anmerkung zu BAG vom 18.10.2017 – 10 AZR 330/16, AP § 106 GewO Nr. 28.

Vorgebrachte entspricht jedenfalls zivilrechtlicher Überlegung: Eine unbillige Weisung kann nicht verbindlich sein, auch nicht vorläufig, so wie auch eine gesetzeswidrige Weisung nicht vorläufig verbindlich sein kann. Insofern liegen in ihren praktischen Problemen die Rechtsinhalts- und die Rechtsausübungskontrolle eng beieinander.

In einer weiteren Entscheidung hat das BAG den Zusammenhang zwischen dem betrieblichen Eingliederungsmanagement (BEM), § 167 SGB IX und dem Weisungsrecht nach § 106 GewO festgestellt.[36] Vor dem Erlass einer Weisung (insbesondere eines Versetzungsrechts) verlangt der Senat völlig richtig keine entsprechende Einleitung eines BEM. Vielmehr verweist der Senat hier richtig auf die entsprechende bestimmungsrechtliche Systematik: Jeder Arbeitgeberweisung muss ein Interessenausgleichsprozess vorangehen, der letztlich das aufnimmt, was auch im betrieblichen Eingliederungsmanagement gefordert wird: nämlich die ausreichende Berücksichtigung der entsprechenden Arbeitnehmerinteressen. Mit anderen Worten: Das BEM kann dem Arbeitgeber für Weisungen nach § 106 GewO – etwa für eine Versetzung – Informationen liefern, die für eine billige Weisung notwendig sind. Erschließt sich der Arbeitgeber diese nicht, so besteht die Gefahr der unbilligen und damit unverbindlichen Weisung. Allerdings, und das macht die Entscheidung des BAG sehr deutlich: Entspricht die Weisung in einer Ausübungskontrolle im Ergebnis der Billigkeit, so ist sie verbindlich, der Verweis auf ein nicht durchgeführtes BEM zieht dann nicht.

4. Entgeltrecht

Einen wichtigen Pfeiler des Entgeltrechts hat das BAG auch in jüngerer Zeit bestätigt. Bekanntlich gilt bei einer auch durch Tarifvertrag eingeführten kollektivrechtlichen Entgeltordnung über § 87 Abs. 1 Nr. 10 BetrVG eine gleichsam betriebliche Allgemeinverbindlichkeit dieser Entgeltordnung.[37] Jedes kollektive und so vor allem tarifliche Entgeltsystem hat die Potenz der Stabilität, weil sie wegen des Mitbestimmungsrechts nach § 87 Abs. 1 Nr. 10 BetrVG nur mit dem Betriebsrat geändert werden kann. Das bedeutet letztlich (und systemfremd), dass der einzelne Arbeit-

36 BAG vom 18.10.2017 – 10 AZR 330/16, AP Nr 38 zu § 106 GewO = NZA 2017, 1452-1462.

37 BAG vom 18.10.2011 – 1 ABR 25/10, AP Nr 141 zu § 87 BetrVG 1972 Lohngestaltung = NZA 2012, 392-396.

nehmer, auch wenn er nicht entsprechend tarifgebunden ist, einen Anspruch auf die entsprechende Eingruppierung und Bezahlung haben soll. Dies soll auch im Nachwirkungszeitraum eines Tarifvertrages gelten. Für den Fall, dass nun zwei Tarifverträge in einem Betrieb gelten (insbesondere für Alttarifverträge noch und trotz § 4a TVG maßgeblich) hat das BAG am 27.9.2017[38] nun die Frage zu beantworten gehabt, ob in diesem Fall ein eingestellter Arbeitnehmer nach § 99 Abs. 1 BetrVG in beide Entgeltgruppen einzugruppieren ist. Das BAG bejaht diese Frage grundsätzlich. Gelten also mehrere kollektive Entgeltordnungen im Betrieb, so muss eine Eingruppierung in allen diesen Entgeltgruppen (soweit Eingruppierbarkeit gegeben ist) erfolgen. Freilich bleiben die entsprechenden individualrechtlichen Folgen dunkel. Weil es keinen Anspruch aus zwei verschiedenen Entgeltgruppen geben kann, handelt es sich hier (lediglich) um eine Frage der betriebsverfassungsrechtlichen Folgen der Eingruppierung nach § 99 Abs. 1 BetrVG. Zudem: Der Arbeitgeber kann, will er den Arbeitnehmer in einen konkreten Tarifvertrag eingruppieren, zunächst auch nur über diese Eingruppierung unterrichten. Der Betriebsrat kann dann freilich, weil die Eingruppierung in die weitere tarifliche Entgeltordnung fehlt, das Verfahren nach § 101 Abs. 1 S. 1 BetrVG aufrufen.

5. Kündigungsschutzrecht

Für die Anwendbarkeit des 1. Abschnitts des KSchG auf Organmitglieder einer juristischen Person und hier vor allem auf den GmbH-Geschäftsführer, hat das BAG mit der Entscheidung vom 21.9.2017[39] die bisherige Linie bestätigt. Auf die Beendigung des Anstellungsverhältnisses des GmbH-Geschäftsführers ist wegen § 14 Abs. 1 Nr. 1 KSchG, auch wenn man den Geschäftsführer als Arbeitnehmer einordnet, das KSchG in seinem ersten Abschnitt nicht anwendbar. Nach richtiger Auffassung des BAG tritt hier die Organstellung in den Vordergrund, die nach der Ratio des § 14 Abs. 1 S. 1 KSchG gerade eine Anwendung und eine Kontrolle im Hinblick auf die soziale Rechtfertigung einer Kündigung verhindern soll. Grundrechtlich ist diese Herausnahme aus dem (maßgeblichen) ersten Abschnitt des KSchG abgesichert: Der Geschäftsführer sei vor dem Hin-

38 BAG vom 27.9.2017 – 7 ABR 8/16, AP Nr 154 zu § 99 BetrVG 1972 = NZA 2018, 533-537.

39 BAG vom 21.9.2017 – 2 AZR 865/16, AP Nr 14 zu § 14 KSchG 1969 = NZA 2018, 358-363.

tergrund, dass er der Unternehmensleitung zuzurechnen ist, ausreichend durch die zivilrechtlichen Generalklauseln geschützt.

Interessant sind die Ausführungen zum Zeitpunkt der Entkoppelung von Anstellungsverhältnis und Organstellung. Besteht die Organstellung zum Zeitpunkt des Zugangs der Kündigung noch, so greift § 14 Abs. 1 Nr. 1 KSchG ohne weiteres ein. Offengelassen hat das Gericht die Frage, wie zu verfahren ist, wenn das Organverhältnis vor Zugang der Kündigung endet. Allerdings sind die anschließenden Ausführungen für diesen, konkret nicht entscheidungserheblichen, Fall beredt: Auch hier besteht eine Tendenz zur Anwendung der Ausschlussregelung des § 14 Abs. 1 Nr. 1 KSchG, wenn sich die Kündigung auf das die Organstellung einmal tragende Anstellungsverhältnis bezieht. Damit wird die Möglichkeit genommen, dass der GmbH-Geschäftsführer (sofern er als Arbeitnehmer einzuordnen ist) sich durch Niederlegung der Organstellung in die Geltung des ersten Abschnittes des KSchG bringt. § 14 Abs. 1 Nr. 1 KSchG ist also umfassend: Die Kündigung des Anstellungsvertrages des Organmitgliedes bedarf keiner sozialen Rechtfertigung.

Interessant ist diese Frage auch deshalb, weil an anderer kündigungsschutzrechtlicher Stelle, nämlich dem Recht der Massenentlassung, die Frage der Arbeitnehmereigenschaft des GmbH-Geschäftsführers unionsrechtlich intendiert ist. In der *Balkaya*-Entscheidung[40] hat der EuGH ja bekanntlich den Geschäftsführer einer GmbH als Arbeitnehmer im unionsrechtlichen Sinne eingeordnet. Dies geschah (was zu kritisieren ist) in nur bedingter Sensibilität für die verschiedenen gesellschaftsrechtlichen oder arbeitsrechtlichen Weisungsverhältnisse. Die Entscheidung des BAG sorgt nun für eine Abgrenzung im Hinblick auf den unionsrechtlichen Arbeitnehmerbegriff. Ist das Massenentlassungsrecht richtig und umsetzendes Recht und deshalb auch die Rechtsprechung des EuGH bei der Auslegung der §§ 17 ff. KschG zu beachten, so gilt dies für den ersten Abschnitt des Kündigungsschutzgesetzes gerade nicht. Dieser ist nicht Durchführung des Unionsrechts, die Schutzmaßstäbe des unionsrechtlich geprägten Arbeitnehmerbegriffes der Massenentlassungs-RL 98/59/EG greifen nicht. Deshalb kann auch § 14 Abs. 1 Nr. 1 KSchG selbst bei Annahme eines Arbeitsverhältnisses eines Organs einer Kapitalgesellschaft den Aus-

40 EuGH vom 9.7.2015 – C–229/14, AP Nr 6 zu Richtlinie 98/59/EG = NZA 2015, 861-863; siehe auch EuGH vom 11.11.2010 – C–232/09 (*Danosa*), AP Nr 13 zu EWG-Richtlinie Nr 92/85 = NZA 2011, 143-148.

schluss der Anwendbarkeit dieses Abschnittes vorsehen. Die Messlatte für die unterschiedliche Behandlung eines GmbH-Geschäftsführers als Arbeitnehmer und der anderen, nicht unter § 14 KSchG fallenden Arbeitnehmergruppen, ist also das Grundgesetz. Hier aber ist man sich einig, dass die Unternehmensfreiheit, Art. 12 GG, es rechtfertigt, das Anstellungsverhältnis des GmbH-Geschäftsführers leichter lösen zu können, als das der „normalen" Arbeitnehmer. Die besondere Stellung des GmbH-Geschäftsführers ist aus diesem Grund auch ein gerechtfertigter Grund zu unterschiedlichen Behandlung nach Art. 3 Abs. 1 GG.

6. Befristung und Teilzeit

Vor dem Hintergrund der sogenannten Brückenteilzeit ist ein Judikat des BAG vom 27.2.2018[41] interessant. Es geht um die Frage, inwieweit bei einem Rückkehrwillen eines Teilzeitbeschäftigten nach § 9 TzBfG eine Auswahl zu treffen ist und welche Rechtsfolgen eine fehlerhafte Auswahl im Hinblick auf die nichtausgewählten Arbeitnehmer hat. Nach § 9 TzBfG hat ja der Arbeitgeber nach Anzeige bei einem freien Arbeitsplatz den aufstockungswilligen Teilzeitarbeitnehmer bevorzugt zu berücksichtigen. Hiervor muss er den Arbeitnehmer freilich auch informieren, § 7 Abs. 2 TzBfG. Dies ist ein echter Anspruch, der geltend gemacht werden kann. Die Rechtsfolge, so sagt nun das BAG bei Verletzung dieser Informationspflicht, besteht im Schadensersatz für den Arbeitnehmer. Ein Anspruch auf entsprechende Aufstockung der Arbeitszeit besteht aber nicht. Das lässt sich nicht ohne weiteres begründen, weil § 15Abs. 6 AGG, der einen solchen Anspruch bei AGG-Verstoß ausdrücklich ausschließt, im TzBfG nicht existiert. Anleihen an Art. 33 Abs. 2 GG und damit den Bewerbungsverfahrensanspruch im Öffentlichen Dienst, nimmt das Gericht aber zu Recht nicht.

7. Diskriminierungsrecht

Zweifel an der Unionsrechtskonformität der Ausschlussfrist des § 15 Abs. 4 AGG hatte es immer wieder gegeben.[42] Nunmehr hat sich der

41 BAG vom 27.2.2018 – 9 AZR 167/17, AP Nr 10 zu § 9 TzBfG = NZA 2018, 1075-1077.

42 Dazu MüKoBGB/*Thüsing*, 8. Auflage, 2018, § 15 AGG Rn. 44 ff.

8. Senat des BAG deutlich für die Vereinbarkeit des § 15 Abs. 4 AGG mit den unionsrechtlichen Vorgaben ausgesprochen:[43] Weder stehe die notwendige Äquivalenz noch die Effizienz in Rede. Hier weist das Gericht zunächst auf die Unterschiede der Ansprüche nach § 15 Abs. 1 und 2 AGG im Vergleich mit denen der „normalen“ Persönlichkeitsrechtsverletzung der §§ 280 Abs. 1, 823 Abs. 1 BGB hin. Immerhin besteht bei diesen Ansprüchen überhaupt keine Ausschlussfrist und die Regelverjährung von drei Jahren, §§ 195, 199 BGB ist um ein Vielfaches länger als die zweimonatige Ausschlussfrist des § 15 Abs. 4 AGG. Der 8. Senat sieht aber zu Recht keine Vergleichbarkeit, die zum Urteil einer inadäquaten Ausschlussfrist führte. Er führt überzeugend aus, dass zum einen die Grundstruktur des Entschädigungsanspruches nach dem AGG bereits wegen der Beweiserleichterung nach § 22 AGG, aber auch wegen des fehlenden Verschuldenserfordernisses nicht vergleichbar sei. Zum anderen meint der Senat nicht, dass durch die zweimonatige Frist des § 15 Abs. 4 AGG die Rechtsdurchsetzung unmöglich gemacht oder über Gebühr erschwert werden würde. Der Hinweis auf die Rechtsprechung des BAG zu den (kollektiv-) vertraglichen Ausschussfristen und die dort regelmäßig propagierte Fristlänge von drei Monaten[44] führt ebenfalls nicht zum erfolgreichen Angriff auf die Ausschlussfrist des § 15 Abs. 4 AGG: Auch hier sieht der 8. Senat die Besonderheiten der Anspruchsgeltendmachung gerade in der erleichterten Darlegungs- und Beweislast nach § 22 AGG.

Damit stabilisiert die Rechtsprechung das System des § 15 AGG und damit das Sanktionssystem bei Ungleichbehandlungen nach dem AGG insgesamt. Zugleich kann man der Entscheidung aber noch weitere Äußerungen entnehmen, die Einordnung der AGG-Ansprüche in das gesamte Spektrum von Sanktionen bei Verletzung des Persönlichkeitsrechts des Arbeitnehmers führen. Hier steht vor allem das so genannte Mobbing in Rede, das sich durch eine systematische Benachteiligung auszeichnet – und auch bei nicht mit den Diskriminierungsmerkmalen in Zusammenhang stehenden Ausgrenzungen und Benachteiligungen greifen kann. Der Senat unterscheidet hier klar: Die Ausschlussfrist des § 15 Abs. 4 AGG greift jedenfalls dann nicht, wenn das Mobbing sich auf die Verletzung des Persönlichkeitsrechts bezieht und nicht als merkmalsbezogen im Sinne

43 BAG vom 18.5.2017 – 8 AZR 74/16, AP Nr 23 zu § 15 AGG = NZA 2017, 1530-1542.

44 Siehe etwa BAG vom 28.9.2005 – 5 AZR 52/05, AP Nr 7 zu § 307 BGB = NZA 2006, 149-153.

einer Belästigung nach § 3 Abs. 3 AGG eingeordnet werden kann. Die kurze Ausschlussfrist nach § 15 Abs. 4 AGG ist in engem Zusammenhang mit § 22 AGG zu lesen, durch den sie letztlich gerechtfertigt wird. Greift diese Erleichterung nicht, weil kein Merkmalsbezug vorliegt, kann – folgerichtig – auch die Ausschlussfrist nicht greifen. Für eine entsprechende Anwendung ist kein Raum.

Mit der Fristwahrung des § 15 Abs. 4 AGG befasste sich auch eine weitere Entscheidung des 8. Senats.[45] Bekanntlich beginnt die Frist im Falle einer aus Gründen des § 1 AGG abgelehnten Bewerbung mit dem Zugang der Ablehnung. Der Senat sieht die Ablehnung einer Bewerbung als rechtsgeschäftsähnliche Handlung und nicht als Willenserklärung. Ob das eine oder das andere gilt, die Schlussfolgerung ist richtig: das bloße Schweigen des Arbeitgebers kann den Lauf der Frist nie in Gang setzen. Es gilt § 130 Abs. 1 BGB (analog). Der Arbeitgeber kann sich auch nicht in der Stellenausschreibung prophylaktisch mit dem Hinweis schützen, dass die alle Bewerber, die keine Nachricht erhielten, abgelehnt seien. Ein Vorgehen, das insbesondere bei befristeten Beschäftigungen vorkommt, verbunden mit dem Hinweis auf den Ablauf des Befristungszeitraums und der bis dahin fehlenden Benachrichtigung. Richtig meint der Senat, dass eine Ablehnung stets konkret bewerberbezogen sein muss – also gerade nicht pauschal erfolgen kann. Liegt also eine konkret auf den einzelnen Bewerber bezogene Ablehnung nicht vor, kann auch die Frist des § 15 Abs. 4 AGG nicht greifen. Pauschale Vorgaben des Arbeitgebers helfen nicht. Eine zeitliche Begrenzung der Entschädigungsansprüche des abgelehnten Bewerbers können sich dann nur unter den sehr engen Grenzen der Anspruchsverwirkung ergeben.

IV. Conclusio

Der kurze Überblick über die Rechtsprechung des BAG hat gezeigt, was man schon ahnte: Dass – nimmt man das Arbeitsrecht im Überblick – sowohl grundlegende Fragen noch offen sind, aber ebenso praxismächtige Detailfragen zu klären waren und sind. Aber ebenso, dass es die Arbeitsvertragsparteien auch in der Hand haben, durch Vertragsvorsorge selbst

45 BAG vom 29.6.2017 – 8 AZR 402/15, AP Nr 24 zu § 15 AGG = NZA 2018, 33-40.

(in durchaus wesentlichen Bereichen) persönliche Rechtssicherheit zu schaffen. Freilich: Unwägbarkeiten im Hinblick auf Änderungen der Rechtsprechung bleiben stets. Das galt für die dargestellten Entscheidungen, das gilt aber ebenso für die Zukunft.

Compliance und Sanierung zwischen Skylla und Charybdis

Rechtsanwalt Dr. Andreas Spahlinger, Gleiss Lutz, Stuttgart

I. Einführung[1]

„Compliance“ ist „en vogue“. Für Unternehmen aller Größen ist Compliance ein Thema. Viele Unternehmen haben Compliance Probleme, lassen – häufig auf Druck von Behörden – durch spezialisierte Anwälte und sonstige Dienstleister und Berater aufwändige und teure „Internal Investigations“ durchführen, um relevante Sachverhalte herauszufinden und aufzuklären, oder haben Nachholdbedarf bei der gebotenen Organisation des Unternehmens und Schulung der Mitarbeiter. In vielen Fällen stehen dabei möglicherweise kartellrechtlich oder strafrechtlich relevante Handlungen im Fokus. Compliance beschränkt sich jedoch nicht auf die Einhaltung von kartell- und strafrechtlichen Geboten. Compliance bedeutet vielmehr generell die Pflicht der Unternehmensleitung, sich gesetzeskonform zu verhalten und im Rahmen des Erforderlichen und Zumutbaren[2] dafür Sorge zu tragen, dass aus dem Unternehmen heraus keine Gesetze verletzt werden.[3] Bei Gesetzesverletzungen droht eine Haftung des Unternehmens und der Organe. Das macht die Einrichtung einer auf Einhaltung der gesetzlichen Pflichten, Haftungsvermeidung und Risikokontrolle angelegten Compliance-Organisation erforderlich.[4] Damit sollen Haftungsrisiken für das Unternehmen und die handelnden Personen vermieden werden; das Unternehmen soll ein gesetzestreuer „*good corporate citizen*“ sein.

Auch im Zusammenhang mit Unternehmen in der Krise und ihrer Sanierung fällt zunehmend der Begriff „Compliance“.[5] Unter diesem Stichwort

1 Dieser Beitrag wurde auf der Grundlage des gehaltenen Vortrags verfasst; Herrn Joachim Glöckler danke ich herzlich für seine Unterstützung.
2 *Verse*, ZHR 175 (2011), 401, 406 f.
3 *Richter*, in: Heinrich, Unternehmenssanierung im Fokus der Arbeits- und Insolvenzpraxis, 2016, S. 41.
4 *Fleischer*, in: MüKo-GmbHG, 3. Aufl. 2019, § 43 Rn. 147.
5 Siehe etwa *Richter*, in: Heinrich, Unternehmenssanierung im Fokus der Arbeits- und Insolvenzrechtspraxis, 2016, S. 41 ff.; *Tresselt/Schlott*, KSzW 2017, 192; *Köhler-Ma/Geiser/Stark*, Compliance in der Unternehmenskrise, 2018; *Passarge*, NZI 2009, 86; sowie die Präsentation von *Geiwitz* vom 4.11.2016

werden allerdings unterschiedliche rechtliche Anforderungen und Themen diskutiert[6]. Dabei handelt es sich weitgehend um keine neuen Themen, sondern um „alten Wein in neuen Schläuchen". Compliance in Sanierungsfällen steht aber teilweise auch für neuere Entwicklungen und Fokussierungen. Hierzu gehören die tatsächlich zunehmenden Risiken einer Inanspruchnahme bei gescheiterten Sanierungsversuchen und die Erkenntnis, dass diese Risiken nur durch adäquates Handeln vermieden oder jedenfalls reduziert werden können. Hierzu gehört aber auch die zunehmende Bedeutung einer „Compliance Review" in unterschiedlichen Sanierungs- oder Insolvenzsituationen, bei der das in den großen kartell- und strafrechtlichen Compliance Untersuchungen erworbene Know-how zur Anwendung kommt. Erste Sanierungs- und Insolvenzfälle, in denen dieses Know-how mit Erfolg genutzt wird, gibt es schon. Es ist wahrscheinlich, dass eine solche Compliance Review in den entsprechenden Fällen und Situationen zukünftig nicht mehr die Ausnahme sein wird, sondern zum „state of the art" Marktstandard.

In der Krise eines Unternehmens hat die Unternehmensleitung nicht nur die Pflicht, sich gesetzestreu zu verhalten. Sie hat vielmehr auch die Pflicht, im Rahmen ihrer Möglichkeiten die Krise des Unternehmens zu beseitigen, die Existenz des Unternehmens zu sichern und eine drohende Insolvenz abzuwenden. Dabei ist grundsätzlich die Sorgfalt eines ordentlichen und gewissenhaften Geschäftsleiters anzuwenden. Bei unternehmerischen Entscheidungen gilt die Business Judgement Rule, die der Unternehmensleitung einen Beurteilungs- und Entscheidungsspielraum gibt. Bei vielen besonderen Pflichten der Unternehmensleitung im Fall einer (drohenden) Insolvenz geht es aber nicht um unternehmerische Entscheidungen. Bei diesen besonderen Pflichten bestehen erhebliche Haftungsrisiken und bei einigen der wichtigsten Pflichten (z.B. der Prüfung des Vorliegens

zum Thema Compliance in ESUG-Verfahren, online abrufbar unter: https://www.vid.de/wp-content/uploads/2016/11/arndt-geiwitz-insolvenzverwalterkongress-16.pdf (zuletzt abgerufen am 8.12.2018).

6 So hat sich z.B. *Richter* in seinem Beitrag „Quadratur des Kreises – Compliance und Sanierung" auf dem Symposium Insolvenz- und Arbeitsrecht 2015 ausschließlich mit den strafrechtlichen Anforderungen und Risiken beschäftigt; vgl. *Richter*, in: Heinrich, Unternehmenssanierung im Fokus der Arbeits- und Insolvenzrechtspraxis, 2016, S. 41 ff.; *Passarge* hat sich in seinem Beitrag „Risiken und Chancen mangelhafter Compliance in der Unternehmensinsolvenz" mit den strafrechtlichen Risiken und den sich daraus ergebenden Chancen für die Insolvenzmasse beschäftigt; vgl. *Passarge*, NZI 2009, 86.

einer positiven Fortführungsprognose i.S.v. § 19 Abs. 2 S. 1 InsO und der Zulässigkeit von Zahlungen gemäß § 64 S. 2 GmbHG) liegt die Darlegungs- und Beweislast für deren Einhaltung bei den handelnden Personen. Aus Sicht der handelnden Personen ist es daher zwingend geboten, sicherzustellen, dass die besonderen Pflichten in der Krise eines Unternehmens eingehalten und die Einhaltung angemessen dokumentiert wird. In unserer anwaltlichen Beratungspraxis nennen wir dies schon seit vielen Jahren die „Krisen-Compliance“.

In der Praxis hat sich allerdings auch gezeigt, dass es zwischen (Krisen-) Compliance und einer erfolgversprechenden Restrukturierung zu (Ziel-) Konflikten kommen kann. So sind Restrukturierungen meistens mit einem hohen Zeitdruck und vielen abzuarbeitenden Themen verbunden und weisen zugleich ein hohes Maß an Komplexität auf. Zugleich hat die Geschäftsleitung in der Regel keine oder nur unzureichende Kenntnis von den krisenspezifischen Rechtspflichten und Haftungsrisiken. Häufig treffen die in einer Krisensituation zunehmenden Haftungsrisiken auch noch auf eine gesteigerte Risikobereitschaft der Geschäftsleiter. Schließlich stellt sich im Spannungsfeld zwischen (Krisen-)Compliance und Restrukturierung auch die Frage nach möglichen Pflichtenkollisionen.

Festzuhalten ist, dass ein Unternehmen in der Krise die Unternehmensleitung vor besondere Herausforderungen steht. *Karsten Schmidt* hat diese bereits vor 30 Jahren wie folgt beschrieben:

> „Der faktisch-wirtschaftliche Konflikt, in dem sich das Management in der Krise befindet, stammt nicht vom Gesetzgeber, sondern rührt von der Situation her. Die Fahrt zwischen Sanierungshoffnung und Konkursantragspflicht gleicht dem Seeabenteuer zwischen Skylla und Charybdis, und nur der Listenreiche kann hier bestehen.“[7]

Wenn man versucht herauszufinden, was „listenreich“ bedeutet und dazu in einem Wörterbuch nachschlägt, welche Adjektive Synonyme von „listenreich“ sind, findet man dort u.a. „listig“, „bauernschlau“, „clever“, „gewitzt“, „raffiniert“, „schlau“, „fintenreich“, „gerissen“, „mit allen Wassern gewaschen“, „schlitzohrig“, „durchtrieben“, „verschlagen“ und „ausgekocht“. Dies alles sind keine Adjektive, mit denen man den gesetzestreuen

7 *K. Schmidt*, ZIP 1988, 1497, 1504 f.

Geschäftsführer (der die Compliance Vorgaben einhält) umschreiben würde. Heißt das etwa, dass es gerade nicht der gesetzestreue Geschäftsführer ist, dem es wahrscheinlich gelingen wird, in der Krise des Unternehmens zu bestehen? Vielleicht hat ein Teil der Akteure das vor 30 Jahren tatsächlich für richtig gehalten. Aus heutiger Sicht wäre diese Schlussfolgerung falsch. Es ist nach wie vor zutreffend, dass sich der Geschäftsführer bei seinem Handeln im Spannungsfeld zwischen Sanierungsauftrag und besonderen Pflichten und Haftungsrisiken zwischen „Skylla und Charybdis" befindet. Bestehen kann hier aber nicht der Listenreiche, sondern derjenige, der seine Pflichten und Risiken kennt und sich entsprechend verhält und sich dabei, sofern erforderlich, von erfahrenen Beratern unterstützen lässt.

Im Folgenden sollen zunächst die besonderen Pflichten und Haftungsrisiken bei (drohender) Insolvenz im Überblick dargestellt werden (II.), bevor der Frage nachgegangen wird, ob zwischen Compliance, pflichtgemäßen unternehmerischen Entscheidungen und einer erfolgreichen Restrukturierung unauflösbare Konflikte bestehen (III.). Schließlich soll noch auf die zunehmende Bedeutung eines Compliance Review in der Restrukturierungspraxis eingegangen werden (IV.).

II. Krisen-Compliance – Besondere Pflichten und Haftungsrisiken bei (drohender) Insolvenz

Krisen-Compliance umfasst die Gesamtheit der Maßnahmen, mit denen während einer Krise sichergestellt werden kann, dass die Gesellschaftsorgane die in der Krise bestehenden Pflichten und drohenden besonderen juristischen Gefahren richtig einschätzen und ihnen angemessen begegnen.[8] Insbesondere für den Fall, dass die Sanierung scheitert und ein Insolvenzverfahren durchzuführen ist, kommt es zu einer Überprüfung des Handelns der Organe. Es gehört selbstverständlich zu den Pflichten eines Insolvenzverwalters, zu prüfen, ob die Organe ihre Pflichten verletzt haben und sich daraus ein vermögensrechtlicher Anspruch der Masse ergibt. Zumindest im Insolvenzfall ist daher mit einer Inanspruchnahme der beteiligten Personen durch den Insolvenzverwalter zu rechnen.[9] Das tatsächliche

8 Vgl. *Tresselt/Schlott*, KSzW 2017, 192.

9 *Spahlinger*, in: Heinrich, Krise als Chance?! Restrukturierung, Sanierung und Insolvenz von Unternehmen, 2017, S. 103, 105; *Strohn*, CCZ 2013, 177.

Risiko einer solchen Inanspruchnahme ist, soweit ersichtlich, in den letzten Jahren stark gestiegen[10], die für die handelnden Personen maßgeblichen rechtlichen Anforderungen und Rahmenbedingungen sind leider immer noch nicht vollständig geklärt, die mit den Fällen befassten Instanzgerichte (und Staatsanwälte) vielfach nicht spezialisiert und erfahren und der Ausgang von gerichtlichen Verfahren daher leider kaum berechenbar. Aus Sicht eines in der Krise beratenden Anwalts gibt dies Anlass zu zwei dringenden Apellen: Zum einen die Aufforderung an die Organmitglieder von Unternehmen in der Krise und sonstige handelnde Personen, die Krisen Compliance ernst zu nehmen und ihr höchste Priorität einzuräumen. Zum anderen die Aufforderung an alle Beteiligte, insbesondere Gesetzgeber, Gerichte, Staatsanwälte und Insolvenzverwalter, einen verlässlichen rechtlichen Rahmen zu schaffen bzw. zu erhalten, in dem es für seriöse Akteure möglich ist, Chancen zur Sanierung eines Unternehmens zu wahren, ohne dass sie bei einem etwaigen Scheitern mit existenzbedrohender persönlicher Haftung und Kriminalisierung rechnen müssen. Sollte dies künftig nicht (mehr) möglich sein, zwingen wir Unternehmen frühzeitig in ein vielleicht vermeidbares Insolvenzverfahren und überlassen wir die Restrukturierung unseriösen Akteuren.

1. Gegenüber wem bestehen die Pflichten der Unternehmensleitung in der Krise – Paradigmenwechsel durch die beabsichtigte EU-Richtlinie über präventive Restrukturierungsrahmen?

Der Frage, welche besonderen Pflichten der Unternehmensleitung im Falle einer (drohenden) Insolvenz bestehen, ist die Frage vorgelagert, gegenüber wem solche Pflichten bestehen. Diese Frage wird in der rechtswissenschaftlichen Diskussion recht stiefmütterlich behandelt.[11] Dass die Geschäftsführung ab dem Eintritt der materiellen Insolvenz insolvenzrechtliche Pflichten hat und ihr Handeln an den vorrangigen Zielen der Insolvenzordnung und damit insbesondere am Interesse der Gläubiger an einer bestmöglichen Befriedigung ausrichten muss, dürfte weitgehend unbestrit-

10 *Spahlinger*, in: Heinrich, Krise als Chance?! Restrukturierung, Sanierung und Insolvenz von Unternehmen, 2017, S. 103, 105; *Tresselt/Schlott*, KSzW 2017, 192.

11 Vgl. *Tresselt/Müller*, KSzW 2015, 198, 199.

ten sein.[12] Üblicherweise wird aber davon ausgegangen, dass vor der Insolvenzreife ausschließlich die Interessen des Unternehmens und seiner Gesellschafter maßgeblich sind.[13] Dies ist nur im Grundsatz richtig. Denn Einflussnahmen der Gesellschafter, z.B. durch Weisungen, können auch schon vor einer Insolvenzreife wegen einer Existenzgefährdung unzulässig und unwirksam sein.[14]

Der Grundsatz, dass bis zur Insolvenzreife nur die Interessen des Unternehmens und seiner Gesellschafter maßgeblich sind, könnte durch Vorgaben des europäischen Gesetzgebers in erheblichem Umfang weiter zurückgedrängt werden, was für die Abgrenzung zwischen Gesellschafter- und Gläubigerinteressen einen Paradigmenwechsel bedeuten könnte. In Art. 18 des Richtlinienvorschlags der Kommission über präventive Restrukturierungsrahmen vom 22.11.2016[15] ist vorgesehen, dass die Mitgliedstaaten Vorschriften erlassen, um sicherzustellen, dass die Unternehmensleitung bei einer drohenden Insolvenz verpflichtet ist,

- sofort Schritte einzuleiten, um die Verluste für Gläubiger, Arbeitnehmer, Anteilseigner und sonstige Interessenträger zu minimieren;
- den Interessen der Gläubiger und sonstigen Interessenträger gebührend Rechnung zu tragen;
- angemessene Schritte einzuleiten, um eine Insolvenz abzuwenden und

12 Vgl. *Tresselt/Müller*, KSzW 2015, 198, 201; *Skauradszun/Spahlinger*, DB 2015, 2559, 2563; *Haas*, ZHR 178 (2014), 603, 606; in diese Richtung auch *Habersack/Foerster*, ZHR 178 (2014), 387, 397; *Bachmann*, ZIP 2015, 101, 106; differenzierend *Thole/Brünkmans*, ZIP 2013, 1097, 1098; a.A. *Jacoby*, in: FS Vallender, 2015, 261, 271 f.: „*Erst die Insolvenzeröffnung markiert die maßgebliche Zäsur.*"

13 *Weber*, in: Hölters, AktG, 4. Aufl. 2019, § 76 Rn. 19; *Spindler*, in: Spindler/Stilz, AktG, 3. Aufl. 2015, § 116 Rn. 30.

14 Für die GmbH etwa OLG Frankfurt a.M., Urt. v. 7.2.1997 – 24 U 88/95, juris Rn. 29; *Wicke*, in: Wicke, GmbHG, 3. Aufl. 2016, § 37 Rn. 5; OLG Jena, Beschl. v. 12.1.2011 – 1 Ws 352/10, juris Rn. 82; für Unternehmensverträge im Aktienrecht etwa OLG Düsseldorf, Beschl. v. 7.6.1990 – 19 W 13/86, AG 1990, 490, 492; *Altmeppen*, in: MüKo, AktG, 4. Aufl. 2015, § 302 Rn. 33; *Koch*, in: Hüffer/Koch, AktG, 13. Aufl. 2018, § 308 Rn. 19 m.w.N.

15 Vorschlag für eine Richtlinie des Europäischen Parlaments und des Rates über präventive Restrukturierungsrahmen, die zweite Chance und Maßnahmen zur Steigerung der Effizienz von Restrukturierungs-, Insolvenz- und Entschuldungsverfahren und zur Änderung der Richtlinie 2012/30/EU, COM(2016) 723 final, 2016/0359(COD).

- vorsätzliches oder grob fahrlässiges Verhalten zu vermeiden, das die Rentabilität des Unternehmens gefährdet.

Nachdem diese Bestimmung zwischenzeitlich in der Positionierung des Rats vom 11.10.2018[16] ersatzlos gestrichen war, enthält die voraussichtlich finale Fassung des Richtlinientexts[17] wieder ähnliche, wenngleich gegenüber dem Kommissionsvorschlag abgeschwächte Vorgaben. Danach sind die Mitgliedstaaten verpflichtet, sicherzustellen, dass die Unternehmensleitung im Falle einer drohenden Insolvenz zumindest den folgenden Punkten gebührend Rechnung trägt:

- den Interessen der Gläubiger, anderer Stakeholder und der Anteilsinhaber;
- der Notwendigkeit, Schritte einzuleiten, um eine Insolvenz abzuwenden und
- der Notwendigkeit, vorsätzliches oder grob fahrlässiges Verhalten zu vermeiden, das die Überlebensfähigkeit des Unternehmens gefährdet.

2. Einrichtung eines Krisenfrühwarnsystems

Gemäß § 91 Abs. 2 AktG hat der Vorstand geeignete Maßnahmen zu treffen, insbesondere ein Überwachungssystem einzurichten, damit den Fortbestand der Gesellschaft gefährdende Entwicklungen früh erkannt werden. Inwieweit diese Norm entsprechend für die GmbH gilt, ist umstritten.[18] Vom Geschäftsführer einer GmbH wird jedenfalls erwartet, dass er sich über die wirtschaftliche Lage der Gesellschaft stets vergewissert.[19] Aus § 43 Abs. 1 GmbHG folgt nach zutreffender Ansicht zudem die Pflicht zu einer beständigen wirtschaftlichen Selbstkontrolle, um eine etwaige Krise

16 Positionierung des Rats der Europäischen Union vom 11.10.2018 zum Richtlinienvorschlag der Kommission – 2016/0359(COD), S. 73.

17 Council of the European Union, Interinstitutional File 2016/0359(COD) vom 17.12.2018.

18 Vgl. dazu *Fleischer*, in: MüKo-GmbHG, 3. Aufl. 2019, § 43 Rn. 61.

19 BGH, Urt. v. 27. 3. 2012 – II ZR 171/10, Rn. 15; BGH, Urt. v. 19. 6. 2012 – II ZR 243/11, Rn. 11; *Pelz*, in: Hauschka/Moosmayer/Lösler, Corporate Compliance, 3. Aufl. 2016, § 31 Rn. 4.

des Unternehmens rechtzeitig erkennen zu können.[20] Die Intensität dieser Pflicht variiert je nach den Umständen des Einzelfalles. Faktoren sind dabei z.B. das Risikoprofil des Unternehmens, seine Größe und Komplexität sowie seine finanzielle Lage.[21] Entsprechend haben die Geschäftsführer eine Organisation einzurichten, die ihnen zu jeder Zeit einen Überblick über die wirtschaftliche und finanzielle Lage der Gesellschaft ermöglicht.[22] Die Prüfungs- und Überwachungspflichten steigen beim ersten Auftreten von Krisenanzeichen.[23] Krisenanzeichen sind etwa der Ausweis eines nicht durch Eigenkapital gedeckten Fehlbetrags in der handelsrechtlichen Bilanz, der Ausweis von Verlusten in einer die Lebensfähigkeit der Gesellschaft bedrohenden Höhe oder eine bestehende oder drohende Liquiditätslücke.[24] Auch Umbruchphasen im Marktumfeld, die erhebliche Einbrüche der Nachfrage erwarten lassen, können ein Krisenanzeichen sein.[25]

3. Sanierungspflicht

Sobald eine Krise identifiziert wird, ist die Geschäftsleitung aus § 43 Abs. 1 GmbHG bzw. § 93 Abs. 1 AktG verpflichtet, Sanierungsmaßnahmen einzuleiten.[26] Eine Sanierungspflicht besteht freilich nur, soweit die Gesellschaft auch sanierungsfähig ist. Die entsprechende Sanierungsprüfung obliegt der Geschäftsführung.[27] Wenn eine Krise identifiziert wurde,

20 *Spahlinger*, in: Heinrich, Krise als Chance?! Restrukturierung, Sanierung und Insolvenz von Unternehmen, 2017, S. 103, 114 f.; *Schluck-Amend*, in: Römermann, Münchener Anwaltshandbuch GmbH-Recht, 4. Aufl. 2018, § 23 Rn. 27; *Fleischer*, in: MüKo-GmbHG, 3. Aufl. 2019, § 43 Rn. 61.

21 *Fleischer*, in: MüKo-GmbHG, 3. Aufl. 2019, § 43 Rn. 61.

22 BGH, Urt. v. 19.6.2012 – II ZR 243/11, Rn. 13; BGH, Urt. v. 20.2.1995 – II ZR 9/94, juris Rn. 7; *Schluck-Amend*, in: Römermann, Münchener Anwaltshandbuch GmbH-Recht, 4. Aufl. 2018, § 23 Rn. 9.

23 *Spahlinger*, in: Heinrich, Krise als Chance?! Restrukturierung, Sanierung und Insolvenz von Unternehmen, 2017, S. 103, 115.

24 *Spahlinger*, in: Heinrich, Krise als Chance?! Restrukturierung, Sanierung und Insolvenz von Unternehmen, 2017, S. 103, 115.

25 Vgl. *Tresselt/Schlott*, KSzW 2017, 192.

26 Vgl. *Bork*, ZIP 2011, 101, 106; *Pelz*, in: Hauschka/Moosmayer/Lösler, Corporate Compliance, 3. Aufl. 2016, § 31 Rn. 32; *Schluck-Amend*, in: Römermann, Münchener Anwaltshandbuch GmbH-Recht, 4. Aufl. 2018, § 23 Rn. 27; *K. Schmidt*, ZIP 1988, 1497, 1505.

27 *Schluck-Amend*, in: Römermann, Münchener Anwaltshandbuch GmbH-Recht, 4. Aufl. 2018, § 23 Rn. 25.

gebietet die Sanierungspflicht insbesondere eine Ursachenanalyse, die Prüfung der Sanierungsfähigkeit des Unternehmens und bejahendenfalls die Erarbeitung eines Sanierungskonzepts und dessen Umsetzung.[28]

Schritte zur Sanierung sind bei einer GmbH oder Personenhandelsgesellschaft in der Regel in Absprache mit den Gesellschaftern zu unternehmen.[29] Die Weisungsgebundenheit der Geschäftsführer einer GmbH gilt allerdings, wie bereits erwähnt, nur eingeschränkt. Existenzgefährdende Weisungen sind schon vor der Insolvenzreife unzulässig und unwirksam und im Übrigen werden die Weisungsrechte ab dem Eintritt der materiellen Insolvenz der Gesellschaft von der Ausstrahlungswirkung der Ziele des § 1 InsO überlagert:[30] Ab diesem Zeitpunkt „gehört" das Unternehmen zumindest in aller Regel wirtschaftlich den Gläubigern.[31] Folglich ist die Weisungsbefugnis ab diesem Zeitpunkt eingeschränkt, so dass die Gesellschafter z.B. keine Weisungen hinsichtlich der Stellung von Sanierungsanträgen nach §§ 270, 270a und § 270b InsO erteilen können.[32] Auch bezüglich der Ausarbeitung eines Insolvenzplans im Rahmen einer vorläufigen Eigenverwaltung sind die Geschäftsführer nicht an Weisungen der Gesellschafter gebunden.[33] Letzteres folgt schon daraus, dass es nicht begründbar ist, den Gesellschaftern bei der Planaufstellung einen größeren Einfluss einzuräumen als bei der Planannahme.[34]

4. Einberufung der Gesellschafterversammlung und Verlustanzeige

Gemäß § 49 Abs. 3 GmbHG hat die Geschäftsleitung die Pflicht, eine Gesellschafterversammlung einzuberufen, wenn sich aus einer handelsrecht-

28 Vgl. *Bork*, ZIP 2011, 101, 106 f.; *Smok*, in: Dannecker/Knierim, Insolvenzstrafrecht, 3. Aufl. 2018, Rn. 580.

29 *Pelz*, in: Hauschka/Moosmayer/Lösler, Corporate Compliance, 3. Aufl. 2016, § 31 Rn. 32.

30 *Tresselt/Müller*, KSzW 2015, 198, 203.

31 *Skauradszun/Spahlinger*, DB 2015, 2559, 2563; *Tresselt/Müller*, KSzW 2015, 198, 204; *Klöhn*, in: MüKo-InsO, 3. Aufl. 2014, § 276a Rn. 8; *Gerner-Beuerle/Schuster*, Journal of Corporate Law Studies, 2014, 287, 301.

32 *Tresselt/Müller*, KSzW 2015, 198, 203; *Skauradszun/Spahlinger*, DB 2015, 2559, 2563; a.A. *Schäfer*, in: FS Müller-Graff, 2015, S. 241, 250.

33 *Tresselt/Müller*, KSzW 2015, 198, 205; *Skauradszun/Spahlinger*, DB 2015, 2559, 2563; *Schäfer*, in: FS Müller-Graff, 2015, S. 241, 250 f.

34 *Schäfer*, in: FS Müller-Graff, 2015, S. 241, 250 f.

lichen Bilanz ergibt, dass die Hälfte des Stammkapitals verloren ist. Außerdem macht sich nach § 84 GmbHG strafbar, wer es als Geschäftsführer unterlässt, den Gesellschaftern einen Verlust in Höhe der Hälfte des Stammkapitals anzuzeigen. Überdies droht in solchen Fällen eine zivilrechtliche Haftung gegenüber der Gesellschaft und den Gesellschaftern, weil § 84 GmbHG ein Schutzgesetz i.S.d. § 823 Abs. 2 BGB ist.

5. Insolvenzantragspflicht und Prüfung der Insolvenzgründe

Die Überwachung und Prüfung der Insolvenzgründe ist das „Herzstück" der vorinsolvenzlichen Krisen-Compliance.

Gemäß § 15a Abs. 1 InsO sind die Geschäftsführer einer Gesellschaft verpflichtet, bei Zahlungsunfähigkeit (§ 17 Abs. 2 InsO) oder Überschuldung (§ 19 Abs. 2 InsO) der Gesellschaft ohne schuldhaftes Zögern, spätestens aber drei Wochen nach Eintritt der Zahlungsunfähigkeit oder Überschuldung, einen Eröffnungsantrag zu stellen. Bei einer Verletzung der Pflicht zur rechtzeitigen Stellung eines Insolvenzantrags haften die Geschäftsführer gegenüber der Gesellschaft nach § 43 Abs. 2 GmbHG und gegenüber den Gläubigern der Gesellschaft gemäß § 823 Abs. 2 BGB i.V.m. § 15a Abs. 1 InsO.[35] Die Verletzung der Antragspflicht stellt gemäß § 15a Abs. 4 InsO einen Straftatbestand dar, wobei gemäß § 15a Abs. 5 InsO auch fahrlässiges Handeln strafbar ist.

Bei objektiver Insolvenzreife wird vermutet, dass der Geschäftsführer die Insolvenz schuldhaft verschleppt hat.[36] Der Geschäftsführer trägt dann die Beweislast dafür, dass die Insolvenzantragspflicht nicht schuldhaft verletzt wurde.[37] Ein Geschäftsführer handelt schuldhaft, wenn er es unterlässt, sich rechtzeitig die erforderlichen Informationen und die Kenntnisse zu verschaffen, die er für die Prüfung benötigt, ob er pflichtgemäß Insolvenzantrag stellen muss.[38] Dabei muss sich der Geschäftsführer, sofern er nicht

35 Zur Differenzierung zwischen Alt- und Neugläubigern siehe *Spahlinger*, in: Heinrich, Krise als Chance?! Restrukturierung, Sanierung und Insolvenz von Unternehmen, 2017, S. 103, 120.

36 Vgl. BGH, Urt. v. 15.3.2011 – II ZR 204/09, juris Rn. 38; BGH, Urt. v. 27.3.2012 – II ZR 171/10, juris Rn. 13.

37 Vgl. BGH, Urt. v. 6.6.1994 – II ZR 292/91, juris Rn. 33.

38 BGH, Urt. v. 23.8.2017 – 2 StR 456/16, juris Rn. 35; BGH, Urt. v. 27.3.2012 – II ZR 171/10 , juris Rn. 15.

über ausreichende persönliche Kenntnisse verfügt, gegebenenfalls fachkundig beraten lassen.[39] Die Heranziehung fachlich geeigneter Berater kann exkulpierende Wirkung haben.[40] Die Ergebnisse der jeweiligen Prüfung sind in jedem Fall zu dokumentieren.[41]

Auch innerhalb der 3-Wochen-Frist des § 15a Abs. 1 S. 1 InsO hat die Geschäftsleitung zu prüfen, ob Sanierungsmöglichkeiten bestehen und gegebenenfalls mögliche Maßnahmen zur rechtzeitigen Beseitigung der Insolvenzreife zu ergreifen.[42] Dabei sind auch die Vor- und Nachteile einer außergerichtlichen Sanierung und einer Sanierung im Schutzschirmverfahren (§ 270b InsO) gegeneinander abzuwägen.[43] Bei der Frist des § 15a Abs. 1 S. 1 InsO handelt es sich um eine Höchstfrist. Wenn bei Fristbeginn feststeht oder sich vor Fristablauf zeigt, dass keine realistische Möglichkeit besteht, den Insolvenzgrund vor Ablauf der 3-Wochen-Frist zu beseitigen, ist der Insolvenzantrag unverzüglich zu stellen. Die 3-Wochen-Frist darf dann nicht ausgeschöpft werden. Nach Ablauf der 3-Wochen-Frist ist der Antrag auch dann zu stellen, wenn laufende Sanierungsbemühungen erfolgversprechend sind.

Für die Prüfung und Überwachung der Zahlungsunfähigkeit i.S.d. § 17 Abs. 2 InsO hat sich in der Praxis die Erstellung eines 13-Wochen-Liquiditätsplans nach insolvenzrechtlichen Grundsätzen als „*Monitoring Tool*" etabliert.[44]

Das Vorliegen einer Überschuldung i.S.d. § 19 Abs. 2 InsO ist sehr häufig von einer insolvenzrechtlichen Fortführungsprognose abhängig.[45] Diese schließt auch im Falle einer rechnerischen Überschuldung des Unternehmens eine Überschuldung i.S.d. § 19 Abs. 2 InsO aus. Für das Vorliegen einer positiven Fortführungsprognose zu einem bestimmten Zeitpunkt ist

39 BGH, Urt. v. 27.3.2012 – II ZR 171/10, juris Rn. 15; BGH, Urt. v. 14.5.2007 – II ZR 48/06, juris Rn. 16.

40 BGH, Urt. v. 27.3.2012 – II ZR 171/10, juris Rn. 16; näher dazu *Spahlinger*, in: Heinrich (Hrsg.), Krise als Chance?!, 2017, S. 103, 121.

41 *Tresselt/Schlott*, KSzW 2017, 192.

42 Vgl. *Pelz*, in: Hauschka/Moosmayer/Lösler, Corporate Compliance, 3. Aufl. 2016, § 31 Rn. 32.

43 *Pelz*, in: Hauschka/Moosmayer/Lösler, Corporate Compliance, 3. Aufl. 2016, § 31 Rn. 32.

44 *Tresselt/Schlott*, KSzW 2017, 192.

45 *Tresselt/Schlott*, KSzW 2017, 192.

in einem Haftungsprozess die Geschäftsleitung darlegungs- und beweisbelastet.[46] Das macht nicht nur eine sorgfältige Prüfung, sondern auch eine sorgfältige Dokumentation unverzichtbar.[47]

6. Zahlungsverbote

Nach § 64 S. 1 GmbHG (bzw. § 92 Abs. 2 S. 1 i.V.m. § 93 Abs. 3 Nr. 6 AktG) sind die Geschäftsführer der Gesellschaft grundsätzlich zum Ersatz von Zahlungen verpflichtet, die nach Eintritt der Zahlungsunfähigkeit der Gesellschaft oder nach Feststellung ihrer Überschuldung geleistet werden. Gemäß § 64 S. 3 GmbHG (bzw. § 92 Abs. 2 S. 3 i.V.m. § 93 Abs. 3 Nr. 6 AktG) haben die Geschäftsführer alle Zahlungen an Gesellschafter zu ersetzen, durch die eine Zahlungsunfähigkeit der Gesellschaft herbeigeführt wurde.[48] Beide Tatbestände gelten auch für sonstige Leistungen oder Handlungen, die Zahlungen entsprechen. Sie gelten nicht für Zahlungen, die mit der Sorgfalt eines ordentlichen Geschäftsmanns in der besonderen Situation vereinbar sind.[49] Da der Geschäftsführer die Beweislast für ein fehlendes Verschulden und das Vorliegen einer sorgfaltsgemäßen Zahlung trägt,[50] ist auch an dieser Stelle eine sorgfältige Prüfung und Dokumentation geboten.

7. Sozialversicherungsbeiträge und steuerliche Pflichten

Sofern die Geschäftsführer den Arbeitnehmeranteil nicht an den Sozialversicherungsträger abführen, machen sie sich gemäß § 266a StGB wegen Vorenthaltens und Veruntreuung von Arbeitsentgelt strafbar. Eine zivil-

46 *Tresselt/Schlott*, KSzW 2017, 192, 193.

47 Siehe zu den Anforderungen an eine positive Fortführungsprognose noch unten III.4.

48 Zum eingeschränkten Anwendungsbereich des § 64 S. 3 GmbHG siehe *Spahlinger*, in: Heinrich, Krise als Chance?! Restrukturierung, Sanierung und Insolvenz von Unternehmen, 2017, S. 103, 118 f.

49 Dabei ist insbesondere der Zweck des § 64 S. 1 GmbHG, Masseverkürzungen im Vorfeld des Insolvenzverfahrens zu verhindern, zu berücksichtigen; vgl. für viele *H.-F. Müller*, in: MüKo, GmbHG, 3. Aufl. 2018, § 64 Rn. 1 m.w.N.

50 *Arnold*, in: Henssler/Strohn, Gesellschaftsrecht, 3. Aufl. 2016, § 64 GmbHG Rn. 41.

rechtliche Haftung folgt in solchen Fällen aus § 823 Abs. 2 BGB i.V.m. § 266a StGB.[51]

Gemäß § 34 Abs. 1 AO haben die Geschäftsführer die steuerlichen Pflichten der Gesellschaft zu erfüllen und insbesondere dafür zu sorgen, dass die Steuern tatsächlich gezahlt werden. Verletzen die Geschäftsführer diese Pflichten vorsätzlich oder grob fahrlässig, haften sie gemäß § 69 AO für den Fall, dass die Steuern bei der Gesellschaft nicht beigetrieben werden können.[52]

8. Kapitalerhaltung

Nach § 30 Abs. 1 S. 1 GmbHG darf das zur Erhaltung des Stammkapitals erforderliche Vermögen der Gesellschaft nicht an die Gesellschafter ausgezahlt werden. Verstoßen die Geschäftsführer gegen dieses Verbot, sind sie gemäß § 43 Abs. 3 GmbHG grundsätzlich zum Ersatz verpflichtet.

9. Strafrechtliche Risiken der Organe

Zu den wesentlichen strafrechtlichen Risiken der Organe eines Unternehmens in der Krise zählt eine Haftung wegen Insolvenzverschleppung (§ 15a Abs. 4 und 5 InsO) und Eingehungsbetrugs (§ 263 Abs. 1 StGB). Daneben besteht u.a. das Risiko einer Strafbarkeit wegen Untreue (§ 266 StGB), wegen Verletzung der Verlustanzeigepflicht (§§ 84 GmbHG, 401 AktG) und aufgrund der Insolvenzstraftaten im engeren Sinne (§§ 283 ff. StGB).

51 Zum Vorsatznachweis siehe BGH, Urt. v. 3.5.2016 – II ZR 311/14, juris Rn. 13 ff.; BGH, Urt. v. 18.12.2012 – II ZR 220/10, juris Rn. 16 ff. und zur Pflichtenkollision mit § 64 GmbHG siehe BGH, Urt. v. 25.1.2011 – II ZR 196/09, juris Rn. 17; BGH, Beschl. v. 18.1.2010 – II ZA 4/09, juris Rn. 4; BGH, Urt. v. 14.5.2007 – II ZR 48/06, juris Rn. 11 ff.

52 BFH, Urt. v. 26.9.2017 – VII R 40/16, juris Rn. 7; *Engels/Dahl*, NZI 2018, 100; zur Pflichtenkollision mit § 64 GmbHG siehe BGH, Urt. v. 25.1.2011 – II ZR 196/09, juris Rn. 12 ff.; BGH, Urt. v. 14.5.2007 – II ZR 48/06, juris Rn. 11 ff.

10. Pflichten von Aufsichtsrat und Beirat

Ein Aufsichtsrat hat die Erfüllung der Insolvenzantragspflicht durch die Geschäftsleiter zu überwachen.[53] Das gilt auch für den fakultativen Aufsichtsrat einer GmbH.[54] Im Falle der Führungslosigkeit einer AG, Genossenschaft oder SE ist der Aufsichtsrat gemäß § 15a Abs. 3 InsO selbst zur Stellung des Insolvenzantrags verpflichtet.[55] Im Falle der Führungslosigkeit einer GmbH sind Aufsichts- und Beiratsmitglieder nicht antragspflichtig, es sei denn, sie erfüllen die Voraussetzungen faktischer Geschäftsleiter.[56] Haben die antragspflichtigen Organmitglieder eine Insolvenzverschleppung begangen, können die Mitglieder von Aufsichts- und Beiräten gemäß § 830 Abs. 2 BGB auch als Teilnehmer gegenüber den Gläubigern der insolventen Gesellschaft haften.[57]

Auch hinsichtlich der Einhaltung der Zahlungsverbote (§§ 64 S. 1 GmbHG, 92 Abs. 2 S. 1 AktG) trifft die Aufsichtsräte von AG und GmbH eine Überwachungspflicht.[58] Für den fakultativen Aufsichtsrat einer GmbH ergibt sich hier aber eine Besonderheit: § 52 Abs. 1 GmbHG verweist auf die Schadensersatznorm des § 116 AktG nur mit der ausdrücklichen Einschränkung „in Verbindung mit § 93 Abs. 1 und 2 S. 1 und 2". Damit wird § 93 Abs. 3 AktG für den fakultativen Aufsichtsrat über die nur partielle Verweisung in § 52 GmbHG gerade nicht in Bezug genommen. Mithin fehlt es für den fakultativen Aufsichtsrat an der in § 93 Abs. 3 Nr. 6 AktG angeordneten Gleichstellung des Zahlungsabflusses mit

53 BGH, Urt. v. 16.3.2009 – II ZR 280/07, juris Rn. 15; *Strohn*, NZG 2011, 1161, 1163; *Klöhn*, in: MüKo- InsO, 3. Aufl. 2013, § 15a Rn. 94; *Arnold*, in: Henssler/Strohn, Gesellschaftsrecht, 3. Aufl. 2016, § 64 GmbHG, Rn. 71.

54 BGH, Urt. v. 20.9.2010 – II ZR 78/09 (*Doberlug*), juris Rn. 21; *Strohn*, NZG 2011, 1161, 1163.

55 Nach teilweise vertretener Ansicht trifft den Aufsichtsrat einer AG sogar die Pflicht, einen Vorstand, der sich trotz Insolvenzreife weigert, den Insolvenzantrag zu stellen, seines Amtes zu entheben und selbst den Antrag nach § 15a Abs. 3 InsO zu stellen, siehe *Strohn*, NZG 2011, 1161, 1163.

56 *Klöhn*, in: MüKo-InsO, 3. Aufl. 2013, § 15a Rn. 93; *Kleindiek*, in: Lutter/Hommelhoff, GmbH-Gesetz, 19. Aufl. 2016, Anhang zu § 64 Rn. 84.

57 *Klöhn*, in: MüKo- InsO, 3. Aufl. 2013, § 15a Rn. 94; *Poertzgen*, NZI 2010, 915, 917; *Kleindiek*, in: Lutter/Hommelhoff, GmbH-Gesetz, 19. Aufl. 2016, Anhang zu § 64 Rn. 85; *Strohn*, NZG 2011, 1161, 1163.

58 BGH, Urt. v. 16.3.2009 – II ZR 280/07, Rn. 15; BGH, Urt. v. 20.9.2010 – II ZR 78/09 (*Doberlug*), Rn. 21; *Strohn*, NZG 2011, 1161, 1163.

einem Schaden der Gesellschaft i.S.d. §§ 249 ff. BGB.[59] Ein Vermögensschaden der Gesellschaft tritt bei einem Verstoß gegen die Zahlungsverbote nach Ansicht des BGH regelmäßig nicht ein, weil verbotene Zahlungen lediglich zu einer Bilanzverkürzung führen.[60] Bedenken begegnet diese Argumentation vor dem Hintergrund, dass die erfüllten Forderungen in aller Regel nicht mehr voll werthaltig sind, aber trotzdem mit „gutem Geld" erfüllt werden.[61]

Die Vorschriften über den obligatorischen Aufsichtsrat einer GmbH (z.B. § 1 Abs. 1 Nr. 3 DrittelbG, § 25 Abs. 1 S. 1 Nr. 2 MitbestG) enthalten demgegenüber keine entsprechende Einschränkung der Verweisung auf § 116 AktG.[62] Dementsprechend sind die Mitglieder des obligatorischen Aufsichtsrats einer GmbH und des Aufsichtsrats einer AG zur Erstattung verbotener Zahlungen verpflichtet.[63]

Mitglieder eines Beirats einer GmbH sind grundsätzlich keine Adressaten des § 64 GmbHG.[64] Eine Haftung kommt im Ausgangspunkt aber unter dem Gesichtspunkt der Überwachungspflichtverletzung in Betracht, wenn der Beirat als Überwachungsorgan fungiert.[65] Da es sich beim Beirat um ein freiwilliges Gesellschaftsorgan handelt,[66] ist aber nicht ersichtlich, dass hier etwas anderes gilt als für den fakultativen Aufsichtsrat.[67] Anders können die Dinge freilich liegen, wenn der Beirat als unternehmensleitendes Organ fungiert.[68] Nicht ganz fernliegend erscheint hier die Parallele

59 BGH, Urt. v. 20.9.2010 – II ZR 78/09 (*Doberlug*), Rn. 21; a.A. *Giedinghagen*, in: Michalski, GmbHG, 3. Aufl. 2017, § 52 Rn. 309a m.w.N.

60 BGH, Urt. v. 20.9.2010 – II ZR 78/09 (*Doberlug*), Rn. 14; siehe auch *Kleindiek*, in: Lutter/Hommelhoff, GmbH-Gesetz, 19. Aufl. 2016, § 64 Rn. 9.

61 Vgl. *Liese*, CZZ 2011, 39, 40; *Baumert*, FD-InsR 2010, 309586.

62 BGH, Urt. v. 20.9.2010 – II ZR 78/09 (*Doberlug*), Rn. 21; *Kleindiek*, in: Lutter/Hommelhoff, GmbH-Gesetz, 19. Aufl. 2016, § 64 Rn. 9.

63 *Kleindiek*, in: Lutter/Hommelhoff, GmbH-Gesetz, 19. Aufl. 2016, § 64 Rn. 9.

64 *Haas/Kolmann/Pauw*, in: Gottwald, Insolvenzrechts-Handbuch, 5. Aufl. 2015, § 92 Rn. 172; *H.-F. Müller*, in: MüKo-GmbHG, 3. Aufl. 2018, § 64 Rn. 142.

65 *Haas/Kolmann/Pauw*, in: Gottwald, Insolvenzrechts-Handbuch, 5. Aufl. 2015, § 92 Rn. 172; *H.-F- Müller*, in: MüKo-GmbHG, 3. Aufl. 2018, § 64 Rn. 142.

66 *Spindler*, in: MüKo-GmbHG, 3. Aufl. 2019, § 52 Rn. 714.

67 Vgl. auch *H.-F- Müller*, in: MüKo-GmbHG, 3. Aufl. 2018, § 64 Rn. 142, der zwischen fakultativen und obligatorischen Kontrollgremien differenziert.

68 Siehe zu dieser Möglichkeit *Spindler*, in: MüKo-GmbHG, 3. Aufl. 2019, § 52 Rn. 715.

zum faktischen Geschäftsführer, der Adressat der Masseerhaltungspflicht ist.[69]

11. Versicherung gegen Haftungsansprüche

In größeren Unternehmen besteht üblicherweise eine D&O-Versicherung für die Geschäftsleitungsorgane.[70] Da solche Versicherungen das Risiko einer Inanspruchnahme durch den Insolvenzverwalter erhöhen, sind sie Schutz und Bedrohung zugleich.[71]

Seit einem Beschluss des OLG Celle vom 1.4.2014[72] wird intensiv diskutiert, ob ein Verstoß gegen die Zahlungsverbote von einer D&O Versicherung erfasst wird, wenn die Versicherung ihrem Wortlaut nach nur Schadensersatzansprüche gegen die Geschäftsführer abdeckt.[73] Vor kurzem hat auch das OLG Düsseldorf einen Versicherungsschutz verneint und dabei damit argumentiert, dass es sich bei § 64 GmbHG nicht um einen Schadensersatzanspruch i.S.v. Ziffer 1.1. der Allgemeinen Versicherungsbedingungen für die Vermögensschaden-Haftpflichtversicherung von Unternehmensleitern und Leitenden Angestellten (ULLA), sondern um einen „Ersatzanspruch eigener Art" handle.[74] Der Gesellschaft entstehe kein Schaden, weil der Zahlung regelmäßig das Erlöschen einer dadurch getilgten Gesellschaftsverbindlichkeit gegenüberstehe.[75] Die damit angesprochene Rechtsprechung des BGH[76] erging jedoch nicht zu versicherungsrechtlichen Fragestellungen, so dass die Qualifikation des § 64 GmbHG als Schadensersatzanspruch im versicherungsrechtlichen Sinne keinesfalls ausgeschlossen ist.[77] Außerdem kommt es unabhängig von dieser dogmatischen Frage letztlich auf die Auslegung der allgemeinen Versicherungs-

69 Vgl. *Haas/Kolmann/Pauw*, in: Gottwald, Insolvenzrechts-Handbuch, 5. Aufl. 2015, § 92 Rn. 172.
70 *Balthasar*, in: Krieger/Schneider, Handbuch Managerhaftung, 3. Aufl. 2017, Rn. 33.2.
71 *Balthasar*, in: Krieger/Schneider, Handbuch Managerhaftung, 3. Aufl. 2017, Rn. 33.2.
72 OLG Celle, Beschl. v. 1.4.2016 – 8 W 20/16, BeckRS 2016, 125428, Rn. 38.
73 Siehe etwa *Geissler*, GWR 2018, 285 ff.; *Cyrus*, NZG 2008, 7, 8 f.; *Armbrüster/Schilbach*, ZIP 2018, 1853 ff.
74 OLG Düsseldorf, Urt. v. 20.7.2018 – 4 U 93/16, Rn. 89 f.
75 OLG Düsseldorf, Urt. v. 20.7.2018 – 4 U 93/16, Rn. 91.
76 BGH, Urt. v. 20.9.2010 – II ZR 78/09 (*Doberlug*), Rn. 21.
77 Vgl. *Armbrüster/Schilbach*, ZIP 2018, 1853, 1857.

bedingungen an.[78] Nach zutreffender Ansicht sind Ersatzansprüche nach § 64 GmbHG aus der maßgeblichen Perspektive eines Geschäftsführers[79] unabhängig von ihrer formaljuristischen Einordnung in den Versicherungsvertrag einbezogen.[80] In jedem Fall ist dringend zu empfehlen, mit der Versicherung ausdrücklich zu klären und ggf. zu vereinbaren, dass die Versicherung auch etwaige Ansprüche aus § 64 GmbHG bzw. § 93 Abs. 3 Nr. 6 i.V.m. § 92 Abs. 2 AktG umfasst.

III. Compliance, Anforderungen an pflichtgemäße unternehmerische Entscheidungen und Restrukturierung – unauflösbare Konflikte?

1. Compliance-Verstöße und unternehmerische Fehlentscheidungen als (Mit-)Ursachen einer Krise

Compliance Verstöße und unternehmerische Fehlentscheidungen sind gar nicht selten (Mit-)Ursachen einer Krise. Beispiele sind hohe existenzgefährdende Bußgelder zur Ahndung von Bestechungszahlungen und Kartellbußgelder. Allerdings können Ursache und Wirkung in diesem Bereich auch verschwimmen, weil Unternehmen in der Krise besonders „anfällig" für Compliance-Verstöße wie Kartellabsprachen und Bestechungszahlungen sind („anders geht es nicht mehr"). Die hohe Verschuldung eines Unternehmens kann auch Folge einer gescheiterten Investition sein und diese kann das Ergebnis einer Fehlentscheidung sein. Häufig werden aber auch gerade in der Krise besonders risikoreiche unternehmerische Entscheidungen getroffen (*gambling for resurrection*).

Die unverzügliche Beendigung von Compliance-Verstößen bzw. die Korrektur unternehmerischer Fehlentscheidungen müssen in jedem Fall Bestandteile einer erfolgversprechenden Restrukturierung sein. Zu den erforderlichen Maßnahmen gehört in der Regel die Kooperation mit Behörden, der Austausch der Geschäftsleitung, die Aufklärung des relevanten Sachverhalts (Compliance Review) und die Geltendmachung von Schadensersatzansprüchen.

78 OLG Düsseldorf, ZIP 2018, 1542, 1545; *Armbrüster/Schilbach*, ZIP 2018, 1853, 1857.

79 *Armbrüster/Schilbach*, ZIP 2018, 1853, 1857 f.

80 *Geissler*, GWR 2018, 285, 286; *Armbrüster/Schilbach*, ZIP 2018, 1853, 1859.

2. Spannungsverhältnisse und Zeitdruck

Es sind zahlreiche Spannungsverhältnisse denkbar, denen sich die Geschäftsleitung in einer Sanierungssituation ausgesetzt sieht. So kann etwa ein verfrühter Insolvenzantrag unter schuldhafter Vernachlässigung von Sanierungschancen zu einer Haftung der Geschäftsleitung führen.[81] Pflichtwidrig handelt außerdem ein Geschäftsführer, der – ohne die Gesellschafter anzuhören oder entgegen deren Weisung – einen auf § 18 InsO gestützten Antrag stellt.[82] In Betracht kommt auch eine Haftung nach § 823 Abs. 1 BGB aufgrund eines mitgliedschaftsbezogenen Eingriffs.[83] Auf der anderen Seite drohen eine Haftung wegen Insolvenzverschleppung, wegen Verstoß gegen die Zahlungsverbote und ein strafbarer Eingehungsbetrug, wenn entgegen § 15a InsO die Stellung eines Insolvenzantrags unterlassen wird.

Spannungsgeladen ist auch das Verhältnis zwischen der Legalitätspflicht der Geschäftsleitung und der Vornahme von Handlungen zum (kurzfristigen) wirtschaftlichen Wohl der Gesellschaft. Dabei stellt sich die Frage, ob und ggf. welche Verstöße gegen die Legalitätspflicht gerechtfertigt sein können (dazu sogleich im Anschluss unter III.3).

Kennzeichnend für viele Sanierungssituationen ist schließlich der Umstand, dass meist nur kurze Zeit zur Verfügung steht, um eine drohende Insolvenz abzuwenden und sich deshalb regelmäßig die Frage stellt, ob diese Zeit voraussichtlich ausreicht. Die hinreichend belastbare Antwort entscheidet häufig darüber, ob die Gesellschaft noch eine positive insolvenzrechtliche Fortführungsprognose hat.

81 *Haas*, in: Baumbach/Hueck, GmbHG, 21. Aufl. 2017, § 64 Rn. 220; *Balthasar*, in: Krieger/Schneider, Handbuch Managerhaftung, 3. Aufl. 2017, Rn. 33.5; *Goette*, in: FS 50 Jahre BGH, 2000, S. 123, 137; *Leinkugel/Skauradszun*, GmbHR 2011, 1121, 1126; *K. Schmidt*, ZIP 1988, 1497, 1505.

82 *Haas/Kolmann/Pauw*, in: Gottwald, Insolvenzrechts-Handbuch, 5. Aufl. 2015, § 92 Rn. 156; OLG München, Urt. v. 21.3.2013 – 23 U 3344/12, juris Rn. 55; *Leinkugel/Skauradszun*, GmbHR 2011, 1121, 1126.

83 *Leinkugel/Skauradszun*, GmbHR 2011, 1121, 1127; *Geißler*, ZInsO 2013, 919, 923 f.

3. Rechtfertigung von Compliance-Verstößen und riskanten oder ungewöhnlichen unternehmerischen Entscheidungen in der Restrukturierung?

Bei Compliance-Verstößen und riskanten oder ungewöhnlichen Entscheidungen in der Restrukturierung droht der Geschäftsleitung eine Haftung gemäß § 43 Abs. 2 GmbHG bzw. § 93 Abs. 2 AktG. Allerdings liegt keine Pflichtverletzung vor, wenn die Voraussetzungen der in § 93 Abs. 1 S. 2 AktG normierten Business Judgement Rule – die auch für den GmbH-Geschäftsführer gilt[84] – vorliegen.[85] Dafür ist erforderlich, dass der Geschäftsleiter bei einer unternehmerischen Entscheidung vernünftigerweise annehmen durfte, auf der Grundlage angemessener Informationen zum Wohle der Gesellschaft zu handeln. Außerdem muss der Geschäftsleiter in gutem Glauben handeln und darf sich nicht von Sonderinteressen und sachfremden Einflüsse leiten lassen.[86] Die Darlegungs- und Beweislast für das Vorliegen dieser Voraussetzungen liegt beim betreffenden Vorstandsmitglied bzw. Geschäftsführer.[87] Eine vollständige und nachvollziehbare Dokumentation ist daher auch hier dringend zu empfehlen.[88] Die im Zuge einer Restrukturierung getroffenen unternehmerischen Entscheidungen können im Rahmen der Business Judgement Rule gerechtfertigt werden. Ein Beispiel stellt etwa der Notverkauf von nicht betriebsnotwendigem Vermögen dar.

Ob auch ein Verstoß gegen eine rechtlich gebundene Entscheidung (d.h. ein Compliance Verstoß) gerechtfertigt sein kann, ist dagegen zweifelhaft. Rechtlich gebundene Entscheidungen unterliegen nicht dem Anwendungsbereich der Business Judgement Rule.[89] Außerdem begründet ein

84 *Altmeppen*, in: Roth/Altmeppen, GmbHG, 9. Aufl. 2019, § 43 Rn. 9.
85 Siehe dazu Begr. RegE. UMAG, BT-Drucks 15/5092, S. 11 f.; BGH, Urt. v. 21.4.1997 – II ZR 175/95 = BGHZ 135, 244 (*ARAG/Garmenbeck*).
86 *Altmeppen*, in: Roth/Altmeppen, GmbHG, 9. Aufl. 2019, § 43 Rn. 12 f.
87 *Fleischer*, in: Spindler/Stilz, AktG, 4. Aufl. 2019, § 93 Rn. 77.
88 Vgl. *Fleischer*, in: Spindler/Stilz, AktG, 4. Aufl. 2019, § 93 Rn. 77.
89 *Bicker*, AG 2014, 8, 9; *Koch*, ZGR 2006, 769, 784 ff.; *Schneider*, DB 2005, 707, 710; Begr. RegE UMAG, BT-Drucks. 15/5092, S. 11.: „*Die unternehmerische Entscheidung steht im Gegensatz zur rechtlich gebundenen Entscheidung. Für illegales Verhalten gibt es keinen „sicheren Hafen" im Sinne einer haftungstatbestandlichen Freistellung, es kann hier im Einzelfall aber am Verschulden fehlen.*"

rechtswidriges Verhalten einer Gesellschaft im Außenverhältnis grundsätzlich auch eine Pflichtverletzung im Innenverhältnis.[90]

Zahlreiche Autoren sprechen sich aber zu Recht dafür aus, unter bestimmten Voraussetzungen die Pflichtwidrigkeit bzw. das Verschulden eines Geschäftsleiters zu verneinen, wenn dieser bei unklarer Rechtslage das Risiko eines Gesetzesverstoßes eingeht und sich dieses Risiko realisiert („Legal Judgement Rule“).[91] In diesem Zusammenhang werden von *Verse* in Anlehnung an das Straf- und Bußgeldrecht drei Abwägungskriterien vorgeschlagen, um den Handlungsspielraum zu bestimmen, innerhalb dessen einem Geschäftsleiter bei unklarer Rechtslage keine Haftung wegen Verletzung der Legalitätspflicht droht. Es sind dies (1.) der Grad der Wahrscheinlichkeit, dass die Handlung vor Gericht als rechtmäßig bestätigt würde; (2.) das Gewicht der Nachteile, die dem Täter (bzw. der von ihm geleiteten Gesellschaft) bei Verzicht auf die fragliche Handlung drohen und (3.) die Schwere der Rechtsgutsverletzung, wenn sich der eigene Rechtsstandpunkt als fehlerhaft erweist.[92] Es erscheint richtig, dass ein Geschäftsleiter unter Anwendung dieser Kriterien – auch bei Vorliegen von Rechtszweifeln – jedenfalls dann nicht gegenüber der Gesellschaft haftet, wenn er nach sorgfältiger Ermittlung der Rechtslage mit annähernd gleicher oder überwiegender Wahrscheinlichkeit erwarten kann, dass die von ihm gewählte Handlungsalternative vor Gericht als rechtmäßig beurteilt würde.[93] Etwas anderes mag gelten, wenn überragend wichtige Rechtsgüter wie Leib und Leben in Frage stehen.[94] Andererseits wird eine Haftung grundsätzlich zu bejahen sein, wenn mit deutlich überwiegender Wahrscheinlichkeit zu erwarten war, dass die Handlung vor Gericht als rechtswidrig beurteilt würde.[95] Selbst dann kommt eine Haftungsfreiheit aber noch in Betracht, wenn die Gesellschaft durch den Verzicht auf die Handlung gravierend getroffen würde und keine Verletzung eines überragend wichtigen Rechtsguts droht.[96]

90 *Bicker*, AG 2014, 8, 9 m.w.N.
91 Siehe dazu *Verse*, ZGR 2017, 174, 178 ff. m.w.N.
92 *Verse*, ZGR 2017, 174, 189 f.
93 *Verse*, ZGR 2017, 174, 190.
94 *Verse*, ZGR 2017, 174, 190.
95 *Verse*, ZGR 2017, 174, 190.
96 *Verse*, ZGR 2017, 174, 190.

Die Unternehmensleitung kann in der Krise dazu geneigt sein, den (drohenden) Zusammenbruch des Unternehmens durch die Missachtung gesetzlicher und vertraglicher Pflichten zu verhindern.[97] Die Fälle, in denen der Gesellschaft durch eine Verletzung öffentlich-rechtlicher oder vertraglicher Pflichten ein wirtschaftlicher Vorteil entsteht, werden unter dem Stichwort „nützliche Gesetzesverstöße" („efficient breach of law") diskutiert.[98] Dabei ist weitgehend anerkannt, dass auch nützliche Verletzungen gesetzlicher Vorschriften eine Pflichtverletzung im Verhältnis zur Gesellschaft darstellen.[99] Anders wird dies von zahlreichen Autoren bei einer Verletzung vertraglicher Verpflichtungen gesehen. Hier soll der Unternehmensleitung ein unternehmerisches Ermessen zustehen, womit ein pflichtwidriges Verhalten gegenüber der Gesellschaft ausscheiden kann.[100] Schließlich können nach einer verbreiteten Ansicht Verstöße gegen Normen, die lediglich Ordnungscharakter haben (z.B. Parkverbote) durch überwiegende Unternehmensinteressen gerechtfertigt sein.[101] Teilweise wird im Schrifttum unter engen Voraussetzungen auch eine rechtfertigende Pflichtenkollision erwogen, wenn die Legalitätspflicht mit anderen Pflichten kollidiert, z.B. mit der Pflicht des Vorstands, Schäden vom Gesellschaftsvermögen abzuwenden.[102] Von der Frage, ob eine Pflichtverletzung vorliegt, ist die Frage zu trennen, ob im Falle „nützlicher Pflichtver-

97 Vgl. *Thole*, ZHR 173 (2009), 504, 512.

98 Vgl. *Zöllner/Noack*, in: Baumbach/Hueck, GmbHG, 21. Aufl. 2017, § 43 Rn. 23 ff.

99 *Lutter*, ZIP 2007, 841, 843; *Bayer*, in: FS K. Schmidt, 2009, S. 85, 90 f.; *Fleischer*, BB 2008, 1070, 1071; Fleischer, ZIP 2005, 141, 148 f.; *Thole*, ZHR 173 (2009), 504, 513; a.A. *Ihrig*, WM 2004, 2098, 2105: *„Dabei mag sich im Einzelfall unter Berücksichtigung von Chancen und Risiken durchaus ergeben, dass die bewusste Hinwegsetzung über eine gesetzliche Pflicht im wohlverstandenen Unternehmensinteresse zu rechtfertigen war und folglich eine Haftung des Vorstands für einen gleichwohl eingetretenen Schaden ausscheidet.*"

100 *Ziemons*, in: Michalski, GmbHG, 3. Aufl. 2017, § 43 Rn. 76; *Fleischer*, in: MüKo-GmbHG, 3. Aufl. 2019, § 43 Rn. 40; *Thole*, ZHR 173 (2009), 504, 518 f.; a.A. *Zöllner/Noack*, in: Baumbach/Hueck, GmbHG, 21. Aufl. 2017, § 43 Rn. 23a; *Wiedemann*, ZGR 2011, 183, 199; *S. H. Schneider*, DB 2005, 707, 711.

101 *Uwe H. Schneider*, FS Hüffer, 2010, S. 905, 909 f.; ähnlich *Habersack*, FS Schneider, 2011, S. 429, 438 f.; tendenziell auch *Kocher*, CCZ 2009, 215, 218; für eine Auflockerung (nur) in besonderen Ausnahmefällen *Werner*, CCZ 2010, 143, 144; wohl auch *Verse*, ZGR 2017, 174, 185 m.w.N.; a.A. *Bicker*, AG 2014, 8, 11; *Fleischer*, ZIP 2005, 141, 149 f.; *Thole*, ZHR 173 (2009), 504, 520 f.

102 Vgl. *Bicker*, AG 2014, 8, 12; *Fleischer*, ZIP 2005, 141, 150.

letzungen“ ein Vorteilsausgleich in Betracht kommt, so dass sich die Gesellschaft die durch die Pflichtwidrigkeit erlangen Vorteile auf ihren Schadensersatzanspruch anrechnen lassen müsste.[103] Eine abschließende Würdigung der vorgestellten Ansätze ist hier nicht möglich. Es dürfte aber deutlich geworden sein, dass es Pflichtverstöße gibt, die richtigerweise als gerechtfertigt anzusehen sind, die Grenzen einer möglichen Rechtfertigung aber verschwommen sind und sich der Geschäftsführer, der sich darauf berufen möchte, dass sein Compliance Verstoß gerechtfertigt ist, auf unsicherem Terrain bewegt.

4. Insolvenzverschleppung trotz erfolgversprechender Restrukturierung?

Bei erfolgversprechenden Restrukturierungen muss es möglich sein, dass die Geschäftsleitung versucht, das Unternehmen zu sanieren, ohne damit eine Insolvenzverschleppung zu begehen und dies muss daher auch dann gelten, wenn der Sanierungsversuch letztlich scheitert. Da die Insolvenzantragspflicht in vielen Fällen davon abhängt, ob die Gesellschaft eine positive insolvenzrechtliche Fortführungsprognose i.S.v. § 19 Abs. 2 S. 1 InsO hat, folgt daraus, dass die rechtlichen Anforderungen an die positive Fortführungsprognose hinreichend klar und sachgerecht sein müssen und sich die handelnden Personen darauf verlassen können, dass diese Maßstäbe auch im Falle eines Scheiterns gelten. Leider ist dies nach wie vor nicht uneingeschränkt der Fall[104]. Dies gilt vor allem für folgende Maßstäbe:

- Für die Frage, ob es eine positive Fortführungsprognose gibt, ist alleine die ex ante Sicht maßgeblich.[105] Dass die Sanierung entgegen dieser Prognose später gescheitert ist und dass dies im Nachhinein mit dem dann vorhandenen Wissen („ex post“) möglicherweise schon zu einem früheren Zeitpunkt absehbar oder gar wahrscheinlich erscheint,

103 Siehe dazu *Hölters*, in: Hölters, AktG, 3. Aufl. 2017, § 93 Rn. 257 f.; *Bicker*, AG 2014, 8, 13 f.; *Fleischer*, ZIP 2005, 141, 151 f.; *Spindler*, in: MüKo-AktG, 5. Aufl. 2019, § 93 Rn. 106 f.; *Thole*, ZHR 173 (2009), 504, 525 ff.

104 Siehe bereits *Spahlinger*, in: Heinrich, Krise als Chance?! Restrukturierung, Sanierung und Insolvenz von Unternehmen, 2017, S. 103, 115 ff.

105 BGH, Urt. v. 12.2.2007 – II ZR 308/05, juris Rn. 16; BGH, Urt. v. 6.6.1994 – II ZR 292/91, juris Rn. 32; *Tresselt/Schlott*, KSzW 2017, 192, 195 m.w.N.

ist unerheblich. Dies ist, soweit ersichtlich, zwar rechtlich unumstritten,[106] in der Praxis fällt es aber häufig schwer, einen Rückschaufehler zu vermeiden.

- Da es sich um eine (ex ante) Prognose handelt, hat die Geschäftsleitung bei ihrer Entscheidung anerkanntermaßen einen „gewissen" Beurteilungsspielraum.[107] Richtigerweise sollte der Geschäftsleitung hier derselbe Spielraum zugestanden werden, wie bei unternehmerischen Entscheidungen. Ein strengerer Beurteilungsmaßstab ist nicht gerechtfertigt. Die Regeln der Business Judgement Rule sind daher zumindest entsprechend anzuwenden.[108]
- Alleiniger Maßstab für die Prüfung der Fortführungsprognose ist die überwiegende Wahrscheinlichkeit. Das gilt auch für Finanzierungsbeiträge oder sonstige Maßnahmen Dritter. Die nach wie vor von einigen Autoren vertretene Ansicht, die bei Dritten eine höhere Wahrscheinlichkeit oder rechtlich gesicherte Zusagen verlangt, ist mit der h.M. abzulehnen.[109] Außerdem muss und darf grundsätzlich davon ausgegangen werden, dass sich die an einer Restrukturierung beteiligten Personen wirtschaftlich vernünftig verhalten werden.[110]

5. Rechtsnachfolge in Pflichten

Voraussetzung für eine erfolgreiche Restrukturierung ist häufig, dass die Geschäftsleitung um Personen mit Restrukturierungserfahrung, typischerweise den Chief Restructuring Officer (CRO), ergänzt wird. Werden diese als Organmitglied bestellt, treffen auch sie die der (bisherigen) Geschäftsleitung obliegenden Pflichten. Zu einer ähnlichen Rechtsnachfolge in

106 BGH, Urt. v. 6.6.1994 – II ZR 292/91, juris Rn. 32; *Goette*, DStR 2016, 1752, 1753.

107 BGH, Urt. v. 12.2.2007 – II ZR 308/05, juris Rn. 16; BGH, Urt. v. 6.6.1994 – II ZR 292/91, juris Rn. 32; *Ritter/Schüppen*, in: MAH, AktienR, 3. Aufl. 2018, § 24 Rn. 102; *Fischer*, NZI 2016, 665, 667; *Tresselt/Schlott*, KSzW 2017, 192, 195; *Goette*, DStR 2016, 1752, 1753; *H.-F. Müller*, in: MüKo, GmbHG, 3. Aufl. 2018, § 64 Rn. 25 m.w.N.

108 Vgl. *Tresselt/Schlott*, KSzW 2017, 192, 195; *Goette*, DStR 2016, 1752, 1753 ff.

109 *Tresselt/Schlott*, KSzW 2017, 192, 195; *Goette*, DStR 2016, 1752, 1756; *Aleth/Harlfinger*, NZI 2011, 166, 171; *Fischer*, NZI 2016, 665, 672; *K. Schmidt*, DB 2008, 2467, 2469 f.

110 Vgl. *Tresselt/Schlott*, KSzW 2017, 192, 195; *Goette*, DStR 2016, 1752, 1756.

Pflichten der (bisherigen) Geschäftsleitung kommt es auch im Insolvenzfall mit dem Übergang der Verwaltungs- und Verwertungsbefugnis auf einen (vorläufigen) Insolvenzverwalter; auch dieser tritt dann grundsätzlich in die dem Schuldner obliegenden Pflichten ein.[111] Wenn Gesetzesverletzungen zum Zeitpunkt des Eintritts bereits verwirklicht wurden und fortdauern, stellt sich die Frage, ob und inwieweit den in bestehende Pflichten Eintretenden eine Karenzfrist zu gewähren ist. Bei einem Insolvenzverwalter ist man sich wohl einig, dass es eine solche Karenzfrist gibt: Mit Blick auf seine Haftung für die Verzögerung rechtlich gebotener Maßnahmen wird dem Insolvenzverwalter eine angemessene Einarbeitungszeit zugestanden.[112] Ob dies auch für einen neuen Geschäftsführer gilt, insbesondere hinsichtlich seiner Pflichten aus § 15a Abs. 1 S. 1 InsO und § 64 S. 1 GmbHG, ist dagegen nicht abschließend geklärt.

Von der wohl h.M. wird dem neu eintretenden Organ im Rahmen des § 15a Abs. 1 S. 1 InsO zu Recht eine Prüfungsfrist zugebilligt, um die Insolvenzreife festzustellen bzw. die Prüfungsergebnisse der bisherigen Geschäftsleitung auf Plausibilität zu prüfen.[113] Die Dauer dieser Frist soll sich nach der Komplexität des Einzelfalles richten und nicht mit der 3-Wochen-Frist identisch sein.[114] Richtigerweise wird man diese Grundsätze auch im Rahmen des § 64 GmbHG zur Anwendung bringen können. Diese Meinung ist aber leider nicht unumstritten.

So soll nach anderer Ansicht ein seriöser Geschäftsführer sein Amt außer in Notfällen erst dann übernehmen, wenn er sich von den für seine Stellung maßgeblichen Umständen überzeugt hat. Er werde sich die Bücher der Gesellschaft also nicht erst nach, sondern schon vor Beginn seiner Tätigkeit vorlegen lassen. Im Falle eines Amtsantritts trotz Unwissenheit liege daher zumeist ein Übernahmeverschulden vor, welches die Verurteilung auch eines Unbedarften wegen vorsätzlicher, zumindest aber fahrläs-

111 *Mock*, in: Uhlenbruck, InsO, 15. Aufl. 2019, § 80 Rn. 71; zur Überleitung der strafrechtlichen Verantwortung vom Schuldner auf den Insolvenzverwalter siehe *Richter*, NZI 2002, 121, 122 f.

112 BAGE 143, 321, Rn. 60; *Lohmann*, in: HK-InsO, 9. Aufl. 2018, § 60 Rn. 30.

113 Vgl. *Müller/Schmidt/Liebscher*, in: Thierhoff/Müller, Unternehmenssanierung, 2. Aufl. 2016, 3.1 Insolvenzantragspflicht nach § 15a InsO, Rn. 63; *Richter*, in: Müller-Gugenberger, Wirtschaftsstrafrecht, 6. Aufl. 2015, § 80 Rn. 42; *Klein/Thiele*, ZInsO 2013, 2233, 2239. Siehe auch *Thiele*, ZInsO 2015, 977, 990.

114 *Richter*, in: Müller-Gugenberger, Wirtschaftsstrafrecht, 6. Aufl. 2015, § 80 Rn. 42.

siger Insolvenzverschleppung gestatte.[115] Dieser Maßstab erscheint zu streng und wird den in Restrukturierungssituationen regelmäßig kurz bemessenen Zeitfenstern nicht gerecht.

Einen äußerst strengen Maßstab legt auch das OLG Brandenburg an; im konkreten Fall ging es um eine Haftung nach § 64 S. 1 GmbHG.[116] Der beklagte Sanierungsgeschäftsführer wurde am 24.8.2009 bestellt und beantragte am 4.9.2009 die Eröffnung des Insolvenzverfahrens. Zum Zeitpunkt der Bestellung war die Schuldnerin nach den Feststellungen des OLG Brandenburg bereits zahlungsunfähig und überschuldet.[117] Mit Blick auf die von der Gesellschaft bis zur Antragstellung vorgenommenen Zahlungen bejahte das OLG Brandenburg grundsätzlich ein Verschulden des Beklagten. Bei Zahlungen in der objektiven Lage des § 64 GmbHG werde ein Verschulden des Geschäftsführers vermutet, wobei die Erkennbarkeit der Insolvenzreife ausreiche und ebenfalls vermutet werde.[118] Das Gericht argumentiert damit, dass der Beklagte nicht die Leitung eines „gesunden“ Unternehmens übernommen habe, sondern als „Sanierer“ hinzugezogen wurde, der das Unternehmen aus der Krise führen sollte.[119] Weiter führt das OLG Brandenburg aus, dass dem Beklagten vor der Aufnahme seiner Tätigkeit ein Gutachten/Finanzierungskonzept vorgestellt wurde, das die aktuelle Situation der Schuldnerin und die geplante Restrukturierung beschrieb. Daraus folgert das Gericht, dass ihm die bilanzielle Überschuldung bekannt war. Da er nicht näher dargelegt habe, welche Mitteilungen er über die Liquidität der Schuldnerin erhalten habe, sei nicht davon auszugehen, dass er Grund zu der Annahme hatte, die Schuldnerin könne ihre laufenden Verbindlichkeiten vollständig bedienen.[120] Das OLG räumt dem Beklagten zwar ein, dass er nach seinem Amtsantritt erst ermitteln musste, welche konkreten Maßnahmen und Anweisungen zu treffen waren, um die Sanierungschancen zu wahren und nicht erforderliche Vermögensabflüsse

115 *Bittmann*, Praxishandbuch Insolvenzstrafrecht, 2. Aufl. 2017, § 11 Rn. 60 ff.; *Kolmann*, in: Saenger/Inhester, GmbHG, 3. Aufl. 2016, vor § 64 Rn. 153; gegen eine Schonfrist bzw. Einarbeitungszeit auch *Haas/Kolmann/Pauw*, in: Gottwald, Insolvenzrechts-Handbuch, 5. Aufl. 2015, § 2 Rn. 86.

116 OLG Brandenburg, Urt. v. 12.1.2016 – 6 U 123/13 mit Anmerkungen von *Eichner/Haßler*, EWiR 2016, 493 f.; *Poertzgen*, ZHW 2016, 367 f.; *Seulen*, DB 2016, 2652 f.

117 OLG Brandenburg, Urt. v. 12.1.2016 – 6 U 123/13, Rn. 5 ff., 24.

118 OLG Brandenburg, Urt. v. 12.1.2016 – 6 U 123/13, Rn. 23.

119 OLG Brandenburg, Urt. v. 12.1.2016 – 6 U 123/13, Rn. 27.

120 OLG Brandenburg, Urt. v. 12.1.2016 – 6 U 123/13, Rn. 29 ff.

zu verhindern. Für diese Ermittlungen billigte das Gericht dem Beklagten aber nur 2 Werktage zu. Am dritten Tag hätte der Beklagte konkrete Anweisungen hinsichtlich der Zahlungen erteilen müssen.[121] Für die ab dem vierten Tag geleisteten Zahlungen bejaht das Gericht eine Haftung des Beklagten. Hervorzuheben ist allerdings noch, dass sich die „3-Tages-Frist" ausdrücklich nur auf § 64 GmbHG und nicht auf § 15a InsO beziehen soll.[122]

Die Ansicht des OLG Brandenburg ist abzulehnen. Angesichts der regelmäßig hohen Komplexität von Restrukturierungsfällen sind kaum Fälle vorstellbar, in denen eine 2-tägige Prüfungsfrist angemessen wäre. Zustimmung verdient vielmehr die Ansicht der Vorinstanz (LG Frankfurt (Oder)). Diese hatte eine Haftung gemäß § 64 GmbHG mangels Verschuldens noch verneint und damit argumentiert, dass ein Prüfungszeitraum von 11 Kalendertagen (8 Werktage) nicht nur nicht zu beanstanden, sondern sogar eher kurz bemessen sei.[123]

Vor dem Hintergrund, dass es keine Rechtssicherheit gibt, ob und ggf. wie lange ein neuer Geschäftsführer Zeit hat, die Situation zu prüfen, bevor ihn haftungsbewehrte Pflichten treffen, ist folgendes Vorgehen zu empfehlen: Der mögliche neue Geschäftsführer wird zunächst nur als Berater tätig, nutzt diese Beratungsphase zur Analyse der Situation (Compliance Review) und lässt sich erst danach zum Geschäftsführer bestellen.

121 OLG Brandenburg, Urt. v. 12.1.2016 – 6 U 123/13, Rn. 35 ff.

122 OLG Brandenburg, Urt. v. 12.1.2016 – 6 U 123/13, Rn. 33: „*Während der danach als vertretbar anzusehenden Prüfung und Einleitung konkreter Sanierungsbemühungen mag für den Beklagten mit Blick auf die längstens dreiwöchige Frist des § 15a Abs. 1 Satz 1 InsO die Stellung des Insolvenzantrags noch nicht geboten gewesen sein.*"

123 OLG Brandenburg, Urt. v. 12.1.2016 – 6 U 123/13, Rn. 14, 26.

IV. Compliance Review in der Restrukturierungspraxis

1. Zunehmende Bedeutung von Compliance Reviews und Internal Investigations in Restrukturierungssituationen

Compliance Review und Internal Investigations gewinnen (auch) in Restrukturierungssituationen zunehmend an Bedeutung. Dabei handelt es sich insbesondere um folgende Situationen:

Wie soeben (unter III.5) schon dargelegt, sollte sich ein Restrukturierungsexperte, der dazu bereit ist, eine Organstellung (z.B. als CRO) zu übernehmen, vor seiner Berufung zum Geschäftsführer bzw. Vorstand zunächst einen genauen Überblick über das Unternehmen und die mit der neuen Position verbundenen Pflichten und Haftungsrisiken verschaffen.

Auch vor der Entscheidung über die Eröffnung eines Insolvenzverfahrens in Eigenverwaltung kann eine Compliance Review angebracht sein (dazu unten IV.3).

Im Übrigen sind Compliance Review und Internal Investigations die richtigen Mittel, um zu prüfen, ob es Haftungsansprüche gegen (frühere) Organmitglieder gibt. Dies gilt nicht nur im Insolvenzfall nach einem etwaigen Scheitern der Sanierung (dazu unten IV.4), sondern auch dann, wenn sich eine Insolvenz vermeiden ließ (dazu sogleich unter IV.2).

2. Compliance Review außerhalb eines Insolvenzverfahrens

Die praktische Erfahrung lehrt, dass Haftungsansprüche des Unternehmens gegen die Geschäftsleitung oftmals erst vom Insolvenzverwalter geltend gemacht werden. Das bedeutet allerdings nicht, dass eine gelungene Sanierung mit Blick auf Haftungsansprüche gegen die Geschäftsleitung stets einen „sicheren Hafen“ darstellt. Im Gegenteil, wenn, wie häufig, die Restrukturierung zumindest auch durch fehlerhafte unternehmerische Entscheidungen oder pflichtwidriges Verhalten der Geschäftsleitung verursacht wurde, stellt sich die Haftungsfrage und die Frage, ob etwaige Ansprüche durch eine D&O Versicherung abgedeckt sind.

In der AG ist der Aufsichtsrat zur Prüfung und Verfolgung von Schadensersatzansprüchen gegen Vorstandsmitglieder verpflichtet.[124] Allerdings leidet das AktG in diesem Bereich bekanntermaßen an einem Konstruktionsfehler: So lassen sich gewisse „Beißhemmungen" des Aufsichtsrats damit erklären, dass dieser fürchtet, selbst vom Vorstand mit der Begründung in Anspruch genommen zu werden, dass er diesen nicht ordnungsgemäß überwacht und ein sorgfaltswidriges Verhalten nicht verhindert habe.[125] Es ist deshalb nicht überraschend, dass auch in Restrukturierungsfällen dieses Thema meist nur dann aufgegriffen und eine Compliance Review eingeleitet wird, wenn neue Geschäftsleiter und Aufsichtsräte oder sogar Gesellschafter maßgeblichen Einfluss erhalten.

3. Compliance Review als Voraussetzung der Eigenverwaltung?

Die Anordnung der Eigenverwaltung setzt gemäß § 270 Abs. 2 Nr. 2 InsO voraus, dass keine Umstände bekannt sind, die erwarten lassen, dass die Anordnung zu Nachteilen für die Gläubiger führen wird. Bei der entsprechenden Prüfung des Gerichts handelt es sich um eine Prognoseentscheidung. Die Prognose ist anhand von Indizien unter Berücksichtigung der jeweiligen Besonderheiten des Einzelfalls zu erstellen.[126] Von Bedeutung ist dabei (auch) das Verhalten der Geschäftsleitung in der Krise, soweit daraus Schlüsse für die Eignung/Kompetenz, die Vertrauenswürdigkeit, die Zuverlässigkeit und die Integrität gezogen werden können.[127]

Fraglich ist, inwieweit Gesetzesverstöße in der Vergangenheit Nachteile für die Gläubiger erwarten lassen. Nach Literatur und Rechtsprechung liegen zu erwartende Nachteile für die Gläubiger etwa in folgenden Fällen nahe: (offensichtliche) Insolvenzverschleppung, Verletzung der Buchführungs- und Bilanzierungspflichten, Verletzung der Steuererklärungspflichten, (seit Jahren) keine wirksame Aufstellung von Jahresabschlüssen,

124 BGHZ 135, 244, 251 ff. (*ARAG/Garmenbeck*).

125 *Habersack*, ZHR 177 (2013), 782, 785 f.

126 Vgl. *Fiebig*, in: HambKomm-InsO, 7. Aufl. 2019, § 270 Rn. 19; *Beck/Lebmeier*, in: Beck/Depré, Praxis der Insolvenz, 3. Aufl. 2017, § 44 Rn. 25; *Foltis*, in: FK-InsO, 9. Aufl. 2018, § 270 Rn. 72.

127 Vgl. *Neußner*, in: Kübler, Handbuch Restrukturierung in der Insolvenz, 3. Aufl. 2019, § 10 Rn. 46; AG Köln, Beschl. v. 1.6.2012 – 73 IN 125/12, BeckRS 08856; *Fiebig*, in: HambKomm-InsO, 7. Aufl. 2019, § 270 Rn. 23; *Tetzlaff*, in: MüKo-InsO, 3. Aufl. 2014, § 270 Rn. 53.

(monatelange) Nichtabführung von Arbeitnehmerbeiträgen zur Sozialversicherung, laufende Ermittlungsverfahren oder einschlägige Vorstrafen wegen Bankrott- oder anderer Vermögensdelikte, Verletzung der Auskunfts- und Mitwirkungspflichten nach der InsO, Verstoß gegen sonstige Regelungen der InsO, Unterlassene Einrichtung eines Krisenwarnsystems (§ 91 Abs. 2 AktG), Verstöße gegen § 64 GmbHG und grobe Verstöße gegen wesentliche öffentlich-rechtliche Pflichten.[128] Nach teilweise vertretener Ansicht ist außerdem von einer Gefahr gläubigerbenachteiligender Handlungen des eigenverwaltenden Schuldners auszugehen, wenn feststeht, dass ein Sachwalter insolvenztypische Ansprüche gegen den Schuldner, Gesellschafter oder ihnen nahe stehende Personen geltend machen müsste.[129] Nach *Hoffmann* sind Nachteile für die Gläubiger zu besorgen, wenn die Vertretungsorgane im Vorfeld der Insolvenz gesetzliche Pflichten verletzt haben und es sich bei den Verstößen nicht nur um völlig untergeordnete und fahrlässige Pflichtverletzungen handelt. Als Beispiele nennt er dann aber nur Verletzungen der Insolvenzantragspflicht, der Buchführungspflicht und der Auskunfts- und Mitwirkungspflichten nach der InsO. Für letztere fordert er dabei eine Verletzung „in erheblicher Weise".[130] Recht allgemein formuliert auch *Riggert*: „*Umstände, die eine Nachteilserwartung begründen, sind etwa Gesetzesverstöße durch den Schuldner.*" Als Beispiel nennt Riggert dann aber nur das Vorliegen einer Insolvenzverschleppung.[131] *Undritz* nimmt an, dass „*offensichtlich erkennbare Pflichtverletzungen*" Indizien für zu erwartende Nachteile sein können,[132] während sich *Ellers* dafür ausspricht, dass das Gericht Verstöße

128 Vgl. *Fiebig*, in: HambKomm-InsO, 7. Aufl. 2019, § 270 Rn. 21; *Gravenbrucher Kreis*, ZInsO 2014, 1267; *Zipperer*, in: Uhlenbruck, InsO, 15. Aufl. 2019, § 270 Rn. 49; AG Essen, Beschl. v. 1.9.2015 – 163 IN 14/15, Rn. 14 ff., NZI 2015, 931; AG Hamburg, Beschl. v. 18.12.2013 – 67c IN 410/13, Rn. 6, NZI 2014, 269; *Hoffmann*, Eigenverwaltung, 2014, Rn. 28 ff.; *Neußner*, in: Kübler, Handbuch Restrukturierung in der Insolvenz, 3. Aufl. 2019, § 10 Rn. 71 ff.; *Brünkmans*, in: HK-InsO, 9. Aufl. 2018, § 270 Rn. 16; *Tetzlaff*, in: MüKo-InsO, 3. Aufl. 2014, § 270 Rn. 54 ff.; *Riggert*, in: Nerlich/Römermann, InsO, (10/18), § 270 Rn. 20; *Riggert*, in: Braun, InsO, 7. Aufl. 2017, § 270 Rn. 5; *Haas*, in: Gottwald, Insolvenzrechts-Handbuch, 5. Aufl. 2015, § 87 Rn. 23 ff.

129 *Foltis*, in: FK-InsO, 9. Aufl. 2018, § 270 Rn. 79; AG Hamburg, Beschl. v. 18.12.2013 – 67c IN 410/13, Rn. 7, NZI 2014, 269.

130 *Hoffmann*, Eigenverwaltung, 2014, Rn. 28 ff.

131 *Riggert*, in: Nerlich/Römermann, InsO, (10/18), § 270 Rn. 20.

132 *Undritz*, in: K. Schmidt, InsO, 19. Aufl. 2016, § 270 Rn. 12.

des Schuldners gegen gesetzliche Vorschriften im Rahmen seiner Prognoseentscheidung berücksichtigt.[133]

Zusammenfassend kann man sagen, dass es zu Recht wohl einhellige Meinung ist, dass nicht jeder Gesetzesverstoß in der Vergangenheit Nachteile für die Gläubiger erwarten lässt. Hinreichend schwere oder für das Vertrauen in eine pflichtgemäße Eigenverwaltung besonders relevante Gesetzesverstöße sind jedoch bei der Prognoseentscheidung des Gerichts zu berücksichtigen. Sind deshalb Nachteile zu erwarten, ist abzuwägen, ob diese durch etwaige zu erwartende Vorteile der (vorläufigen) Eigenverwaltung zumindest kompensiert werden.

Dass das Unternehmen durch Managementfehler in die Insolvenz geraten ist, schließt im Übrigen nicht, und schon gar nicht zwangsläufig aus, dass der Schuldner die erforderliche Qualifikation hat, einen als notwendig erkannten Restrukturierungskurs in einer Eigenverwaltung erfolgreich umzusetzen. Auch hier kommt es auf die Umstände des Einzelfalls an.[134]

Die Prüfung etwaiger Nachteile der Eigenverwaltung ist nicht nur eine Aufgabe des zuständigen Insolvenzgerichts. Ist ein vorläufiger Gläubigerausschuss bestellt, ist er gemäß § 270 Abs. 3 InsO regelmäßig in die Entscheidung des Gerichts eingebunden. Durch einen einstimmigen, die Eigenverwaltung unterstützenden Beschluss kann der vorläufige Gläubigerausschuss sogar die Anordnung der Eigenverwaltung erzwingen. Vor diesem Hintergrund stellt sich die Frage, ob der vorläufige Gläubigerausschuss verpflichtet ist, ein Compliance Review durchzuführen, bevor er ein für das Gericht bindendes Votum nach § 270 Abs. 3 S. 2 InsO abgibt. Im Falle eines solchen Votums soll sogar eine Haftung der Gläubigerausschussmitglieder für aus der Eigenverwaltung resultierende Schäden der Gläubiger in Betracht kommen, wenn dem Ausschuss Umstände bekannt waren oder bekannt sein mussten, die gegen die Eigenverwaltung sprechen.[135] Eine Haftung der Ausschussmitglieder soll außerdem auch dann in Frage kommen, wenn es der Ausschuss bei einer Äußerung nach

133 *Ellers*, in: Beck-OK InsO, 12. Edition, Stand: 26.10.2018, § 270 Rn. 25.

134 *Neußner*, in: Kübler, Handbuch Restrukturierung in der Insolvenz, 3. Aufl. 2019, § 10 Rn. 71; *Brünkmans*, in: HK- InsO, 9. Aufl. 2018, § 270 Rn. 15: es müssen Tatsachen bekannt sein, die erwarten lassen, dass sich die Fehler wiederholen. Kritisch *Brinkmann/Zipperer*, ZIP 2011, 1337, 1341.

135 Vgl. *Brinkmann*, DB 2012, 1369, 1370.

§ 270 Abs. 3 S. 1 InsO unterlässt, dem Gericht entsprechende Umstände mitzuteilen.[136] Richtigerweise hat der vorläufige Gläubigerausschuss bei seiner Entscheidung jedoch einen Beurteilungsspielraum, so dass eine Haftung nur in Ausnahmefällen in Betracht kommt. Man wird vom Gläubigerausschuss im Regelfall auch nicht fordern können, dass er (insbesondere zur Vermeidung etwaiger Haftungsrisiken) vor seiner Entscheidung bzw. Äußerung stets ein umfangreiches Compliance Review durchführt bzw. durchführen lässt. Denn je höher hier die Anforderungen gesteckt werden, desto mehr verlagert man das Haftungsrisiko bei gescheiterten Eigenverwaltungen auf den vorläufigen Gläubigerausschuss. Dies würde letztlich dazu führen, dass dieser schon unter Haftungsgesichtspunkten gegen die Eigenverwaltung votiert, was mit der gesetzlichen Konzeption des § 270 Abs. 2 InsO nicht zu vereinbaren ist. Man wird vom vorläufigen Gläubigerausschuss allerdings dann ein Compliance Review verlangen können wenn sich seinen Mitgliedern aufdrängt, dass in der Vergangenheit möglicherweise in erheblichem Umfang Compliance Verstöße stattgefunden haben, die für die Entscheidung über die Anordnung einer Eigenverwaltung maßgeblich sein können.

4. Compliance Review und Durchsetzung von Haftungsansprüchen in der Insolvenz

Im Insolvenzverfahren gehört es zu den Aufgaben des Insolvenzverwalters, grundsätzlich alle vermögensrechtlichen Ansprüche geltend zu machen, die der Masse gegen Dritte zustehen.[137] Dies betrifft insbesondere auch Ansprüche gegen Geschäftsführer.[138] Die Durchsetzung von Haftungsansprüchen gegen die (ehemalige) Geschäftsleitung (z.B. § 43 Abs. 2 und § 64 S. 1 GmbHG) obliegt im Eigenverwaltungsverfahren analog § 280 InsO dem Sachwalter.[139]

136 *Brinkmann*, DB 2012, 1369, 1370.

137 *Fischer*, NZI 2014, 241, 242.

138 *Fischer*, NZI 2014, 241, 242.

139 Vgl. *Brünkmans*, in: HK-InsO, 9. Aufl. 2018, § 280 Rn. 4; *Haas*, in: Gottwald, Insolvenzrechts-Handbuch, 5. Aufl. 2015, § 90 Rn. 81; *Hofmann*, ZIP 2007, 260, 262; *Kirchhof*, in: MüKo-InsO, 3. Aufl. 2014, § 280 Rn. 3; *Foltis*, in: FK-InsO, 9. Aufl. 2018, § 280 Rn. 3 a.E.; a.A. *Bierbach*, in: Kübler, HRI, 3. Aufl. 2019, § 11 Rn. 146.

Unabhängig von der Kompetenzfrage ist festzustellen, dass sich die Praxis bislang nahezu ausschließlich auf Haftungsansprüche aus der Verletzung insolvenzspezifischer Pflichten (Insolvenzverschleppung, Zahlungsverbote) konzentriert. Hinsichtlich der Prüfung unternehmerischer Fehlentscheidungen im Vorfeld der Insolvenz und der Geltendmachung entsprechender Haftungsansprüche ist in der bisherigen Praxis ein „Blinder Fleck“ festzustellen.

Sowohl bei der Prüfung der insolvenzrechtlichen Haftungsansprüche als auch der Prüfung sonstiger Ansprüche wegen Gesetzesverstößen oder unternehmerischen Fehlentscheidungen werden die Erfahrungen und das Know-how einer klassischen Compliance Review und Internal Investigation noch viel zu selten genutzt. Der typische Ablauf einer solchen Compliance Untersuchung lässt sich in acht Schritte einteilen: (1.) Informationssammlung, (2.) Auswertung der Fallakten, (3.) Forensische Erhebung der Unternehmensdaten, (4.) Forensische Untersuchung des E-Mail-Verkehrs, (5.) Interviews unverdächtiger Personen, (6.) Interviews mit Verdächtigen, (7.) Erhebung weiterer Beweismittel und (8.) Sachbericht und Bewertung von Beweismitteln. Ein derartig strukturiertes Vorgehen bei der Aufarbeitung möglicher haftungsrelevanter Sachverhalte kann erheblich zu einer Mehrung der Insolvenzmasse beitragen.

5. Spannungsverhältnis zwischen der Geltendmachung von Haftungsansprüchen und einer erfolgreichen Sanierung

Der Insolvenzverwalter ist verpflichtet, die Interessen der Gläubiger bestmöglich zu wahren und die Gläubiger bestmöglich zu befriedigen.[140] Deshalb ist ein Insolvenzverwalter auch grundsätzlich zur Geltendmachung von werthaltigen Haftungsansprüchen gegen die ehemalige Geschäftsleitung verpflichtet. Andererseits kann der Insolvenzverwalter für eine erfolgreiche Sanierung, die die Befriedigungsaussichten der Gläubiger erhöht, auf die Zusammenarbeit mit den (früheren) Organen der Schuldnerin angewiesen sein. Das wirft die Frage auf, ob sich ein Insolvenzverwalter bei der Entscheidung, ob und auf welche Weise er die ehemalige Geschäftsleitung in Anspruch nimmt oder davon ganz oder teilweise Abstand

140 *Fischer*, NZI 2014, 241, 242; BGHZ 131, 325 (329).

nimmt, auf die Business Judgement Rule berufen kann.[141] Diese Frage ist zu bejahen. In jedem Fall hat der Insolvenzverwalter bei der Ausübung seiner Tätigkeit einen weiten Ermessensspielraum,[142] der grundsätzlich auch die angesprochene Interessensabwägung umfasst.

141 Für eine Geltung der Business Judgement Rule für den Insolvenzverwalter *Berger/Frege/Nicht*, NZI 2010, 321 ff.; *Berger/Frege*, ZIP 2008, 204, 206; *Leichtle/Theusinger*, NZG 2018, 251, 253 (Ausnahme: § 61 S. 1 InsO); *Erker*, ZInsO 2012, 199, 204; *Thole*, in: K. Schmidt, InsO, 19. Aufl. 2016, § 60 Rn. 14; *Rein*, in: Nerlich/Römermann, InsO (10/18), § 60 Rn. 80; gegen eine Geltung etwa *Jungmann*, NZI 2009, 80, 82 ff.

142 *Leichtle/Theusinger*, NZG 2018, 251; *Lohmann*, in: HK-InsO, 9. Aufl 2018, § 60 Rn. 28; BGH, 16.3.2017 – IX ZR 253/15, Rn. 15; BGH, Urt. v. 25.4.2002 – IX ZR 313/99, juris Rn. 27; OLG Karlsruhe, Beschl. v. 12.8.2013 – 9 U 55/13, juris Rn. 14.

Restrukturierung und Arbeit 4.0

Dr. Mario Eylert, Vorsitzender Richter am 4. Senat des Bundesarbeitsgerichtes, Erfurt

I. Einleitung

Die aktuelle Digitalisierungs- und Automatisierungswelle im Zuge von „Industrie bzw. Arbeit 4.0" führt zu rasanten, tiefgreifenden Veränderungen in der Arbeitswelt. Sie stellt gleichsam sowohl die Unternehmen als auch ihre Beschäftigten und ihre Repräsentanten vor neue, große Herausforderungen. Das gilt auch für den Gesetzgeber und die Tarifvertragsparteien, zumal mehr und mehr gefordert wird, die nicht mehr zeitgemäßen Rahmenbedingungen des Arbeitsrechts des letzten Jahrtausends seien anzupassen.[1]

Begleitet und verstärkt durch eine problematische demografische Entwicklung[2] und einem allgemeinen Wertewandel lösen sich in einem bisher un-

1 Verweise bei *Steffan*, NZA 2015, 1409, 1409; *Wolf*, AuA 2017, 16, 16: Eine Wirtschafts- und Arbeitswelt 4.0 kann nicht mit einem Recht 2.0 arbeiten; das haben bereits die Väter des BGB in Ansehung des Schritts vom Agrar- zum Industriestaat erkannt; etwas neutraler: *Jacobs*, NZA 2016, 733, 734, der nur von einem erheblichen „Reformbedarf" spricht.

2 Stichworte sind: alternde Gesellschaft und abnehmende Nachwuchskräfte; Veränderung des „mind-sets" bei der jüngerer Generation und „work-life-balance" als Lebensentwurf; siehe hierzu zuletzt bspw.: *Brosius-Gersdorf*, SR 2018, 70 ff.

bekannten Tempo tradierte Arbeitsstrukturen immer schneller auf. Niemand weiß heute, wie die Arbeitswelt zukünftig – in zehn oder gar zwanzig Jahren – genau aussehen wird. Verlässliche Erkenntnisse, welche Auswirkungen die Digitalisierung auf die Arbeitswelt haben wird, gibt es nicht.[3]

Als „Label" für diese Entwicklung wird gerne die Formulierung vom „Arbeiten 4.0"[4] verwandt, man spricht von einer 4. Industriellen Revolution (zur Geschichte[5]). Die Veränderungen betreffen ganze Branchen[6] und Geschäftsmodelle. Die Art und Weise der Arbeit, die Arbeitsstrukturen und die -organisation[7] sowie die Arbeitsbedingungen unterliegen einem umfangreichen Wandlungsprozess[8]. Neue Arbeitsmodelle und Arbeitsformen[9] haben sich herausgebildet, der Arbeitnehmerbegriff – im Jahr 2017 durch § 611a BGB auf eine gesetzliche Grundlage gestellt – wird in diesem Zusammenhang erneut in Frage gestellt.[10]

3 S. *Rump/Eilers*, ZfPR 2017, 83, 84 m.w.H.

4 Allgemein und zur Vertiefung zahlreicher, hier nicht erwähnter Aspekte: Bundesministerium für Arbeit und Soziales: Weißbuch – Arbeiten 4.0; *Giesen/Kerstan*, Arbeiten 4.0, München 2018; *Krause*, Gutachten zum 71. DJT, Band I, 2016, B 7; *Uffmann*, NZA 2016, 977 ff.

5 *Bissels/Meyer-Michaelis*, DB 2015, 2331, 2331 f. m.w.H: die 4 Phasen: Arbeiten 1.0: Einführung der Dampfmaschine u. erster mechan. Produktionsanlagen, Beginn der Industriegesell.; Arbeiten 2.0: Beginnende Massenproduktion, Taylorisierung der Arbeit (Fließband); Arbeiten 3.0: Beginn der soz. Marktwirtschaft; Einsatz von Informationstechnologien und Elektronik; Arbeiten 4.0: Digitalisierung, Internet, Big Data.

6 Bspw. die Logistik oder die Automobilproduktion, aber auch bei Versicherungen oder Beratungsfirmen (Stichwort:„legaltec")).

7 Bspw. die betrieblichen Strukturen bei Verwendung von Matrixstrukturen; das „Schleifen" von Führungsebenen – „VUCA World" (siehe hierzu: *Rustler*, AuA 2018, 202, 202 ff.); die Umgestaltungen in den Büroorganisationen; das Entstehen von „smart factories" (*Kuhlmann/Splett/Wiegrefe*, WSI-Mitteilungen 2018, 182 ff.; *Mühge*, WSI-Mitteilungen 2018, 189 ff.; *Wienzek/Virgillito*, WSI-Mitteilungen 2018, 204 ff.; *Frerichs/Steinberger*, WSI-Mitteilungen 2018, 241 ff.).

8 Die Zusammenarbeit von Mensch und Technik ändert sich grundlegend durch „KI", durch „Exoskelette" (vgl. hierzu: *Martini/Botta*, NZA 2018, 625 ff.), durch humanoide Roboter, die bspw. die Auswertung von Blutproben etc. übernehmen; siehe zum Ganzen: *Rump/Eilers*, ZfPR 2017, 83, 84.

9 Stichworte: home office/mobil-office statt Präsenzkultur; das „Uber-System"; komplexe Assistenzsysteme; Crowdworking (siehe hierzu zuletzt: *Kocher/Hensel*, NZA 2016, 984 ff.; *Schubert*, RdA 2018, 200, 201 ff.).

10 Zuletzt: *Schubert*, RdA 2018, 200, 203 ff.; zu entpersonalisierten Arbeitsverhältnissen mit Robotern als Vorgesetzte: *Groß/Gressel* NZA 2016, 990, 991.

Unabhängig davon, was dies alles im konkreten Einzelfall bedeutet, scheint eines sicher zu sein: Das gesamte, bisherige traditionelle Arbeitsverhalten wird durch die auf immer besseren Rechnerleistungen basierende Digitalisierung und durch die von überall mögliche, schnelle Kommunikation mit neuen, innovativen mobilen Endgeräten vorangetrieben. Die bisherigen überkommenen Arbeitsorganisationen verändern sich massiv, mit Konsequenzen für die Arbeitswelt und das soziale Leben der Beschäftigten insgesamt. Schon heute erleben viele Beschäftigte die „orkanartigen", beschleunigten Veränderungen und die tiefgreifenden Restrukturierungen im Zuge der Digitalisierung als „bedrohlich" und haben Angst, ihre in „vordigitalisierter Zeit" vereinbarten Arbeitsbedingungen könnten „unter die Räder" geraten.[11] So lautet eine oft geäußerte, bange Frage – bspw. in der Zeit v. 26.4.2018 – „Wo bleibt die Arbeit, was machen wir morgen"? Denn gemutmaßt wird[12], dass etwa 42 % der Beschäftigten von dem technologischen Wandel unmittelbar betroffen sein könnten. Sicherlich werden nicht alle Tätigkeiten wegfallen, was bspw. die „Dienste am Menschen" betrifft.[13] Aber die Frage steht im Raum: Hält die Zukunft noch ausreichend Jobs bereit und von welcher Art und Qualität werden sie sein? Entstehen – wie nach früheren Industriellen Revolutionen – „neue", andere Arbeitsplätze – bspw. in der Pflege, Erziehung und Schule oder bspw. hochqualifizierte, spezialisierte Technikerjobs (bspw. in der Instandhaltung)? Aber was passiert dann mit den bisherigen Arbeitsverträgen und Arbeitsbedingungen, mit dem Arbeits- und Gesundheitsschutz für Arbeitnehmer?

Und noch eines erscheint sicher: Die Arbeitgeber werden die technisch möglichen Veränderungen im Zuge der Arbeit 4.0 zu Restrukturierungsmaßnahmen nutzen und ihre Arbeitsorganisationen und die Arbeitsprozesse anpassen (müssen). Mit den innovativen Informationstechnologien lassen sich die Arbeitsprozesse immer effizienter planen und kontrollieren. Als Ziel erscheint deshalb eine „smart factory" attraktiv. Allerdings erscheinen die sich aus diesem Umbruch ergebenden Folgen gewaltig zu sein. Dabei geht es bei der Restrukturierung, die in diesem Zusammen-

11 *Welskopf-Deffaa*, Die Gestaltung des Arbeitsschutzes in der Arbeitswelt 4.0, S. 189.

12 Von Frey und Osborne in den USA, zitiert nach *Röder/Gebert*, NZA 2017, 1289, 1289.

13 Obwohl auch in der Medizin und Pflege schon der Einsatz von Robotern „geprobt" wird.

hang schlicht als „Neuordnung bzw. Veränderung“ der betrieblichen und/oder unternehmerischen Organisation und der Arbeitsverhältnisse – sei es durch Veränderung von Arbeitsabläufen und -methoden (bspw. einer „Verschlankung“ bzw. Neuausrichtung der Prozessabläufe) oder einer Änderung der „Geschäftsmodelle“ und der „Dienstleistungs- und Produktionspalette“ (bspw. vom Verbrennungs- zum e-Motor) – daherkommt, in der Sprache des Arbeitsrechts um umfangreiche Betriebsänderungen i.S.v. § 111 BetrVG und nicht nur um (einfaches) „mobiles Arbeiten“. Es geht um Tätigkeiten, die mit geeigneter IT von überall und zu jeder Zeit erbracht werden können und auch erbracht werden sollen. Auch wenn die bisherige Diskussion im Zusammenhang mit „Arbeiten 4.0“ vor allem diesen Aspekt in den Blick der– juristischen – Diskussion genommen hat – und ich mich auch an ihm „abarbeiten“ werde – müssen die Folgen der Digitalisierung und der Virtualisierung der Arbeitsbedingungen weitergehend betrachtet werden. Zutreffend ist zunächst, dass die Erwerbsarbeit im Zuge der fortschreitenden Digitalisierung und Vernetzung virtueller, d.h. mobiler und weniger betriebsorientiert, geworden ist. Sie kann immer häufiger nicht nur außerhalb von arbeitsvertraglich basierter Beschäftigung,[14] sondern vor allem auch im Rahmen eines Arbeitsverhältnisses prinzipiell zu jeder Zeit und von jedem Ort aus erbracht werden (der „allgegenwärtige Schreibtisch“). Diese Virtualisierung der Arbeitsbedingungen führt dazu, dass der „Betrieb“ als räumliche, funktionale Organisationseinheit für die Beschäftigten und das Arbeitsrecht immer mehr an Bedeutung verliert; so benötigen heute weder kooperative Prozesse zwingend noch eine gemeinsame Anwesenheit im Betrieb (zu fixen Zeiten innerhalb eines „nine-to-five-jobs“), noch lässt sich die Kontrolle der Arbeitnehmer nicht auch außerhalb des Betriebs hinreichend organisieren.[15] Der Betrieb als traditi-

14 Unternehmen greifen zunehmend auf „Arbeitskraftanbieter im Internet“ zu („on-demand-economy“, bspw. Crowdworker; siehe bereits Fn. 9); aber auch: für das der „Auftraggeber“ die Ausführenden bezahlt, nicht mehr das bloße Zurverfügungsstellen der Arbeitskraft; die Arbeit wird sich vor allem an der übernommenen Aufgabe orientieren, die sich der Arbeitende selbst sucht und organisiert, das Weisungsrecht wird in den Hintergrund treten, hinzu kommen: verstärkte – digital perfektionierte – Kontrollmöglichkeiten („Datenschatten“; die vom Beschäftigten geleistete Arbeit ist im Netz der Quantität und Qualität nach messbar machen – *Welskop-Deffaa*, S. 192); auch: wearables – erhöhen das Potenzial für eine Individualisierung einer leistungsgerechten Entlohnung.

15 Erinnert sei an „wearables“ oder GPS-Systeme und „key-logger“; siehe hierzu BAG, NZA 2017, 1327; *Kraus*, DB 2018, 701, 701 sieht in der Digitalisierung der Arbeitswelt schon das Ende des Low Performers.

oneller Anknüpfungspunkt vieler rechtlicher Regelungen (z.B: des KSchG und vor allem des BetrVG) verliert daher mehr und mehr an Bedeutung. Hinzu kommt weiter die von vielen befürchtete „Entgrenzung" der Arbeit,[16] bei der es keinen wirklichen Feierabend mehr gibt und „Selbstausbeutung" an der Tagesordnung zu sein scheint.[17] Aber: die angesprochene Virtualisierung bietet für die Beschäftigten nicht nur „bittere" Pillen. Auch „Zuckerbrot" ist im Angebot. Das neue „Arbeiten 4.0" ermöglicht den betroffenen Arbeitnehmern eine größere individuelle, zeitliche und örtliche Flexibilität. Die Bedürfnisse von Familie und Beruf lassen sich in der „neuen Arbeitswelt" zumeist besser gestalten. Also: Chance und Risiko scheinen dicht beieinander zu liegen. Gleichwohl – und dies bitte ich im Blick zu behalten – bei den veränderten Arbeitsbedingungen geht es nicht nur um die Entgrenzung von Arbeitszeit und Arbeitsort, sondern es ist mehr betroffen. Es geht auch um „Qualifikation", um Gesundheitsschutz und schließlich um „Jobs".

Welche arbeitsrechtlichen Rahmenbedingungen für Restrukturierungen im Zusammenhang mit „Arbeit 4.0" zu beachten sind und auf welche, zuvor skizzierten Besonderheiten im Vergleich zu den bisherigen – bekannten – Restrukturierungsfragen besonders Bedacht zu nehmen sein wird, soll nachfolgend überblicksartig nachgegangen werden. Dabei wird zu diskutieren sein, ob die – gesetzlichen und tariflichen – Rahmenbedingungen, die auf die traditionellen Arbeitsverhältnisse und Veränderungen zugeschnitten sind, noch den Bedürfnissen der digitalen Arbeitswelt entsprechen, also ob sie noch zeitgemäß sind oder ob sie fortentwickelt werden müssen. Dieses Thema scheint viele Facetten zu haben, nicht nur weil neben den bereits angedeuteten „großen" Fragen nach einem – zeitgemäßen – Arbeitnehmer- und Betriebsbegriffs auch viele Detailfragen betroffen sind, die in einem 45.minütigen Referat zwar nicht alle angesprochen und schon gar nicht alle gelöst werden können. Bei diesem knappen Zeitbudget will ich mich daher nicht weiter im Allgemeinen aufhalten und vor allem nicht auf die gängigen, allgemeinen Fragen im Zusammenhang mit Restrukturierungsprozessen (bspw. Sozialplan, betriebsbedingte Kündi-

16 Zeitforscher *Geißler* in der „Zeit": Das Internet ist die komplette Entgrenzung; erhielt ein Leit.Ang. früher ca. 1000 Nachrichten in der Woche, sind es heute durchschnittlich 30.000 mails oder mit dem Sänger Tim Benzko: „und dann muss ich noch 1000 mails checken"; siehe auch *Krause* NZA-Beil. 2017, 53 ff.

17 Nach *Scherf*, AuA 2015, 392, 392 wird die Industrie 4.0 den Bedarf an Schichtarbeit sogar deutlich verstärken.

gung) weiter eingehen. Vielmehr sollen die sich aus der fortschreitenden Digitalisierung entstehenden spezifischen Fragen und Rahmenbedingungen bei einer Restrukturierung aus arbeitsrechtlicher Sicht näher skizziert werden. Dabei will ich mich auf einige, schon jetzt erkennbare Schwerpunkte konzentrieren und die damit im Zusammenhang stehenden rechtlichen Rahmenbedingungen einem „Realitätscheck" unterziehen.

Als „roter Faden" für die weiteren Ausführungen soll die Frage dienen, ob „Arbeiten 4.0", also die „modernen Zeiten", ein „renoviertes" oder gar neues Arbeitsrecht bedürfen – oder was gemeint ist, wenn im Koalitionsvertrag der Großen Koalition II formuliert ist:

> „Wir wollen einen Rahmen schaffen, in dem Unternehmen, Beschäftigte und die Tarifpartner den vielfältigen Wünschen und Anforderungen in der Arbeitszeitgestaltung gerecht werden können. Wir wollen Familien in ihrem Anliegen unterstützen, mehr Zeit füreinander zu haben und die Partnerschaftlichkeit zu stärken. Wir werden dazu Modelle entwickeln, mit denen mehr Spielraum für Familienzeit geschaffen werden kann. Die Chancen der Digitalisierung wollen wir nutzen, um den Beschäftigten mehr Zeitsouveränität zu ermöglichen." –

oder ob die bewährten arbeitsrechtlichen Instrumente einen hinreichenden rechtlichen Rahmen auch für das neue „Arbeiten 4.0" bereithalten.

II. Zulässige Veränderungen der Arbeitsprozesse und der Arbeitsorganisation durch Digitalisierung und Automatisierung

Beginnen möchte ich meine Ausführungen mit einem „Allgemeinplatz": Grundsätzlich unterliegt es der freien unternehmerischen Entscheidung des Arbeitgebers, ob er in seinem Unternehmen oder Betrieb einen technologischen Wandel einleitet oder vollzieht und bspw. verstärkt auf Automatisierung, Digitalisierung und Virtualisierung setzt.[18]

Die Probleme beginnen mit der Umsetzung. Durch das „Arbeiten 4.0" verändern sich die Arbeitsorganisation und die Arbeitsprozesse und damit

18 BAG, NJW 1996, 335, 337; NJW 1997, 1252, 1253; siehe auch: BVerfG, NJW 1979, 699, 708; ErfK-*Oetker*, 18. Aufl., München 2018, § 1 KSchG Rn. 239.

auch die Arbeitsplätze erheblich. Diese Modifikationen verlangen von den Arbeitnehmern oft „angepasste Qualifikationen“, zum Teil höhere, zum Teil auch geringere. Unstreitig kann aber der Arbeitgeber grundsätzlich festlegen, welche Qualifikation für einen Arbeitsplatz gefordert wird. Es entspricht der gefestigten Rechtsprechung zum Kündigungsrecht, dass er Arbeitsplätze und Stellen grundsätzlich autonom profilieren kann,[19] d.h., er kann bspw. bestimmte Fremdsprachen- oder „Digital-Kenntnisse“ für den Arbeitsplatz fordern.

Diese Feststellung gewinnt für die Zukunft besondere Bedeutung. Auch zukünftig werden Restrukturierungen „Arbeitsplätze kosten“ und personelle Veränderungen im Raum stehen. Bei diesen Betriebsänderungen wird allerdings ein Personalabbau nicht mehr primär im Vordergrund stehen, zumal oft auch nicht alle Arbeitsplätze wegfallen werden – also nicht zwingend eine Betriebsstilllegung vorliegt –, sondern vielmehr andere, „veränderte“ Arbeitsplätze vorhanden sind oder neu entstehen, die allerdings eine andere Qualifikation erfordern. In demografisch schwierigen Zeiten geht deshalb der Trend dahin, die bisher beschäftigten Mitarbeiter als Teil der „Stammbelegschaft“ zu halten. Betriebsbedingte Beendigungskündigungen werden – so meine Prognose – (weiter) zurückgehen.[20] Im Zusammenhang mit einer Restrukturierung lautet das zukünftige Personalproblem vielmehr: Wie halte ich einen qualifizierten Mitarbeiter und wie passe ich ggf. dessen Anforderungsprofil an die veränderten Arbeitsbedingungen an?

Insoweit bewegen wir uns aber arbeitsrechtlich in gewohnten, traditionellen Bahnen. Es kommt auf die arbeitsvertragliche Gestaltung des bisherigen Arbeitsverhältnisses an, ob eine Anpassung an die neue Stelle sowie das Abfordern einer Qualifizierungsmaßnahme im Wege des Direktionsrechts (§§ 611a Abs. 1 S. 1 BGB, 106 GewO) erfolgen kann. Als weitere arbeitgeberseitige Gestaltungsmittel kommen ansonsten Änderungs- und Beendigungskündigung in Betracht. Beendigungskündigungen sind dabei sowohl wegen des Wegfalls des Arbeitsplatzes als betriebsbedingte Kün-

19 Ausnahmen können hier vernachlässigt werden.

20 Was aus arbeitsgerichtlicher Sicht bereits heute der Fall ist und sich noch weiter verstärken dürfte; betriebsbedingte Kündigungen finden im Augenblick vor den Arbeitsgerichten kaum noch statt.

digung als auch aus personen-[21] oder verhaltensbedingten Gründen i.S.d. § 1 Abs. 2 KSchG denkbar, dann nämlich, wenn der Arbeitnehmer keine entsprechende Qualifikation mehr aufweist und sich auch einer Weiterbildung verweigert.

In diesem Zusammenhang nur ein Hinweis zur Abrundung: Es besteht – bei fehlender kollektivrechtlicher Regelung – grundsätzlich kein arbeitsvertraglicher Anspruch des Arbeitnehmers gegen seinen Arbeitgeber auf Durchführung – und vor allem Finanzierung – einer Weiterbildungsmaßnahme.[22] Etwas anderes kann sich aber ausnahmsweise in einem Beendigungsstreit über die Wirksamkeit einer Kündigung ergeben, weil das auch in § 1 Abs. 2 S. 3 KSchG verankerte ultima-ratio-Prinzip (Verhältnismäßigkeitsgrundsatz) im Einzelfall die Durchführung von zumutbaren Umschulungs- und Fortbildungsmaßnahmen verlangt. Wann diese aber als zumutbare, mildere Mittel einer Kündigung vorgehen, lässt sich nicht mit Sicherheit abschließend beurteilen, sondern hängt von den Umständen des Einzelfalls ab.[23]

III. Probleme des mobilen Arbeitens

Wenden wir uns einem Schwerpunkt in der Diskussion um „Arbeiten 4.0" zu, dem flexiblen, mobilen Arbeiten.

Die traditionelle Arbeit hat eine feste Struktur. Sobald der Arbeitnehmer den Betrieb verlässt, enden grundsätzlich seine (Hauptleistungs-)Pflichten aus dem Arbeitsvertrag.[24] Das erscheint beim „Arbeiten 4.0" anders zu sein. Die überkommene Arbeitsorganisation erodiert, die Arbeitsleistung wird nicht mehr im Betrieb erbracht, sondern ist zunächst einmal örtlich „entgrenzt". Viele Tätigkeiten können – schon heute – mit digitalen Arbeitsmitteln von jedem Ort, aber eben auch von zu Hause, aus erbracht werden.[25] Die mobile Erreichbarkeit ermöglicht so eine Entkoppelung von

21 *Groß/Gressel*, DB 2016, 2355, 2357 f.; *Günther/Böglmüller*, NZA 2015, 1025, 1031.
22 So *Röder/Gebert*, NZA 2017, 1289, 1290.
23 *Kurt*, RdA 2017, 230, 234 m.w.H.
24 Ausnahmen bestehen bspw. bei der Rufbereitschaft oder bei Außendienstmitarbeitern.
25 *Bissels/Meyer-Michaelis*, DB 2015, 2231, 2331; *Günter/Böglmüller*, NZA 2015, 1025, 1028.

der betrieblichen Kommunikation vom Arbeitsort „Betrieb". Dieses Phänomen wird weiter zunehmen. Böse Zungen sprechen in diesem Zusammenhang schon von der „aus Ruinen auferstandenen Heimarbeit". Bezeichnend und lehrreich ist insoweit die Entscheidung des Bundesarbeitsgerichts zu einem früher beim Arbeitgeber als Baustatiker beschäftigten Mitarbeiter, der seine „Arbeitsleistung" nach einer Umstrukturierung nur noch – und zwar nur für den früheren Arbeitgeber – von zu Hause erbrachte und vom BAG dann als „Heimarbeiter" qualifiziert wurde.[26]

Mobile Arbeit beginnt mit der Frage, ob einzelne Arbeitnehmer verlangen können, von zu Hause oder von unterwegs – zumindest teilweise – zu arbeiten? Diese Frage lässt sich relativ eindeutig beantworten: Von wo aus der Arbeitnehmer seine Leistung zu erbringen hat, unterliegt – wenn keine ausdrücklichen vertraglichen Regelungen bestehen – dem Direktionsrecht des Arbeitgebers. Anders als in anderen Ländern[27] hat der Beschäftigte grundsätzlich keinen Anspruch auf Einrichtung eines – digitalen – home/mobile-offices.[28]

IV. Zeitlich unbegrenztes Arbeiten – Abschalten war gestern[29]

Arbeitszeitfragen sind das „Schwerpunktthema" des „Arbeitens 4.0".

Ein Kernproblem ist die Diskussion um die zeitliche Entgrenzung der Arbeit durch die „permanente Erreichbarkeit" über mobile Endgeräte, die, obwohl zumeist nicht vertraglich verpflichtend vereinbart, heute allgemein vorausgesetzt und von den Beschäftigten – ob aus Verantwortungs- und Pflichtgefühl[30] oder mangels Konfliktbereitschaft oder gar aus eigenem Interesse – klaglos geleistet wird.[31] Die modernen Kommunikationsmittel erscheinen insoweit als „Segen und Fluch" zugleich.

26 BAG, NZA 2016, 1453.
27 Bspw. in den Niederlanden.
28 *Bissels/Meyer-Michaelis*, DB 2015, 2331, 2334; *Däubler*, ZfPR 2017, 110, 113; siehe auch: BAG, BAGE 134, 296, Rn. 27; LAG Köln 24.6.16 – 12 Sa 677/13 – juris (uU als leidensgerechtem Arbeitsplatz).
29 *Bissels/Meyer-Michaelis*, DB 2015, 2331, 2332.
30 Eine der Triebfedern, siehe *Westerhausen/Franzke*, DÖD 2018, 1, 3.
31 *Giesen/Kersten* (Fn. 4), S. 78.

Die ständige mobile Erreichbarkeit führt nicht nur zu einer Entkoppelung von der betrieblichen Kommunikation und dem Arbeitsort, sondern ermöglicht den Arbeitnehmern auch – positiv – eine umfassende flexible Gestaltung ihrer Arbeitszeit („Zeitsouveränität“). Eine solche Arbeitsgestaltung hat bei den Betroffenen durchaus einen „guten Ruf“: 90 % aller Beschäftigten in der Metall- und Elektroindustrie finden es gut, wenn sie den Arbeitsort und die Zeit, in der sie arbeiten, selbst wählen können, weil so Berufs- und Privatleben besser unter einen Hut zu bringen sind.

Unstreitig können die Arbeitsvertragsparteien in ihrem Arbeitsvertrag nicht nur die Dauer der Arbeitszeit, sondern grundsätzlich auch alle Details der Arbeitszeit vertraglich regeln. Sie können bspw. eine „Vertrauensarbeitszeit“ (VAZ) vereinbaren oder „Pauschalabreden“ über Überstunden treffen. Gerade die VAZ, die im Zusammenhang mit Arbeit 4.0 weiter an Bedeutung gewinnen wird, bietet sich zu einer konkreten vertraglichen Ausgestaltung an. Ihr Kennzeichen ist es, dass dem Arbeitnehmer die Erledigung einer bestimmten Aufgabe zu einem bestimmten Termin übertragen wird, er aber seine Arbeitszeit hierfür komplett frei und eigenverantwortlich einteilen kann. Dabei verzichtet der Arbeitgeber regelmäßig auf (eigene) Erfassung und Kontrolle der Arbeitszeit. Der Sinn solcher Arbeitszeitsysteme liegt vor allem darin, den „Mindset“ der Belegschaft zu schärfen, nämlich sich auf die Arbeitsaufgabe zu fokussieren und die Arbeitszeit nicht nur „abzusitzen“. Durch die dem einzelnen Arbeitnehmer damit eröffnete höhere Zeitsouveränität verspricht man sich ein „effizienteres Arbeiten und eine bessere Qualität.“[32] Auch schafft die VAZ eine gewisse Flexibilität. Sie eignet sich aber nicht für alle Beschäftigtengruppen, sondern nur für bestimmte. Allerdings sind auch bei Einführung einer VAZ die Grenzen des ArbZG einzuhalten. Der Arbeitnehmer bleibt verpflichtet, die vertraglich vereinbarte und geschuldete Arbeitszeit (in einem nach Stunden bemessenen Umfang) abzuleisten und die arbeitszeitgesetzlichen Vorgaben einzuhalten. Es wird lediglich die Pflicht zu deren Einhaltung auf den Beschäftigten delegiert und nur durch Stichproben des Arbeitgebers kontrolliert.[33]

Wenn keine vertraglichen Regelungen bestehen oder die Arbeitszeit nicht näher durch Tarifvertrag oder Betriebsvereinbarung geregelt ist, kann der

32 Im Übrigen werden sich auch Kostenersparnisse durch weggefallene Arbeitszeiterfassung und deren administrative Bearbeitung ergeben.

33 BAG, NZA RR 2014, 519, Rn. 26; *Kreft*, AuR 2018, 56, 56.

Arbeitgeber im Prinzip den Arbeitnehmer – kraft seines Direktionsrechts – auch anweisen, außerhalb der gängigen Arbeitszeiten, also bspw. nach Büroschluss, mittels eines mobile-phones für ihn tätig zu werden.[34] Allerdings müssen in diesem Fall nicht nur das gesetzliche Arbeitszeitrecht und ggf. die tariflichen Vorgaben beachtet werden, sondern darf die Weisung auch nicht „unbillig" sein.[35] Mit der fortschreitenden Entwicklung moderner Kommunikationsmittel hat der Schutz, der insbesondere durch die Arbeitsschutznormen des ArbZG vermittelt werden soll, in der Praxis einen erheblichen Bedeutungsverlust erfahren. Der „Realitätscheck", wie es in einer bekannten Fernsehsendung heißt, verdeutlicht anhand von Zahlen der Bundesanstalt für Arbeitsschutz und Arbeitsmedizin das Phänomen einer „gesteigerten Inpflichtnahme" der Arbeitnehmer außerhalb von „normalen Arbeitszeiten" (bspw. liest der Arbeitnehmer noch um 22.00 eine mail des Vorgesetzen). So beträgt die tatsächliche durchschnittliche wöchentliche Arbeitszeit der Beschäftigten in der Bundesrepublik Deutschland 43,5 Stunden, arbeiten 17 % der Beschäftigten mindestens 48 Stunden in der Woche und 43 % mindestens einmal monatlich am Wochenende. 20 % der Beschäftigten arbeiten regelmäßig außerhalb des Rahmens von 7.00 und 19.00 Uhr. Schließlich wird von ca. 22 % der Beschäftigten erwartet, dass sie auch privat für dienstliche Angelegenheiten ständig erreichbar sind.[36] Es lässt sich resümieren: Im Zuge der Entwicklungen in der digitalen Arbeitswelt hat die zeitliche Inanspruchnahme der Beschäftigten ständig zugenommen, was erhebliche Auswirkungen auf das Privatleben und die Gesundheit der Arbeitnehmer hat.[37]

Dabei gilt für die Arbeitszeit des ArbZG, das die europäischen und verfassungsrechtlichen Vorgaben umsetzt und das die Unternehmen für die digitale Arbeitswelt als zu eng halten,[38] zu beachten.[39] Nach der gesetzlichen

34 *Bissels/Meyer-Michaelis*, DB 2015, 2331, 2332.

35 Zur Unwirksamkeit und Unbilligkeit von Weisungen zuletzt: BAG, BAGE 160, 296 Rn. 63.

36 Bundesanstalt für Arbeitsschutz und Arbeitsmedizin (BAuA): Arbeitszeitreport Deutschland 2016.

37 BAuA: Flexible Arbeitszeitmodelle – Überblick und Umsetzung, S. 4 ff.; siehe auch: *Däubler*, ZTR 2016, 359, 363 m.w.H; *Lütkehaus*, Schnellbrief für Personalmanagement und Arbeitsrecht 2018, 105; nach einer Studie der DAK-Krankenkasse schlafen 1,25 Mio. Beschäftigte aufgrund der Inanspruchnahme von „mobilen Arbeitsgeräten" außerhalb der Arbeitszeit schlecht.

38 Bspw. *Wolf*, AuA 2017, 16, 16.

Konstruktion wird der Arbeitszeitschutz (primär) durch die grundsätzlich nicht abdingbaren und dem Gesundheitsschutz der Arbeitnehmer dienenden gesetzlichen Regelungen des ArbZG[40] gewährleistet und zwar in vierfacher Form, nämlich durch

- die Höchstdauer der täglichen Arbeitszeit
- die zeitliche Lage der Arbeitszeit
- die Arbeitspausen und Ruhezeiten
- die Beschränkungen bei Sonn- und Feiertagsarbeiten.

In der aktuellen Diskussion um die Arbeitszeit ist schon die Frage „was ist Arbeitszeit i.S.d. Gesetzes" umstritten. Nach § 2 Abs. 1 S. 1 ArbZG ist Arbeitszeit die Zeit vom Beginn bis zum Ende der Arbeit ohne Ruhepausen. Hiernach wird vorausgesetzt, dass jemand eine Arbeitsleistung erbringt oder dem Arbeitgeber seine Arbeitsleistung zur Verfügung stellt oder sich in Arbeitsbereitschaft oder im Bereitschaftsdienst befindet. Aber ist bspw. das Lesen einer mail – zu Hause um 22.00 Uhr – noch „Arbeit und Arbeitszeit"?

Ausgehend vom Arbeitszeitbegriff des ArbZG kann es eigentlich keinem ernsthaften Zweifel unterliegen, dass es sich auch im Beispielsfall um „Arbeit" handelt. So betont der EuGH – zum Arbeitsschutzrecht – immer wieder, zuletzt in der Sache *Matzak*,[41] dass der Begriff der „Arbeitszeit nicht durch die Intensität der vom Arbeitnehmer geleisteten Arbeit oder dessen Leistung" bestimmt wird. Etwas anderes mag gelten, wenn der Arbeitgeber eine solche Tätigkeit ausdrücklich in der Freizeit untersagt hat.

Ich spreche diesen Aspekt hier etwas ausführlicher an, weil ich meine, man bekommt mit der Kategorie „Rufbereitschaft" auch das Phänomen der „ständigen Erreichbarkeit" gut in den Griff. Sie kann hiernach in die bisherigen arbeitszeitrechtlichen Kategorien ohne Weiteres eingeordnet

39 Auch ist Vorsicht geboten, da der Arbeitszeitbegriff in den verschiedenen Gesetzen (ArbZG, BetrVG und bzgl. der Vergütung) unterschiedlich verwandt wird; so spielen die unterschiedlichen Arbeitszeitbegriffe eine Rolle, wenn es bspw. darum geht, ob Umkleidezeiten – ein Dauerhit der letzten Jahre – oder Fahrtzeiten von Außendienstmitarbeitern ab und bis zum Wohnort als Arbeitszeit i.S.d. der diversen Regelungen sind (siehe hierzu: *Kreft*, AuR 2018, 56 ff.; *Ricken*, DB 2016, 1255 ff.; *Buschmann/Ulber*, ArbZG, 2015, § 2 Rn. 39.

40 *Jacobs*, NZA 2016, 733, 734 m.w.H.

41 EuGH, NZA 2018, 293, Rn. 56 – Matzak.

werden.[42] Es bedarf deshalb keines neuen Arbeitszeitbegriffs. Dies gilt umso mehr, als der EuGH für die Arbeitszeitrichtlinie auch diese Sichtweise eingenommen und betont hat, „Arbeitszeit“ und „Ruhezeit“ schlössen einander aus. Da von Art. 2 der RL (also der Definition von Arbeits- und Ruhezeit) national nicht abgewichen werden darf und lediglich günstigere nationale Regelungen etabliert werden könnten,[43] folgt daraus weiter, dass „quantitative Schattierungen“ (im Sinne von 5 Minuten „geht“, 30 Minuten nicht) europarechtlich ausgeschlossen sind.[44] Das gilt insbesondere im Hinblick auf die acht- bzw. zehnstündigen – täglichen – Höchstarbeitszeiten (§ 3 ArbZG), die die Arbeitnehmer vor Gesundheitsgefahren durch ein Überschreiten der (zeitlichen) Leistungsgrenzen schützen und ihnen zur Erhaltung ihrer Persönlichkeit ausreichende Freizeit gewähren sollen;[45] der Vollständigkeit halber bleibt anzumerken, dass die Arbeitszeitrichtlinie in ihrem Art. 3 keine tägliche Höchstarbeitszeit, sondern nur eine tägliche Mindestruhezeit (s.u.) und lediglich in Art. 6b RL eine wöchentliche Höchstarbeitszeit von 48 Stunden vorschreibt. Gleichwohl: eine tägliche Arbeitszeit von 12 oder 14 Stunden am Stück ist in der Bundesrepublik Deutschland verboten, egal ob die Arbeit im Betrieb, im Büro, unterwegs oder zu Hause auf dem Sofa erbracht wird. Also keine Arbeitsbedingungen wie in Süd-Korea: 14 Stunden am Tag und Schluss ist, wenn der Chef nach Hause geht. Schließlich bleibt die (praktische) Frage nach dem tieferen Sinn einer solchen Ausweitung, insbesondere im Hinblick auf die zu erwartenden Leistungen und einem gesteigerten Arbeitsunfallrisiko bei längerer zeitlicher Tätigkeit.

42 So auch *Jacobs*, NZA 2016, 733, 736.

43 So schon in der Sache der EuGH in „SIMAP“ (NZA 2000, 1227) und in NZA 2006, 89, 90 – Dallas, sowie zuletzt in „Matzak“, NZA 2018, 293 – Rn. 40 ff., 46, zur Frage, ob es „den Mitgliedsstaaten gestattet ist, eine weniger restriktive Definition des Begriffs „Arbeitszeit“ beizubehalten oder einzuführen als die in Art. 2 RL“ hat der EuGH ausgeführt, dass zwar nach Art. 15 RL das „Recht der Mitgliedstaaten unberührt bleibt, für die Sicherheit und den Gesundheitsschutz der Arbeitnehmer günstigere Rechts- und Verwaltungsvorschriften anzuwenden oder zu erlassen..., (wobei)... es sich nur um Bestimmungen handeln kann, die durch ihre Funktion und Zielsetzung dazu bestimmt sind, ein Mindestniveau für den Schutz der Sicherheit und Gesundheit der Arbeitnehmer festzulegen (Rn. 43)“.

44 *Jacobs*, NZA 2016, 733, 736.

45 BVerwG, BVerwGE 112, 51, Rn. 16.

Im Übrigen hat der „Arbeitszeitkäse viele Löcher“, wie *Kreft*[46] es treffend formuliert hat. Mittels Tarifvertrag kann die Arbeitszeit unter bestimmten Voraussetzungen über zehn Stunden täglich hinaus verlängert und können andere Ausgleichszeiträume festgelegt werden (§ 7 ArbZG). Nach § 7 Abs. 3 ArbZG können im Geltungsbereich eines solchen Tarifvertrags auch nicht tarifgebundene Arbeitgeber diese Regelung übernehmen.[47]

Noch ein anderes zentrales Arbeitszeitthema soll mit den Mindestruhezeiten des § 5 ArbZG kurz angerissen werden. Zum Gesundheitsschutz der Arbeitnehmer ordnet das Gesetz – wie Art. 3 der Arbeitszeitrichtlinie – eine ununterbrochene Mindestruhezeit von 11 Stunden an. Allerdings kann die Ruhezeit in einem Tarifvertrag um zwei Stunden gekürzt werden (§ 7 Abs. 1 Nr. 3 ArbZG). Eine generelle, dauerhafte Kürzung der Ruhezeit ist aber nicht möglich, da innerhalb von zwölf Monaten wieder das tägliche/wöchentliche Arbeitszeitvolumen erreicht werden muss (§ 7 Abs. 8 ArbZG, Art. 19 Abs. 2 RL). Wird während der Ruhezeit gearbeitet, beginnt eine neue elfstündige Ruhezeit, was vielfach – insbesondere wenn im „home-office“ eine kurze e-mail nach den Tagesthemen beantwortet wird – als „überholt“ angesehen wird. Auch insoweit ist mE die Rechtslage eindeutig. Weder die Arbeitszeitrichtlinie noch das ArbZG sehen eine Bagatellgrenze vor.[48] Dies lässt sich auch nicht damit begründen, die Unterbrechung sei ja ggf. nur „geringfügig“.[49] Die Arbeitszeitrichtlinie sieht – wie bereits erwähnt – in der „Intensität“ der Arbeitsleistung keinen wesentlichen Aspekt für eine Qualifizierung als „Arbeitszeit“. Auch kann der Vorwurf der fehlenden Sachgerechtigkeit und Lebensfremdheit der gesetzlichen Regelung es nicht rechtfertigen, sie „teleologisch“ zu reduzieren.[50] Vor einer solchen interpretativen „Anpassung“ ist zu Recht das Europarecht. Denn der Zweck der europäischen und der nationalen Regelungen ist es, die betroffenen Arbeitnehmer aus Gründen des Gesundheitsschutzes vor Übermüdung und vor einem unregelmäßigen Arbeitsrhythmus zu schützen. Nach der Rechtsprechung des EuGH sollen gerade die Ruhezeiten Gesundheitsgefahren und -gefährdungen vorbeugen und müssen deshalb effektiv sein, was voraussetzt, dass der Arbeitnehmer während der

46 *Kreft*, AuR 2018, 56 ,57.
47 Bei Bestehen eines Betriebsrats allerdings nur im Wege der Betriebsvereinbarung.
48 *Tonikidis*, AuR 2018, 67, 68 m.w.H.
49 *Bissels/Meyer-Michaelis*, DB 2015, 2331, 2333.
50 So aber *Jacobs*, NZA 2016, 733, 736.

Ruhezeit keinerlei Verpflichtungen seines Arbeitgebers unterliegt, die ihn daran hindern könnten, frei und ohne Unterbrechung seinen eigenen Interessen nachzugehen.[51] Der Erholwert einer Ruhezeit besteht gerade darin, sich in dieser Zeit keine Gedanken über die Arbeit mehr machen zu müssen, was bereits auch durch eine nur geringfügige Tätigkeit beeinträchtigt werden kann. Deshalb handelt es sich bei einer kurzzeitigen Tätigkeit (das „Fünf-Minuten-Gespräch" mit dem Vorgesetzten, die e-mail), um Arbeit, die eine Ruhezeit relevant unterbricht.[52]

Lassen sie mich an dieser Stelle ein kurzes Zwischenfazit ziehen: Aus Gründen des Gesundheitsschutzes zieht das ArbZG der Gestaltung der Arbeitszeit Grenzen. Es ermöglicht aber zahlreiche Ausnahmen und Öffnungen durch tarifvertragliche Gestaltungen. Vor diesem Hintergrund erscheinen weitere – gesetzliche – Anpassungen und „Öffnungen" für das „Arbeiten 4.0" m.E. nicht erforderlich.

V. Die kollektivrechtliche Ebene

Bevor ich mich der „kollektiven Seite" der Arbeit 4.0 zuwende, noch eine kurze Anmerkung zum Gesundheitsschutz: Zwar haben die Digitalisierungs- und Automatisierungsprozesse zu einer erheblichen Reduzierung körperlicher Belastungen geführt.[53] Beunruhigend ist aber die erhebliche Zunahme psychischer Erkrankungen in der digitalisierten Arbeitswelt aufgrund von „Verdichtungen und Intensivierungen" und dem Verlust von angemessenen Zeit- und Dispositionsspielräumen. Neben einseitigen körperlichen Belastungen wird allgemein über Termindruck und „Stress" geklagt.[54] So glauben 30 % der Beschäftigten durch das „Arbeiten 4.0" mehr

51 EuGH 14.10.2010 – C 428/09 – Union Syndicale Solidaires Isère – juris.

52 *Kohte,* NZA 2015, 1417, 1423; *Wiebauer,* NZA 2016, 1430, 1433; *Kreft,* AuR 2018, 56, 60; a.A. *Giesen/Kerstan,* DB 2017, 2856, 2866; vor diesem Hintergrund müsste der sog. Hausmeisterfall des BAG, ZTR 1989 ,318 –, dass ein Abschließen der Turnhalle nach 22 Uhr noch zu keiner Unterbrechung der Ruhezeit führe und eine neue elfstündige Ruhezeit nicht erneut anlaufe, heute wohl anders entschieden werden, zumal damals noch die Besonderheit bestand, dass nach § 12 ArbZO a.F. Bereitschaftsdienst generell nicht Arbeitszeit gewertet wurde.

53 *Kothe* NZA 2015, 1417, 1418 m.w.H.

54 *Däubler,* ZfPR 2017, 110, 110 m.w.H; *ders.*: ZTR 2016, 359, 362; siehe auch Fn. 37.

leisten zu müssen und 20% der Mitarbeiter haben größere Schwierigkeiten, eine Grenze zwischen Arbeit und Freizeit zu ziehen. Deshalb wird zukünftig noch mehr als bisher die Gefährdungsbeurteilung nach § 5 ArbSchG Bedeutung gewinnen, auch im Hinblick auf die „psychischen Belastungen bei der Arbeit" (Abs. 3 Nr. 6).

1. Der Tarifvertrag

Vor allem Tarifverträge erscheinen als ein probates Mittel, den durch die Digitalisierung ausgelösten Wandel der Arbeitswelt adäquat zu begleiten, wäre da nicht das Problem der abnehmenden Tarifbindungen aufgrund des erheblichen Mitgliederschwunds sowohl bei den Gewerkschaften als auch bei den tarifschließenden Arbeitgeberverbänden. Gleichwohl haben die Tarifvertragsparteien in einigen Branchen erste interessante „Zukunftstarifverträge" geschlossen, die sich der „Arbeit 4.0" bzw. wichtigen Teilaspekten annehmen.[55] Allerdings: es gibt nur wenige „Branchentarifverträge", vielmehr prägen – maßgeschneiderte – Firmentarifverträge insoweit die Tariflandschaft. Solche Tarifverträge nehmen sich zumeist einzelner, wichtiger Aspekte an, ohne ein umfassendes Regelungsangebot vorzuhalten. Dabei ist zu konstatieren, dass die Tarifvertragsparteien bei der Digitalisierung und Virtualisierung der Arbeitswelt vor dem Problem stehen, Regelungen für eine „überkomplexe Aufgabe" zu schaffen, bei der noch nicht einmal klar ist, welche konkreten Fragen sich stellen, entstehen werden und regelungsbedürftig sind. Es ist nämlich nicht so einfach, etwas regeln zu wollen, was man – noch gar – nicht so richtig kennt.[56]

2. Die Betriebsvereinbarung und die Mitbestimmungsrechte des Betriebsrats

Dies erscheint auf der betrieblichen Ebene schon klarer zu sein. Dort entstehen die Regelungskonflikte viel schneller und konkreter. Deshalb spielt bei Restrukturierungen „die Musik" auf der Ebene der Betriebsverfassung. Zwar kennen weder das BetrVG noch die Personalvertretungsgesetze des

55 Bspw. der Tarifvertrag Telearbeit vom April 2016 bei der Deutschen Telekom zu „Mobile Working, Desk-Sharing und Home-office" oder der Tarifvertrag Südwestmetall vom 6. Februar 2018.

56 Siehe auch *Matuscheck/Klemann*, WSI-Mitteilungen 2018, 227, 227.

Bundes und der Länder einen ausdrücklich normierten „Restrukturierungsmitbestimmungstatbestand", der sich mit allen Gefahren und Auswirkungen der Digitalisierung und der Restrukturierung beschäftigt. Allerdings enthält vor allem das BetrVG zahlreiche Mitbestimmungsregelungen, die den Betriebsräten wirksame Instrumente zur Problemlösung an die Hand geben: Neben Informations- und Konsultationsrechten sind vor allem die Mitbestimmungsrechte bei den personellen Einzelmaßnahmen der § 99 BetrVG und §§ 96 ff. BetrVG (Stichwort Versetzung, Kündigung einerseits – „Berufsbildung" andererseits), bei der sozialen Mitbestimmung (§ 87 Abs. 1 Nr. 2, 3, 6 [57]und 7) sowie bei den wirtschaftlichen Angelegenheiten nach §§ 111, 112 BetrVG (Interessenausgleich und Sozialplan) zu nennen.

Lassen sie mich an dieser Stelle vorab für ein rechtliches Gestaltungsmittel „werben", das bei vielen Arbeitgeber nicht sehr beliebt ist, weil man auf den Betriebsrat zugehen und ihm ggf. etwas bieten muss: Die freiwillige Betriebsvereinbarung nach § 88 BetrVG. Sie gilt ja auch normativ (§ 77 Abs. 4 BetrVG) und mit ihr lässt sich fast alles regeln. Mit ihr lassen sich viele Probleme „freier" und adäquater lösen.[58]

Doch zunächst zurück zu den klassischen Mitbestimmungstatbeständen, insbesondere zur mitbestimmten Arbeitszeitgestaltung nach § 87 Abs. 1 Nr. 2 und 3 BetrVG, die nach meiner richterlichen Erfahrung eine zentrale praktische Bedeutung hat. Solche Regelungen gelangen nur zur Anwen-

57 Der Mitbestimmungstatbestand „Einführung und Anwendung von technischen Einrichtungen, die dazu bestimmt sind, das Verhalten oder die Leistung der Arbeitnehmer zu überwachen", wird im Zusammenhang mit den veränderten Arbeitsstrukturen und -prozessen auch betroffen sein, geht es doch auch vielfach um die Erhebung, Speicherung und Verarbeitung von Daten, die die Arbeitnehmer im Zuge ihrer Tätigkeit gerade im Zusammenhang mit „Arbeit 4.0" „produziert" haben. Für die typischen Fragen der Restrukturierungsprozesse im Zusammenhang mit der „Arbeit 4.0" ist dieser mehr „technische" Aspekt aber weniger „spannend" und nur im konkreten Anwendungsfall, da von vielen Einzelfragen überlagert, sinnvoll erörterbar. Deshalb soll er im Folgenden keine Rolle spielen.

58 So kann eine (erzwingbare) Betriebsvereinbarung oder ein Einigungsstellenspruch nicht von einer erforderlichen Zustimmung des Betriebsrats suspendieren – bspw. durch eine Zustimmungsfiktion –, da die Regelungen zur Auflösung von Konflikten nach § 87 Abs. 2 BetrVG zwingend sind; zu den Grenzen einer freiwilligen Betriebsvereinbarung: vgl. § 77 Abs. 3 BetrVG und ggf. § 75 Abs. 1 BetrVG.

dung, wenn keine tarifliche Regelung (Tarifvorrang) besteht (§ 87 Abs. 1 ES BetrVG).[59]

Was können die Betriebsparteien in diesem Zusammenhang leisten? Sie können zielgenau betriebliche Regelungen schaffen, die die unterschiedlichen Interessen bei der Arbeitszeitgestaltung im Rahmen von „Arbeiten 4.0" ausgleichen können und für zeitlich sinnvolle Arbeitsbedingungen sorgen, bei denen die beiderseitigen Interessen angemessen berücksichtigt werden.

Nach § 87 Abs. 1 Nr. 2 BetrVG hat der Betriebsrat in Angelegenheiten mitzubestimmen, die den „Beginn und (das) Ende der täglichen Arbeitszeit einschließlich der Pausen sowie (die) Verteilung der Arbeitszeit auf einzelne Wochentage" betreffen. Ich bitte zu beachten, dass diese Gesetzesformulierung aus einer Zeit stammt, als das Arbeitsleben noch in „klassischen" Bahnen verlief und allgemein noch weitgehend durch eine starre, regelmäßig gleichmäßig verteilte wöchentliche Arbeitszeit auf einzelne Arbeitstage (5-Tage-Woche) in einer festen Betriebsstätte geprägt war. Durch die fortschreitende Entwicklung von variablen Arbeitszeiten hat dieses Mitbestimmungsrecht einen erheblichen Wandel erfahren. Nach heutigem Verständnis erstreckt sich die Mitbestimmung des Betriebsrats auf alle mit der Lage und Verteilung der Arbeitszeit verbundenen Fragen. Dabei besteht der Zweck dieses Mitbestimmungstatbestands nach ständiger Rechtsprechung des BAG nicht (primär) in der Wahrnehmung von Kontrollfunktionen, also in der Prüfung, ob der Arbeitgeber die (gesetzlichen und/oder tariflichen) Arbeitszeitgrenzen einhält, sondern vielmehr

59 Der Tarifvorrang greift allerdings nur, wenn die tarifliche Regelung unter den räumlichen, sachlichen (fachlichen) und persönlichen Geltungsbereich des Tarifvertrags fällt und für den Betrieb gilt, wofür die Tarifbindung des Arbeitgebers (unabhängig von der Anzahl der tarifgebundenen Arbeitnehmer) ausreichend aber auch notwendig ist (ansonsten sperrt der Eingangssatz das Mitbestimmungsrecht nicht und die Regelungssperre des § 77 Abs. 3 BetrVG greift in Angelegenheiten der zwingenden Mitbestimmung nicht). Ein Ausschluss der Mitbestimmung aufgrund des Tarifvorbehalts erfordert aber weiter, dass die Tarifvertragsparteien selbst über die mitbestimmungspflichtige Angelegenheit eine zwingende und abschließende inhaltliche Regelung getroffen haben. Dabei muss ihre – abschließende – Regelungsabsicht deutlich erkennbar sein; ansonsten bleibt es dabei, dass die Angelegenheit betrieblich geregelt werden kann.

darin, die Interessen der Arbeitnehmer bei der Gestaltung (der Lage) ihrer Arbeitszeit zur Geltung zu bringen, um ihnen so den notwendigen Rahmen für eine freie Gestaltung und Nutzung ihrer Freizeit und ihres Privatlebens zu verschaffen. Die Mitbestimmung betrifft also die Grenzziehung zwischen Arbeitszeit und Freizeit. Sie unterstützt damit die Arbeitnehmer bei der Verwirklichung ihrer Arbeitszeitsouveränität. Darüber hinaus dient dieses Mitbestimmungsrecht des Betriebsrats auch dem Gesundheitsschutz der betroffenen Arbeitnehmer. Bei betrieblichen Verhandlungen zu Arbeitszeitfragen sollte sich der Betriebsrat deshalb vor allem auch von Überlegungen zum Gesundheitsschutz leiten lassen (Bsp. Nachtarbeit, Mehrschichtsysteme).[60]

Indem der Betriebsrat bei Beginn und Ende der täglichen Arbeitszeit mitbestimmen kann, ist er insbes. bei der Festlegung der „(Mindest-) Dauer" der täglichen Arbeitszeit zu beteiligen. So kann er bspw. darüber mitbestimmen, ob bestimmte Arbeitnehmer(gruppen) im Betrieb täglich nur „zusammenhängend" oder in mehreren Teilen arbeiten sollen. Nicht mitbestimmungspflichtig ist hingegen die Dauer der vom Arbeitnehmer wöchentlich zu erbringenden Arbeitszeit. Sie ist als Teil des arbeitsvertraglichen Synallagmas der Mitbestimmung des Betriebsrats entzogen.[61] Dementsprechend kann er auch nicht über eine vom Arbeitgeber veranlasste „Verdichtung" der Arbeit innerhalb der Arbeitszeit mitbestimmen, wenn der Arbeitgeber die Arbeit „verdichtet" und die „Produktivität" steigert, ein ganz häufiger Streitpunkt in der betrieblichen Praxis. Diese ganz wichtige, praktische Frage ist der Mitbestimmung des Betriebsrats entzogen, obwohl gerade die Hälfte aller Beschäftigten darüber klagen, ihre Arbeit sei aufgrund einer „dünnen Personaldecke" und eines hohen Termindrucks in der vertraglich vereinbarten Zeit nicht (mehr) zu schaffen. Dementsprechend überschreitet ein Spruch der Einigungsstelle deren Regelungskompetenz und führt zu seiner Unwirksamkeit, wenn sie bspw. die Dauer der Umkleidezeit mit einer 7-minütigen Zeitgutschrift festlegt.

Allerdings besteht ein Mitbestimmungsrecht des Betriebsrats bei zahlreichen anderen Fragen. Er kann bspw. über das zugrundeliegende Arbeitszeitmodell (feste Arbeitszeiten, Schichtpläne oder eben auch flexible, den Bedürfnissen von Arbeit 4.0 entsprechenden Arbeitszeitmodelle, wie die

60 Zum Ganzen: *Eylert*, AuR 2017, 4, 4; *ders.*, NZA Beilage 3/2017, S. 95, 97.
61 *Eylert*, NZA Beilage 3/2017, S.95, 97.

VAZ) mitentscheiden. Sein Mitbestimmungsrecht umfasst u.a. die Aufstellung von Dienst- und Schichtplänen oder beim Bereitschaftsdienst und der Arbeitsbereitschaft deren zeitlicher Rahmen und die Auswahl der Betroffenen sowie die Ausgestaltung von Arbeitszeitkonten und Pausenregelungen – ein im Übrigen oft vernachlässigtes Thema. Die Position des Betriebsrats lässt sich in diesem Zusammenhang einfach zusammenfassen: Gegen seinen Willen geht – jedenfalls ohne Einigungsstelle – gar nichts. Dabei erscheint die Einschaltung der Einigungsstelle aus Sicht der Beteiligten oft nicht als Ideallösung, da sie regelmäßig nur eine „Vermittlungslösung" erzwingen wird. Dies gilt umso mehr, als ihr möglicher Spruch in Arbeitszeitfragen alle Teile der Arbeitszeit regeln, d.h. „verplanen" muss,[62] was praktisch kaum gelingen kann, insbesondere wenn die Arbeitszeitgestaltung auch noch flexible Teile enthalten soll. Sie merken schon: Freiwillige Betriebsvereinbarungen erscheinen in dieser Hinsicht viel „flexibler".

Zum Schluss möchte ich noch kurz ein „klassisches Restrukturierungsthema" ansprechen und es vor allem im Hinblick auf das „Arbeiten 4.0" ergänzen: Die Mitbestimmungsrechte des Betriebsrats in wirtschaftlichen Angelegenheiten nach den §§ 111 f. BetrVG.

Es kann keinem Zweifel unterliegen, dass fast alles, was als Maßnahmen im Zusammenhang mit der „Arbeit 4.0" angesprochen wurde, aus betriebsverfassungsrechtlicher Sicht eine Betriebsänderung i.S.d. § 111 BetrVG ist, die die im BetrVG geregelten Folgerungen – Interessenausgleich und Sozialplan – grundsätzlich auslösen wird. Dies gilt umso mehr, als eine solche Restrukturierung jedenfalls auch zu einer Personalanpassung führen wird.[63]

Man kann sicherlich alles nach dem „klassischen" Muster (Interessenausgleich und Sozialplan) abwickeln. Allerdings scheint heute nicht mehr primär der Abbau von „VBE"s im Vordergrund zu stehen. In Zeiten des Fachkräftemangels geht es vielmehr um einen „Umbau" und um Qualifizierungslösungen, also vor allem um neue Qualifizierungen für die Mitarbeiter der Stammbelegschaft.[64] Qualifizierte Stammkräfte sollen im Zwei-

62 Siehe zu diesem wichtigen Aspekt: *Eylert*, NZA Beilage 3/2017, S. 95, 100 m.w.H.
63 *Röder/Gebert*, NZA 2017, 1289, 1291.
64 *Röder/Gebert*, NZA 2017, 1289, 1290.

fel gehalten und nicht über teure Sozialpläne oder andere Ausgliederungsmaßnahmen aus dem Unternehmen „entsorgt“ werden. Vor diesem Hintergrund ist von *Röder* und *Gebert* ein sog. „Qualifizierungssozialplan“, der den Qualifizierungsbedarf, die Qualifizierungsziele und -wege, die zeitliche Lage der Qualifikation (reguläre AZ/Freizeit) sowie die Kostenregelung festlegen sollte, ins Spiel gebracht worden. Die Idee ist interessant, nur hakt sie daran, dass solche „Qualifizierungsmaßnahmen“ nicht Bestandteil eines erzwingbaren Sozialplans sein können. Eine Entscheidung gegen den Willen einer der beiden Betriebspartner ist – insbesondere in einem Einigungsstellenverfahren – nicht möglich, die Einigungsstelle kommt in diesem Fall an ihre Kompetenzgrenze (§ 112 Abs. 1 S. 2 BetrVG), denn der Zweck des Sozialplans besteht darin, die wirtschaftliche Nachteile auszugleichen oder zu mildern.[65] Die Betriebsparteien können deshalb nur freiwillige Regelungen im Rahmen von Interessenausgleichverhandlungen treffen.[66]

Allerdings kann der Betriebsrat auch noch im Rahmen von § 97 Abs. 2 BetrVG agieren. Diese Regelung eröffnet ihm ein Mitbestimmungsrecht, mit dem er versuchen kann, präventiv einem Arbeitsplatzverlust durch Qualifizierungsmaßnahmen in Folge von Qualifizierungsdefiziten vorzubeugen. Insoweit besteht sogar ein Initiativrecht.[67] Allerdings – und dies macht das Mitbestimmungsrecht weniger attraktiv – kann der Arbeitgeber die Höhe der bereit zu stellenden Mittel mitbestimmungsfrei festlegen (§ 98 Abs. 1 BetrVG).

Dennoch: Auch die Darstellung der letzten Aspekte zeigt, dass bei Restrukturierungsmaßnahmen im Betrieb vieles – gerade auf freiwilliger Basis – regelbar ist. Aufgrund des schnellen Wandels der Arbeitswelt und der unterschiedlichen Flexibiltätsansprüche von Arbeitgeber und Arbeitnehmer taugen deshalb vor allem betriebliche Regelungen als Problemlösungen.

Es sollte deutlich geworden sein, dass die Gestaltungsmöglichkeiten und Spielräume für die Betriebsparteien – insbesondere für (freiwillige) und

65 Nach § 112 Abs. 1 S. 2 BetrVG dient der Sozialplan „dem Ausgleich und der Milderung der wirtschaftlichen Nachteile“; s.a.: BAG, AP BetrVG 1972 § 112 Nr. 59.

66 *Röder/Gebert,* NZA 2017,1289,1292.

67 *Röder/Gebert,* NZA 2017,1289,1293.

nicht über die Einigungsstelle „zwangsgeschlichtete“ Regelungen – weit sind und große Chancen für autonome, betriebsbezogene variable Lösungen – bspw. Vertrauensarbeitszeit, mobiles Arbeiten – eröffnen. Auch kann mit betrieblichen Lösungen schneller auf die konkreten, flexiblen Bedürfnisse des Unternehmens und des Betriebs sowie der Mitarbeiter reagiert und vor allem zielgenaue Regelungen erarbeitet werden.

VI. Ein kurzes Fazit

Die Arbeitswelt hat sich erheblich verändert. Sie wird sich im Zuge von „Arbeit 4.0“ rasant weiterentwickeln. Die digitalen Techniken eröffnen sowohl für Arbeitgeber als auch für Arbeitnehmer neue Chancen, Perspektiven und Handlungsoptionen. Andere Anforderungen werden sich ergeben. Die immer stärker spezialisierten Arbeitsaufgaben und -anforderungen im Zuge der Digitalisierung in Produktion und bei Dienstleistungen werden zur optimierten Ausnutzung der Ressourcen immer mehr flexible Arbeitszeiten benötigen. „Bedarfsorientierte Personaleinsätze mit kurzfristigen und starken Schwankungen“ werden zunehmen. Damit wird sich der Druck auf die gesetzliche Ruhens- und Höchstarbeitszeiten erhöhen. Gleichwohl erfordern die veränderten Arbeitsprozesse und -abläufe mE keine, und schon gar keine umfassenden, Anpassungen der arbeitsrechtlichen Rahmenbedingungen. Mit dem bisherigen arbeitsrechtlichen „Handwerkskasten“ lassen sich auch die Fragen des „Arbeitens 4.0“ hinreichend adäquat begleiten. Die vom ArbZG eröffneten Flexibilisierungsmöglichkeiten[68] sollten dabei genauso genutzt werden, wie die Möglichkeiten, die die Arbeitsverträge, das Tarif- und das Betriebsverfassungsrecht bieten, bevor – ohne Not – reflexartig nach dem Gesetzgeber gerufen wird. Bestimmte regulatorische Grenzen bestehen. Das stimmt. Und das ist gut so, denn diese werden auch gebraucht, wie mein Beitrag hoffentlich deutlich gemacht hat.

Vielen Dank für Ihre Aufmerksamtkeit.

68 BAuA: Flexible Arbeitszeiten, S. 25.

Aktuelle Rechtsprechung zur Unternehmensinsolvenz[1]

Professor Dr. Gerhard Pape, Richter am IX. Zivilsenat des Bundesgerichtshofes, Göttingen/Karlsruhe

1 Vortrag gehalten auf dem Symposium Insolvenz- und Arbeitsrecht in Ingolstadt am 14./15. Juni 2018.

Die Auswertung der Rechtsprechung des BGH zur Unternehmensinsolvenz aus dem zweitem Halbjahr 2017 und dem ersten Halbjahr 2018, die Gegenstand der nachfolgenden Ausführungen sein soll, ergibt nur eine geringe Zahl von Entscheidungen, die das Insolvenzeröffnungsverfahren betreffen. Insoweit führt die beständig niedrige Zahl zugelassener Rechtsbeschwerden seit Abschaffung des § 7 InsO im Oktober 2011 auch weiterhin dazu, dass es nur noch ganz vereinzelt Beschlüsse des für das Insolvenzrecht zuständigen IX. Zivilsenats des BGH gibt, die das Insolvenzeröffnungsverfahren zum Gegenstand haben. Urteile, in denen es um Probleme des Eröffnungsverfahrens gegangen ist, sind in dem vorgenannten Zeitraum auch eher die Ausnahme geblieben. Der Schwerpunkt der Rechtsprechung zum Insolvenzverfahren hat eindeutig auf dem eröffneten Verfahren gelegen. Dabei hat insbesondere das Anfechtungsrecht – neben einigen weiteren Themen, die die Rechtsprechung der Jahre 2017/2018 geprägt haben – im Vordergrund gestanden.

I. Rechtsprechung zum Eröffnungsverfahren

Ungeachtet der geringen Zahl von Entscheidungen zum Eröffnungsverfahren hat es in dem Zeitraum, über den hier berichtet werden soll, doch einige interessante Urteile und Beschlüsse zur Unternehmensinsolvenz gegeben.

1. Lösung der Bugwellenproblematik

Eine für den Begriff der Zahlungsunfähigkeit im Sinne des § 17 Abs. 2 S. 1 InsO wichtige Entscheidung ist im Jahre 2017 allerdings doch gefallen. Sie stammt zwar nicht vom für das Insolvenzrecht zuständigen IX. Zivilsenat, sondern dem für das Gesellschaftsrecht zuständigen II. Zivilsenat, hat für die Bestimmung der Zahlungsunfähigkeit aber gleichwohl eine erhebliche Bedeutung. Es erscheint deshalb auch gerechtfertigt, sie an die Spitze des Referats zu stellen. Der II. Zivilsenat hat in einem Urteil vom 19.12.2017[2] entschieden, dass bei der Feststellung der Zahlungsunfähigkeit gemäß § 17 Abs. 2 S. 1 InsO anhand einer Liquiditätsbilanz auch die innerhalb von drei Wochen nach dem Stichtag fällig werdenden und eingeforderten Verbindlichkeiten (sogenannte Passiva II) einzubeziehen sind. Gegenstand des Rechtsstreits, in dem diese Entscheidung gefallen ist, war die Klage eines Insolvenzverwalters gegen den Geschäftsführer der Schuldnerin aus § 64 S. 1 GmbHG auf Ersatz von 4,7 Mio. Euro wegen verbotener Auszahlungen in dem Zeitraum vom 01.12.2008 bis zum 08.01.2009. Der Kläger nahm den Beklagten auf Erstattung des vorgenannten Betrages in Anspruch, weil er der Auffassung war, die Gesellschaft sei bereits zu Beginn des Zeitraums zahlungsunfähig gewesen. Demgegenüber bestritt der Beklagte die Richtigkeit der Buchführungsunterlagen der Schuldnerin und vertrat die Auffassung, die innerhalb des 3-Wochen-Zeitraums nach dem Stichtag fällig werdenden Verbindlichkeiten dürften – anders als die sicher zu erwartenden Zuflüsse zum Vermögen des Schuldners – bei der Feststellung der Zahlungsunfähigkeit nicht mit-

2 II ZR 88/16, ZInsO 2018, 381.

gerechnet werden. Nachdem das Berufungsgericht die Klage des Insolvenzverwalters zunächst zurückgewiesen hatte, weil der Insolvenzverwalter nicht jede Position der vom Beklagten bestrittenen Buchführung mit der jeweils dazu gehörigen Rechnung belegt und damit die Zahlungseinstellung dargelegt habe, hat der II. Zivilsenat die Entscheidung des Berufungsgerichts aufgehoben und den Rechtsstreit an das Berufungsgericht zur neuen Entscheidung zurückverwiesen.

Der II. Zivilsenat führt aus, das Berufungsgericht sei zu Unrecht von einem ausreichenden Bestreiten der Buchführungsunterlagen durch den Geschäftsführer der Schuldnerin ausgegangen. Dieser sei als Geschäftsführer der Schuldnerin dafür verantwortlich, dass die Bücher ein richtiges und vollständiges Bild von allen Geschäftsvorfällen vermittelten, die im Betrieb angefallen seien. Bestreite er die Richtigkeit der von ihm zu verantwortenden Buchführung, habe er die Pflicht, Position für Position vorzutragen, aus welchen Gründen die Buchungen nicht zutreffend seien.[3] Solange ein solches motiviertes Bestreiten nicht vorliege, müsse das Gericht von der Richtigkeit der Buchführung und dem daraus abgeleiteten Liquiditätsstatus ausgehen. Mit der Zurückweisung des Vorbringens des Insolvenzverwalters habe das Gericht überzogene Anforderungen an die Darlegungs- und Beweislast des Insolvenzverwalters gestellt.

Hinsichtlich der Feststellung der Zahlungsunfähigkeit durch die Vorlage eines Liquiditätsstatus geht auch der II. Zivilsenat davon aus, dass Zahlungsunfähigkeit dann vorliegt, wenn eine nicht nur vorübergehende Zahlungsstockung vorliegt, d.h., wenn der Schuldner nicht in der Lage ist, sich innerhalb von drei Wochen die zur Begleichung der fälligen Forderungen benötigten finanziellen Mittel zu beschaffen und die bestehende Liquiditätslücke auf unter 10 % zurückzuführen. Eine Ausnahme – so nimmt auch der II. Zivilsenat an – komme nur in Betracht, wenn mit an Sicherheit grenzender Wahrscheinlichkeit zu erwarten sei, dass die Liquiditätslücke demnächst vollständig oder fast vollständig geschlossen werde und ein Abwarten den Gläubigern zumutbar sei.

Im Hinblick auf die derart aufzustellende Liquiditätsbilanz führt der Senat weiter aus, dass auf der Aktivseite neben den verfügbaren Zahlungsmitteln (sogenannten Aktiva I) die innerhalb von drei Wochen flüssig zu machen-

3 S. bereits BGH, Urt. v. 19.01.2016 – II ZR 61/15, ZInsO 2016, 707 Rn. 25.

den Mittel (sogenannte Aktiva II) einzubeziehen und zu den am Stichtag fälligen und eingeforderten Verbindlichkeiten (sogenannte Passiva I) sowie den innerhalb von drei Wochen fällig werdenden und eingeforderten Verbindlichkeiten (sogenannte Passiva II) in Beziehung zu setzen sind. Der Senat klärt damit die bis zu der Entscheidung vom 19.12.2017 im Schrifttum und in der Rechtsprechung nicht ganz einhellig beantwortete Frage, ob auch die im 3-Wochen-Zeitraum fällig werdenden Verbindlichkeiten in den Liquiditätsstatus einzubeziehen sind, oder – wie vereinzelt vertreten worden ist – ob sie außer Betracht zu bleiben haben.

Mit der Feststellung der Einbeziehung der in dem genannten Zeitraum fällig werdenden Forderungen kommt der Senat zwar im Ergebnis dazu, dass der Begriff der Zahlungsunfähigkeit nicht rein stichtagsbezogen zu verstehen ist, sondern vielmehr auf eine Zeitraumilliquidität hinausläuft, weil der gesamte 3-Wochen-Zeitraum zu berücksichtigen ist. Zu den von der Auffassung, welche die Passiva II nicht berücksichtigen will, befürchteten Vermischung des Begriffs der „Zahlungsunfähigkeit“ und der „drohenden Zahlungsunfähigkeit“ kommt es aber gleichwohl nicht. Zwar ist die drohende Zahlungsunfähigkeit darauf ausgerichtet, die Zahlungsfähigkeit des Schuldners anhand der Betrachtung eines Zeitraums zu bestimmen. Dieser Zeitraum wird aber regelmäßig wesentlich länger gewählt, als der für die Zahlungsunfähigkeit maßgebliche 3-Wochen-Zeitraum, der sich aus der Insolvenzantragspflicht der Organe juristischer Personen ergibt. Insoweit wäre es auch inkonsequent, wenn bei der Betrachtung der Zahlungsunfähigkeit im Sinne des § 17 InsO zwar die innerhalb von drei Wochen zu realisierenden Massezuflüsse einzubeziehen wären, nicht aber die Abflüsse, die in dem vorgenannten Zeitraum aller Voraussicht nach anfallen.

2. Beweiskraft des Sendeberichts für Internetveröffentlichung

In einem Beschluss des IX. Zivilsenats zum Eröffnungsverfahren ist es um die Beweiskraft eines Sendeberichts zur Internet-Veröffentlichung gegangen.[4] Das Insolvenzgericht hatte nach einem länger andauernden Insolvenzeröffnungsverfahren, in dem die Schuldnerin alle Möglichkeiten ausgeschöpft hatte, sich der Mitwirkung zu entziehen, schließlich nach der gutachterlichen Feststellung der Unzulänglichkeit der Masse zur Beglei-

4 BGH, Beschl. v. 06.07.2017 – IX ZB 73/16, ZInsO 2017, 1789.

chung der Verfahrenskosten einen Beschluss über die Abweisung mangels Masse nach § 26 Abs. 1 InsO erlassen. Diesen Beschluss übertrug das Insolvenzgericht am 07.01.2016 an die Betreiber der Internetseite www.Insolvenzbekanntmachungen.de unter Verwendung ihres Signaturzertifikats. In der Folgezeit bestritt die Schuldnerin die durch Postzustellungsurkunde belegte Einlegung des Beschlusses in den Briefkasten ihrer Geschäftsräume am 09.01.2016 und behauptete in ihrer am 27.01.2016 eingelegten sofortigen Beschwerde, den Beschluss erst am 13.01.2016 erhalten zu haben. Zur Begründung der Beschwerde machte sie geltend, die Forderung der antragstellenden Kasse bezahlt zu haben. Diese habe deshalb kein Interesse mehr an der Eröffnung eines Insolvenzverfahrens über das Vermögen der Schuldnerin.

Ungeachtet des Streits um den Zeitpunkt der Zustellung der Zustellurkunde versagte das Beschwerdegericht der Schuldnerin die von dieser beantragte Wiedereinsetzung in die Beschwerdefrist und verwarf die sofortige Beschwerde als unzulässig. Auf den Zeitpunkt der Zustellung komme es nicht an, weil im Blick auf die Übermittlung des Beschlusses an die Veröffentlichungsplattform am 07.01.2016 von dem Beginn der Beschwerdefrist am 09.01.2016 ausgegangen werden müsse, so dass die Beschwerdefrist am 25.01.2016 abgelaufen sei. Auf die von der Schuldnerin unter Zeugenbeweis gestellte Behauptung, den Beschluss auf dem Internetportal nicht gefunden zu haben, komme es nicht an, weil das Protokoll der Übersendung an die Betreiber ausreiche, um die Veröffentlichung des Beschlusses zu belegen. Unerheblich sei deshalb auch, dass der Beschluss auf der Homepage nicht mehr zu finden sei, weil inzwischen die Löschungsfristen nach der Verordnung zu öffentlichen Bekanntmachungen in Insolvenzverfahren im Internet abgelaufen gewesen seien.

Zwar ist die vom Landgericht zugelassene Rechtsbeschwerde gegen diese Entscheidung im Ergebnis ohne Erfolg geblieben. Der Senat hat aber in seinem Beschluss ausgeführt, dass der Beweis für die Veröffentlichung einer Entscheidung auf der Plattform www.Insolvenzbekanntmachungen.de nicht durch den bloßen Sendebericht geführt werden kann. Erforderlich sei vielmehr ein Nachweis, dass die Veröffentlichung tatsächlich auf der Plattform erschienen sei, welcher im Streitfall nicht mehr geführt werden konnte, weil die Löschungsfristen zwischenzeitlich abgelaufen waren. Bestätigt hat der Senat die Entscheidung des Berufungsgerichts allerdings aus anderen Gründen. Der Einwand, der Schuldner habe die Forderung bezahlt und der Gläubiger deshalb kein Interesse mehr an der Verfolgung seines Insolvenzantrags, könne – dies hat der Senat schon in einem früheren Beschluss entschieden[5] – nach einer Einstellung des Verfahrens mangels Masse nach Erlass der Entscheidung im Beschwerdeverfahren nicht mehr berücksichtigt werden.

3. Verwirkung des Vergütungsanspruchs

Soweit es um die Verwirkung des Vergütungsanspruchs geht, die ausnahmsweise in Betracht kommt, wenn der Rechtsgedanke des § 654 BGB greift und der Insolvenzverwalter vorsätzlich oder grob leichtfertig die ihm obliegende Treuepflicht so schwerwiegend verletzt, dass er sich seines Lohnes als „unwürdig“ erweist, tritt nach einem Beschluss des BGH vom 21.09.2017[6] regelmäßig keine Verwirkung ein, wenn es um die Vergütung des vorläufigen Insolvenzverwalters geht, dem Verfehlungen und Pflichtverletzungen aus seiner Zeit als Insolvenzverwalter zur Last gelegt werden. Der BGH führt dazu aus, der Ausschluss der Vergütung könne unter Berücksichtigung des Verhältnismäßigkeitsgrundsatzes nur in eng begrenzten Ausnahmefällen erfolgen. Die Versagung jeglicher Vergütung komme nur bei schweren, subjektiv in hohem Maße vorwerfbaren Verletzungen der Treuepflicht, insbesondere bei der Begehung von Straftaten zum Nachteil der Masse in Betracht.

4. (Un-)Wirksamkeit von Verfügungen des Schuldners bei Bestellung eines vorläufigen Insolvenzverwalters und Anordnung eines Zustimmungsvorbehalts

In einer sehr komplexen Entscheidung des IX. Zivilsenats vom 19.04.2018[7] ging es um die Wirkungen der Anordnung einer vorläufigen Insolvenzverwaltung mit Zustimmungsvorbehalt und die Frage, ob Verfügungen des Schuldners gegeben waren. Der Schuldner hatte während des laufenden Insolvenzantragsverfahrens eine Umschuldung betrieben, mit der er die durch eine Grundschuld gesicherte Forderung durch eine andere Bank hatte ablösen lassen wollen. Diese sollte gegen Übernahme der Grundschuld den noch valutierenden Betrag bei der erstfinanzierenden

5 Vgl. BGH, Beschl. v. 02.12.2010 – IX ZB 121/10, ZInsO 2011, 92.
6 IX ZB 28/14, ZInsO 2017, 2309.
7 IX ZR 230/15, 1253.

Bank ablösen und den überschießenden Betrag des neuen Darlehens nach Abzug des Ablösebetrages an den Schuldner auskehren. Während der Abschluss des neuen Darlehensvertrags durch den Schuldner und Übernahme der Verpflichtung, der neuen Darlehensgeberin eine erstrangige Grundschuld zu verschaffen, vor der Anordnung einer vorläufigen Insolvenzverwaltung mit Zustimmungsvorbehalt erfolgte, gab der Schuldner kurze Zeit nach Anordnung der vorläufigen Insolvenzverwaltung mit Zustimmungsvorbehalt der Bank die Zweckerklärung für die neu einzutragende Grundschuld ab und vereinnahmte den überschießenden Betrag von der Beklagten.

Als die neue Bank nach Eintragung ihrer Grundschuld Kenntnis von der vorläufigen Insolvenzverwaltung und den Verfügungsbeschränkungen des Schuldners erlangte, kündigte sie die Darlehensvereinbarung und betrieb die Zwangsversteigerung des Grundstücks aus der Grundschuld. Aus dem Erlös der Versteigerung befriedigte sie ihre Ansprüche und leitete den Überschuss an nachrangige Grundpfandgläubiger weiter. Mit seiner Klage macht der Insolvenzverwalter einen Anspruch auf Auskehrung des Erlöses abzüglich der abgelösten Darlehensverbindlichkeit und der an die nachrangigen Grundpfandgläubiger abgeführten Beträge aus ungerechtfertigter Bereicherung geltend.

Während die Vorinstanz der Klage stattgegeben hatte, ist die Revision beim Bundesgerichtshof insoweit erfolgreich gewesen, als der Senat das Urteil aufgehoben und die Sache zur neuen Entscheidung an die Vorinstanz zurückverwiesen hat. Anders als die Vorinstanz meinte, könne in der Entgegennahme der Darlehensvaluta und dem damit verbundenen Verlust des Anspruchs auf die Valutierung der Grundschuld keine Verfügung des Schuldners gesehen werden, die der Zustimmung des vorläufigen Insolvenzverwalters bedurft hätte. Der Schuldner sei trotz des laufenden Insolvenzeröffnungsverfahrens berechtigt gewesen, eine neue Darlehensverpflichtung einzugehen. Er habe auch nach Anordnung des Zustimmungsvorbehaltes das Recht gehabt, sich ohne Zustimmung des vorläufigen Insolvenzverwalters im Wege des Sicherungsvertrages wirksam zu verpflichten, eine Grundschuld zur Absicherung des Darlehensrückzahlungsanspruchs zu stellen. Dass er sich mit der Abtretung der zur Sicherung bestellten Grundschuld im Rahmen einer Umschuldung an den neuen Sicherungsnehmer einverstanden erklärt habe, habe den Insolvenzverwalter nicht berechtigt, die Grundschuld gegenüber dem neuen Sicherungsgeber zu kondizieren.

Eine mangels Zustimmung des vorläufigen Insolvenzverwalters unwirksame Verfügung des Schuldners, die zur Kondizierbarkeit der Grundschuld führe, liege nur dann vor, wenn der Schuldner nach Eintritt der Verfügungsbeschränkungen den bisherigen Haftungsumfang einer Grundschuld durch eine neue oder geänderte Sicherungsvereinbarung erweitere und so eine Neuvalutierung oder eine weitergehende Valutierung der Grundschuld ermögliche, die nicht durch die frühere Sicherungsvereinbarung gedeckt gewesen sei. Sei dies der Fall – was das Berufungsgericht nach Rückgabe der Sache zu überprüfen habe – und liege damit der Abschluss oder die Änderung eines Sicherungsvertrages aufgrund einer unwirksamen Verfügung des Schuldners vor, könne sich der Gläubiger des Grundpfandrechts nicht auf einen gutgläubigen Erwerb berufen.

Gegenstand des Rechtsstreits war damit zwar vordergründig ein Anspruch des Insolvenzverwalters im eröffneten Verfahren aus ungerechtfertigter Bereicherung. Im Kern geht es aber um eine Reihe von Fragen, die sich im Eröffnungsverfahren stellen, wenn ein vorläufiger Insolvenzverwalter mit Zustimmungsvorbehalt bestellt ist. Das Urteil belegt einmal mehr, dass der Schuldner auch weiterhin berechtigt ist, schuldrechtliche Verpflichtungen einzugehen. Soweit es um Verfügungen geht, die nur noch mit Zustimmung des vorläufigen Insolvenzverwalters wirksam sind, wird der Verfügungsbegriff durch die Entscheidung sehr eng gefasst. Anders als das OLG meinte, soll die Entgegennahme der Darlehensvaluta durch den unredlich handelnden Schuldner und das damit verbundene Erlöschen des Anspruchs auf Valutierung nicht unter den Verfügungsbegriff fallen.

II. Entscheidungen zum Anfechtungsrecht

Den Schwerpunkt der Rechtsprechung des IX. Zivilsenat zum Insolvenzrecht hat auch in den Jahren 2017/2018 – wie nicht anders zu erwarten – das Anfechtungsrecht eingenommen. Insoweit hat es eine ganze Reihe von Entscheidungen sowohl zur Deckungsanfechtung nach den §§ 130, 31 InsO als auch zur Vorsatzanfechtung nach § 133 InsO gegeben. Ein neuer Schwerpunkt hat sich in der Rechtsprechung zu § 134 InsO abgezeichnet, in der einige Neuerungen zu beachten sind. Dagegen ist es im Anwendungsbereich des § 135 InsO sehr ruhig geblieben.

1. Rechtsprechung zur Deckungsanfechtung

In den Entscheidungen zu §§ 130/131 InsO ist es mehrfach um die Frage gegangen, wer als (künftiger) Insolvenzgläubiger der richtige Anfechtungsgegner ist. Sowohl die Anfechtung kongruenter Deckungen als auch die Anfechtung inkongruenter Deckungen setzen voraus, dass der Anfechtungsgegner im späteren Insolvenzverfahren Insolvenzgläubiger gewesen wäre.

a) Anfechtung von Zahlungen an einen Zwangsverwalter

Über die Frage des richtigen Anfechtungsgegners hatte der BGH zunächst in einem Fall zu entscheiden, in dem es um die Anfechtung von Mietzahlungen des Schuldners an einen Zwangsverwalter ging, der die vom Schuldner aufgrund eines Titels geleisteten Zahlungen bereits vor Eröffnung des Insolvenzverfahrens an die gesicherte Bank als Betreiberin des Zwangsverwaltungsverfahrens weitergeleitet hatte. Insoweit war die Frage zu klären, ob sich die Deckungsanfechtung gegen den Zwangsverwalter, die gesicherte Bank oder aber den Vermieter des Schuldners, der zugleich Grundstückseigentümer und Vollstreckungsschuldner der Bank ist, richten musste. Der BGH hat hierzu in dem Urteil vom 19.10.2017[8] festgestellt, dass richtiger Anfechtungsgegner in einer derartigen Konstellation, in der die Zwangsvollstreckung in das Grundstück bei Eröffnung des Insolvenzverfahrens bereits abgeschlossen ist, nicht die vom Insolvenzverwalter in Anspruch genommene gesicherte Bank, sondern vielmehr deren Vollstreckungsschuldner ist, an den die Mietzahlungen seitens des Insolvenzschuldners aufgrund des Mietvertrags hätten geleistet werden müssen. Soweit der Zwangsverwalter die Zahlungen noch nicht weitergeleitet habe, was im Streitfall allerdings nicht der Fall war, müsse die Anfechtung gegen den Zwangsverwalter gerichtet werden, weil dieser nicht Leistungsmittler der die Vollstreckung betreibenden Bank, sondern eigenständig handelnde Partei kraft Amtes sei. Habe der Zwangsverwalter die Zahlungen an die Betreiberin der Zwangsverwaltung weitergeleitet, könne die empfangende Bank nicht etwa als Rechtsnachfolgerin im Sinne des § 145 Abs. 2 InsO des Zwangsverwalters oder des Vollstreckungsschuldners angesehen werden. Die Leistungen des Schuldners seien vielmehr als solche

8 IX ZR 289/14, ZInsO 2018, 319.

an den Grundstückseigentümer und Vollstreckungsschuldner anzusehen, der deshalb in einer solchen Konstellation auch der richtige Anfechtungsgegner sei.

b) Mautzahlungen im Guthabenabrechnungsverfahren

Ebenfalls zur Frage des richtigen Anfechtungsgegners hat der BGH in einem Urteil vom 09.11.2017[9], in dem es um die Anfechtung von Zahlungen an Toll Collect ging, entschieden, dass richtiger Anfechtungsgegner nicht die Bundesrepublik Deutschland ist, sondern vielmehr Toll Collect als Betreiberin des Systems zur Erhebung der Lkw-Maut. In diesem Verfahren, in dem es darum ging, dass der Insolvenzverwalter eines Transportunternehmens Zahlungen als inkongruente Deckungen angefochten hatte, welche die Geschäftsführer des Speditionsbetriebes innerhalb des 3-Monats-Zeitraums auf ein Guthabenkonto der Spedition bei Toll Collect erbracht hatten, um ihre Lkw's im sogenannten Guthabenabrechnungsverfahren weiter fahren zu lassen, hat der BGH die Entscheidung der Vorinstanz bestätigt. Diese hatte Toll Collect zur Rückgewähr der anfechtbar empfangenen Beträge verurteilt, weil entgegen der Auffassung des Konsortiums dieses nicht als bloße Zahlstelle der Bundesrepublik Deutschland als Inhaberin der Autobahnen fungierte, sondern vielmehr eigenständig tätig war.

Der BGH hat hierzu festgestellt, dass es ein öffentlich-rechtliches Rechtsverhältnis zwischen der Bundesrepublik Deutschland und Toll Collect gab, aufgrund dessen Toll Collect verpflichtet war, die vereinnahmten Straßennutzungsgebühren an die Bundesrepublik abzuführen. Zwischen dem Konsortium zur Erhebung der LKW-Maut und den einzelnen Nutzern gab es dagegen ein privatrechtliches Rechtsverhältnis, innerhalb dessen die Straßennutzer den Ausgleich der Lkw-Maut nicht der Bundesrepublik, sondern vielmehr Toll Collect unmittelbar schuldeten. Der BGH hat damit eine Entscheidung aus dem Jahre 2013 bestätigt,[10] in der er Toll Collect ebenfalls zur Rückgewähr der gezahlten Lkw-Maut verurteilt hatte. Im Hinblick auf die Trennung des Rechtsverhältnisses zwischen Toll Collect und den Straßennutzern und Toll Collect und der Bundesrepublik hat er dabei ausdrücklich festgestellt, dass diese Entscheidung nicht nur für Zah-

9 IX ZR 319/16, ZInsO 2017, 452.
10 ZInsO 2013, 2271.

lungen im Guthabenabrechnungsverfahren, sondern für sämtliche Zahlungssysteme gilt.

c) Anfechtung gegen einen Zahlungsmittler

In einer Entscheidung zur Anfechtung gegenüber einem Zahlungsmittler, die nach ständiger Rechtsprechung des BGH unproblematisch zulässig ist, hat der IX. Zivilsenat mit Urteil vom 14.09.2017[11] einmal mehr festgestellt, dass auch der Zahlungsmittler zur Rückgewähr anfechtbar erlangter Leistungen des Schuldners verpflichtet ist, wenn er sich in den Zahlungsvorgang einbinden lässt, ohne als bloße neutrale Zahlstelle zu fungieren, und die Anfechtbarkeit der Leistungen des Schuldners kennt. Im Streitfall hatte die Steuerberaterin des Schuldners Beträge von dessen Konto in Kenntnis des Unvermögens des Schuldners sämtliche Gläubiger zu befriedigen, eingezogen, um sie auf dessen Steuerschulden an das Finanzamt weiterzuleiten. Sie hatte damit aktiv an der Gläubigerbenachteiligung des Schuldners teilgenommen und diesem geholfen, einen Insolvenzantrag des Finanzamts abzuwenden, woraus sich zugleich auch ihre Kenntnis des Benachteiligungsvorsatzes des Schuldners ergab. Zwar berief sie sich hinsichtlich der Wiederherstellung der Zahlungsunfähigkeit des Schuldners auf eine im Hinblick auf die festgestellte finanzielle Situation des Schuldners nicht nachvollziehbare und nichtssagende Gewinn- und Verlustrechnung. Dies reichte aber entgegen der Auffassung der Vorinstanz nicht aus, um den ihr nach ständiger Rechtsprechung obliegenden Beweis der Wiederherstellung der Zahlungsunfähigkeit des Schuldners im Allgemeinen zu führen, nachdem der Insolvenzverwalter zuvor dessen Zahlungseinstellung bewiesen hatte. Anzumerken ist zu der Entscheidung, dass sich der Zahlungsmittler in einer solchen Konstellation nicht darauf berufen kann, über die anfechtbar weitergeleiteten Mittel des Schuldners nicht mehr zu verfügen. Der Einwand des Wegfalls der Bereicherung ist nach der Rechtsprechung des Senats ausdrücklich ausgeschlossen.

11 IX ZR 3/16, ZInsO 2017, 2546.

d) Zahlungsunwilligkeit nur bei Nachweis der Zahlungsfähigkeit

In einem weiteren Urteil vom 12.10.2017[12] ging es um die Abgrenzung des Begriffes der Zahlungsunwilligkeit von der Zahlungsunfähigkeit. Der Schuldner war wegen der Nichtabführung von Steuern und Sozialverbindlichkeiten in Millionenhöhe strafrechtlich verurteilt. Um sich eine Freiheitsstrafe von zwei Jahren auf Bewährung zu erkaufen, hatte er als Bewährungsauflage eine Zahlung von 416.000 Euro an das Finanzamt akzeptiert, die er zu einem Teil angeblich aus einem Darlehen leistete, welches ihm seine Ehefrau zur Verfügung gestellt hatte. Nach Eröffnung des Insolvenzverfahrens erklärte der Insolvenzverwalter die Anfechtung der Zahlung des Schuldners auf die Bewährungsauflage. Diese Klage blieb zunächst in zweiter Instanz erfolglos, weil das Berufungsgericht der Meinung war, der Insolvenzverwalter habe die Zahlungseinstellung des Schuldners nicht hinreichend dargetan, denn er habe nicht belegt, dass der Schuldner nicht über weitere Mittel verfüge, die er nach seiner kriminellen Wirtschaftsführung beiseite geschafft habe. Das Berufungsgericht hatte deshalb den Einwand des Finanzamts durchgreifen lassen, der Schuldner sei in Wirklichkeit nicht zahlungsunfähig, sondern nur zahlungsunwillig gewesen.

Diese Entscheidung konnte vor dem BGH keinen Bestand haben. Entgegen der Auffassung des Berufungsgerichts reichte es für die Feststellung der Zahlungseinstellung aus, dass der Schuldner entsprechend den äußeren Anzeichen nicht mehr in der Lage war, die gegen ihn gerichteten Forderungen zu erfüllen. Die Beweislast dafür, dass der Schuldner nicht über Schwarzgeld verfügte, aus dem er hätte leisten können, durfte dem Insolvenzverwalter nicht auferlegt werden. Soweit sich das Finanzamt auf Zahlungsunwilligkeit berief, wäre – gemäß der ständigen Rechtsprechung des BGH – von der Anfechtungsgegnerin zu beweisen gewesen, dass der Schuldner tatsächlich noch zahlungsfähig war. Das Finanzamt hätte deshalb den Beweis führen müssen, dass der Schuldner über ausreichende Mittel verfügte, um seine Gläubiger im Allgemeinen zu befriedigen.

12 IX ZR 50/15, ZInsO 2017, 2612.

e) Rückgängigmachung einer Gläubigerbenachteiligung

In einem weiteren Urteil zur Deckungsanfechtung vom 25.01.2018[13] ging es um die Frage der Rückgängigmachung einer Gläubigerbenachteiligung, die prinzipiell möglich ist, wenn der Zugriff der Gläubiger genauso wiederhergestellt wird, wie er vor der benachteiligenden Rechtshandlung bestanden hat. Der Schuldner hatte schriftlich anerkannt, seiner Schwester einen Betrag von 23.500 Euro zu schulden. Nach Auszahlung einer Lebensversicherung hatte er in unmittelbarem zeitlichen Zusammenhang mit dem Antrag auf Eröffnung des Insolvenzverfahrens den Betrag von 23.500 Euro von seinem Konto abgehoben und angeblich in bar seiner Schwester übergeben, die in dem nachfolgenden Anfechtungsrechtsstreit behauptete, dem Schuldner sofort in bar 16.500 Euro zurückgegeben zu haben.

Nachdem die Vorinstanz den Schuldner zur Rückgewähr des vollen Betrages verurteilt hatte, hat der BGH diese Verurteilung nur in Höhe von 7.000 Euro bestätigt. In Höhe der angeblich in bar zurückgegebenen 16.500 Euro hat er das Urteil aufgehoben und die Sache an das Berufungsgericht zurückverwiesen. Dessen Auffassung, die Rückgängigmachung einer Gläubigerbenachteiligung setze voraus, dass die Rückgabe in Kenntnis und im Bewusstsein der Anfechtbarkeit erfolgen müsse, sei unzutreffend. Die Rechtsprechung des Senats müsse vielmehr dahin verstanden werden, dass eine Gläubigerbenachteiligung ausscheide, wenn der Schuldner die Mittel genauso zurückerlangt habe, wie er sie weggegeben habe. Die vom Berufungsgericht nicht durchgeführte Beweisaufnahme über die sofortige Rückgabe der 16.500 Euro in bar sei deshalb durchzuführen. Von dem Abschluss eines neuen Darlehensvertrages zwischen dem Schuldner und der Anfechtungsgegnerin über den Betrag von 16.500 Euro könne nicht ausgegangen werden.

2. Entscheidungen zur Vorsatzanfechtung

Erwartungsgemäß sehr viel Raum nehmen die Urteile des BGH zur Vorsatzanfechtung aus dem bereits mehrfach genannten Zeitraum ein. Hier hat es – anders als bei den Entscheidungen zur Deckungsanfechtung – auch einige Entscheidungen gegeben, in denen der Senat seine bisherige

13 IX ZR 299/16, ZInsO 2018, 445.

Rechtsprechung modifiziert und teilweise auch geändert hat. Dies gilt insbesondere für die Rechtsprechung zur Vorsatzanfechtung im Zusammenhang mit Rechtshandlungen des Schuldners, die im Rahmen der Zwangsvollstreckung stattfinden. Insoweit ging der Senat bis Mitte 2017 in ständiger Rechtsprechung davon aus, dass Befriedigungen durch Zwangsvollstreckung außerhalb der kritischen Zeit der §§ 130, 131 InsO grundsätzlich nicht anfechtbar waren, wenn der Schuldner sich lediglich passiv verhielt und die Zwangsvollstreckung über sich ergehen ließ. Kam es dagegen zu einer Unterstützungshandlung des Schuldners im Rah-men der Zwangsvollstreckung außerhalb des kritischen Zeitraums – innerhalb der 3-Monats-Frist gelten Sicherungen oder Befriedigungen durch Zwangsvollstreckung nach wie vor als inkongruente Deckungen im Sinne des § 131 Abs. 1 InsO und sind deshalb anfechtbar –, so waren diese Rechtshandlungen anfechtbar, wenn die Voraussetzungen des § 133 Abs. 1 InsO vorlagen. War der Schuldner zahlungsunfähig oder drohend zahlungsunfähig, so griff die Vermutungsregelung des § 133 Abs. 1 S. 2 InsO ein. Von dieser Rechtsprechung, die nicht an die Intensität der Mitwirkungshandlung des Schuldners anknüpfte und etwa dann eingriff, wenn der Schuldner in Erwartung des pfändenden Gerichtsvollziehers Bargeld in die Kasse legte oder die Pfändung des Gläubigers durch Überweisungen von einem gepfändeten Konto unterstützte, hat sich der BGH Mitte des Jahres 2017 sehr weit entfernt.

a) Rechthandlung des Schuldners nur bei der Vollstreckungshandlung gleichwertiger Unterstützung

Nach zwei Urteilen vom 01.06.2017[14] reicht es für die Anfechtbarkeit derartiger Rechtshandlungen nicht mehr aus, dass der Schuldner die Zwangsvollstreckung des Gläubigers durch eine Rechtshandlung unterstützt. Nach beiden Entscheidungen setzt die Wertung einer Unterstützungshandlung als Rechtshandlung im Sinne des § 133 Abs. 1 InsO vielmehr voraus, dass der Schuldner einen Beitrag zum Erfolg der Zwangsvollstreckung leistet, der ein der Vollstreckungstätigkeit des Gläubigers vergleichbares Gewicht hat. Des Weiteren soll eine vom Anfechtungsgegner durch die Vollstreckungsmaßnahmen bewirkte Vermögensverlagerung nicht zugleich eine Rechtshandlung des Schuldners sein, wenn sich der

14 IX ZR 48/15, ZInsO 2017, 1422 und IX ZR 114/16, ZInsO 2017, 1479.

Schuldner angesichts einer bevorstehenden oder bereits eingeleiteten berechtigten Zwangsvollstreckungsmaßnahme nicht anders verhält, als ohne die Vollstreckung und sich damit darauf beschränkt, die Vollstreckung des Gläubigers hinzunehmen.

Mit diesen Entscheidungen, die jeweils in Fällen ergangen sind, in denen das Finanzamt ein Konto des Schuldners gepfändet hatte und der Schuldner ungeachtet dieser Pfändung seinen Zahlungsverkehr weiter über dieses Konto abwickelte, so dass sich das Finanzamt sehr lange als einziger Gläubiger zum Nachteil der übrigen Gläubiger befriedigen konnte, hat der BGH die Vorsatzanfechtung von Unterstützungshandlungen des Schuldners erheblich eingeschränkt, ohne dass eindeutig zu erkenne wäre, wann die Voraussetzungen gegeben sind, unter denen die Rechtshandlung des Schuldners ein der Vollstreckungshandlung des Gläubigers gleichwertiges Gewicht hat und unter welchen Voraussetzungen davon auszugehen ist, dass der Schuldner sein bisheriges Verhalten nicht geändert hat. In beiden Fällen ist eine Aufhebung und Zurückverweisung erfolgt, so dass letztlich die Instanzgerichte über diese Fragen zu urteilen haben. Damit wird es in Zukunft in jedem Einzelfall zu problematisieren sein, ob und inwieweit eine Unterstützungshandlung des Schuldners gegeben ist und ob dieser sein bisheriges Verhalten nur fortgesetzt hat.

Zwar hat der BGH mit diesen Entscheidungen ohne Not seine bisherige Rechtsprechung aufgegeben, nach der es auf die „Qualität" der Unterstützungshandlung nicht ankam. Festzuhalten bleibt allerdings, dass dies nichts an der Rechtsprechung des für das Gesellschaftsrecht zuständigen II. Zivilsenats ändert, nach der ein insolvenzantragspflichtiges Gesellschaftsorgan, das den Zahlungsverkehr der Gesellschaft weiter über gepfändete Konten abwickelt, wegen verbotener Auszahlungen – etwa im Sinne des § 64 GmbHG – ausgleichspflichtig ist, wenn die materielle Insolvenz eingetreten ist. Insoweit wird die Haftung nur von der Haftung des Anfechtungsgegners auf die des Geschäftsführers bzw. Vorstands verlagert, bei dem allerdings häufig nichts zu holen sein wird.

b) Schaffung eines Vollstreckungstitels durch Vergleich und prozessuales Anerkenntnis

Ebenfalls in den Kontext der unterstützenden Rechtshandlung des Schuldners fällt eine weitere Entscheidung des BGH vom 14.09.2017[15], nach der im Fall der Vollstreckung eines Gläubigers aus einem Anerkenntnisurteil in dem Anerkenntnis durch den Schuldner keine eigene mitwirkende Rechtshandlung im Sinne des § 133 Abs. 1 InsO liegen soll, wenn die anerkannte Forderung bestand und eingefordert werden konnte und der Schuldner dem Gläubiger durch das Anerkenntnis nicht beschleunigt einen Titel verschaffen wollte. Ergangen ist diese Entscheidung im Fall der Anfechtung von Zahlungen an einen früheren Insider der Schuldnerin, der diese nach seinem Ausscheiden aus der Geschäftsführung bei seit Jahren bestehender Zahlungsunfähigkeit in diversen Rechtsstreitigkeiten mit Anlegern vertreten und aufgrund der Nichtzahlung seines Honorars einen Ratenzahlungsvergleich mit der Gesellschaft geschlossen hatte, aus dem er nach Nichterfüllung seiner Forderungen aus dem Vergleich klagte. Insoweit sah der BGH trotz der Insiderkenntnisse des Anfechtungsgegners, des Näheverhältnisses zwischen der Schuldnerin und dem Anfechtungsgegner sowie der Nichteinhaltung der Verpflichtungen aus dem Vergleich und des fehlgeschlagenen Versuchs, aus dem Vergleich zu vollstrecken, keinen Anlass, die Vollstreckung aus dem Anerkenntnisurteil für anfechtbar zu halten. Vollstrecke ein Gläubiger aus einem Anerkenntnisurteil, führt das Anerkenntnis durch den Schuldner zu keiner eigenen mitwirkenden Rechtshandlung, wenn die anerkannte Forderung bestanden habe und eingefordert werden konnte und der Schuldner dem Gläubiger durch das Anerkenntnis nicht beschleunigt einen Titel habe verschaffen wollen. Beruhe das Anerkenntnisurteil, aus dem der Gläubiger vollstrecke auf einem Vergleich, so könne in dem Vergleichsschluss nur dann eine mitwirkende Rechtshandlung des Schuldners liegen, wenn der Vergleichsinhalt den Bereich verlässt, der bei objektiver Beurteilung ernstlich zweifelhaft sein könne.

15 IX ZR 108/16, ZInsO 2017, 2212.

c) Keine Indizwirkung bei zwangsweiser Durchsetzung einer unbestrittenen Forderung

Ebenfalls auf eine Lockerung der Anforderungen an die Vorsatzanfechtung läuft ein Urteil des BGH vom 22.06.2017[16] hinaus, nach dem aus der zwangsweisen Durchsetzung einer unbestrittenen Forderung nicht darauf geschlossen werden kann, dass der Gläubiger die Zahlungsunfähigkeit oder Zahlungseinstellung kannte, wenn er außer dieser Forderung und den von ihm zur zwangsweisen Durchsetzung der Forderung unternommenen erfolgreichen Schritten keine weiteren konkreten Tatsachen über die Zahlungsunfähigkeit oder die Vermögenslage des Schuldners kannte. Vorausgegangen war der Vollstreckung neben der langwierigen Nichterfüllung einer unbestrittenen Schlussrechnung die Teilzahlung nach Mahnungen, die anschließende Verurteilung durch ein Versäumnisurteil sowie der Ausgleich der Restforderung nach einer Vorpfändung. Anders als die Vorinstanzen, die die Kenntnis der Zahlungsunfähigkeit aus der Notwendigkeit der Zwangsvollstreckung abgeleitet hatten, hat der BGH – im Gegensatz zu früheren Entscheidungen, in denen die länger währende Nichterfüllung eine unstreitigen Forderung ausreichte, wenn der Schuldner erst nach deren Titulierung um die Einräumung von Ratenzahlungen bat – diese Gesichtspunkte nicht ausreichen lassen, um zu einer Kenntnis der Zahlungsunfähigkeit zu kommen.

d) Keine Kenntnis des Benachteiligungsvorsatzes bei geringfügiger Forderung

Entsprechend ist der Senat in einem weiteren Urteil vom 06.07.2017[17], in dem es darum ging, dass der Gläubiger wegen einer geringfügigen Forderung in einer Höhe von ca. 1.500 Euro gegen den Schuldner vollstrecken musste, davon ausgegangen, dass aus dem Umstand, dass der Schuldner über den Gerichtsvollzieher um eine Ratenzahlungsvereinbarung im Sinne des § 806b ZPO bat und diese nach deren Abschluss sodann auch erfüllte, nicht auf die Zahlungsunfähigkeit geschlossen werden muss. Der BGH hat auch hier die Vorsatzanfechtung abgelehnt, weil das Wissen um das Ausbleiben oder die stockende Tilgung einer verhältnismäßig geringen Forderung regelmäßig noch nicht die Kenntnis des Gläubigers von der Zah-

16 ZInsO 2017, 1616.
17 IX ZR 178/16, ZInsO 2017, 1881.

lungseinstellung des Schuldners bewirke, sofern sich der geschäftliche Kontakt zwischen dem Schuldner und dem Anfechtungsgegner auf die einmalige Ausführung von Werkleistungen beschränke.

e) Anfechtbarkeit bei unmotivierter Bitte um Anschubhilfe

Anders als in den zuvor skizzierten Entscheidungen ist der BGH dagegen in einem Urteil vom 18.01.2018[18] zur Anfechtbarkeit im Fall der Vereinbarung von Ratenzahlungen davon ausgegangen, dass im Fall einer unbestrittenen Forderung, die erst ein Jahr nach Fälligkeit geltend gemacht wird, eine Anfechtung nach § 133 Abs. 1 InsO erfolgen kann, wenn der Schuldner erst nach Titulierung der Forderung Ratenzahlungen anbietet, die sodann nur in wechselnder Höhe von verschiedenen Kosten geleistet werden. Im Streitfall hatte eine Maklerin, die der Schuldnerin ein Objekt nachgewiesen hatte, zunächst ein Jahr lang stillgehalten. Erst nach Titulierung bot die Schuldnerin die Erfüllung der Forderung an, wobei sie um eine „Starthilfe" für den von ihr eingerichteten Gaststättenbetrieb bat. Ratenzahlungen erfolgten sodann, ohne dass es zu einer Vereinbarung kam, in wechselnder Höhe, bis zuletzt täglich 500 Euro von den Konten verschiedener Gaststättenbetriebe der Schuldnerin überwiesen wurden.

Der BGH hat im Hinblick auf dieses Zahlungsverhalten angenommen, dass – entgegen der Auffassung des Berufungsgerichts – der Gläubigerin die Zahlungsunfähigkeit der Schuldnerin nicht verborgen geblieben sein kann und die Sache deshalb zur weiteren Sachaufklärung zurückverwiesen. Als Indiz für die Kenntnis des Benachteiligungsvorsatzes hat der Senat – neben dem allgemeingültigen Grundsatz, dass bei einem gewerblich tätigen Schuldner stets mit weiteren Gläubigern gerechnet werden muss – die fast einjährige Nichtzahlung der unstreitigen Forderung, die fehlende Reaktion auf die Ankündigung einer Titulierung, die Bitte um Raten nach Androhung von Vollstreckungsmaßnahmen, die Ratenzahlungen in wechselnder Höhe und schließlich die Zahlung von verschiedenen Konten nach Kassenlage angesehen.

18 IX ZR 144/16, ZInsO 2018, 511.

f) Anfechtung einer inkongruenten Drittzahlung an das Finanzamt

Ebenfalls aufgehoben und zurückverwiesen hat der Senat die Entscheidung eines Oberlandesgerichts in einem Urteil vom 12.04.2018[19] wegen einer nicht nachvollziehbaren Beweiswürdigung, in der das Berufungsgericht überspannte Anforderungen an den Nachweis der Kenntnis des Benachteiligungsvorsatzes des Schuldners gestellt hatte und die Entscheidung zudem widersprüchlich war. Der Schuldner, ein IT-Spezialist, hatte aufgrund des Auftrages einer GmbH, eine Software zu entwickeln, ein erhebliches Honorar zu erwarten. Um dem Schuldner bezüglich seiner Steuerschulden behilflich zu sein, hatte ein Gesellschafter der GmbH eine Bürgschaft gegenüber dem Finanzamt übernommen, so dass gegen den Schuldner keine Maßnahmen zur zwangsweisen Durchsetzung der Forderung des Finanzamts ergriffen wurden. Nach Übergabe der Software wies der Schuldner die Auftraggeberin an, einen erheblichen Teil des Honorars an das Finanzamt auf seine Steuerverbindlichkeiten zu zahlen. Nachdem dies geschehen war, kam es zur Eröffnung des Insolvenzverfahrens über das Vermögen des Schuldners, in dem der Insolvenzverwalter die Anfechtung der Zahlung des Finanzamts erklärte. Obwohl dem Sachbearbeiter des Finanzamts nach dem Ergebnis der Beweisaufnahme der gesamte Vorgang bekannt war und damit die Kenntnis des Benachteiligungsvorsatzes des Schuldners bei Erteilung der Weisung, einen Teil der Forderung an das Finanzamt zu zahlen, auf der Hand lag, wies das Berufungsgericht die Klage ab, weil es die Kenntnis des Benachteiligungsvorsatzes nicht für bewiesen hielt. Diese Entscheidung konnte keinen Bestand haben.

Aus der Entscheidung folgt weiter, dass ein auf Zahlung von Geld gerichteter Rückgewähranspruch keine Entgeltforderung ist, die – wie bei Rechtsgeschäften, an denen ein Verbraucher nicht beteiligt ist – einen erhöhten Verzugszinssatz begründet.

g) Zahlungen in bargeschäftsähnlicher Lage

Bezüglich des in jüngerer Zeit entwickelten Begriffs der „bargeschäftsähnlichen Lage“ hat der BGH in einem Urteil vom 04.05.2017[20] einmal mehr entschieden, das allein aus dem Wissen des Gläubigers um eine zu-

19 IX ZR 88/17, ZInsO 2018, 1210.
20 XI ZR 285/16, ZInsO 2017, 1366.

mindest drohende Zahlungsunfähigkeit des Schuldners nicht auf das Wissen des Gläubigerbenachteiligungsvorsatzes geschlossen werden kann, wenn ein zahlungsunfähiger Schuldner mit dem Gläubiger in bargeschäftsähnlicher Weise Leistungen austauscht. Das entsprechende Wissen soll in einer solchen Konstellation vielmehr voraussetzen, dass die Belieferung des Schuldners mit gleichwertigen Waren für die übrigen Gläubiger nicht von Nutzen ist, weil der Schuldner fortlaufend unrentabel arbeitet und weitere Verluste erwirtschaftet. Diese Grundsätze, die allerdings in Fällen, in denen die Neufassung des § 142 Abs. 1 InsO anwendbar ist, nicht mehr gelten, weil es dann nur noch darauf ankommt, dass der andere Teil erkannt hat, dass der Schuldner unlauter handelte, hat der BGH in einem Altfall noch einmal bestätigt. Im Streitfall hatte eine Getränkelieferantin der Schuldnerin, die einen Gastronomiebetrieb unterhielt, nach der mehrfachen Rückgabe von Lastschriften, aus der sich die Kenntnis der drohenden Zahlungsunfähigkeit der Schuldnerin ergab, nur noch gegen Vorkasse insgesamt 47 Getränkelieferungen im Wert von 28.000 Euro zukommen lassen.

h) Anfechtung eines durch Vormerkung gesicherten Rückübertragungsrechts

In einem Urteil vom 12.10.2017[21] ging es um die Frage, welche Folgen es hat, wenn in einem Grundstückskaufvertrag zugunsten des Verkäufers ein durch Vormerkung gesichertes Rücktrittsrecht für den Fall vereinbart ist, dass der Käufer insolvent wird. Diese Frage stellte sich bei einem Sachverhalt, bei dem die Eltern ihrer Tochter entgeltlich ein Grundstück mit diversen Auflagen übertragen hatten, zu denen unter anderem ein Anspruch auf unentgeltliche Rückübertragung des Grundstücks für den Fall der Eröffnung des Insolvenzverfahrens über das Vermögen der Tochter gehörte. Der BGH hat hierzu im Rahmen der Klage der Eltern auf Rückübertragung des Grundstücks gegen den Insolvenzverwalter entschieden, dass wegen der Sicherung durch eine Auflassungsvormerkung gemäß § 106 Abs. 1 S. 2 InsO ein Wahlrecht des Insolvenzverwalters im Hinblick auf das Rückabwicklungsschuldverhältnis nicht in Betracht kommt. Anfechtbar sei die Einräumung des Rücktrittsrechts ebenfalls nicht, denn das Vermögen der Tochter sei von vornherein entsprechend belastet gewesen,

21 IX ZR 288/14, ZInsO 2017, 2539.

weil sie das Grundstück nur mit der Rücktrittsklausel erworben und nicht frei darüber habe verfügen können.

Gläubigerbenachteiligend und anfechtbar nach § 134 Abs. 1 InsO sei allerdings die Verpflichtung zur unentgeltlichen Rückübertragung des Grundstücks. Insoweit komme es nicht darauf an, ob die Rücktrittsklausel das Ziel verfolge, die Wohnung in der Familie zu halten. Ein Verzicht des Schuldners auf Ansprüche aus dem Rückgewährschuldverhältnis mit der Verpflichtung zur unentgeltlichen Rückgabe stelle eine Benachteiligung der Gläubiger dar. Der Insolvenzverwalter könne deshalb verlangen, so gestellt zu werden, als hätte die Schuldnerin die gesetzlichen Ansprüche aus dem Rückgewährschuldverhältnis. Ihm stehe ein Leistungsverweigerungsrecht gemäß § 146 Abs. 2 InsO gegen den Herausgabeanspruch der Eltern zu.

3. Anfechtung unentgeltlicher Leistungen nach § 134 InsO

Neben den Entscheidungen zur Vorsatzanfechtung nach § 133 Abs. 1 InsO hat der Senat auch ein Reihe von Entscheidungen zu § 134 InsO getroffen, die nachfolgend wiedergegeben werden sollen.

a) Übertragung der Rechte aus einem Vertrag

Zu nennen ist hier an erster Stelle ein Urteil vom 1.3.2018[22], in dem es um die unentgeltliche Übertragung einer Rechtsstellung ging, die zu einer Anfechtung wegen Unentgeltlichkeit führen kann. Die Schuldnerin war ursprünglich Mieterin einer Lagerhalle, die sie für einen Mietzins von 7.588 Euro pro Monat gemietet hatte. Untervermietet war diese Halle zur Lagerung von Streusalz an das Land Nordrhein-Westfalen für einen monatlichen Nettomietzins von 11.382 Euro. Etwa ein halbes Jahr vor dem Antrag auf Eröffnung des Insolvenzverfahrens über das Vermögen der Schuldnerin erfolgte eine dreiseitige Übertragung des Mietverhältnisses auf eine Schwestergesellschaft der Schuldnerin, deren Geschäftsführer mit dem Alleingesellschafter der Schuldnerin personenidentisch war. Mit der Klage nahm der Verwalter die Beklagte auf Herausgabe der monatlichen

22 IX ZR 207/15, ZInsO 2018, 1039.

Differenz für vier Jahre bis zur Erhebung der Klage im Dezember 2013 in Anspruch. Obwohl die Vermieterin keine weiteren Leistungen zu erbringen hatte, als die Halle zur Verfügung zu stellen, ging das Berufungsgericht von der Entgeltlichkeit der Übertragung aus, weil die übernehmende Anfechtungsgegnerin weiter zur Erfüllung der Pflichten als (Unter-)Vermieterin verpflichtet sei.

Diese Entscheidung hat der BGH geändert. Nach dem Urteil ist eine Leistung auch dann unentgeltlich, wenn für sie keine Gegenleistung, sei es an den Schuldner oder sei es an einen Dritten, erbracht wird, der Leistungsempfänger also keine eigene Rechtsposition aufgibt, die der Leistung des Schuldners entspricht. Hier hatte die Anfechtungsgegnerin den Vertrag übernommen, ohne Leistungen aus dem Vertrag erbringen zu müssen. Im Endeffekt ging es nur darum, den monatlichen Gewinn auf einen anderen Gläubiger zu verlagern. Bezogen auf die Übertragung der Vertragsstellung führt der BGH aus, überträgt der spätere Insolvenzschuldner seine vertragliche Rechtsstellung als Zwischenmieter auf einen Dritten, kann dies als unentgeltliche Leistung anfechtbar sein, wenn die vom Dritten übernommenen Pflichten keine die erlangten Rechte ausgleichende Gegenleistung darstellen.

Sähe man die Übertragung nicht als unentgeltlich an, wäre der geltend gemachte Anspruch im Übrigen wohl auch aus § 133 Abs. 2 InsO a. F (= § 133 Abs. 4 InsO nF.) anfechtbar gewesen, weil die Übertragung der Vertragsverhältnisse auf die Beklagte im Zeitraum von zwei Jahren vor dem Eröffnungsantrag erfolgte und die Gläubigerbenachteiligung infolge Übertragung der Ansprüche aus dem Vertrag auf die Anfechtungsgegnerin unmittelbar eintrat.. Bei der Beklagten handelte es sich um eine nahe stehende Person der Schuldnerin im Sinne des § 138 Abs. 2 Nr. 3, Abs. 2 Nr. 1 und Abs. 1 Nr. 4 InsO, weil der Geschäftsführer der Anfechtungsgegnerin zugleich der Alleingesellschafter der Schuldnerin war. Als solcher war er nicht zur Verschwiegenheit verpflichtet, deshalb greift auch die Ausnahmevorschrift des zweiten Halbsatzes in § 138 Abs. 2 Nr. 3 InsO nicht ein.[23]

23 Vgl. schon BGH, Urt. v. 22.12.2016 – IX ZR 94/14, ZInsO 2017, 546.

b) Entgeltlichkeit einer unzulässigen Bearbeitungsgebühr

Ebenfalls zur Anfechtung nach § 134 InsO hat der BGH in zwei Urteilen vom 20.04.2017[24] und vom 12.09.2017[25] entschieden, dass eine Anfechtung nach den §§ 134, 143 InsO nicht in Betracht kommt, wenn der Darlehensgeber im Fall eines vom Schuldner wirksam widerrufenen Darlehensvertrages die nach der Rechtsprechung nicht geschuldete Darlehensgebühr bei der Abrechnung zu Ungunsten des Schuldners berücksichtigt. Der Darlehensgeber soll in einem solchen Fall die Möglichkeit einer Aufrechnung oder Verrechnung auch dann nicht durch eine unentgeltliche Leistung des Schuldners erlangt haben, wenn die dem Schuldner zustehende Gegenforderung ein bereicherungsrechtlicher Rückforderungsanspruch ist. Die Bezahlung einer tatsächlich nicht bestehenden Schuld im Zwei-Personen-Verhältnis sei nicht unentgeltlich, wenn der Schuldner irrtümlich eine Verpflichtung zu einer entgeltlichen Leistung angenommen habe. Insoweit, so führt der BGH aus, erfüllten Leistungen ohne Rechtsgrund nicht stets die Voraussetzungen einer unentgeltlichen Leistung im Sinne des § 134 Abs. 1 InsO. Die Frage, ob eine freigiebige Leistung des Schuldners vorliege, solle sich entsprechend der Zielrichtung des § 134 Abs. 1 InsO danach richten, ob der leistende Schuldner eine dem aufgegebenen Vermögenswert entsprechende Gegenleistung erhalten habe. Sei der Schuldner von einer entgeltlichen Leistung ausgegangen, scheide eine Anfechtung nach § 134 Abs. 1 InsO aus.

c) Anfechtung gegen minderjährige Zahlungsmittlerin

Hinsichtlich der bereits erörterten Anfechtung gegenüber einem Zahlungsmittler, der in den Zahlungsverkehr des Schuldners eingebunden ist,[26] hat der BGH in einem weiteren Fall[27], in dem es darum ging, dass die Geschäftsführer einer GmbH ein Konto ihrer minderjährigen Tochter dazu benutzt hatten, den Zahlungsverkehr über dieses Konto abzuwickeln, einen Rückgewähranspruch aus einer Anfechtung nach § 133 Abs. 1 InsO gegen die Zahlungsmittlerin im Blick auf die Minderjährigkeit der Tochter abgelehnt. Benutze der gesetzliche Vertreter das Konto eines Geschäftsun-

24 IX ZR 252/16, ZInsO 2017, 1367.
25 IX ZR 316/16, ZInsO 2017, 2693.
26 Siehe oben II.1.c).
27 Urt. v. 7.9.2017 – IX ZR 224/16, ZInsO 2017, 2110.

fähigen oder beschränkt Geschäftsfähigen, um seine unbeschränkte Vertretungsmacht aus wirtschaftlichem Eigennutz ohne Rücksicht auf die Vermögensinteressen des Kindes auszuüben, so könne das Wissen um den Benachteiligungsvorsatz des Schuldners – im Streitfall der insolventen GmbH – dem Geschäftsunfähigen nicht zugerechnet werden.

Auch eine Anfechtung nach § 134 Abs. 1 BGB hat der BGH in dieser Fallkonstellation nicht für möglich gehalten, weil es sich nicht um eine unentgeltliche Leistung der Anfechtungsgegnerin gehandelt habe. Entweder es habe eine wirksame treuhänderische Übertragung von Vermögenswerten der Schuldnerin auf die Minderjährige gegeben. In diesem Fall sei die Überweisung auf das Konto aufgrund des Rückforderungsanspruchs des Treugebers nicht unentgeltlich gewesen. Oder das Treuhandverhältnis sei unwirksam gewesen. In diesem Fall sei § 134 Abs. 1 InsO ebenfalls nicht anwendbar, denn der Leistende habe einen Bereicherungsanspruch auch im Fall der bewussten Zahlung auf eine unwirksame Treuhandvereinbarung, weil der Leistungsempfänger nicht darauf vertrauen könne, die empfangenen Mittel behalten zu dürfen.

4. Anfechtung von Gesellschafterdarlehen

Entscheidungen zur Anfechtung von Gesellschafterdarlehen nach § 135 InsO haben in der Rechtsprechung des zweiten Halbjahres 2017 und des ersten Halbjahres 2018 keine allzu große Rolle gespielt. Insgesamt hat es nur zwei Entscheidungen gegeben, welche eine Problematik des § 135 InsO zum Gegenstand hatten.

a) Anfechtung im Fall der Doppelsicherung

Zunächst hatte der BGH die Frage zu klären, wie im Fall der Doppelsicherung zu verfahren ist, wenn die Forderung des Darlehensgebers sowohl durch eine Sicherheit der Gesellschaft als auch des Gesellschafters gesichert ist. § 135 Abs. 2 InsO bestimmt für diesen Fall, dass eine Rechtshandlung, mit der eine Gesellschaft einem Dritten für die Forderung auf Rückgewähr eines Darlehens innerhalb der Frist des § 135 Abs. 1 Nr. 2 InsO Befriedigung gewährt hat, anfechtbar ist, wenn ein Gesellschafter für die Forderung eine Sicherheit bestellt hatte oder als Bürge haftete, wobei dies auch sinngemäß für Leistungen auf Forderungen gelte, die einem Darlehen wirtschaftlich entsprächen.

Im Streitfall[28] hatte der BGH über die Frage zu entscheiden, welche Folgen es hat, wenn eine im vollen Umfang von 100.000 Euro ausgeschöpfte Kreditlinie einer KG durch eine Bürgschaft des Kommanditisten der Schuldnerin, der zugleich auch Alleingeschäftsführer und Geschäftsführer der Komplementär-GmbH ist, sowie über eine Globalzession der Schuldnerin gesichert ist und die Bank zur Rückführung des Debet schon vor der Eröffnung des Insolvenzverfahrens die Zahlungen auf die sicherungszedierten Forderungen der Schuldner verrechnet hat.

Der BGH hat zu dieser Fallkonstellation unter Rückgriff auf eine Entscheidung vom 01.12.2011[29] mit Urteil vom 13.07.2017[30] entschieden, dass der Kommanditist/Alleingeschäftsführer/Geschäftsführer auf Zahlung des Betrages in Anspruch genommen werden kann, in dessen Höhe seine Sicherheit durch die Inanspruchnahme der Gesellschaftersicherheit frei geworden ist. Dem gesicherten Gläubiger kann zwar – so der BGH schon in der Entscheidung aus dem Jahre 2011 – nicht vorgeschrieben werden, welche der ihm zur Verfügung stehenden Sicherheiten er in Anspruch nimmt. Befriedigt er sich aus der von der Gesellschaft gestellten Sicherheit, muss aber im Endeffekt der Gesellschafter, der andernfalls seine Sicherheit zurückbekommt, ohne etwas leisten zu müssen, zum Ausgleich herangezogen werden.

b) Zusätzliche Übernahme einer stillen Beteiligung durch den Gesellschafter

In einem weiteren Fall zu § 135 Abs. 1 Nr. 2 InsO, in dem es um die Frage ging, ob überhaupt ein Gesellschafterdarlehen vorliegt, hat der BGH im Beschlussverfahren ohne Zulassung der Revision[31] die Entscheidung eines Oberlandesgerichts bestätigt, das von dem Darlehenscharakter der zusätzlich übernommenen typischen stillen Beteiligung eines Gesellschafters ausgegangen war. Dabei ging es um die Anfechtung einer Rückzahlung

28 BGH, Urt. v. 13.7.2017 – IX ZR 173/16, ZInsO 2017, 1844.
29 IX ZR 11/11, BGHZ 192, 9 = ZInsO 2012, 81.
30 BGHZ 215, 262 = ZInsO 2017, 1844.
31 BGH, Beschl. v. 23.11.2017 – IX ZR 218/16, ZInsO 2018, 119.

von 2 Mio. Euro, die der Alleingesellschafter einer Alleingesellschafterin der Schuldnerin, der an dieser zusätzlich mit einer stillen Einlage von 10,9 Mio. Euro beteiligt war, innerhalb der Jahresfrist als Rückzahlung auf seine stille Einlage erhalten hatte.

Der BGH hat insoweit in Übereinstimmung mit der im Schrifttum einhellig vertretenen Meinung die Auffassung entschieden, dass die von einem mittelbaren Alleingesellschafter zusätzlich übernommene stille Einlage als darlehensgleiche Leistung dieses Gesellschafters mit der Folge der Subordination anzusehen sei. Insoweit hat der Senat im Hinblick auf die Eindeutigkeit der Beantwortung dieser Rechtsfrage eine Zulassung der Revision nicht für erforderlich gehalten, sondern durch eine begründete Nichtzulassungsentscheidung entschieden.

III. Urteile und Beschlüsse zur Regelinsolvenz

In der Rechtsprechung des BGH zum Regelinsolvenzverfahren zeichnet sich in jüngerer Zeit ein Schwerpunkt der Entscheidungen zu Fragen des Rechts der Schuldverschreibungen ab. Einen zusätzlichen Schwerpunkt bilden Urteile und Beschlüsse zur Haftung des Insolvenzverwalters.

1. Kündigung eines Werklieferungsvertrags aus wichtigem Grund

Zur Problematik der Erfüllungswahl bei gegenseitigen Verträgen (§ 103 InsO) ging es in einem Urteil vom 14.09.2017[32] um die Frage, ob allein die Eröffnung des Insolvenzverfahrens über das Vermögen des Unternehmers für den Vertragspartner eines Werklieferungsvertrages einen wichtigen Grund zur Kündigung des Vertrages ohne Inkaufnahme eines Vergütungsanspruchs darstellt. Der BGH hatte diese Frage in einem Rechtsstreit zu beantworten, in dem es darum ging, dass der vorläufige Insolvenzverwalter über das Vermögen eines Zulieferbetriebes für Kraftfahrzeugteile kurze Zeit vor der Eröffnung des Insolvenzverfahrens die Fortführung der Lieferbeziehung davon abhängig gemacht hatte, dass der Abnehmer die Stückpreise um 30 % erhöhte. Anstatt einer entsprechenden Erhöhung zuzustimmen, erklärte der Besteller unmittelbar nach Eröffnung des Insol-

32 IX ZR 261/15, ZInsO 2017, 2159.

venzverfahrens, dass er den Werklieferungsvertrag kündige, woraufhin der Insolvenzverwalter einen Anspruch aus § 649 S. 2 BGB unter Anrechnung ersparter Aufwendungen in Höhe von einer Mio. Euro geltend machte.

Diesen Anspruch hat der BGH für begründet erklärt. Zwar ruhten mit der Verfahrenseröffnung zunächst die beiderseitigen Hauptleistungspflichten. Um den Vertrag zu beenden, hätte der Abnehmer den Insolvenzverwalter aber zur Abgabe einer Erklärung über das Erfüllungsverlangen nach § 103 Abs. 2 InsO auffordern müssen. Ohne eine Ablehnung der Vertragserfüllung habe er den Vertrag in der Schwebezeit nur unter Inkaufnahme des Anspruchs des anderen Teils aus § 649 S. 2 InsO beenden können. Eine fristlose Kündigung aus wichtigem Grund aufgrund der Eröffnung des Insolvenzverfahrens vor der Wahlrechtsausübung des Verwalters komme demgegenüber nicht in Betracht. Dies galt nach der Entscheidung auch, nachdem der vorläufige Insolvenzverwalter den anderen Teil unmittelbar vor Verfahrenseröffnung aufgefordert hatte, die Stückpreise um 30 % zu erhöhen. Ein Grund zur fristlosen Kündigung ergab sich daraus nicht.

2. Verwertungsrecht im Insolvenzverfahren über das Vermögen des Leasinggebers

Um die Frage, wem das Verwertungsrecht zusteht, wenn ein Insolvenzverfahren über das Vermögen eines Leasinggebers eröffnet worden ist, ging es in einem Urteil des BGH vom 11.01.2018[33]. Der BGH hat hierzu entschieden, der mittelbare Besitz des Schuldners an einer beweglichen Sache begründe dann kein Verwertungsrecht des Insolvenzverwalters, wenn die Sache der Art des mittelbaren Besitzes nach dauerhaft mit der erfolgten Überlassung an den unmittelbaren Besitzer so aus dem Vermögen des Schuldners ausgeschieden sei, dass gegen den Willen des unmittelbaren Besitzers eine weitere Nutzung durch den Schuldner nicht in Betracht komme. Beim Finanzierungsleasing scheide ein Verwertungsrecht des Verwalters dann aus, wenn der Schuldner die Sache dem Leasingnehmer für eine feste, nicht ordentlich kündbare Grundlaufzeit überlassen habe und bei deren Ablauf die Vollamortisation erlange. Dies sei der Fall, wenn der Leasingnehmer aufgrund der vertraglichen Verpflichtungen insgesamt einen Betrag zu zahlen habe, der das vom Schuldner für die Anschaffung

33 IX ZR 295/16, ZInsO 2018, 874.

der Sache eingesetzte Kapital zuzüglich Verzinsung und Gewinn erreiche oder übersteige. Die Vollamortisation könne auch in Verbindung mit besonderen Vertragsbestimmungen eintreten, mit der dem Leasingnehmer eine Abschlusszahlung oder eine Restwertgarantie auferlegt werde. Gleiches gelte, wenn der Vertrag eine Kaufoption oder ein Andienungsrecht enthalte, so dass der Leasingnehmer den Gegenstand kaufen könne oder erwerben müsse.

3. Entscheidungen zu Inhaberschuldverschreibungen

Erheblichen Raum in der Rechtsprechung des Senats nehmen derzeit Urteile und Beschlüsse zu Problemen aus dem Bereich der Schuldverschreibungen ein, nachdem es gerade hier zu einigen Insolvenzverfahren über das Vermögen der Emittenten derartiger Papiere gekommen ist.

a) Anfechtung von Beschlüssen der Versammlung der Schuldverschreibungsgläubiger nach Insolvenzeröffnung

Zur Problematik der Schuldverschreibungen nach dem SchVG hatte der IX. Zivilsenat in einem Beschluss vom 16.11.2017[34] zu entscheiden, ob Beschlüsse der vom Insolvenzgericht einberufenen Versammlung der Schuldverschreibungsgläubiger im Urteilsverfahren nach dem Schuldverschreibungsgesetz wegen Verletzung des Gesetzes oder der Anleihebedingungen gemäß § 20 Abs. 1 S. 1 SchVG anzufechten sind, oder ob sie im Hinblick auf die Einberufung der Versammlung der Gläubiger einer Tranche durch das Insolvenzgericht im Verfahren nach § 78 InsO überprüft werden können. Insoweit hatte zunächst das LG die Klage auf Feststellung der Nichtigkeit eines Beschlusses der Versammlung der Gläubiger der Orderschuldverschreibungen über die Bestellung eines gemeinsamen Vertreters als unzulässig verworfen, weil es das Verfahren nach § 78 InsO für einschlägig hielt. Demgegenüber vertrat das Berufungsgericht die Auffassung, die Nichtigkeit des Beschlusses sei nicht im Verfahren nach § 78 InsO, sondern mittels einer Anfechtungsklage nach dem Schuldverschreibungsgesetz festzustellen. Auf die Revision hat der BGH diese Entscheidung wiederum dahingehend abgeändert, dass eine Anfechtung im Urteils-

34 IX ZR 260/15, ZInsO 2018, 22.

verfahren nicht in Betracht komme. Einschlägig sei vielmehr § 78 InsO, wobei es den Schuldverschreibungsgläubigern nach Eröffnung des Insolvenzverfahrens über das Vermögen des Emittenten gestattet sei, einen sogenannten Opt-In-Beschluss zu fassen, nach dem die Vorschriften des Schuldverschreibungsgesetzes 2009 auf eine inhaltlich unveränderte Anleihe anwendbar sein sollten. Hätten die Gläubiger entsprechend optiert, könne ein Beschluss über die Bestellung des gemeinsamen Vertreters nach Eröffnung des Insolvenzverfahrens nur noch gemäß § 19 Abs. 1 S. 1 SchVG 2009, § 78 Abs. 1 InsO durch das Insolvenzgericht aufgehoben werden.

b) Nachrangigkeit von Ansprüchen aus Genussrechten

In einem weiteren Urteil vom 22.03.2018[35], in dem es um die Frage ging, von wem und mit welchem Rang Ansprüche aus Genussrechten und Orderschuldverschreibungen in die Insolvenztabelle einzutragen sind und wem das Widerspruchsrecht gegen die Anmeldung solcher Ansprüche zusteht, hat der BGH zunächst noch einmal eine Entscheidung aus dem Jahre 2016 bestätigt, nach der Kosten, die einem gemeinsamen Vertreter durch Prozesse entstehen, welche die Gläubiger zur Durchsetzung ihrer Ansprüche aus den Schuldverschreibungen führen, nicht zu den vom Schuldner zu tragenden Aufwendungen des gemeinsamen Vertreters gehören, sondern von den Gläubigern selbst zu tragen sind.[36] Bezüglich der Rechtsnatur von Genussrechten führt der BGH in der Entscheidung weiter aus, diese könnten nur dann als inhaltsgleiche Schuldverschreibungen aus Gesamtemissionen dem Schuldverschreibungsgesetz unterfallen, wenn sie als Genussscheine in einer Urkunde verbrieft seien. In einem Prozess über Rechte der Schuldverschreibungsgläubiger aus den Schuldverschreibungen seien diese auch dann Partei des Prozesses, wenn sie einen gemeinsamen Vertreter bestellt hätten. Der gemeinsame Vertreter sei in dem Prozess Vertreter der Schuldverschreibungsgläubiger und habe deren Rechte in fremdem Namen geltend zu machen, soweit seine Vertretungsbefugnis reiche.

Sodann hat der BGH bezüglich der Frage der Nachrangigkeit von Genussrechten festgestellt, dass diese im Insolvenzverfahren ohne Aufforderung

35 IX ZR 99/17, ZInsO 2018, 1091.
36 Vgl. BGH, Beschl. v. 14.07.2016 – IX ZA 9/16, ZInsO 2016, 1657.

zur Anmeldung nachrangiger Forderungen nicht zur Tabelle angemeldet werden können, wenn sich aus einer mit „Nachrangigkeit" überschriebenen Klausel klar und unmissverständlich ergibt, dass die Forderungen der Genussrechtsgläubiger gegenüber den einfachen Insolvenzgläubigern nachrangig sein sollen. Eine solche Klausel enthalte keine zur Nichtigkeit führende Regelung gegenüber den einfachen Insolvenzgläubigern aufgrund eines Verstoßes gegen das Transparenzgebot. Dies gelte auch dann, wenn eine in der Klausel zusätzlich vorgesehene Regelung der Rangklasse innerhalb der nachrangigen Forderungen unklar sei oder Auslegungszweifel aufwerfe, sofern die Regelungen insoweit inhaltlich und sprachlich voneinander zu trennen seien. Die Klausel über die Nachrangigkeit halte gleichwohl einer Inhaltskontrolle stand und sei nicht unangemessen benachteiligend im Sinne des § 307 BGB.

4. Rechtsprechung zur Insolvenzverwalterhaftung

Zu Fragen der Haftung des Insolvenzverwalters hat es in den letzten eineinhalb Jahren ebenfalls eine Reihe von Entscheidungen gegeben, die teilweise Altes bestätigen, teilweise aber auch neue Gesichtspunkte enthalten. Interessant ist hier auch ein Urteil zu Fragen der Anzeige der Masseunzulänglichkeit, die im Zusammenhang mit der Haftung des Verwalters stehen.

a) Gerichtsstand für Haftungsklagen gegen den Verwalter persönlich

Bezüglich des Gerichtsstands für eine Haftungsklage gegen den Verwalter persönlich hat der BGH in einem Beschluss vom 12.04.2018[37] noch einmal klargestellt, dass der Insolvenzverwalter nicht am Sitz des Insolvenzgerichts, sondern an seinem Wohnsitz gemäß §§ 12, 13 ZPO oder möglicherweise auch am Ort der unerlaubten Handlung gemäß § 32 ZPO gerichtlich in Anspruch zu nehmen ist. Erfolglos geblieben ist deshalb die Rechtsbeschwerde eines Klägers, mit der dieser geltend gemacht hatte, das Berufungsgericht habe seine ausschließlich auf die Rüge der örtlichen Zuständigkeit gestützte Berufung zu Unrecht verworfen, nachdem das Gericht erster Instanz die Sache wegen örtlicher Unzuständigkeit ohne An-

37 IX ZB 66/17, ZInsO 2018, 2144.

trag des Klägers an das Wohnsitzgericht des Verwalters verwiesen hatte. Zur Zuständigkeitsbestimmung allgemein führt der BGH in dem Beschluss aus, auch wenn die Verweisung ohne einen darauf gerichteten Antrag des Klägers erfolge, lasse dies die Bindungswirkung des Verweisungsbeschlusses nach § 281 ZPO nicht entfallen. Verweisungsbeschlüsse, die auf Verfahrensmängeln beruhen und deshalb rechtsfehlerhaft seien, seien grundsätzlich wirksam. Ausnahmen gelten nur bei einer Verletzung des Anspruchs auf rechtliches Gehör.

b) Anzeige der Masseunzulänglichkeit

Klagen gegen Insolvenzverwalter persönlich wegen einer nicht rechtzeitigen oder verspäteten Anzeige der Masseunzulänglichkeit stellen ein ständig wiederkehrendes Prozessmuster dar, bei dem allerdings den Klägern regelmäßig kein Erfolg beschert ist, weil der Verwalter bezüglich des Zeitpunkts der Anzeige einen weiten Ermessensspielraum hat. In diese Kategorie fällt eine Sache, über die der BGH mit Urteil vom 20.07.2017[38] zu entscheiden hatte. In dem Verfahren ging es um die Kosten eines vorausgehenden Prozesses, den der Insolvenzverwalter gegen den früheren Geschäftsführer und mittelbaren Gesellschafter der Schuldnerin wegen existenzvernichtenden Eingriffs und weiterer Haftungstatbestände geführt hatte. Während dieses Rechtsstreits, in dem der Verwalter schließlich unterlag, hatte er Masseunzulänglichkeit angezeigt, bevor der Gegner seinen Kostenerstattungsanspruch gegen die Insolvenzmasse geltend machen konnte. Dieser erhob deshalb gegen den Verwalter den Vorwurf einer vorsätzlichen sittenwidrigen Schädigung, die in der Anzeige der Masseunzulänglichkeit zu sehen sei.

Nachdem das Berufungsgericht dieser Klage zunächst stattgegeben hatte, hat der BGH sie zwar wegen der Geltendmachung eines Individualschadens des Klägers, der nicht von § 92 InsO erfasst wird, für zulässig gehalten. In der Sache hat er das Urteil des Berufungsgerichts aber aufgehoben und die die Klage zurückweisende Entscheidung des Landgerichts wiederhergestellt. Dem Verwalter stehe, so führt der BGH in der Entscheidung aus, hinsichtlich der Frage, zu welchem Zeitpunkt er die drohende oder bereits eingetretene Masseunzulänglichkeit anzeige, ein weiter Hand-

38 IX ZR 310/14, ZInsO 2017, 1784.

lungs- und Entscheidungsspielraum zu. In diesem Zusammenhang sei es zwar möglich, im Hinblick auf die Berechnung und Einbeziehung der Vergütung des Verwalters bei der Anzeige der Masseunzulänglichkeit den Ansatz des Verwalters auf eine unvertretbare Überschreitung des ihm dabei zuzugestehenden Beurteilungsspielraums zu überprüfen. Tatsächliche Anhaltspunkte dafür, dass der Verwalter sich mit der Anzeige der Masseunzulänglichkeit eine vorsätzliche sittenwidrige Schädigung habe zuschulden kommen lassen, bestünden aber nicht.

Soweit es in der Entscheidung um die Voraussetzungen des § 826 BGB als Maßstab für das pflichtwidrige Handeln des Insolvenzverwalters gegangen ist, ist anzumerken, dass nach inzwischen ständiger Rechtsprechung des BGH ein einfaches pflichtwidriges Verhalten des Verwalters, das den Voraussetzungen der §§ 60, 61 InsO genügt, nicht ausreicht, um im Blick auf den Prozesskostenerstattungsanspruch des Gegners zu einer Schadensersatzpflicht zu kommen.[39]

c) Haftung bei Betriebsfortführung

Um die Haftung des Insolvenzverwalters im Fall einer Betriebsfortführung für einen Schaden den der andere Teil dadurch erleidet, dass der Insolvenzverwalter bei Fälligkeit der Leistung aus einem von ihm erteilten Auftrag nicht leisten kann, ist es in einem Urteil vom 11.01.2018[40] gegangen. In dem Verfahren hatte der Insolvenzverwalter, der einen Reederei-Betrieb, der sich mit Viehtransporten beschäftigte, fortführte, einen Auftrag erteilt, 1400 Rinder aus einem Hafen in den USA in einen russischen Hafen am Schwarzen Meer zu transportieren. Als Vorauszahlung für die Durchführung dieses Transports war ein Betrag in Millionenhöhe vereinbart und erbracht. Der Verwalter selbst hatte ebenfalls bereits Transportaufträge usw. erteilt, für die er mehr als eine Mio. Euro aufwenden musste. Kurz vor Durchführung des Transports kam es zwischen den Parteien zu Unstimmigkeiten wegen der Versicherung der Rinder auf dem Transport. Dies führte schließlich zu einem Abbruch des Geschäfts. Für diesen Abbruch sollte nach dem Spruch eines Schiedsgerichts, dessen Zuständigkeit die Parteien im Vertrag vereinbart hatten, der Verwalter verantwortlich sein. Nachdem der Spruch des in Stockholm ansässigen Schiedsge-

39 Vgl. BGHZ 154, 269 = ZInsO 2003, 657.
40 IX ZR 37/17, ZInsO 2018, 449.

richts ergangen war, zeigt der Insolvenzverwalter im Hinblick auf die Verurteilung zur Übernahme der Kosten des Schiedsverfahrens und zur Rückzahlung der erhaltenen Vorauszahlungen Masseunzulänglichkeit an.

Eine gegen den Verwalter persönlich gerichtete Klage aus § 60 und § 61 InsO auf Rückzahlung der erhaltenen Vorschussleistungen sowie weiterer Schadenspositionen hatte zunächst keine Erfolg. Auf die Berufung der Klägerin, verurteilte das Berufungsgericht den Verwalter antragsgemäß zur Zahlung von Schadensersatz in Millionenhöhe. Gestützt auf § 61 InsO ging es davon aus, dass der Verwalter nicht nur für eventuelle Fehlkalkulationen bei Anbahnung und Abschluss des Geschäftes haften müsse, sondern auch im Fall von Vertragsstörungen, die während der Durchführung des Vertrages aufträten. Der BGH hat diese Entscheidung, die auf eine Garantie der Durchführbarkeit des Vertrages durch den Verwalter hinausgelaufen wäre, aufgehoben und das Verfahren zur Entscheidung über die Frage eines Pflichtverstoßes nach § 60 InsO an das Berufungsgericht zurückverwiesen. Er hat dabei seine frühere Rechtsprechung bestätigt, nach der § 61 InsO nur eine der Haftung für Verschulden bei Vertragsschluss ähnliche Haftung im Rahmen der Anbahnung des Geschäfts statuiert, nicht aber eine Garantiehaftung für dessen Durchführung.

Kann der Verwalter sich durch Vorlage einer den tatsächlichen Gegebenheiten entsprechenden Kalkulation, aus der sich die Erfüllbarkeit bei Fälligkeit ergibt, exkulpieren, erstreckt sich dessen Haftung für Sekundäransprüche des Vertragspartners der Insolvenzmasse regelmäßig nicht auf Schadensersatzansprüche, deren Ursache nicht in der Unzulänglichkeit der Insolvenzmasse, sondern anderen Vertragsstörungen begründet ist. Wäre der Senat hier der anders lautenden Rechtsprechung des Berufungsgerichts gefolgt, hätte es eine Betriebsfortführung im Insolvenzverfahren wegen der damit verbundenen hohen Risiken für den Insolvenzverwalter persönlich kaum noch geben können. Dieser müsste auch bei Vertragsstörungen haften, welche mit der Unzulänglichkeit der Insolvenzmasse nichts zu tun haben. Auf die Richtigkeit seiner Kalkulation bei Anbahnung des Vertrages konnte er sich nicht mehr berufen.

d) Haftung des Geschäftsleiters bei Eigenverwaltung

Zur Haftung eines Geschäftsleiters bei der Eigenverwaltung hat der BGH in einem Urteil vom 26.04.2018[41] entschieden, dass eine persönliche Haftung des eigenverwaltenden Schuldners – dies dürfte auch für eine mit dem Insolvenzrecht vertraute Person, die anlässlich der Durchführung des Insolvenzverfahrens in das Vertretungsorgan des Schuldners eingetreten ist oder sich zu dessen Generalbevollmächtigten o.ä. hat bestellen lassen, gelten – eine Haftung analog §§ 60, 61 InsO trifft. Der BGH betont in dieser Entscheidung auch im Hinblick auf die Eigenverwaltung den primären Verfahrenszweck, der Befriedigung der Gläubiger zu dienen. Die insolvenzspezifische Außenhaftung gilt deshalb nicht nur für den Sachwalter, dem es obliegt, die Abwicklung des Verfahrens durch den Schuldner zu überwachen. Sie gilt vielmehr auch für den Schuldner und dessen Organe sowie Bevollmächtigte, die mit der operativen Abwicklung des Verfahrens betraut sind. Der Senat hat deshalb eine Entscheidung des OLG Düsseldorf[42] aufgehoben, das die Haftung des neu in das Vertretungsorgan aufgenommenen Sanierungsexperten als reine gesellschaftsrechtliche Innenhaftung verstehen wollte und deshalb die Schadensersatzklage eines Gläubigers abgewiesen hatte, dessen Anspruch auf Kaufpreiszahlung gegen die Insolvenzmasse bei Fälligkeit nicht erfüllt werden konnte, so dass die Voraussetzungen des § 61 InsO zu prüfen waren.

Der BGH führt hierzu aus, die persönliche Haftung der Gesellschaftsorgane analog den §§ 60, 61 InsO im Fall der Eigenverwaltung sei der Preis dafür, dass ihre Verwaltungs- und Verfügungsmacht in der Eigenverwaltung erhalten bleibe, obwohl ihre Misswirtschaft zur Insolvenz des Schuldners geführt habe. Die insoweit bestehende Gesetzeslücke könne – beispielsweise im Fall der GmbH – nicht durch einen Rückgriff auf § 43 Abs. 2 GmbHG geschlossen werden. Eine bloße Innenhaftung nütze dem Gläubiger, der mit der Masse kontrahiert habe, nichts. Der Zweck der §§ 60, 61 InsO für Pflichtverletzungen neben dem Schuldner eine personenverschiedenen leistungsfähigen Dritten in Regress zu nehmen, werde verfehlt, wenn sich die Haftung aus diesen Vorschriften allein unmittelbar gegen den Schuldner selbst richte. Nach der Entstehungsgeschichte der InsO sei § 61 InsO Äquivalent für die fehlende Haftung des Verwalters

41 IX ZR 238/17, ZInsO 2018, 1200.
42 ZInsO 2017, 2114.

aus culpa in contrahendo. Dieser Gesichtspunkt gelte auch für die Leitungsorgane in Eigenverwaltung, egal ob es sich um die ursprünglichen Organe oder neu bestellte handele.

5. Verjährung von Masseverbindlichkeiten

In einer zunächst eher unspektakulär erscheinenden Entscheidung zur Verjährung von Altmasseverbindlichkeiten, die aber auf den zweiten Blick einige Brisanz entfaltet, hat der BGH mit Urteil vom 14.12.2017[43] entschieden, dass Altmasseverbindlichkeiten unabhängig von der Anzeige der Masseunzulänglichkeit durch den Insolvenzverwalter der regulären gesetzlichen Verjährung unterliegen, es sei denn, die Parteien haben ein die Verjährung hemmendes Stillhalteabkommen vereinbart. Im Streitfall ging es in einem bereits im Juni 2003 eröffneten Insolvenzverfahren, in dem der Insolvenzverwalter im Juni 2004 Masseunzulänglichkeit angezeigt hatte, um die im Jahr 2015 erhobene Klage eines Rechtsanwalts gegen die Insolvenzmasse wegen seiner Gebührenforderungen. Zu dieser erst sehr späten Klageerhebung war es gekommen, nachdem der Verwalter den Anwalt im Jahr 2003 mit der Durchsetzung von Ansprüchen der Insolvenzmasse beauftragt hatte, aus der dem Rechtsanwalt Gebührenforderungen in Höhe von ca. 35.000 € zustanden. Diese Forderungen hatte der Gläubiger in der Zwischenzeit zunächst einmal gegen den Insolvenzverwalter persönlich ohne Erfolg geltend gemacht.

Im Rahmen der nunmehr gegen die Insolvenzmasse geführten Klage hat der BGH im Hinblick auf die vom Insolvenzverwalter für die Masse erhobene Einrede der Verjährung entschieden, dass aufgrund der Anzeige der Masseunzulänglichkeit weder eine Hemmung der Verjährung nach § 205 InsO noch analog der §§ 205, 206 InsO in Betracht kommt. Träfen die Parteien kein pactum de non petendo, nach dem die Verjährung von Altmasseverbindlichkeiten nicht geltend gemacht werden solle, sei auch eine Verjährungshemmung bei höherer Gewalt analog § 206 BGB auf die Situation nicht anzuwenden. Gleiches gelte – auch im Fall einer vom Insolvenzverwalter geführten Liste der Masseverbindlichkeiten, in die die Forderung eingetragen sei – im Blick auf eine entsprechende Anwendung des § 204 Abs. 1 Nr. 10 BGB, die ebenfalls nicht in Betracht komme. Habe

43 IX ZR 118/17, ZInsO 2018, 314.

der Verwalter dem Massegläubiger zugesagt, die Verbindlichkeit zu erfüllen, ändere dies nichts an dem Verjährungslauf, der mit der Kenntnis des Schuldners der Masseverbindlichkeit beginne und nach Ablauf von drei Jahren zum Jahresende erfüllt sei.

Neben diesen Grundsätzen, die eine Hemmung der Verjährung im Fall der Anzeige der Masseunzulänglichkeit aufgrund gesetzlicher Tatbestände ausschließen, hat der BGH in dem Urteil erstmals entschieden, unter welchen Voraussetzungen ein Altmassegläubiger nach Anzeige der Masseunzulänglichkeit wieder einen bezifferten Leistungsantrag stellen kann. Nach gefestigter Rechtsprechung des BGH hat die Anzeige der Masseunzulänglichkeit für die Altmassegläubiger des § 209 Abs. 1 Nr. 3 InsO zunächst zur Folge, dass diese nur noch auf Feststellung ihrer Forderung, nicht aber mehr auf Leistung klagen dürfen. Eine Leistungsklage ist ihnen aber, so führt der BGH in dem neuen Urteil aus, trotz Anzeige der Masseunzulänglichkeit wieder gestattet, sobald der Insolvenzverwalter nach den §§ 66, 211 Abs. 2 InsO Schlussrechnung gelegt und die vorrangigen Masseverbindlichkeiten gemäß § 209 Abs. 1 Nr. 1 und 2 InsO befriedigt hat.

Während die zuletzt genannten Grundsätze uneingeschränkt zu begrüßen sind, weil sie einen konkret fassbaren Schlusspunkt für die Beschränkung auf die Leistungsklage im Fall der Anzeige der Masseunzulänglichkeit bestimmen, werden die Ausführungen zur Verjährungseinrede im Anschluss an eine Anzeige der Masseunzulänglichkeit kontrovers diskutiert. Der Verwalter hat in längerwierigen Verfahren, in denen ohne weiteres mehr als drei Jahre bis zur Befriedigung von Masseverbindlichkeiten vergehen können, die Verpflichtung, sich gegenüber Massegläubigern, die ihre Ansprüche nicht rechtzeitig geltend gemacht haben, auf die Einrede der Verjährung zu berufen. Er enttäuscht damit möglicherweise Vertrauen, das er mit einer Zusage, die Masseverbindlichkeiten würden im Verfahren befriedigt, geweckt hat. Sich nicht auf Verjährung zu berufen, kann ihm seitens der übrigen Gläubiger, deren Quote sich je nach Umfang der Masseverbindlichkeiten verbessert oder verschlechtert, als Pflichtwidrigkeit angekreidet werden. Insoweit schafft das Urteil für den Verwalter eine schwierige Situation, die ihn auch vor die Frage stellt, ob er berechtigt ist, Massegläubiger dazu zu veranlassen, ein Stillhalteabkommen bezüglich der Geltendmachung der Masseverbindlichkeiten zu schließen oder aber von vornherein zu erklären, dass er sich nicht auf die Verjährung von Masseverbindlichkeiten nach Anzeige der Masseunzulänglichkeit berufen werde. All dies hinterlässt einen schalen Beigeschmack, der durch die Entscheidung zwangsläufig ausgelöst wird.

6. Entscheidungen zum Insolvenzplanverfahren

Soweit es um Fragen des Insolvenzplanverfahrens geht, sind in letzter Zeit nur noch Rechtsbeschwerdeverfahren zum BGH gelangt, deren Gegenstand die Zurückweisung von Insolvenzplänen im Vorprüfungsverfahren nach § 231 InsO war oder bezüglich derer die Insolvenzplanbestätigung überprüft werden sollte.

a) Planzurückweisung im Vorprüfungsverfahren

Der BGH hat insoweit zur Frage der Vorprüfung eines Plans durch das Insolvenzgericht in einem Beschluss vom 20.07.2017[44] entschieden, dass es dem Gericht grundsätzlich gestattet ist, zum Zeitpunkt der Entscheidung über die Planvorlage dem Gericht bereits vorliegende Stellungnahmen der Gläubiger, des Insolvenzverwalters und der Gläubigerausschussmitglieder bei seiner Entscheidung nach § 231 Abs. 1 Nr. 2 InsO zu berücksichtigen.[45] Eine Zurückweisung des Plans im Vorprüfungsverfahren könne auch erfolgen – so führt der BGH aus – wenn offensichtlich sei, dass ein erfolgreicher Antrag auf Versagung der gerichtlichen Bestätigung zum Schutz von Minderheiten gestellt werden würde. Mit dieser Begründung hat der BGH die Zurückweisung eines Plans durch die Vorinstanzen bestätigt, in dem der Schuldner einer grundpfandrechtlich gesicherten Gläubigerin mit einer Forderung in Millionenhöhe angeboten hatte, einen geringfügigen Betrag in Höhe von 587,99 € auf die Forderung der Gläubigerin unter Wegfall der dinglichen Sicherheit zu zahlen und im Übrigen zur Kompensation einer nachgewiesene Schlechterstellung der Gläubigerin eine Bürgschaft über 400.000 Euro zu übernehmen und eine Eigentümergrundschuld in Höhe von 400.000 Euro zuzüglich Zinsen zu bewilligen.

Der BGH führt insoweit im Hinblick auf die offensichtlich inadäquate Berücksichtigung der Gläubigerin aus, dass die Finanzierung zum Ausgleich einer Schlechterstellung durch den Plan vorgesehenen Mittel sichergestellt

44 IX ZB 13/16, ZIP 2017, 1576.
45 S. auch BGH, ZInsO 2011, 1550; BGHZ 214, 78 = ZInsO 2017, 538.

sein muss. Ist unsicher, ob die vom Schuldner bereit gestellten Mittel zum Ausgleich einer Schlechterstellung tatsächlich zur Verfügung stehen und ausreichen, genügt dies nicht, um den Plan auf dieser Basis zu bestätigen. Allerdings führt der BGH in dem Beschluss weiter aus, dass die Prognose, der Plan werde im Hinblick auf den Minderheitenschutz des § 251 InsO nicht angenommen, nur dann getroffen werden kann, wenn die Versagung der Bestätigung des Plans nicht lediglich wahrscheinlich, sondern offensichtlich ist. Dabei sei unerheblich, ob Anträge eines Gläubigers oder einer am Schuldner beteiligten Person auf Minderheitenschutz im Zeitpunkt der Vorprüfung schon bekannt oder noch unbekannt sind.

b) Beschwerde gegen die Planzurückweisung

Nach einem weiteren Beschluss des BGH vom 26.04.2018[46], in dem es um eine Rechtsbeschwerde gegen die Zurückweisung des Plans nach § 250 Nr. 1 InsO wegen wesentlicher Verfahrensmängel ging, hat der BGH entschieden, dass es sich um solche Mängel handeln muss, die Einfluss auf die Annahme des Plans gehabt haben könnten. Der Einfluss auf die Annahme des Plans müsse nicht feststehen, sondern lediglich ernsthaft in Betracht kommen. Erhebliche Mängel in diesem Sinne seien etwa bei einer fehlerhaften Vergleichsrechnung, die für die Gläubigerbefriedigung von Bedeutung seien, gegeben. Gleiches gelte, wenn die Vollstreckungsfähigkeit des Planes zweifelhaft sei und dieser eine feste Insolvenzquote bestimmte, die tatsächlich nicht erreicht werden könne. In diesem Fall entbehre der Insolvenzplan möglicherweise der erforderlichen Klarheit und Widerspruchsfreiheit mit der Folge, dass er nicht bestätigt werden dürfe.

Im Übrigen hat der Senat in der Entscheidung die Klausel in einem Insolvenzplan für unzulässig erklärt, die dem Verwalter die Befugnis verleiht, nach rechtskräftiger Bestätigung des Plans und Verfahrensaufhebung noch eine Anfechtungsklage zu erheben. Dies widerspricht dem Wortlaut des Gesetzes und der ständigen Rechtsprechung des BGH, nach der die Anfechtungsklage bereits vor Planbestätigung rechtshängig sein muss. Gleiches gilt, soweit der in Rede stehende Insolvenzplan vorsah, dass ein anwaltlicher Treuhänder nach Verfahrensaufhebung eine Masseforderung zum Zweck der Nachtragsverteilung zugunsten der Gläubigergesamtheit

46 IX ZB 49/17, ZInsO 2018, 1404.

einzieht. Insoweit hat der BGH die Zulässigkeit von Nachtragsverteilungen nach Insolvenzplanaufhebung ausgeschlossen.

7. Zustellung des Vergütungsbeschlusses

Zur Festsetzung der Vergütung des Insolvenzverwalters hat der BGH in einem Beschluss vom 14.12.2017[47] eine Entscheidung getroffen, die in der Praxis ebenfalls für erhebliche Unruhe gesorgt hat. Nach diesem Beschluss darf die im Gesetz vorgesehene auszugsweise Veröffentlichung der Vergütungsfestsetzung nicht dazu führen, dass die Rechtsschutzmöglichkeiten der Beteiligten in unzumutbarer Weise verkürzt werden. Ungeachtet der Regelung in § 64 Abs. 2 S. 2 InsO, die festgesetzten Beträge nicht zu veröffentlichen, ist eine zutreffende Bezeichnung und Mitteilung des wesentlichen Inhalts der getroffenen Entscheidung in der öffentlichen Bekanntmachung nach der Entscheidung des BGH unabdingbare Voraussetzung für die Wirksamkeit der Veröffentlichung. Diese soll möglichst klar und eindeutig sein, so dass Zweifel über die Art, den Inhalt und die Tragweite der Entscheidung von vornherein und soweit dies möglich ist, ausgeschlossen sind.

Der BGH hat deshalb entschieden, dass unter dem Begriff „festgesetzten Beträge" nur die Beträge zu verstehen sind, die der festgesetzten Vergütung und den festgesetzten Auslagen sowie der gegebenenfalls hierauf entfallenden Umsatzsteuer und der in Abzug gebrachten Vorschüsse entsprechen. Im Übrigen müsse der vollständige Text des Beschlusses selbst öffentlich bekannt gemacht werden. Insoweit reiche es nicht aus, nur den Hinweis zu veröffentlichen, dass ein Beschluss über die Festsetzung der Vergütung des Insolvenzverwalters ergangen sei. Des Weiteren dürfe der Beschluss auch nicht in Kombination mit einem weiteren Beschluss ergehen, in dem lediglich als Annex darauf hingewiesen werde, dass ein Beschluss über die Vergütung ergangen sei, der auf der Geschäftsstelle des Insolvenzgerichts eingesehen werden könne.

Konsequenz dieser Ausführungen ist es, dass Vergütungsfestsetzungsbeschlüsse, in denen die Grundsätze für die Festsetzung der Vergütung nur unzureichend festgesetzt sind, nicht in Rechtskraft erwachsen können,

47 IX ZB 65/16, ZInsO 2018, 135.

weil die öffentliche Bekanntmachung fehlerhaft ist. Damit entfaltet die Veröffentlichung auch keine Zustellungswirkung gemäß § 9 Abs. 3 InsO. Soweit der Beschluss Personen nicht individuell zugestellt und damit die Beschwerdefrist ausgelöst wird, läuft – so führt der BGH aus – auch die Frist des § 569 Abs. 1 S. 2 Hs. 2 ZPO, nach der nach Ablauf von 5 Monaten nach Erlass der Entscheidung der Beschluss rechtskräftig wird, nicht. Gegenüber Beteiligten, denen die Entscheidung nicht individuell zugestellt ist, könne deshalb die Rechtskraft der Entscheidung aufgrund einer Verwirkung des Beschwerderechts im Regelfall erst eintreten, wenn die Schlussverteilung stattgefunden hat und die Aufhebung des Insolvenzverfahrens öffentlich bekannt geworden ist. In diesem Moment müsse für sämtliche Gläubiger klar sein, dass auch eine Vergütung für den Insolvenzverwalter festgesetzt worden sei, so dass aufgrund der Einstellung des Insolvenzverfahrens als zeitlicher Anknüpfungspunkt für die Vergütung in Anlehnung an § 569 Abs. 1 S. 2 Hs. 2 ZPO die Rechtskraft des Beschlusses eintrete, wenn 5 Monate seit der öffentlichen Bekanntmachung der Aufhebung des Insolvenzverfahrens vergangen seien.

Workshop Insolvenzarbeitsrecht: Unternehmensveräußerung, Stilllegung und Datenschutz im Insolvenzverfahren

Professor Dr. Rolf-Dieter Mönning und Rechtsanwältin Cornelia Mönning, Aachen

I. Workshop-Ziel, Gestaltung und Steuerung

Es handelt sich um einen moderierten Workshop mit fachlicher Begleitung zur Lenkung des Gesprächs- und Diskussionsverlaufs sowie inhaltlicher Klärung bei rechtlichen Unklarheiten. Der Workshop ist zeitlich limitiert (75 Minuten). Die ersten 5 Minuten dienen der Einführung, die letzten

5 Minuten zur Schlussbetrachtung. Für Diskussion und Problemlösung stehen den Teilnehmern 65 Minuten zur Verfügung.

Dem Workshop liegt ein der Praxis entlehnter Fall zu Grunde, der zum besseren Verständnis aber auch zur Abdeckung einer Vielzahl relevanter Probleme aus dem Bereich des Insolvenzrechts, des Arbeitsrechts und des Datenschutzes abgewandelt wurde. Ähnlichkeiten mit einem noch laufenden Insolvenzverfahren wären rein zufällig.

Die Teilnehmer werden gebeten, die ihnen zuvor übermittelten Unterlagen, insbesondere den Sachverhalt zu lesen, damit zügig in die Bearbeitung des Falls und die Diskussion eingestiegen werden kann. Dabei ist der Weg das Ziel. Probleme sollen aufgezeigt und diskutiert, mögliche Lösungen entwickelt werden. Dies und nicht die richtige Lösung des Falls steht im Vordergrund.

II. Akteure

Um auch einmal einen anderen Blick auf die rechtlichen Anforderungen des beruflichen Alltags zu gewinnen, sollen der Fall und die damit verbundenen Probleme aus der Sichtweise eines bestimmten Akteurs (Betriebsrat, Insolvenzverwalter, Käufer) betrachtet werden. Deshalb werden die Teilnehmerinnen und Teilnehmer gebeten, sich Plätze in den dafür vorgesehenen Sektionen des Tagungsraumes zu suchen. Das muss nicht unbedingt der im Alltag ausgeübten Tätigkeit entsprechen.

Dabei gilt den Teilnehmern die Bitte, sich bei der Lösung des Falles und der Erarbeitung der Problemlösungen folgenden Akteuren zuzuordnen und sich in die entsprechend vorbereiteten Sektionen des Tagungsraumes zu platzieren:

- Insolvenzverwalter
- Betriebsrat
- Käufer

Jeder Gruppe wird eine fünf- bis zehnminütige Zeitspanne zur Abstimmung untereinander gewährt.

III. Sachverhalt: Insolvenzverfahren Bäckerei Birk GmbH

Die Bäckerei Birk GmbH betreibt in Bonn seit mehr als 60 Jahren eine Bäckerei mit angeschlossenen Verkaufsfilialen. Die Backstube, die Verwaltung und ein Verkaufsraum/Bistro befinden sich auf eigenem Grund und Boden. Am Firmensitz sind 25 Mitarbeiter in der Produktion (Backstube), 5 kaufmännische Angestellte in der Verwaltung und 5 Mitarbeiter im Verkaufsraum (Bäckerei und Bistro) beschäftigt. Gesellschafter sind Herr Helmut Birk und seine Schwester mit je 50 % Geschäftsanteilen. Helmut Birk führt als Geschäftsführer das Unternehmen und kümmert sich in erster Linie um den Vertrieb.

Im Stadtgebiet von Bonn und Umgebung betreibt die Birk GmbH 18 Verkaufsgeschäfte (Stehcafés) mit 64 Verkäuferinnen, davon 30 Aushilfskräften. Im Unternehmen existiert ein fünfköpfiger Betriebsrat.

Mit mehr als 5 Mio. Euro Jahresumsatz gehört die Birk GmbH zu den leistungsstarken Bäckereien, auf die deutschlandweit ein Umsatzanteil von 66 % entfällt. Bezogen auf die Produktion von Backwaren liegt Birk mit 25 Beschäftigten in der Backstube im Durchschnitt. Die Verkaufsstellen befinden sich in angemieteten Räumen. Shop-in-Shop Verkaufseinrichtungen bestehen nicht.

Anfang 2018 traten in der Produktion massive Hygieneprobleme auf. Festgestellt wurde ein Befall mit Motten, Käfern und Mäusekot. Im Februar 2018 wurde der Betrieb vom Landesamt für Gesundheit und Lebensmittelsicherheit überprüft. Aufgrund der festgestellten Mängel wurde ein Produktionsstopp verhängt, Ware aus den Filialen zurückgerufen und vernichtet und Filialen vorübergehend geschlossen. Der gesamte Betrieb wurde umfassend desinfiziert und gereinigt. Ende März 2018 konnte die Produktion wieder angefangen werden. Bei einer neuerlichen Kontrolle im April 2018 wurde wieder ein gravierender Ungezieferbefall festgestellt und die Produktion wieder für 4 Wochen geschlossen. Das Unternehmen stellte den verantwortlichen Produktionsleiter frei und kündigte das Beschäftigungsverhältnis fristlos. Mangels vorangegangener Abmahnung und wegen unzureichender Anhörung des Betriebsrats musste die Kündigung im Gütetermin zurückgenommen werden.

Die Produktionsausfälle wurden von einer reißerischen Berichterstattung in den lokalen Medien begleitet. Es kam zu einem massiven Umsatzeinbruch, weil die Kunden auch nach Wiedereröffnung ausblieben. Löhne und Gehälter für Juni 2018 konnten nicht mehr gezahlt werden.

Am 2.7.2018 hat der Geschäftsführer beim Amtsgericht Bonn die Eröffnung des Insolvenzverfahrens in Eigenverwaltung beantragt. Mit Hilfe eines externen Sanierungsberaters wurde ein Sanierungskonzept erarbeitet. Dieses sieht die Schließung von 6 unrentablen Verkaufsgeschäften, den Abbau von 10 Mitarbeitern in der Produktion und die Entlassung von 2 Mitarbeitern in der Verwaltung vor. Investitionen in die Backstube sollen die Hygieneprobleme endgültig beseitigen. Die Birk GmbH hat dazu bei der Hausbank einen Kredit über 450.000 € beantragt. Die Hausbank hat zu erkennen gegeben, dass man dem Kreditwunsch sehr zurückhaltend gegenübersteht, aber zunächst keine Entscheidung getroffen. Die Restrukturierung soll mit Hilfe eines Insolvenzplans umgesetzt werden.

Das Amtsgericht hat unmittelbar nach Eingang des Antrags die vorläufige Insolvenzverwaltung in Eigenverwaltung beschlossen und einen vorläufigen Sachwalter bestellt. Die Einleitung des Insolvenzverfahrens hat zu einem weiteren Umsatzrückgang geführt, da die Medien die Insolvenz mit den Hygieneproblemen in Verbindung bringen. Die Bank lehnt deshalb den Kreditwunsch trotz noch nicht vollständig ausgeschöpfter Sicherheiten auf dem Betriebsgrundstück ab. Sie hält das Sanierungskonzept für nicht tragfähig.

Am 1.8.2018 trifft der Geschäftsführer im Eröffnungsverfahren mit Zustimmung des vorläufigen Sachwalters die unternehmerische Entscheidung, das Unternehmen nach Durchführung einer Auslaufproduktion zum 31.12.2018 still zu legen.

Am 1.9.2018 wird das Insolvenzverfahren als Regelverfahren eröffnet und der vorläufige Sachwalter zum Insolvenzverwalter bestellt und Termin für den Berichtstermin auf den 15.12.2018 anberaumt. Der Insolvenzverwalter trifft erste Vorkehrungen zur Schließung des Unternehmens. Im Hinblick auf die bereits im Eröffnungsverfahren getroffene Stilllegungsentscheidung wird die Kündigung aller Mitarbeiter vorbereitet.

Völlig überraschend gehen nach Verfahrenseröffnung nach und nach Angebote zur Übernahme von Betriebsteilen ein:

1. Die *Bäckerei Müller GmbH* bietet die Übernahme von 6 Verkaufsgeschäften mitsamt Einrichtung nebst dem dort beschäftigten Verkaufspersonal an. Die Übernahme soll bereits am 1.10.2018 erfolgen.

2. Die *Backwaren Schmitz GmbH* bietet die Übernahme von zunächst nur 3 Verkaufsgeschäften (nicht deckungsgleich mit Angebot der Bäckerei Müller GmbH), ggf. auch weitere 3 rentable Verkaufsgeschäften mitsamt Einrichtung nebst dem dort beschäftigten Verkaufspersonal an, wobei Überschneidungen mit der Müller GmbH nicht ausgeschlossen sind. Die Übernahme soll aber erst am 1.11.2018 erfolgen.

3. Weiter bieten die *libanesischen Brüder Idris und Ahmed K.*, die in Beirut und Frankreich Großbäckereien betreiben, die Übernahme der Produktion (Backstube) an. Sie beabsichtigen, den wachsenden Markt in Deutschland und Mitteleuropa mit arabischem Fladenbrot zu beliefern.
   Von den 25 Mitarbeitern in der Produktion sollen lediglich 14, in der Verwaltung nur 2 Angestellte übernommen werden. Geboten wird der Kauf der gesamten Produktionsanlagen sowie der Auslieferungsfahrzeuge. Das Produktionsgebäude soll für 5 Jahre gemietet werden. Für das Umlaufvermögen haben die potentiellen Käufer keine Verwendung, da für die Herstellung des Fladenbrotes andere Mehlsorten verwendet werden. Auch für die Rohlinge gibt es kein Gebot. Es sollen auch keine Betriebsmittel aus den Verkaufsstellen erworben und keine Verkäuferinnen übernommen werden.
   Die Übergabe ist ebenfalls für den 1.11.2018 geplant.

Bereits im Eröffnungsverfahren wurde ein vorläufiger Gläubigerausschuss eingesetzt. Dieser besteht aus drei Mitgliedern, der Vorsitzenden des Betriebsrates, einem Vertreter der Hausbank und einem Mitarbeiter der Bundesagentur für Arbeit. Mit Eröffnung des Verfahrens wird der Gläubigerausschuss aus drei Mitgliedern bestätigt. An Stelle des Vertreters der Bundesagentur für Arbeit wird der Geschäftsführer der Firma Otto Mühle GmbH als Mitglied des Ausschusses bestellt. Die Otto Mühle GmbH versorgt das Unternehmen seit Jahren mit Mehl.

Die Vorsitzende des Betriebsrates verlangt – auch in ihrer Eigenschaft als Mitglied des Gläubigerausschusses – die Entscheidung über die Kaufangebote zurück zu stellen und stattdessen ein Bieterverfahren einzuleiten. Der Betriebsrat hält den im Eröffnungsverfahren gefassten Stilllegungsbeschluss für unwirksam. Dass jetzt so schnell Angebote zur Übernahme von Unternehmensteilen präsentiert werden, zeigt aus Sicht des Betriebsrats, dass es möglicherweise weitere Interessenten gibt, die sogar an dem gesamten Betrieb interessiert sein könnten.

Demgegenüber hält der Insolvenzverwalter die Angebote für ausreichend. Er bezweifelt, dass es in einem Bieterverfahren zu einer Gesamtlösung kommen kann. Zudem habe auch der Sanierungsberater bereits im Vorfeld der Insolvenz die Schließung von 6 unrentablen Verkaufsstellen und einen Personalabbau in der Bäckerei für unabdingbar gehalten.

Im Gläubigerausschuss hat der Vertreter der Banken Bedenken in Bezug auf die Vermietung des Objektes. Für den Fall einer Stilllegung oder einer Teilstilllegung würde die Bank den Verkauf des Betriebsgeländes bevorzugen.

IV. Aufgabenstellung /Problemfelder

Die Teilnehmer sollen die insolvenzrechtlichen, arbeitsrechtlichen und datenschutzrechtlichen Probleme des Falls beschreiben und Lösungsansätze entwickeln. Dabei sollen schwerpunktmäßig folgende Themen behandelt werden:

1. verfahrensrechtliche Probleme

Die Entscheidung, das Unternehmen stillzulegen, wurde vom Schuldner in der Eigenverwaltung des Eröffnungsverfahrens getroffen (1.8.2018). Der vorläufige Sachwalter hat der Entscheidung zugestimmt. Mit der Umsetzung der Stilllegung wurde aber noch nicht begonnen, da die Stilllegung erst nach Ende einer Auslaufproduktion umgesetzt werden soll. Das Unternehmen geht davon aus, dass die Auslaufproduktion erst am 31.12.2018 endet. Zuvor hat das Amtsgericht das Insolvenzverfahren am 1.9.2018 eröffnet und den Berichtstermin auf den 15.12.2018 anberaumt.

Offensichtlich hält der Insolvenzverwalter den im Eröffnungsverfahren gefassten Beschluss zur Stilllegung für wirksam und betrachtet diesen als Grundlage für die Umsetzung der Stilllegungsentscheidung. Der Betriebsrat hingegen hält den im Eröffnungsverfahren gefassten Stilllegungsbeschluss für unwirksam.

Aus dieser Gemengelage ergeben sich insolvenzrechtliche und betriebsverfassungsrechtliche Problemfelder.

Der Insolvenzverwalter verhandelt mit mehreren Interessenten über eine Veräußerung von Anlage- und Umlaufvermögen verbunden mit der Übernahme von Betriebsteilen (Produktion und Verkaufsfilialen), nachdem er zuvor gemeinsam mit dem Schuldner die unternehmerische Entscheidung zur Betriebsstilllegung getroffen hat. Aus dem damit verbundenen Paradigmenwechsel ergeben sich eine Reihe verfahrensrechtlicher Probleme:

- Lassen sich die drei Offerten grundsätzlich insolvenzrechtskonform abschließen und durchführen?
- Können die Filialen und auch die Backstube gegen den Widerstand des Betriebsrates veräußert werden?
- Ist für die Stilllegung von nicht veräußerbaren Filialen ein erneuter Stilllegungsbeschluss erforderlich, oder nur dann, wenn mehr als 6 Filialen nicht verkauft werden können und geschlossen werden müssen?
- Wie geht der Insolvenzverwalter vor, um den Verkauf insolvenzrechtskonform zu gestalten? Ist er gezwungen, von einem Verkauf vor der Gläubigerversammlung Abstand zu nehmen? Was spricht für die eine, was für die andere Vorgehensweise?
- Welche Handlungsoptionen hat der Insolvenzverwalter?
- Welche gesetzlichen Vorgaben oder Beschränkungen sind zu beachten, wenn er die vorliegenden Angebote bereits vor dem Berichtstermin annehmen und durchführen will? Ist dies ratsam? Welche Alternativen bieten sich?

2. arbeitsrechtliche Probleme

Der Betriebsrat steht vor einer schwierigen Aufgabe. Zwar scheint die drohende Stilllegung des Unternehmens abgewendet, doch stellt sich jetzt die Frage, ob auch die jetzt angebotene Veräußerung eines Teils der Filialen und der Backstube zügig verfolgt und umgesetzt werden oder doch noch der Versuch einer Veräußerung des gesamten Betriebes im Rahmen einer übertragenden Sanierung verfolgt werden soll, was bedeuten würde, die denkbaren Teillösungen zunächst zu verhindern.

- Welche Handlungsoptionen hat der Betriebsrat? Kann er den Teilverkauf verhindern? Sollte er das tun? Welche anderen Alternativen bieten sich?
- Beteiligungsrechte des Betriebsrates, kann der Betriebsrat einen Unterlassungsanspruch gegen die Betriebsänderung geltend machen?
- Ein oder mehrere Betriebe? Handelt es sich um abgrenzbare, eigenständige Betriebsteile?
- Wie lässt sich der angedachte Personalabbau in der Produktion, in der Verwaltung, in den Filialen gestalten?
- Gesetz den Fall, Betriebsratsmitglieder sind in Filialen beschäftigt, die geschlossen werden sollen, was ist das Schicksal dieser Betriebsratsmitglieder?

3. datenschutzrechtliche Probleme im Insolvenzverfahren, hier speziell beim Unternehmenskauf

Am 25.5.2018 trat die Datenschutzgrundverordnung in Kraft. Damit werden die Regelungen im Bundesdatenschutzgesetz (BDSG) „überschrieben“ und teilweise erweitert. Als Verordnung gilt die DSGVO in den EU-Staaten unmittelbar, was bis zum Wirksamwerden des Brexit auch für das Vereinigte Königreich Großbritannien gilt. Die Mitgliedsstaaten müssen die DSGVO also nicht durch ein nationales Gesetz umsetzen.

Im Zuge der Anpassung des deutschen Rechts an die DSGVO wurde allerdings auch das BDSG novelliert (Gesetz zur Anpassung des Datenschutzrechts an die Verordnung (EU) 2016/679 und zur Umsetzung der Richtlinie (EU) 2016/680, kurz „Datenschutz-Anpassungs- und Umsetzungsgesetz (EU)). Die Neufassung des BDSG ist ebenfalls am 25.5.2018 in Kraft getreten. Nach dem Willen des Gesetzgebers sollte die Neufassung des BDSG die von der DSGVO den Mitgliedsstaaten der EU eingeräumten Gestaltungsspielräume nutzen und Rechtsklarheit schaffen. Insgesamt weist die DSGVO über 40 Öffnungsklauseln auf. Die Spielräume des nationalen Gesetzgebers werden durch ein Wiederholungsverbot beschränkt, was besagt, dass die einzelnen Staaten keine Formulierungen aus EU-Gesetzen verwenden dürfen.

Welche Auswirkungen haben DSGVO und BDSG auf das Insolvenzverfahren, hier insbesondere auf einen Unternehmenskauf im Rahmen einer übertragenden Sanierung?

Welche Möglichkeiten gibt es, den Verkauf im Einklang mit den Interessen eines Erwerbers nach Offenlegung aller für seine Kaufentscheidung notwendigen Informationen bei gleichzeitiger Beachtung der sich aus dem Datenschutzrecht ergebenden Beschränkungen zu betreiben?

Die Aufgabenstellung im Einzelnen:

3.1. Die beiden Wettbewerber, die die rentablen Verkaufsgeschäfte übernehmen wollen, bitten den Insolvenzverwalter um die Überlassung der Personaldaten bezogen auf die in den jeweiligen Filialen beschäftigten Mitarbeiter. In Zusammenhang mit der Insolvenzgeldvorfinanzierung hatte der vorläufige Sachwalter angeregt, die Mitarbeiter eine Erklärung unterschreiben zu lassen, wonach sie mit der Überlassung ihrer Personaldaten an Dritte während des gesamten Insolvenzverfahrens einverstanden sind. Lediglich 50 % der Mitarbeiter haben diese Erklärung abgegeben.

3.2. Der Einkaufsleiter macht seine Einwilligung in die Überlassung seiner geschwärzten Daten von einer Beschäftigungs-/Übernahmegarantie abhängig. Er ist der Auffassung, dass er auch in anonymisierter Form wieder identifizierbar ist.

3.3. Frau Schmitz ist schwanger. Um ihre Übernahmechancen als Verkaufsleiterin einer Filiale nicht zu schmälern, erklärt sie dem Insolvenzverwalter, dass sie weder damit einverstanden ist, dass die Schwangerschaft dem Betriebsrat noch den potentiellen Käufern mitgeteilt wird.

3.4. Ein potentieller Käufer bittet um Überlassung der Einträge in einem Kundenbefragungsprogramm, um festzustellen, wie der Betrieb aber auch wie bestimmte Mitarbeiter von den Kunden eingeschätzt werden. Der Geschäftsführer ist einverstanden. Der Insolvenzverwalter hat Bedenken, der Betriebsrat widerspricht.

3.5. Die libanesischen Käufer für die Produktion, die von einer internationalen Großkanzlei vertreten werden, bitten um Überlassung der Personaldaten per Mail an eine libanesische Adresse. Sie sind der Auffassung, dass der Datenschutz nicht international in Bezug auf den Transfer in Drittländer gilt.

3.6. Der Produktionsleiter soll nicht übernommen werden. Er vermutet dies, auch im Hinblick auf die gescheiterte fristlose Kündigung.

Ein Mitarbeiter macht den Insolvenzverwalter auf einen Eintrag in einem sozialen Netzwerk aufmerksam, der unverkennbar von dem Produktionsleiter stammt. Hier heißt es: „S*o weit sind wir in Deutschland. Unser Betrieb soll an Ziegenficker verkauft werden, Muslime an die Macht.*" Der Insolvenzverwalter hört den Betriebsrat zu einer fristlosen Kündigung ohne Abmahnung an.

3.7. Ein Geschäftsführer des Kaufinteressenten, der 6 Verkaufsfilialen übernehmen will, ist mit einem Verwaltungsangestellten verwandt. Bei einer Besprechung mit dem Insolvenzverwalter stellt sich heraus, dass der potentielle Käufer über die Personaldaten aller Mitarbeiter verfügt, die in den 6 Filialen, die der Erwerber übernehmen möchte, beschäftigt sind. Zur Rede gestellt, räumt der Verwaltungsangestellte ein, die Personaldaten übermittelt zu haben.

V. Diskussionsverlauf, Ergebnisse

Die Teilnehmer des Workshops nehmen an drei voneinander getrennten Tischen Platz und bereiten sich auf ihre Rolle als Insolvenzverwalter, Käufer und Betriebsrat vor.

1. Rechtliche Grundlagen

1.1 Verfahrensrechtlich stellt sich das Problem, ob im Eröffnungsverfahren überhaupt eine Stilllegung des Unternehmens beschlossen werden kann. Im Regelverfahren ist der mit Zustimmungsvorbehalt ausgestattete vorläufige Insolvenzverwalter nicht befugt, eine Stilllegungsentscheidung zu treffen. Teilweise wird dies dann für zulässig erachtet, wenn der schwache vorläufige Insolvenzverwalter dazu eine Einzelermächtigung durch das Insolvenzgericht einholt und erhält. Dies wird überwiegend abgelehnt, da die Arbeitgeberfunktion beim Schuldner verbleibt, wenn als weitere Maßnahme nur ein Zustimmungsvorbehalt angeordnet wird.[1]

1 Uhlenbruck-Ries/*Zobel*, InsO § 22 Rn. 64.

Anders verhält es sich, wenn das Gericht ein allgemeines Verfügungsverbot erlässt und die Verwaltungs- und Verfügungsbefugnis auf den starken vorläufigen Insolvenzverwalter übergeht. In diesen Fällen geht die Arbeitgeberfunktion kraft gesetzlicher Kompetenzzuweisung auf den vorläufigen Insolvenzverwalter über.

1.2. In der vorläufigen Eigenverwaltung verbleibt die Verwaltungs- und Verfügungsbefugnis bei dem sich selbst verwaltenden Schuldner. Dies gilt auch für die Arbeitgeberfunktion. Der Schuldner kann sämtliche Rechte als Arbeitgeber ausüben und hat dessen Pflichten zu erfüllen. Für bestimmte Maßnahmen (§§ 120, 122, 126 InsO) benötigt der Schuldner aber die Zustimmung des vorläufigen Sachwalters (§ 279 S. 3 InsO). In der Eigenverwaltung hat der Schuldner jedoch einen erweiterten Pflichtenkreis. Ihm sind Befugnisse zugewiesen, die im Regelverfahren der (vorläufige) Insolvenzverwalter ausübt. Der Schuldner muss die Grundsätze eines Insolvenzverfahrens beachten und seine Rechte auch im Interesse der Gläubigergesamtheit ausüben.

1.3. Lediglich im Regelverfahren regelt das Gesetz die Anforderungen an eine Stilllegungsentscheidung, sofern dem vorläufigen Insolvenzverwalter die Verwaltungs- und Verfügungsbefugnis übertragen wurde. Dieser hat eine Fortführungspflicht. Er kann nicht aus eigenem Antrieb stilllegen. Will er stilllegen, weil die Fortführung unrentabel ist, benötigt er dazu die Zustimmung des Insolvenzgerichts (§ 22 Abs. 1 Nr. 2 InsO). Er muss dann darlegen, dass das Unternehmen bei Fortführung erhebliche Verluste erwirtschaftet und keine Aussicht auf Sanierung besteht.[2] Die gesetzliche Regelung wurde geschaffen, um den starken vorläufigen Insolvenzverwalter die Möglichkeit zu geben, weitere Verluste zu Lasten der späteren Masse zu vermeiden, in dem er das Unternehmen sofort – also bereits im Eröffnungsverfahren – stilllegt. Vorratsbeschlüsse, die eine Stilllegung erst lange nach Verfahrenseröffnung vorsehen, sind von der gesetzlichen Regelung (§ 22 Abs. 1 Nr. 2 InsO) hingegen nicht erfasst. Dafür gäbe es auch keinen Bedarf, da bei einer Stilllegung im Anschluss an eine Auslaufproduktion eine Beschlussfassung nach Verfahrenseröffnung möglich und auch ausreichend wäre.

2 HK-InsO/*Rüntz/Larosch*, § 22 Rn. 21.

1.4. Fraglich ist, ob der Schuldner selbst im Eröffnungsverfahren eine Stilllegungsentscheidung treffen kann. Hierfür gibt es keine gesetzlichen Regelungen. Generell sind Betriebsstilllegungen vor dem Berichtstermin vor dem Hintergrund zu bewerten, dass sie durch anders lautende Entscheidungen der Gläubigerversammlung nicht mehr rückgängig zu machen sind. Hieraus wird gefolgert, dass das Eröffnungsverfahren den Status Quo und hier insbesondere alle Sanierungsoptionen zu erhalten hat, die jedoch zunichtegemacht werden, wenn das Unternehmen bereits im Eröffnungsverfahren stillgelegt oder eine Stilllegungsentscheidung getroffen wird.

1.5. In der Eigenverwaltung bleibt der Schuldner verwaltungs- und verfügungsbefugt, er unterliegt aber der Aufsicht des Sachwalters und muss – da er Aufgaben übernimmt, die im Regelverfahren dem Insolvenzverwalter übertragen werden – die Abwicklung des Verfahrens an den Interessen der Gläubiger ausrichten.

Die Ziele der Insolvenzordnung gelten auch in der Eigenverwaltung. Auch hier dürften keine Entscheidungen im Eröffnungsverfahren erfolgen, die im eröffneten Verfahren nicht mehr rückgängig gemacht werden können und damit der Einflussnahme durch die Gläubiger entzogen werden, die dann in der Gläubigerversammlung bereits vor vollendete Tatsachen gestellt werden, während das Gesetz ausdrücklich vorsieht, dass die Gläubigerversammlung über Stilllegung oder Fortführung entscheidet (§ 157 InsO). Schon für eine Stilllegungsentscheidung zwischen Eröffnung des Verfahrens und dem Berichtstermin gelten strenge Voraussetzungen (§ 158 InsO). Dies muss dann erst recht für das Eröffnungsverfahren gelten, da die Sanierungsoptionen erhalten bleiben sollen. Im Ergebnis bedeutet dies, dass schon fraglich ist, ob die Stilllegungsentscheidung im Eröffnungsverfahren überhaupt wirksam ist. Damit stellt sich zugleich die Frage, ob sie betriebsverfassungsrechtlich als unternehmerische Entscheidung gewertet kann und ob sie – selbst wenn man dies bejahen würde – auch für das eröffnete Verfahren gilt, da die Betriebsänderung und damit verbundene Kündigungen erst im eröffneten Verfahren ausgesprochen werden sollen und zwar erst nach Beendigung einer Auslaufproduktion.

1.6. Das Arbeitsgericht Düsseldorf hat zuletzt eine im Eröffnungsverfahren durch den sich selbst verwaltenden Schuldner mit Zustimmung des vorläufigen Sachwalters getroffene Stilllegungsentscheidung für wirksam erachtet. Das Gericht ging dabei davon aus, dass die Schuldnerin bereits im Eröffnungsverfahren die unternehmerische Entscheidung getroffen hat, den eigenen Betrieb einzustellen und keine unternehmerische Tätigkeit mehr zu entfalten und zu diesem Zweck den Betrieb stillzulegen.[3] Dabei ist das Gericht auch davon ausgegangen, dass im Eröffnungsverfahren keine Stilllegung vollzogen werden darf. Nach Auffassung des Arbeitsgerichts ist es aber nicht zu beanstanden, wenn ein Stilllegungsbeschluss als unternehmerische Entscheidung im Eröffnungsverfahren der Eigenverwaltung getroffen, die Stilllegung aber erst nach Eröffnung des Verfahrens vollzogen wird. Zudem unterstellt das Gericht, dass der mit Eröffnung des Verfahrens eingesetzte Insolvenzverwalter (ehemalige vorläufige Sachwalter) die im Eröffnungsverfahren getroffene Stilllegungsentscheidung (konkludent) bestätigt hat. Dies schließt das Arbeitsgericht aus der Tatsache, dass die Stilllegungsentscheidung auch tatsächlich so wie beschlossen umgesetzt wurde.

1.7. Überträgt man diese Grundsätze auf das Insolvenzverfahren der Bäckerei Birk würde der im Eröffnungsverfahren der Eigenverwaltung gefasste Stilllegungsbeschluss nur dann als wirksame Grundlage für eine Stilllegung gelten können, wenn die Stilllegung tatsächlich so umgesetzt wird, wie dies im Stilllegungsbeschluss vorgesehen ist.

Ist dies wie im Fall der Bäckerei Birk im Hinblick auf unerwartet eingehende Kaufangebote erkennbar nicht der Fall, muss der Insolvenzverwalter nach Eröffnung des Insolvenzverfahrens einen neuen Beschluss fassen. Hierfür ist die Zustimmung des Gläubigerausschusses (§ 158 InsO) erforderlich. Denn dem Verwalter ist es grundsätzlich untersagt, schon vor dem Berichtstermin Fakten zu schaffen, die das weitere Verfahren maßgeblich beeinflussen. Die auf Entscheidung des Insolvenzverwalters beruhende Stilllegung soll die Ausnahme bleiben. Andererseits will die Regelung des § 158 InsO verhindern, dass zu Lasten der Gläubiger ein Vermögensverzehr durch eine unrentable Fortführung betrieben wird. An die Stilllegungsentscheidung werden daher erhebliche Anforderungen gestellt.[4]

Fasst der Insolvenzverwalter einen neuen Stilllegungsbeschluss sind die Rechte der Arbeitnehmer (§§ 111 ff. BetrVG) zu beachten. Die Stilllegungsentscheidung selbst gehört zu den wirtschaftlichen Entscheidungs-

3 ArbG Düsseldorf, Urt. v. 9.7.2018 – 10 Ca 822/18.

4 Dazu: FK-InsO/*Wegener*, § 158 Rn. 1, 2; Nerlich/Römermann/*Baltasar*, InsO § 158, Rn. 10.

kompetenzen des Arbeitgebers und ist der betrieblichen Mitbestimmung entzogen. Der Betriebsrat hat aber Informations- und Beratungsrechte.[5]

Zudem ist die Zustimmung des Gläubigerausschusses einzuholen. Der Schuldner ist zumindest anzuhören. Die Regelung des § 158 InsO lässt die kollektivrechtlichen Zustimmungs- und Mitwirkungserfordernisse gemäß §§ 121 ff. InsO, §§ 111 ff. BetrVG unberührt.[6]

2. Ergebnis

2.1. Ungeachtet der Frage, ob überhaupt im Eröffnungsverfahren bereits eine wirksame Stilllegungsentscheidung bei einem Verfahren in Eigenverwaltung getroffen werden kann, ist der Insolvenzverwalter vorliegend gehalten, nach Eröffnung des Verfahrens eine erneute Beschlussfassung unter Einbeziehung des Gläubigerausschusses nach Anhörung des Schuldners und unter Beachtung der betriebsverfassungsrechtlichen Zustimmungs- und Mitwirkungserfordernisse des Betriebsrates zu fassen, da sich eine wesentliche Abweichung von der ursprünglich getroffenen unternehmerischen Entscheidung abzeichnet. Diese Auffassung wird von allen Diskussionsteilnehmern übereinstimmend vertreten.

2.2. Für die Produktion gibt es ein konkretes Übernahmeangebot, ebenso für einen Teil der Verkaufsfilialen, so dass nur einige Verkaufsgeschäfte geschlossen werden müssen, sofern die vorliegenden Angebote belastbar sind und es zu entsprechenden Vertragsabschlüssen kommt.

Den sicheren Weg wählt der Insolvenzverwalter, wenn er die abzuschließenden Kauf- und Übertragungsverträge und die Entscheidung über die Stilllegung eines Teils der Verkaufsgeschäfte der Gläubigerversammlung im Berichtstermin (§ 157 InsO) überlässt. Die Gläubigerversammlung ist als Herrin des Verfahrens befugt, die wichtigen Grundlagenentscheidungen mit Bindungswirkung und haftungsbefreiend für den Insolvenzverwalter zu treffen.

Duldet die Entscheidung keinen Aufschub, muss der Insolvenzverwalter nach pflichtgemäßem Ermessen entscheiden, ob er bereits vor dem Berichtstermin Kauf- und Übertragungsverträge mit Zustimmung des Gläu-

5 Vgl. LAG Rheinland-Pfalz, Beschl. v. 13.10.2016 – 6 TaBVGa 2/16.
6 HK-InsO/*Ries*, § 158 Rn. 7.

bigerausschusses abschließt und nicht veräußerbare Filialen frühzeitig stilllegt. Dabei sind die Mitbestimmungsrechte des Betriebsrates zu beachten. Der Betriebsrat hat aber keine Kompetenz den Insolvenzverwalter zu einer bestimmten Verfahrensweise (vorliegende Angebote annehmen oder den Verkaufsprozess nochmals öffnen) zu verpflichten.

In der Diskussion werden zur Frage, ob der Insolvenzverwalter gehalten ist, den sicheren Weg zu wählen oder gezwungen ist, eine Entscheidung nach eigenem pflichtgemäßem Ermessen bereits vor der Gläubigerversammlung zu treffen, unterschiedliche Auffassungen vertreten. Eine Minderheit unter den Teilnehmern vertritt die Auffassung, dass niemand von einem Insolvenzverwalter erwarten kann, unternehmerische Entscheidungen unter Inkaufnahme beträchtlicher Haftungsrisiken zu treffen, zumal noch unklar ist, ob die im Aktienrecht geltende Business judgement rule auch zu Gunsten eines Insolvenzverwalters im Insolvenzverfahren Anwendung findet.[7] Die Mehrheit der Teilnehmer vertritt jedoch die Auffassung, dass der Insolvenzverwalter ebenfalls zwecks Vermeidung eigener Haftungsrisiken gehalten ist, die vorliegenden Kaufangebote bereits zum jetzigen Zeitpunkt abschließend zu verhandeln, um zu verhindern, dass er am Ende mit leeren Händen dasteht, wenn sich die Käufer – wie angedroht – zurückziehen. Die Betriebsräte wiederum sind mehrheitlich der Auffassung, dass die Chance auf einen Gesamtverkauf nicht frühzeitig verspielt werden darf. Die Käuferseite beharrt auf einer schnellen Entscheidung, räumt aber ein, dass sich der Insolvenzverwalter in einer Zwickmühle befindet.

VI. Arbeitsrechtliche Probleme

1. Handlungsoptionen des Betriebsrates

Die *Beteiligungsrechte des Betriebsrates bei Betriebsänderungen* sind von einer bestimmten Größe des Unternehmens abhängig. Sie bestehen nur dann, wenn im Unternehmen in der Regel mehr als 20 wahlberechtigte Arbeitnehmer beschäftigt werden. Unerheblich ist, ob diese Arbeitnehmer eines Unternehmens in einer oder mehreren Betriebseinheiten eingesetzt werden. Damit sind auch in kleineren Betrieben ein Interessenausgleich zu

7 Dazu: *Herrmann* in: Mönning (Hrsg.), Betriebsfortführung in Restrukturierung und Insolvenz, 3. Auflage, § 9, Rn. 153.

versuchen und ein Sozialplan abzuschließen, sofern im Unternehmen regelmäßig mehr als 20 wahlberechtigte Arbeitnehmer beschäftigt sind.[8]

Im Unterschied zum Betrieb ist das *Unternehmen* die organisatorische Einheit, mit der der Unternehmer einen wirtschaftlichen oder ideellen Zweck, der hinter dem arbeitstechnischen Zweck des Betriebes steht, verfolgt. Kennzeichnend für das Unternehmen ist vor allem der hinter ihm stehende Rechtsträger.[9] Bei Personen- und Kapitalgesellschaften ist die Gesellschaft mit dem Unternehmen identisch, da diese jeweils nur ein Unternehmen haben können. Natürliche Personen können dagegen mehrere rechtlich selbstständige Unternehmen betreiben.[10]

Dabei spielt für die Betriebsverfassung keine Rolle, ob es sich um eine natürliche Person, eine juristische Person, also eine Kapitalgesellschaft oder Genossenschaft, oder um eine Gesamthand, also OHG, KG oder BGB-Gesellschaft handelt. Planungs-, Organisations- und Leitungsautonomie ist weder erforderlich noch ausreichend, obwohl sie das maßgebliche Kriterium des wirtschaftswissenschaftlichen Unternehmensbegriffs bildet.[11] Deshalb kann auch bei fremdbestimmter Leitung ein Unternehmen vorliegen, wie umgekehrt die Zusammenfassung unter einheitlicher Leitung nicht genügt, um ein Unternehmen anzunehmen.[12] Im letzteren Fall handelt es sich vielmehr, wenn die einheitliche Leitung von einem herrschenden Unternehmen ausgeübt wird, um einen Konzern, für den ein Konzernbetriebsrat als Repräsentant der Konzernbelegschaft für die Wahrnehmung der Mitbe-stimmung in der Betriebsverfassung von den Betriebsvertretungen der an der Konzernbindung beteiligten Unternehmen errichtet werden kann.[13]

Der Betriebsrat ist nur dann rechtzeitig unterrichtet, wenn er mit der Unterrichtung noch in die Lage versetzt wird, auf das „Ob" und „Wie" der geplanten Betriebsänderung Einfluss nehmen zu können.

8 BAG, Urt. v. 9.11.2010 – 1 AZR 708/09, ZIP 2011, 730 = NZA 2011.

9 Vgl. für den arbeitsrechtlichen Unternehmensbegriff BAG, AP Nr. 7 zu § 106, BetrVG 1972; *Fitting*, BetrVG § 1 Rn. 146.

10 Kollmer/Klindt/Schucht/*Steffek*, 3. Aufl. 2016, ArbSchG § 13 Rn. 36-39.

11 Vgl. *E. Rehbinder*, Konzernaußenrecht und allgemeines Privatrecht, 1969, S. 50 ff.

12 BAG, Urt. v. 5.12.1975, AP BetrVG 1972 § 47 Nr. 1; → § 47 Rn. 5 ff.

13 Richardi BetrVG/*Richardi/Maschmann*, 16. Aufl. 2018, BetrVG, § 1 Rn. 52-54.

Allerdings hat der Betriebsrat bei der Frage „ob" und „wie" der Insolvenzverwalter eine Betriebsänderung durchführt lediglich ein eingeschränktes Mitwirkungsrecht, d.h. er kann die Durchführung der Betriebsänderung gegen den Willen des Insolvenzverwalters als Arbeitgeber weder verhindern, noch eine andere Durchführung erzwingen.

Der Insolvenzverwalter ist somit lediglich verpflichtet, den Betriebsrat rechtzeitig und umfassend über die geplante Betriebsänderung zu unterrichten und hat diese mit ihm zu beraten. Ziel der Beratung ist ein Interessenausgleich (§ 112 Abs. 1 S. 1 BetrVG).

Es ist unschädlich, wenn der Arbeitgeber – und so auch der Insolvenzverwalter – den *Entschluss zur Betriebsänderung bereits gefasst* hat, ohne diesen zuvor mit dem Betriebsrat zu beraten.[14]

Um eine sinnvolle Information des Betriebsrates zu ermöglichen, muss der Insolvenzverwalter den Betriebsrat noch nicht über erste Vorüberlegungen unterrichten, da diese noch keine Planung darstellen. Die Unterrichtung des Betriebsrates ist jedoch *nicht mehr rechtzeitig*, wenn mit der Durchführung der *Betriebsänderung bereits begonnen* wurde.[15]

Unterlassungsanspruch des BR bei Betriebsänderung:

Die *umstrittene Frage*, ob dem Betriebsrat ein durchsetzbarer *Anspruch auf Unterlassung einer Betriebsänderung* bis zum Abschluss der Verhandlungen über den Interessenausgleich zusteht, oder ob ein solcher Unterlassungsanspruch i.R. des § 111 BetrVG bereits vom Grundsatz her nicht gegeben ist, ist höchstrichterlich noch nicht entschieden.

Der Insolvenzverwalter sollte prüfen, *welche Auffassung das jeweilige LAG* hinsichtlich des Unterlassungsanspruchs des Betriebsrates vertritt, um seine Taktik in Verhandlungen mit dem Betriebsrat darauf abstellen zu können.

14 BAG, Urt. v. 30.5.2006 – 1 AZR 25/05, ZIP 2006, 1510; LAG Rheinland-Pfalz Beschl. v. 13.10.2016 – 6 TaBVGa 2/16, BeckRS 2016, 74414.

15 BAG, Urt. v. 30.5.2006 – 1 AZR 25/05, ZIP 2006, 1510.

Teilweise wird ein solcher *Anspruch* wegen der fehlenden gesetzlichen Regelung und unter Hinweis auf den Nachteilsausgleich in § 113 BetrVG grundsätzlich *verneint*:

- LAG Rheinland-Pfalz Beschl. v. 7.12.2017 – 5 TaBVGa 3/17, BeckRS 2017, 140037, beck-online;
- vgl. LAG Rheinland-Pfalz, Beschl. v. 27.8.2014 – 4 TaBVGa 4/14 – Rn. 41;
- LAG Baden-Württemberg, Beschl. v. 21.10.2009 – 20 TaBVGa 1/09 – Rn. 4 ff.;
- LAG Nürnberg, Beschl. v. 9.3.2009 – 6 TaBVGa 2/09 – Rn. 29 ff.;
- LAG Rheinland-Pfalz, Beschl v. 24.11.2004 – 9 TaBV 29/04 – Rn. 37 ff.;
- LAG Köln, Beschl. v. 5.3.2009 – 5TaBVG 1/09; Beschl. v. 30.3.2006 – 2 Ta 145/04; Beschl. v. 27.05.2009 – 2TaBVGa 7/09.

Nach einer *anderen Auffassung* steht dem Betriebsrat *ein Anspruch auf Unterlassung einer Betriebsänderung bis zum Zustandekommen oder endgültigen Scheitern eines Interessenausgleichs zu,* da nur auf diese Weise der Verhandlungsanspruch des Betriebsrats nach § 112 BetrVG hinsichtlich des Interessenausgleichs gesichert werden könne:

- LAG Hamm, Beschl. v. 17.2.2015 – 7 TaBVGa 1/15 – Rn. 29;
- LAG Berlin-Brandenburg, Beschl. v. 12.12.2013 – 17 TaBVGa 2058/13 – Rn. 22;
- LAG Hamm, Beschl. v. 20.4.2012 – 10 TaBVGa 3/12 – Rn. 46;
- LAG Schleswig-Holstein, Beschl. v. 15.12.2010 – 3 TaBVGa 12/10 – Rn. 22.

Offen gelassen:

- LAG Rheinland-Pfalz, Beschl. v. 13.10.2016 – 6 TaBVGa 2/16.

Im Ansatz anders:

- LAG Rheinland-Pfalz, Beschl. v. 2.10.2014 – 3 TaBVGa 5/14, BeckRS 2015, 66363, beck-online.

Ergebnis:

Im vorliegenden Fall besteht kein Unterlassungsanaspruch des Betriebsrates, der im Wege der einstweiligen Verfügung durchgesetzt werden kann.

2. Ein oder mehrere Betriebe?

BAG, Beschluss vom 23.11.2016 – 7 ABR 3/15:

„...Ein *Betrieb* iSv. § 1 Abs. 1 Satz 1 BetrVG ist eine *organisatorische Einheit*, innerhalb derer der *Arbeitgeber zusammen mit* den von ihm beschäftigten *Arbeitnehmern* bestimmte *arbeitstechnische Zwecke fortgesetzt verfolgt*. Dazu müssen die in der Betriebsstätte vorhandenen materiellen und immateriellen *Betriebsmittel zusammengefasst, geordnet und gezielt eingesetzt* und die menschliche Arbeitskraft von einem *einheitlichen Leitungsapparat* gesteuert werden.[16]

...

Ein *Betriebsteil* kann einem Hauptbetrieb zuzuordnen sein oder als selbständiger Betrieb gelten, für den ein eigener Betriebsrat zu bilden ist.

Ein Betriebsteil ist auf den Zweck des Hauptbetriebs ausgerichtet und in dessen Organisation eingegliedert. Er ist allerdings gegenüber dem Hauptbetrieb organisatorisch abgrenzbar und relativ verselbständigt. *Für die Abgrenzung von Betrieb und Betriebsteil ist der Grad der Verselbständigung entscheidend*, der im Umfang der Leitungsmacht zum Ausdruck kommt. Erstreckt sich die in der organisatorischen Einheit ausgeübte Leitungsmacht auf alle wesentlichen Funktionen des Arbeitgebers in personellen und sozialen Angelegenheiten, handelt es sich um einen eigenständigen Betrieb iSv. § 1 Abs. 1 BetrVG. Für einen Betriebsteil genügt ein Mindestmaß an organisatorischer Selbständigkeit gegenüber dem Hauptbetrieb. Dazu reicht es aus, dass in der organisatorischen Einheit überhaupt eine den Einsatz der Arbeitnehmer bestimmende Leitung institutionalisiert ist, die Weisungsrechte des Arbeitgebers ausübt.[17]

16 Vgl. zur st. Rspr.: BAG 13. Februar 2013 – 7 ABR 36/11 – Rn. 27; 9. Dezember 2009 – 7 ABR 38/08 – Rn. 22; 13. August 2008 – 7 ABR 21/07 – Rn. 18 m.w.N; 17. Januar 2007 – 7 ABR 63/05 – Rn. 15, BAGE 121, 7.

17 Vgl. BAG 9. Dezember 2009 – 7 ABR 38/08 – Rn. 23; 17. Januar 2007 – 7 ABR 63/05 – Rn. 15, BAGE 121, 7.

§ 4 Abs. 1 Satz 1 Nr. 1 und Nr. 2 BetrVG bestimmt im Wege einer gesetzlichen Fiktion, dass ein *Betriebsteil als selbständiger Betrieb* gilt, *wenn er räumlich weit vom Hauptbetrieb entfernt* (§ 4 Abs. 1 Satz 1 Nr. 1 BetrVG) *oder* durch *Aufgabenbereich und Organisation eigenständig* ist (§ 4 Abs. 1 Satz 1 Nr. 2 BetrVG). Für einen solchen Betriebsteil ist grundsätzlich ein eigener Betriebsrat zu wählen, es sei denn, die Arbeitnehmer haben nach § 4 Abs. 1 Satz 2 BetrVG beschlossen, an der Betriebsratswahl im Hauptbetrieb teilzunehmen. Die für einen selbständigen Betriebsteil nach § 4 Abs. 1 Satz 1 Nr. 2 BetrVG erforderliche relative Eigenständigkeit setzt keinen umfassenden eigenen Leitungsapparat voraus, *erfordert* aber, dass es *in dem Betriebsteil eine eigenständige Leitung* gibt, die in der Lage ist, die Arbeitgeberfunktionen in den wesentlichen Bereichen der betrieblichen Mitbestimmung wahrzunehmen[18]…"

Eine *Betriebsabteilung* i.S.d. § 15 Abs. 5 KSchG ist ein organisatorisch abgegrenzter Teil eines Betriebs, der eine personelle Einheit erfordert, dem eigene technische Betriebsmittel zur Verfügung stehen und der einen eigenen Betriebszweck verfolgt, der auch in einem bloßen Hilfszweck für den arbeitstechnischen Zweck des Gesamtbetriebs bestehen kann.[19]

BAG, Urteil vom 19.7.2016 – 2 AZR 468/15:

„…§ 23 Abs. 1 Satz 3 KSchG enthält ebenso wie *das gesamte Kündigungsschutzgesetz keine Definition des Betriebsbegriffs*. Für §§ 1, 15 und 17 KSchG gilt daher im Wesentlichen der *Betriebsbegriff iSd. § 1 BetrVG*" (siehe oben).

„…Mangels entgegenstehender Hinweise ist davon auszugehen, dass der Betriebsbegriff im gesamten Kündigungsschutzgesetz einheitlich gebraucht wird. Entsprechend der Unterscheidung zwischen „Betrieb" und „Unternehmen" in § 1 Abs. 1 KSchG *ist er auch in § 23 Abs. 1*

18 Vgl. BAG 9. Dezember 2009 – 7 ABR 38/08 – Rn. 24 mwN.

19 BAG, Urt. v. 23.2.2010 – 2 AZR 656/08, AP KSchG 1969 § 15 Nr. 66 = NZA 2010, 1288; BAG, Urt. v. 12.3.2009 – 2 AZR 47/08, AP KSchG 1969 § 15 Nr. 63 = NZA 2009, 1264; BAG, Urt. v. 2.3.2006 – 2 AZR 83/05, AP KSchG 1969 § 15 Nr. 61 = NZA 2006, 988; BAG, Urt. v. 22.9.2005 – 2 AZR 544/04, AP KSchG 1969 § 15 Nr. 59 = NZA 2006, 558.

KSchG NICHT *mit dem des Unternehmens gleichzusetzen.*[20] Dies ist verfassungsrechtlich im Grundsatz nicht zu beanstanden.[21]

...

§ 23 Abs. 1 KSchG stellt weiterhin auf die Betriebs- und nicht auf die Unternehmensgröße ab. Dies ist verfassungsrechtlich unbedenklich, solange dadurch nicht angesichts der vom Arbeitgeber geschaffenen konkreten Organisation die gesetzgeberischen Erwägungen für die Privilegierung des Kleinbetriebs bei verständiger Betrachtung ins Leere gehen und die Bestimmung des Betriebsbegriffs nach herkömmlicher Definition zu einer sachwidrigen Ungleichbehandlung betroffener Arbeitnehmer führte.[22]

Der Betriebsbezug des Schwellenwerts ist demnach nicht schon immer dann zu durchbrechen, wenn sich das Unternehmen zwar in mehrere kleine, organisatorisch verselbständigte Einheiten gliedert, insgesamt aber mehr als zehn Arbeitnehmer beschäftigt.[23]

Das liefe auf eine vom Gesetzgeber nicht beabsichtigte generelle Gleichsetzung von Betrieb und Unternehmen hinaus und berücksichtigte nicht, dass auch das Bundesverfassungsgericht lediglich von Einzelfällen ausgegangen ist, die dem gesetzgeberischen Leitbild nicht entsprächen.[24]

Die Anwendung der Kleinbetriebsklausel ist auch nicht schon dann ausgeschlossen, wenn die als „Betrieb" im kündigungsschutzrechtlichen Sinne zu verstehende Einheit nicht sämtliche vom Bundesverfassungsgericht als charakteristisch benannten Merkmale eines Kleinbetriebs erfüllt. Dieses hat lediglich typologisch Gesichtspunkte angeführt, die für einen Kleinbetrieb bezeichnend sind[25], ohne dass diese wie tatbestandliche Voraussetzungen einer Norm zu behandeln wären.

Maßgeblich ist vielmehr eine alle Umstände des Einzelfalls einbeziehende, wertende Gesamtbetrachtung dahingehend, ob die Anwendung

20 BAG 17. Januar 2008 – 2 AZR 902/06 – Rn. 15 f., BAGE 125, 274.

21 BVerfG 27. Januar 1998 – 1 BvL 15/87 – zu B II 4 b bb der Gründe, BVerfGE 97, 169.

22 BVerfG 27. Januar 1998 – 1 BvL 15/87 – zu B II 4 b bb der Gründe, BVerfGE 97, 169; BAG 28. Oktober 2010 – 2 AZR 392/08 – Rn. 25; APS/*Moll* 4. Aufl. § 23 KSchG Rn. 41; *Falder* NZA 1998, 1254, 1257.

23 A.A. *Gragert/Kreutzfeldt* NZA 1998, 567, 569; *Kittner* NZA 1998, 731.

24 BAG 28. Oktober 2010 – 2 AZR 392/08 – Rn. 24; vHH/L KSchG 15. Aufl. § 23 Rn. 36.

25 BVerfG 27. Januar 1998 – 1 BvL 15/87 – zu B I 3 b bb der Gründe, BVerfGE 97, 169.

der Kleinbetriebsklausel nach Maßgabe des allgemeinen Betriebsbegriffs unter Berücksichtigung der tatsächlichen Verhältnisse dem mit ihr verbundenen Sinn und Zweck (noch) gerecht wird[26]..."

BVerfG, Beschluss vom 27. Januar 1998 – 1 BvL 15/87:

„...In einem Betrieb mit wenigen Arbeitskräften hängt der Geschäftserfolg mehr als bei Großbetrieben von jedem einzelnen Arbeitnehmer ab. Auf seine Leistungsfähigkeit kommt es ebenso an wie auf Persönlichkeitsmerkmale, die für die Zusammenarbeit, die Außenwirkung und das Betriebsklima von Bedeutung sind. Kleine Teams sind anfällig für Missstimmungen und Querelen. Störungen des Betriebsklimas können zu Leistungsminderungen führen, die bei geringem Geschäftsvolumen spürbar auf das Ergebnis durchschlagen. Ausfälle lassen sich bei niedrigem Personalbestand nur schwer ausgleichen. Typischerweise arbeitet bei kleinen Betrieben der Unternehmer selbst als Chef vor Ort mit. Damit bekommt das Vertrauensverhältnis zu jedem seiner Mitarbeiter einen besonderen Stellenwert. Auch die regelmäßig geringere Finanzausstattung fällt ins Gewicht. Ein Kleinbetrieb ist häufig nicht in der Lage, Abfindungen bei Auflösung eines Arbeitsverhältnisses zu zahlen oder weniger leistungsfähiges, weniger benötigtes oder auch nur weniger genehmes Personal mitzutragen. Schließlich belastet auch der Verwaltungsaufwand, den ein Kündigungsschutzprozeß mit sich bringt, den Kleinbetrieb stärker als ein größeres Unternehmen..."

BAG, Urteil vom 28. Oktober 2010 – 2 AZR 392/08:

„... a) Ein Betrieb in diesem Sinne setzt einen einheitlichen organisatorischen Einsatz der Sachmittel und Personalressourcen voraus. Die einen Betrieb konstituierende Leitungsmacht wird dadurch bestimmt, dass der Kern der Arbeitgeberfunktionen in personellen und sozialen Angelegenheiten von derselben institutionalisierten Leitung im Wesentlichen selbstständig ausgeübt wird.
Entscheidend ist insoweit, wo schwerpunktmäßig über Arbeitsbedingungen und Organisationsfragen entschieden wird und in welcher Weise Einstellungen, Entlassungen und Versetzungen vorgenommen werden.[27]

26 BAG 28. Oktober 2010 – 2 AZR 392/08 – a.a.O.; 13. Juni 2002 – 2 AZR 327/01 – zu II 1 d der Gründe, BAGE 101, 321.

27 Senat 3. Juni 2004 – 2 AZR 386/03 – zu B II 1 der Gründe, AP KSchG 1969 § 23 Nr. 33 = EzA KSchG § 23 Nr. 27.

b) Vom Betrieb als Ganzem zu unterscheiden sind *Betriebsteile*, die gegenüber dem Hauptbetrieb organisatorisch selbstständig sind und eine Teilfunktion von dessen arbeitstechnischem Zweck wahrnehmen.[28] *Auch ein Hauptbetrieb und eine räumlich weit entfernte Betriebsstätte iSv. § 4 Abs. 1 Satz 1 Nr. 1 BetrVG können einen Betrieb iSd. § 23 KSchG bilden.*

Im Unterschied zu § 4 Abs. 1 Satz 1 BetrVG differenziert § 23 KSchG nicht zwischen Betrieben und räumlich entfernten Betriebsteilen, die als selbstständige Betriebe im Sinne des Betriebsverfassungsgesetzes gelten. Die RÄUMLICHE EINHEIT ist kündigungsschutzrechtlich KEIN ENTSCHEIDENDES ABGRENZUNGSMERKMAL, weil es wesentlich auf die Leitung des Betriebs ankommt, der es obliegt, die Einzelheiten der arbeitstechnischen Zwecksetzung zu regeln.[29] *Einheitlich und zentral gelenkte Verkaufsstellen, in denen jeweils nur wenige Arbeitnehmer beschäftigt sind, sind deshalb in ihrer Gesamtheit als ein „Betrieb" im Sinne des Kündigungsschutzgesetzes anzusehen*[30]…"

BAG, Urteil vom 2.3.2017 – 2 AZR 427/16:

Orientierungssätze:

1. Für das Überschreiten des Schwellenwertes gemäß § 23 I 2 bzw. 3 KSchG trägt der Arbeitnehmer die Beweislast. Einer größeren Sachnähe des Arbeitgebers und etwaigen Beweisschwierigkeiten des Arbeitnehmers ist durch eine abgestufte Darlegungslast Rechnung zu tragen.

2. Die einen Betrieb im Sinne des § 23 I KSchG konstituierende Leitungsmacht wird dadurch bestimmt, dass der Kern der Arbeitgeberfunktionen in personellen und sozialen Angelegenheiten von derselben institutionalisierten Leitung im Wesentlichen selbstständig ausgeübt wird. Entscheidend ist, wo schwerpunktmäßig über Arbeitsbedingungen und Organisationsfragen entschieden wird und in welcher Weise Einstellungen, Entlassungen und Versetzungen vorgenommen werden. Entsprechend der Unterscheidung zwischen „Betrieb" und „Unternehmen" in

28 Senat 15. März 2001 – 2 AZR 151/00 – zu II 1 b der Gründe, EzA KSchG § 23 Nr. 23.

29 Vgl. Senat 3. Juni 2004 – 2 AZR 577/03 – zu C I 1 der Gründe, AP BetrVG 1972 § 102 Nr. 141 = EzA KSchG § 1 Soziale Auswahl Nr. 55.

30 So bereits Senat 26. August 1971 – 2 AZR 233/70 – AP KSchG 1969 § 23 Nr. 1 = EzA KSchG § 23 Nr. 1.

§ 1 I KSchG ist der Betriebsbegriff auch in § 23 I KSchG nicht mit dem des Unternehmens gleichzusetzen.

3. Der Betriebsbezug des § 23 I KSchG ist verfassungsrechtlich unbedenklich, solange dadurch nicht angesichts der vom Arbeitgeber geschaffenen konkreten Organisation die gesetzgeberischen Erwägungen für die Privilegierung von Kleinbetrieben bei verständiger Betrachtung ins Leere gehen und die Bestimmung des Betriebsbegriffs nach herkömmlicher Definition zu einer sachwidrigen Ungleichbehandlung betroffener Arbeitnehmer führt. Die Durchbrechung des Betriebsbezugs des Schwellenwerts ist demnach nicht schon immer dann geboten, wenn sich das Unternehmen zwar in mehrere kleine, organisatorisch verselbstständigte Einheiten gliedert, insgesamt aber mehr als zehn Arbeitnehmer beschäftigt.

Verhältnis zu bisheriger Rechtsprechung:

- Zu 1: Bestätigung von BAG, AP KSchG § 23 1969 Nr. 43 = BeckRS 2009, 59321; BAGE 127, 102 = AP KSchG § 23 1969 Nr. 42 = BeckRS 2008, 54977.
- Zu 2 und 3: Bestätigung von BAG, NZA 2016, 1196; AP KSchG 1969 § 1 Wartezeit Nr. 26 = BeckRS 2012, 65494; AP KSchG § 23 1969 Nr. 48 = BeckRS 2011, 65094; BAGE 125, 274 = NZA 2008, 872; vgl. auch BVerfGE 97, 169 = NZA 1998, 470.

BAG, Urteil vom 21.5.2015 – 8 AZR 618/13[31]*:*

1. Betriebsveräußerung und Betriebsstilllegung schließen sich systematisch aus (Fortschreibung BAG BeckRS 2012, 69925).

2. Eine vom Arbeitgeber mit einer Stilllegungsabsicht begründete Kündigung ist nur dann sozial gerechtfertigt, wenn sich die geplante Maßnahme objektiv als Betriebsstilllegung und nicht als Betriebsveräußerung darstellt, weil etwa die für die Fortführung des Betriebs wesentlichen Gegenstände einem Dritten überlassen werden sollten, der Veräußerer diesen Vorgang aber rechtlich unzutreffend als Betriebsstilllegung wertet (Fortschreibung BAG BeckRS 2009, 69440).

31 Redaktionelle Leitsätze, *Thomas Ritter*, BeckRS 2016, 66444.

3. An einer Stilllegung des Betriebs fehlt es nicht nur dann, wenn der gesamte Betrieb veräußert wird, sondern auch, wenn organisatorisch abtrennbare Teile des Betriebs im Wege eines Betriebsteilübergangs (§ 613a Abs. 1 S. 1 BGB) veräußert werden. Dann liegt keine Betriebsstilllegung, sondern allenfalls eine Betriebsteilstilllegung vor (Fortschreibung BAG BeckRS 2009, 57538).

4. Wird ein Betriebsteil veräußert und der verbleibende Restbetrieb stillgelegt, kommt es darauf an, ob der gekündigte Arbeitnehmer dem auf einen Erwerber übergehenden Betriebsteil zugeordnet war (Fortschreibung BAG BeckRS 2009, 57538). Ist dies nicht der Fall, so kann die Stilllegung des Restbetriebs einen betriebsbedingten Kündigungsgrund darstellen, wenn die Arbeitnehmer diesem Betriebsteil zugeordnet waren.

5. Erforderlich, aber auch ausreichend für eine Stilllegungsabsicht ist, dass bis zum Ende der Kündigungsfristen keine Tätigkeiten mehr ausgeführt werden; nicht erforderlich ist, dass der Arbeitgeber bis dahin ineffizient arbeitet oder es unterlässt, mögliche Geschäfte zu tätigen.

Ergebnis:

- ein Betrieb,
- Produktion (Backstube) und Filialen sind Betriebsteile.

3. Schicksal der Betriebsratsmitglieder

Maßgeblich ist § 15 Abs. 4,5 KSchG

1. Geht die *Stilllegung einer Betriebsabteilung mit einer Veräußerung des restlichen Betriebs* einher, so hat der Betriebsinhaber den Mandatsträger zu übernehmen, denn die Verpflichtung nach Abs. 5 trifft seinem Zweck nach den jeweiligen Betriebsinhaber. Die allgemeinen Regeln der Zuordnung nach § 613a BGB werden hierdurch modifiziert. Nach Übernahme des Restbetriebs kann sich der Erwerber gegebenenfalls darauf berufen, dass eine Weiterbeschäftigung betriebsbedingt nicht möglich ist.[32]

32 *Fitting*, § 103 Rn. 23; LAG Sachsen-Anhalt, Urt. v. 16.3.1999, NZA-RR 1999, 574 = AuR 1999, 317.

Kündigt der Veräußerer, so hat das Betriebsratsmitglied einen Schadensersatzanspruch.[33]

Wird ein *Betriebsteil veräußert* und widerspricht das dort beschäftigte Betriebsratsmitglied dem Übergang seines Arbeitsverhältnisses, so gilt § 15 Abs. 5 KSchG analog.[34]

Der Wille zum Erhalt des Betriebsratsmandats beim Betriebsveräußerer ist kein sachlicher Grund für einen Widerspruch gegen den Übergang des Arbeitsverhältnisses.[35]

Ein *Betriebsteilübergang stellt i.d.R. keine Abteilungsstilllegung i.S.d. § 15 Abs. 5 KSchG dar*, die zu einer Kündigung nach § 15 Abs. 5 KSchG berechtigt. Vielmehr geht das Arbeitsverhältnis des in dem Betriebsteil beschäftigten Arbeitnehmers nach *§ 613a Abs. 1 BGB auf den neuen Betriebsinhaber über*. Mit dem Übergang *entfällt jedoch die Wählbarkeit* (§ 8 BetrVG) des dort beschäftigten Mandatsträgers.

Damit erlischt das Amt nach § 24 Nr. 4 BetrVG, sofern der Betriebsteil nicht einen eigenen Betriebsrat hatte, der insgesamt im Amt verbleibt. Mit dem Übergang beginnt gegenüber dem Erwerber der nachwirkende Kündigungsschutz nach § 15 Abs. 1 S. 2 KSchG.[36]

Widerspricht das Betriebsratsmitglied bei einem Betriebsteilübergang dem Übergang seines Arbeitsverhältnisses, kann sich für den bisherigen Arbeitgeber eine Situation ergeben, wie sie bei Stilllegung des Betriebs oder der Betriebsabteilung eingetreten wäre. Das Arbeitsverhältnis besteht mit ihm fort, der Arbeitsplatz ist jedoch entfallen. In diesem Fall findet § 15 Abs. 5 KSchG entsprechende Anwendung.

Eine ordentliche Kündigung ist unter der Voraussetzung möglich, dass das Betriebsratsmitglied aus betrieblichen Gründen nicht in eine andere Betriebsabteilung übernommen werden kann.[37]

Die *Stilllegung einer Betriebsabteilung* ist nicht bereits dann anzunehmen, wenn eine Betriebseinschränkung vorgenommen wird, sondern es muss

33 LAG Hamburg, Urt. v. 19.12.2000 – 2 Sa 112/99, juris.

34 So LAG Düsseldorf, Urt. v. 25.11.1997, NZA-RR 1998, 539 = LAGE Nr. 16 zu § 15 KSchG; s. auch *Annuß*, DB 1999, 798; *Otto*, EWiR 1998, 707.

35 *Annuß*, a.a.O.

36 BBAKNS/*Suckow*, Rn. 76.

37 Vgl. BAG, Beschl. v. 18.9.1997, NZA 1998, 189; BAG, Urt. v. 25.5.2000, NZA 2000, 1115; ErfK/*Kiel*, KSchG § 15 Rn. 40-46.

sich um eine Teilstilllegung handeln, bei der eine relativ verselbständigte Organisation innerhalb des Betriebs aufgelöst wird.

Der *Begriff der Betriebsabteilung deckt sich nicht mit dem Begriff des Betriebsteils* in § 111 S. 2 Nr. 1 und 2 BetrVG, erst recht nicht mit dem europarechtlich geprägten Begriff in § 613a BGB. Nach dem BAG ist vielmehr eine *Betriebsabteilung* i.S. des § 15 Abs. 5 KSchG ein *„organisatorisch abgegrenzter Teil eines Betriebes, der eine personelle Einheit erfordert, dem eigene technische Betriebsmittel zur Verfügung stehen und der einen eigenen Betriebszweck verfolgt, der auch in einem bloßen Hilfszweck bestehen kann“*[38]. Der Zweck des besonderen Kündigungsschutzes verbietet eine betriebsteilbezogene Anknüpfung des Begriffs der Betriebsabteilung.[39] Ist eine solche Einheit ein Betrieb i.S. des BetrVG, aber nur Teil einer größeren Einheit auf Grundlage einer Vereinbarung nach § 3 BetrVG, so gilt dies als Stilllegung einer Betriebsabteilung, nicht des Betriebs. Die Fiktion des § 3 Abs. 5 BetrVG gilt auch hier.[40] Die Grundsätze über das Vorliegen eines gemeinsamen Betriebs gelten auch hier für die Kündigung wegen Stilllegung des Betriebs oder einer Betriebsabteilung.[41]

2. Eine Betriebsabteilung i.S.d. § 15 Abs. 5 BetrVG ist ein organisatorisch abgegrenzter Teil eines Betriebs, der eine personelle Einheit erfordert, dem eigene technische Betriebsmittel zur Verfügung stehen und der einen eigenen Betriebszweck verfolgt, der auch in einem bloßen Hilfszweck für den arbeitstechnischen Zweck des Gesamtbetriebs bestehen kann.[42]

38 BAG, Urt. v. 12.3.2009, NZA 2009, 1264, Rn. 21; BAG, Urt. v. 23.2.2010, NZA 2010, 1288, Rn. 29; BAG, Urt. v. 20.1.1984, AP KSchG 1969, § 15 Nr. 16.

39 So zutr. BAGE 45, 26, 32.

40 Ebenso LAG Rheinland-Pfalz, Urt. v. 25.1.2007 – 4 Sa 797/06, juris.

41 Vgl. BAG, Urt. v. 5.3.1987, AP KSchG 1969, § 15 Nr. 30; Richardi BetrVG/*Thüsing*, KSchG § 16 Rn. 30-36, beck-online.

42 BAG, Urt. v. 23.2.2010 – 2 AZR 656/08, AP KSchG 1969, § 15 Nr. 66 = NZA 2010, 1288; BAG, Urt. v. 12.3.2009 – 2 AZR 47/08, AP KSchG 1969 § 15 Nr. 63 = NZA 2009, 1264; BAG, Urt. v. 2.3.2006 – 2 AZR 83/05, AP KSchG 1969 § 15 Nr. 61 = NZA 2006, 988; BAG, Urt. v. 22.9.2005 – 2 AZR 544/04, AP KSchG 1969 § 15 Nr. 59 = NZA 2006, 558.

Beispiele für Betriebsabteilungen:

- Bauabteilung eines Produktionsbetriebs,
- Kartonageabteilung einer Zigarettenfabrik,
- Färberei in einem Textilbetrieb[43],
- eine Berufsbildungsstätte einer gewerkschaftlichen Berufsbildungseinrichtung[44].

Besteht ein Betrieb aus mehreren Betriebsteilen, ist der Begriff der Betriebsabteilung in der Regel betriebs- und nicht betriebsteilbezogen zu verstehen. Befinden sich in mehreren Betriebsteilen organisatorisch abgrenzbare Arbeitseinheiten, die jeweils denselben Betriebszweck verfolgen, bilden diese auf mehrere Betriebsteile verteilten „Arbeitseinheiten" gemeinsam eine Betriebsabteilung i.S.d. § 15 Abs. 5 BetrVG. Dies gilt nach der Rechtsprechung des BAG jedenfalls dann, wenn die Betriebsteile räumlich nahe beieinanderliegen.[45]

Sind Betriebsabteilungen ihrerseits Betriebsteile i.S.d. § 4 S. 1 BetrVG, die als selbständige Betriebe gelten und deshalb auch einen eigenen Betriebsrat gewählt haben, ist bei Stilllegung einer solchen Abteilung § 15 Abs. 4 KSchG und nicht § 15 Abs. 5 KSchG anwendbar.[46]

Denn mit der Stilllegung einer solchen Betriebsabteilung endet das Mandat des Betriebsrats. Es gibt keinen Grund, seine Funktionsfähigkeit zu erhalten. Etwas anderes gilt, wenn die Arbeitnehmer nach § 4 S. 2 BetrVG beschlossen haben, an der Wahl des Betriebsrats im Hauptbetrieb teilzunehmen. In diesem Fall repräsentiert der Betriebsrat auch diese Betriebsabteilung, so dass § 15 Abs. 5 KSchG zur Anwendung kommt, wenn ein dort beschäftigtes Betriebsratsmitglied wegen Schließung dieser Betriebsabteilung gekündigt werden soll.[47]

43 Vgl. KR/*Etzel/Kreft*, KSchG, § 15 Rn. 148; LSW § 15 Rn. 94.

44 LAG Rheinland-Pfalz, Urt. v. 29.1.1998 – 5 Sa 793/97.

45 BAG, Urt. v 20.1.1984 – 7 AZR 443/82, AP KSchG 1969, § 15 Nr. 16; vgl. hierzu auch BAG, Urt. v. 28.10.1999 – 2 AZR 437/98, AP KSchG 1969, § 15 Nr. 44 = NZA 2000, 825.

46 BAG, Urt. v. 4.11.2004 – 2 AZR 96/04, AP KSchG 1969, § 15 Nr. 57; KR/*Etzel/Kreft*, KSchG, § 15 Rn. 149; HHL/*v. Hoyningen-Huene*, § 15 Rn. 179.

47 KR/*Etzel/Kreft*, KSchG, § 15 Rn. 149; HaKo/*Nägele-Berkner*, KSchG, § 15 Rn. 123.

Ergebnis:

- wenn Betriebsratsmitglied in Backstube oder Verkaufsfiliale, dann Übergang auf Käufer; Verlust der Wählbarkeit, nachwirkender Kündigungsschutz beginnt beim Erwerber[48],
- wenn Betriebsratsmitglied in Schließungsfiliale, dann in der örtlich näher gelegenen Filiale, die verkauft wird, freikündigen[49].

VII. Datenschutzrechtliche Probleme beim Unternehmenskauf

Zu den einzelnen Fallkonstellationen werden folgende Aspekte herausgearbeitet:

1. Überlassung von Personalakten

Mit der Eröffnung des Insolvenzverfahrens und dem Übergang der Verwaltungs- und Verfügungsbefugnis wird der Insolvenzverwalter Verantwortlicher im Sinne von Art. 4 Nr. 7 DSGVO. Der Insolvenzverwalter hat damit die Vorgaben für alle Datenverarbeitungsvorgänge im insolventen Unternehmen einzuhalten. Bei Verstößen drohen die Sanktionen nach §§ 42, 43 BDSG oder aus Art. 82, 83 DSGVO, da der Insolvenzverwalter die Verstöße als Verantwortlicher im Sinne der Vorschrift zu vertreten hat.

Ob Bußgelder und/oder Geldstrafen als Masseverbindlichkeiten oder Insolvenzforderungen einzustufen sind oder alternativ auch eine persönliche Haftung des Insolvenzverwalters in Betracht kommt, ist ungeklärt. Daneben räumt Art. 82 DSGVO den Betroffenen einen Anspruch auf Ersatz seines materiellen und immateriellen Schadens ein.

Bei der datenschutzrechtlichen Bewertung eines Unternehmenskaufs kommt es zunächst auf die konkrete Ausgestaltung an. Es ist zu unterscheiden zwischen einem *Share Deal* und einem *Asset Deal*:

48 ErfK/*Kiel*, §15 KSchG, Rn. 40-46.
49 BAG, Urt. v. 28.10.1999 – 2 AZR 437/98.

Bei einem *Share Deal* tritt der Anteilserwerber in die Rechtsposition des Veräußerers und die Rechtspersönlichkeit des Unternehmens bleibt bestehen.

In diesen Fällen liegt beim Übergang der Personaldaten keine Verarbeitung nach Art. 4 Nr. 2 DSGVO und ebenfalls keine Weitergabe der Daten an ein Unternehmen nach Art. 3 Abs. 4 Nr. 4 DSGVO vor. Der Erwerber kann die Daten so weiter nutzen, wie dies bisher geschehen ist. Problematisch ist allerdings der Zeitpunkt der Überlassung. Unschädlich ist die Weitergabe dann, wenn der Kaufvertrag rechtsverbindlich abgeschlossen ist.

Die Weitergabe im Vorfeld eines Vertragsabschlusses ist hingegen auch bei einem beabsichtigten Share Deal datenrechtlich relevant, da die Integrität und Vertraulichkeit und der Schutz vor unbefugter oder unrechtmäßiger Verarbeitung (Art. 5 Abs. 1 lit. f DSGVO) nicht tangiert werden darf.

Anders hingegen ist die Bewertung im Falle eines *Asset Deals*. Bei diesem werden einzelne Rechtsgüter auf einen Erwerber übertragen. Hier ändert sich der für die Verarbeitung der Personaldaten Verantwortliche. Bei diesem Übertragungsvorgang handelt es sich dann tatsächlich um eine Verarbeitung nach Art. 4 Nr. 2 DSGVO, indem eine Weitergabe von personenbezogenen Daten an Dritte (Erwerber) erfolgt. Im vorliegenden Fall haben 50 % der Mitarbeiter ihre Einwilligung mit einer Weitergabe ihrer persönlichen Daten erklärt. Fraglich ist, ob die Form der Einwilligung den Anforderungen der DSGVO und des BDSG entspricht.

Die Einwilligung setzt zunächst voraus, dass die Betroffenen abschließend und transparent über Art, Umfang und Zweck der Verarbeitung zu informieren sind, die Einwilligung hat dann in der Form einer ausdrücklichen Einwilligung zu erfolgen. Von den betroffenen Mitarbeitern wird ein aktives Tun gefordert (Erwägungsgrund 32*[50]), so dass die teilweise auch vertretene Widerspruchslösung[51] ausscheidet.

50 „(32*) Die Einwilligung sollte durch eine eindeutige bestätigende Handlung erfolgen, mit der freiwillig, für den konkreten Fall, in infor-mierter Weise und unmissverständlich bekundet wird, dass die be-troffene Person mit der Verarbeitung der sie betreffenden personenbe-zogenen Daten einverstanden ist, etwa in Form einer schriftlichen Er-klärung, die auch elektronisch erfolgen kann, oder einer mündlichen Erklärung. Dies könnte etwa durch Anklicken eines Kästchens beim Besuch einer Internetseite, durch die Auswahl technischer Einstellun-gen für Dienste der Informationsgesellschaft oder durch eine andere

In voller Kenntnis aller in Bezug auf die Datenweitergabe relevanten Umstände soll der betroffene Arbeitnehmer die Einwilligung freiwillig erteilen (§ 4a Abs. 1 S. 1 BDSG). Dabei darf die Einwilligung nicht mit dem Zugang zu einer anderen vertraglichen Leistung verbunden werden (Kopelungsverbot). Nach der DSGVO gilt die Einwilligung nicht als freiwillig erteilt (Art. 7 Abs. 4 DSGVO) wenn zu verschiedenen Verarbeitungsvorgängen von personenbezogenen Daten nicht gesondert eine Einwilligung erteilt werden kann oder wenn die Erfüllung eines Vertrages, einschließlich die Erbringung einer Dienstleistung, von der Einwilligung abhängig ist, obwohl diese Einwilligung für die Erfüllung nicht erforderlich ist (Erwägungsgrund 43 S. 2 DSGVO*[52]).

Im Zusammenhang mit der Insolvenzgeldvorfinanzierung ist es nicht erforderlich, die Mitarbeiter eine Erklärung unterschreiben zu lassen, wonach Einverständnis mit der Überlassung von Personaldaten an Dritte

Erklärung oder Verhaltensweise geschehen, mit der die betroffene Person in dem jeweiligen Kontext eindeutig ihr Einverständnis mit der beabsichtigten Verarbeitung ihrer personenbezogenen Daten signalisiert. Stillschweigen, bereits angekreuzte Kästchen oder Untätigkeit der betroffenen Person sollten daher keine Einwilligung darstellen. Die Einwilligung sollte sich auf alle zu demselben Zweck oder denselben Zwecken vorgenommenen Verarbeitungsvorgänge beziehen. Wenn die Verarbeitung mehreren Zwecken dient, sollte für alle diese Verarbeitungszwecke eine Einwilligung gegeben werden. Wird die betroffene Person auf elektronischem Weg zur Einwilligung aufgefordert, so muss die Aufforderung in klarer und knapper Form und ohne unnötige Unterbrechung des Dienstes, für den die Einwilligung gegeben wird, erfolgen."

51 Widerspruchslösung: Alle Mitarbeiter werden vorher informiert, dass Sie ihre Daten einem potenziellen Erwerber überlassen werden und unter Fristsetzung aufgefordert, dieser Weitergabe zu widersprechen. Erfolgt kein Widerspruch, wird das Einverständnis mit der Weitergabe fingiert.

52 „(43*) Um sicherzustellen, dass die Einwilligung freiwillig erfolgt ist, sollte diese in besonderen Fällen, wenn zwischen der betroffenen Per-son und dem Verantwortlichen ein klares Ungleichgewicht besteht, ins-besondere wenn es sich bei dem Verantwortlichen um eine Behörde handelt, und es deshalb in Anbetracht aller Umstände in dem speziellen Fall unwahrscheinlich ist, dass die Einwilligung freiwillig gegeben wurde, keine gültige Rechtsgrundlage liefern.
2 Die Einwilligung gilt nicht als freiwillig erteilt, wenn zu verschiedenen Verarbeitungsvorgängen von personenbezogenen Daten nicht gesondert eine Einwilligung erteilt werden kann, obwohl dies im Einzelfall angebracht ist, oder wenn die Erfüllung eines Vertrags, einschließlich der Erbringung einer Dienstleistung, von der Einwilligung abhängig ist, obwohl diese Einwilligung für die Erfüllung nicht erforderlich ist.die Einwilligung freiwillig gegeben wurde, keine gültige Rechtsgrundlage liefern."

während des gesamten Insolvenzverfahrens besteht. Erst recht darf der Zugang zur Insolvenzgeldvorfinanzierung nicht von einer derartigen Erklärung abhängig gemacht werden.

Denkbar ist, dass nach *Art. 6 Abs. 1 lit. f DSGVO beziehungsweise § 28 Abs. 1 S. 1 Nr. 2 BDSG ein gesetzlicher Erlaubnistatbestand* für eine Datenübermittlung an die potenziellen Erwerber besteht. Dazu bedarf es der Darlegung eines konkreten berechtigten Interesses des Verantwortlichen für die Datenweitergabe.

Dabei streiten das Interesse des betroffenen Arbeitnehmers auf seine informationelle Selbstbestimmung gegen die vor allem wirtschaftlichen Interessen des Insolvenzverwalters an einer bestmöglichen Veräußerung der seiner Verwaltung unterliegenden Vermögenswerte sowie gegen die Interessen des Erwerbers am Abschluss eines Kauf- und Übertragungsvertrages als Ausschluss der allgemeinen Vertragsfreiheit. Letzteres ist ernstlich gefährdet, wenn dem Erwerber keine Personaldaten zur Verfügung gestellt werden, da er dann die Katze im Sack kaufen würde. Der Gesetzgeber hat *kein Restrukturierungsprivileg* eingeführt. Das heißt, weder DSGVO noch das Bundesdatenschutzgesetz enthalten Befreiungstatbestände für den Fall einer notwendigen Weitergabe von Personaldaten im Rahmen eines Unternehmenskaufs im Insolvenzverfahren.

Vor diesem Hintergrund ist im Sinne von Art. 6 Abs. 1 lit. f DSGVO von einem berechtigten Interesse des Verantwortlichen, hier Insolvenzverwalter, an einer Weitergabe personenbezogener Daten auszugehen. Dies macht die Weitergabe aber nur zulässig, wenn schutzwürdige Interessen der Betroffenen der Datenübertragung nicht entgegenstehen. Diese Güterabwägung ist im Einzelfall überaus problematisch und schwierig.

Zurecht kann jeder Betroffene einwenden, dass viele Interessenten ihr Interesse an dem Unternehmen nur vortäuschen, um in den Besitz von Informationen zu gelangen, die für das eigene Unternehmen von Interesse und von Vorteil sind, ohne jemals ernsthaft den Kauf zu beabsichtigen. Deshalb dürfte die Weitergabe von personenbezogenen Daten auf der Grundlage von Art. 6 Abs. 1 lit. f DSGVO allenfalls im allerletzten Verhandlungsstadium in Betracht kommen können, wenn mit an Sicherheit grenzender Wahrscheinlichkeit von einem erfolgreichen Vertragsabschluss ausgegangen werden kann. Keinesfalls dürfte es hingegen zulässig sein, bereits im Rahmen einer Due-Diligence-Prüfung personenbezogene Daten der Mitarbeiter zur Verfügung zu stellen.

Unproblematisch ist die Überlassung von Beschäftigtendaten, sofern die Daten ohne Personenbezug übermittelt werden. In diesem Fall finden die Vorschriften der DSGVO beziehungsweise des BDSG keine Anwendung.

Der Verkäufer kann dem Interessenten daher ohne weiteres statistische Daten gestaffelt nach Funktion und Tätigkeitsgebiet oder Einsatzort der Beschäftigten zur Verfügung stellen. Damit ist es möglich, Durchschnittsgehälter, durchschnittliches Alter und durchschnittliche Betriebszugehörigkeit mitzuteilen.

Eine weitere Möglichkeit zur Aufhebung des Personenbezuges von Daten besteht in der Anonymisierung. Dies erfolgt durch Schwärzung aller relevanten Angaben, die einen Personenbezug ermöglichen.

Im Rahmen der Interessenabwägung erweist sich der Schutz der persönlichen Daten der betroffenen Mitarbeiter als große Hypothek.

Denn die Veräußerung eines Unternehmens im Rahmen eines Asset Deals wird massiv erschwert, wenn die für die Beurteilung des Unternehmens relevanten Personaldaten im Rahmen des Prüfungsvorganges nicht zur Verfügung stehen. Dem gegenüber steht das berechtigte Geheimhaltungsinteresse eines Arbeitnehmers vor allem im Hinblick auf besonders sensible Daten, wie beispielsweise Behinderung, Schwangerschaft, Krankheit, Gewerkschaftszugehörigkeit.

Die Verantwortlichen im Sinne des Datenschutzes müssen sich also sorgfältig überlegen, ob sie vor dem Hintergrund hoher Haftungsrisiken im Falle eines Datenschutzrechtsverstoßes nach der DSGVO tatsächlich den Mut haben, die eigenen Interessen höher zu gewichten, als die (angenommenen) Interessen der Beschäftigten an Geheimhaltung. Denn ein Kernpunkt der Datenschutzreform ist die Einführung hoher Sanktionen für Datenschutzverstöße. Der Bußgeldrahmen steigt für Unternehmen auf bis zu 20 Millionen Euro oder bis zu 4 % des gesamten weltweit erzielten Jahresumsatzes. Im vorliegenden Fall wird also der Insolvenzverwalter in diesem frühen Stadium nur anonymisierte oder statistische Daten vorlegen.

Die Teilnehmer vertreten überwiegend die Auffassung, dass der Insolvenzverwalter kein Risiko eingehen sollte, solange die in der Diskussion aufgeworfenen Streitfragen zur Tragweite des Datenschutzes im Falle eines Asset Deals nicht geklärt sind. Die lückenlose Vorlage von Einwilligungserklärungen wird als unrealistisch eingestuft. Damit bleibt nur die Möglichkeit, dem Erwerber im jetzigen Stadium lediglich anonymisierte oder allgemein statistische Daten zu überlassen.

2. Einwilligung unter einer Bedingung

Es steht jedem Arbeitnehmer frei, ob und in welcher Form er in die Weitergabe seiner Daten einwilligt. Die Einwilligung ist ein zentraler Bestandteil des Datenschutzrechtes. Sie sichert das Recht auf Datenschutz, Privatsphäre und informationelle Selbstbestimmung. Dabei muss die Abgabe der Einwilligungserklärung absolut freiwillig erfolgen.

Der Betroffene muss eine echte Wahl treffen. Die Einwilligungserklärung muss zudem in Schriftform erfolgen und jederzeit widerruflich sein (Art. 7 DSGVO, § 4a Abs. 1 BDSG).

Eine Einwilligung kann generell unter einer bestimmten Bedingung erfolgen. Ist sie nicht erfüllt, ist die Einwilligung unwirksam.

Im konkreten Fall hat der Einkaufsleiter auch ein berechtigtes Interesse an der Abgabe der verlangten Erklärung. Denn in seinem Fall besteht auch bei Anonymisierung der Daten die Möglichkeit der Re-Individualisierung. Dies bedeutet, dass eine Zuordnung der übermittelten anonymen Daten zu einzelnen Personen ohne größeren Aufwand möglich ist. In diesem Fall liegt keine Anonymisierung vor, denn dies würde verlangen, dass eine Re-Individualisierung nur zufällig oder mit erheblichem Aufwand erfolgen kann.

Dagegen muss im Falle des Einkaufsleiters von einer problemlosen Re-Individualisierung ausgegangen werden, da aufgrund der Zusammenschau mehrerer Informationen leicht erkennbar ist, auf wen sich die Daten beziehen, da der Einkaufsleiter im Unternehmen eine Alleinstellung hat. Auch aus einer geschwärzten Mitarbeiterliste ist daher für den Kaufinteressenten möglich, die Identität des Mitarbeiters herauszufinden. Insolvenzverwalter und Betriebsräte sind mehrheitlich der Auffassung, dass dem Ansinnen des Einkaufsleiters entsprochen werden muss. Ist der Übernehmer nicht bereit, die gewünschte Beschäftigungsgarantie auszusprechen, können zur Person des Einkaufsleiters auch keine anonymisierten Daten zur Verfügung gestellt werden.

3. Schwangerschaft

Der Arbeitgeber ist nach § 80 Abs. 2 S. 1 BetrVG verpflichtet, den Betriebsrat für die Durchführung seiner Aufgaben umfassend zu unterrichten. Er muss dem Betriebsrat die notwendigen Informationen zukommen lassen, die nötig sind, damit der Betriebsrat seine Aufgaben wahrnehmen kann. Hierzu gehört insbesondere die Überlassung der Personaldaten der einzelnen Beschäftigten.

Die Aufgaben des Betriebsrates werden in § 80 Abs. 1 BetrVG geregelt. Dazu zählt unter anderem auch die Aufgabe, über die Einhaltung der zugunsten der Arbeitnehmer geltenden Gesetze, Verordnungen, Unfallverhütungsvorschriften zu wachen.

So ist der Betriebsrat von Gesetzes wegen gehalten für die Einhaltung des Mutterschutzgesetzes zu sorgen. Deshalb hat ihn der Arbeitgeber auch über die ihm bekannt gewordenen Schwangerschaften zu informieren.[53]

Widerspricht die Arbeitnehmerin der Weitergabe dieser Information durch den Arbeitgeber an den Betriebsrat, ist strittig, ob der Arbeitgeber auch gegen den Widerspruch der Schwangeren zur Weitergabe verpflichtet ist

- *dafür*: LAG München, Beschluss v. 27.9.2017, Beck RS, 139, 725; Gemeinschaftskommentar zum BetrVG/*Weber* Rn. 78; Däubler u.a./*Buschmann* Rn. 94; (BAG, Beschluss v. 27.2.1968 – 1 ABR 6/67, BeckRS 9998, 160274, beck-online*(...Der Arbeitgeber ist verpflichtet, dem Betriebsrat alle ihm bekannt werdenden Fälle der Schwangerschaft von Arbeitnehmerinnen unaufgefordert mitzuteilen...)*; Richardi/*Thüsing*, BetrVG, Rn. 57f).
- *dagegen*: ArbG Berlin, Beschluss v. 19.12.2007 – 76 BV 13504/07; LAG NDS, Urteil v. 22.01.2007 – 11 Sa 614/06 *(...Der Arbeitgeber hat es zu unterlassen, an Personalgesprächen außerhalb mitbestimmungspflichtiger Angelegenheiten gegen den Willen des betroffenen Arbeitnehmers Mitglieder des Betriebsrats bzw. Personalausschusses teilnehmen zu lassen. Bei der gebotenen Güterabwägung genießt der Schutz des Persönlichkeitsrechts Vorrang vor den kollektivrechtlich vorgesehenen Beteiligungsrechten des Betriebsrats.)*.

53 *Fitting*, BetrVG, § 80 Rn. 61.

Durch die seit 25.5.2018 geltende DSGVO werden die zivilrechtliche Haftung und die öffentlich-rechtliche Sanktionierung bei Verstößen gegen den Datenschutz deutlich verschärft. Auch der Betriebsrat unterliegt den Regelungen der DSGVO und der Kontrolle durch den betrieblichen Datenschutzbeauftragten gemäß Art. 39 Abs. 1 DSGVO.

Der Betriebsrat ist Verantwortlicher gemäß Art. 4 Nr. 7 DSGVO und kann daher grundsätzlich nach Art. 82 DSGVO haftbar gemacht werden, wenn es bei der Verarbeitung oder Verwaltung personenbezogener Daten zu Verstößen kommt.

Die Haftung des Betriebsrates kann aber nicht dazu führen, dass der Arbeitgeber gegen einen ausdrücklichen Widerspruch einer schwangeren Arbeitnehmerin den Betriebsrat unterrichtet. Insoweit ist der Entscheidung des Arbeitsgerichts Berlin zuzustimmen.

Eine Weitergabe gegen den Widerspruch der Arbeitnehmerin ist unter Abwägung der beiderseitigen Interessen nur dann zulässig, wenn es begründete Anhaltspunkte dafür gibt, dass der Arbeitgeber gegen die Bestimmungen zum Mutterschutz verstößt, um den Betriebsrat die Möglichkeit zum Eingreifen – auch zum Schutz der Arbeitnehmerin – zu ermöglichen.

Ansonsten überwiegt das Persönlichkeitsrecht der schwangeren Arbeitnehmerin, hinter dem das Interesse des Betriebsrates auf vollständige Unterrichtung zurückstehen muss.

Dagegen ist das LAG München der Auffassung, dass der Arbeitgeber verpflichtet ist, den Betriebsrat über Schwangerschaften einer Beschäftigten selbst bei deren ausdrücklichen Widerspruch zu informieren. Das LAG beruft sich auf eine frühere Entscheidung des BAG vor Einführung des Bundesdatenschutzgesetzes[54]. Dem wiederum steht eine Entscheidung des OVG Münster[55] entgegen. Die Revision gegen die Entscheidung des LAG München ist beim BAG anhängig. Eine Entscheidung ist im April 2019 zu erwarten.[56] Die Betriebsräte beharren auf einer vollständigen Information durch den Arbeitgeber auch gegen den ausdrücklichen Widerspruch der Schwangeren. Mehrheitlich wird von den Diskussionsteilnehmern die Auffassung vertreten, dass im Hinblick auf die Verschärfung des Daten-

54 BAG, NJW 1996, 649.

55 OVG Münster, NZA-RR 2017, 679.

56 1 ABR 51/17, vormals LAG München, Beschl. v. 27.09.2017 – 11 TaBV 36/17.

schutzrechtes durch die DSGVO eine Mitteilung gegen den Widerspruch der Schwangeren ausscheidet.

4. Kundenbefragungsprogramme

Kundenbefragungsprogramme, die auch die Möglichkeit zur Beurteilung der Leistung und des Verhaltens von Mitarbeitern eröffnen, unterliegen der Mitbestimmung.[57] Dem gegenüber hat das Arbeitsgericht Heilbronn die Einrichtung eines Kundenportals, das Angaben zu dem Verhalten von Mitarbeitern nicht ausschließt, aber nicht ausdrücklich dazu auffordert, nicht für mitbestimmungspflichtig erachtet.[58]

Die indirekte Mitarbeiterbeurteilung durch Dritte im Internet ist inzwischen weit verbreitet. Dabei kann es zu einer Personaldatenerhebung und Verarbeitung von Arbeitnehmerdaten kommen, wenn die Leistung des betroffenen Mitarbeiters entweder direkt, zum Beispiel auf einer Beschwerdeseite, beurteilt wird oder aber zwar nur die Leistung des Unternehmens bewertet werden kann, hierdurch aber indirekt eine Zuordnung dieser Bewertung zu der Arbeitsleistung eines einzelnen Mitarbeiters möglich ist.

Die Einrichtung solcher Unternehmensseiten in sozialen Netzwerken wird nach § 32 Abs. 1 S. 1 BDSG a.F. beziehungsweise § 26 Abs. 1 S. 1 BDSG n.F. als gerechtfertigt angesehen, da der Arbeitgeber ein berechtigtes Interesse an der Qualitätskontrolle und Sicherung seiner Leistungen hat.[59]

Dies gilt, solange die entsprechenden Seiten keine Prangerwirkung im Außenverhältnis haben. Solange dies nicht der Fall ist, sind derartige Seiten datenschutzrechtlich zulässig. Dies gilt auch dann, wenn einzelne Arbeitnehmer identifizierbar sind und zwar auch ohne Einwilligung. Im Regelfall sind derartige Internetportale frei zugänglich. Es genügt daher, dem potenziellen Erwerber lediglich die Zugangsdaten mitzuteilen. Bei passwortgeschützten Portalen ist der Schutz der Mitarbeiter von einer Prangerwirkung noch stärker angelegt.

Solange bei der Kundenbefragung die Leistung des Unternehmens im Vordergrund steht, ist die Weitergabe des Passwortes an einen Kaufinte-

57 BAGE 157, 22 = NZA 2017, 657.
58 ArbG Heilbronn, MMR 2017, 784.
59 BAG, Urt. v. 13.12.2016, ZIP 2017, 1088.

ressenten nicht zu beanstanden. Ohne größere Diskussion vertreten die Teilnehmer nahezu übereinstimmend die Auffassung, dass die Weitergabe des Passwortes unproblematisch ist.

5. Internationalität

Die DSGVO gilt in allen EU-Mitgliedsstaaten unmittelbar. Darüber hinaus entfaltet sie eine extrateritoriale Wirkung auch auf Drittländer. Maßgeblich ist das sogenannte Marktortprinzip (Art. 3 Abs. 2 DSGVO i.V.m. Erwägungsgrund 23 der DSGVO).

Danach findet die DSGVO Anwendung auf die Verarbeitung personenbezogener Daten von betroffenen Personen, die sich in der EU aufhalten durch einen nicht in der EU niedergelassenen Verantwortlichen. Hier erweitert das Marktortprinzip den räumlichen Anwendungsbereich des europäischen Datenschutzrechtes durch datenverarbeitende Stellen außerhalb der EU. Dies setzt allerding voraus, dass sich das jeweilige Angebot auf den europäischen Markt (Marktort) bezieht.[60] Damit unterliegt die Weitergabe personenbezogener Daten auch an ein Unternehmen außerhalb der EU den Bestimmungen der DSGVO. Diese Einschätzung wird von allen Teilnehmern vertreten.

6. Beleidigung durch Einträge in sozialen Netzwerken

Im strafrechtlichen Sinne können auch Ausdrücke, die vom Wortsinn her keine üble Nachrede oder Beleidigung darstellen, den Tatbestand der Beleidigung (§§ 185 ff. StGB) erfüllen, wenn sie im Zusammenhang der Äußerung und in ihrem Kontext als Verächtlichmachung oder Herabwürdigung zu werten sind. Insoweit kommt es auf den erkennbaren Sinn an, den der Täter seiner Äußerung beilegt. Danach ist die gewählte Bezeichnung als ehrmindernd und herabsetzend zu werten, da in ihr eine Diskriminierung von Menschen muslimischen Glaubens verbunden ist, die der Verfasser offenkundig auch beabsichtigt. Schon deshalb liegt kein Fall vor, in der eine solche Wortwahl durch die Kunst- und Satirefreiheit gerechtfertigt ist.[61]

60 *Schantz*, NJW 2016, 1841, 1842.

61 Zur rechtlichen Einordnung: OLG Hamburg, Urt. v. 15.05.2018 – 7 U 34/17 (*Bömermann*).

Fraglich ist allerdings, ob Aktivitäten ist sozialen Medien kündigungsrechtlich eine Rolle spielen können.[62] Äußerungen in sozialen Netzwerken erfolgen im privaten Umfeld und häufig außerhalb der Arbeitszeit. Sie erhalten jedoch einen Bezug zum Arbeitsverhältnis in den Fällen, in denen der Arbeitgeber beleidigt oder für das Arbeitsverhältnis relevante Äußerungen des Arbeitnehmers erfolgen. Ein dienstlicher Bezug wird dann hergestellt, wenn der Arbeitgeber konkret bezeichnet oder durch die Äußerungen identifizierbar ist.

Die arbeitsrechtliche Relevanz einer derartigen Äußerung für das Arbeitsverhältnis kann sich aus ihrer Radikalität (menschenverachtend oder rassistisch) ergeben und erfährt dann ein zusätzliches Gewicht, wenn es sich um einen Arbeitnehmer in gehobener Position oder Tätigkeit handelt.[63]

Die Äußerung zielt sowohl auf den handelnden Insolvenzverwalter ab, der mit Verfahrenseröffnung die Funktion des Arbeitgebers ausübt, als auch unmittelbar auf die potenziellen Erwerber als mögliche zukünftige Arbeitgeber.

Datenschutzrechtlich ergeben sich auch keine Beweisverwertungsprobleme, da der Arbeitgeber die Information nicht im Rahmen einer unzulässigen Informationsbeschaffung erhalten hat, da der Insolvenzverwalter von einem Kollegen auf den Eintrag im Internet hingewiesen wurde. Wer sich in sozialen Netzwerken äußert, muss damit rechnen, dass die Äußerung zur Kenntnis genommen und auch weitergegeben wird. Die Meinungen sind geteilt. Teilweise wird bezweifelt, dass überhaupt der Tatbestand der Beleidigung erfüllt ist, ebenso kritisch wird die Frage beurteilt, ob Äußerungen in sozialen Netzwerken einen ausreichenden Bezug zum Arbeitsverhältnis haben und im konkreten Fall eine Beleidigung auch des Arbeitgebers vorliegt. Überwiegend vertreten die Teilnehmer jedoch die Auffassung, dass arbeitsrechtliche Sanktionen zulässig und geboten sind und die Äußerung auch verwertbar ist, da die Information nicht in unzulässiger Weise beschafft wurde und somit keinen datenschutzrechtlichen Beschränkungen unterliegt.

62 Dazu *Byers*, Mitarbeiterkontrollen 2016, Rn. 118.
63 *Dzida/Förster*, BB 2017, 757, 759.

7. Wer haftet bei unzulässiger Weitergabe geschützter Daten?

Die Geschäftsführung regelt die Grundlagen für die Einhaltung des Datenschutzes und der Informationssicherheit. Die Führungskräfte tragen die Verantwortung für die Einhaltung des Datenschutzes und der Informationssicherheit innerhalb der Organisationseinheit und deren Geschäftsprozesse. Alle Mitarbeiter wiederum sind für die Einhaltung des Datenschutzes und der Informationssicherheit bei der Erfüllung ihrer Aufgaben verantwortlich.

Hierbei haben sie die Verpflichtung, die Vertraulichkeit zu wahren. Dies besagt, dass es allen Mitarbeitern, die Zugang zu personenbezogenen Daten haben, untersagt ist, personenbezogene Daten unbefugt zu erheben, zu verarbeiten oder zu nutzen, wozu auch die Weitergabe gehört. Grundsätzlich ergibt sich aus der DSGVO und dem Bundesdatenschutzgesetz die Verantwortlichkeit eines jeden einzelnen Mitarbeiters für die Einhaltung des Datenschutzes.

Mitarbeiter, die personenbezogene Daten ohne Einwilligung weitergeben, können außerordentlich gekündigt werden.[64]

Dies gilt unabhängig von der Motivation. Die Folgen bei Verstößen gegen den Datenschutz regelt Art. 83 DSGVO, wobei zwischen gravierenden und weniger gewichtigen Verstößen differenziert wird. Haftbar ist der Verantwortliche. Hinzu kommen strafrechtliche Sanktionen und Bußgelder nach dem Bundesdatenschutzgesetz (§§ 43, 44 BDSG). Diese treffen jeden, der für den Verstoß verantwortlich ist, also auch einzelne Mitarbeiter.

Betroffen ist aber auch das Unternehmen und hier konkret der Insolvenzverwalter, wenn der Verstoß von einem einzelnen Mitarbeiter begangen wurde. Denn bei einem Datenmissbrauch durch Arbeitnehmer stellt sich die Frage, ob es der Arbeitgeber versäumt hat, seine Datenverarbeitungsanlagen ausreichend zu schützen. Arbeitgeber sind grundsätzlich verpflichtet, die erforderlichen technischen und organisatorischen Maßnahmen zu ergreifen, um Missbräuche zu verhindern und personenbezogene Daten vor ungerechtfertigter Kenntnisnahme, vor Manipulation und vor Verlust zu schützen. Insoweit geht es auch um die Einschränkung von Zu-

64 LAG Berlin-Brandenburg, Urt. v. 1.9.2016 – 10 Sa 192/16.

griffsrechten durch ein differenziertes Berechtigungskonzept und eine Protokollierung der Datenzugriffe und regelmäßige Kontrollen. Mit der Eröffnung des Insolvenzverfahrens und dem Übergang der Verwaltungs- und Verfügungsbefugnis gemäß § 80 Abs. 1 InsO wird der Insolvenzverwalter Verantwortlicher im Sinne von Art. 4 Nr. 7 DSGVO. Die insolvenzrechtliche Qualifizierung von Sanktionen oder auch die persönliche Haftung des Insolvenzverwalters sind noch ungeklärt.

Daneben räumt Art. 82 DSGVO den Betroffenen einen Anspruch auf Ersatz des materiellen und immateriellen Schadens bei widerrechtlicher Verarbeitung oder Weitergabe personenbezogener Daten ein.

War der Verwaltungsangestellte Mitglied des Betriebsrates, kommt auch dessen Haftung in Betracht, da der Betriebsrat Verantwortlicher gemäß Art. 4 Nr. 7 DSGVO ist und daher grundsätzlich nach Art. 82 DSGVO haftbar gemacht werden kann, sofern der datenschutzrechtliche Verstoß auf eine nicht ordnungsgemäße Verarbeitung personenbezogener Daten innerhalb des Betriebsrates zurückzuführen ist. Die Erstreckung des Datenschutzes auf Mitarbeiter und auch auf den Betriebsrat wird von den Teilnehmern nicht bezweifelt. Diskutiert wird die Frage, welche Auswirkungen ein Datenmissbrauch durch Arbeitnehmer in Bezug auf den Arbeitgeber hat. Diskutiert werden hier Art und Umfang der technischen und organisatorischen Maßnahmen, die der Arbeitgeber zu ergreifen hat, um Missbräuche zu verhindern.

VIII. Abschließende Bewertung und Schlussbetrachtung

Die sich aus dem Fall ergebenden Konfliktpotentiale zeigten sich schwerpunktmäßig im Bereich der Insolvenzverwaltung, teilweise auch bei den Betriebsräten. Dabei wurde die lebhafte Diskussion auch durch den Umstand angereichert, dass einige Teilnehmer zur Zeit des Workshops selbst als Insolvenzverwalter oder beratende Anwälte Insolvenzverfahren von Großbäckereien mit Verkaufsfilialen führten und vergleichbare Aufgabenstellungen zu bewältigen hatten. Bei den verfahrensrechtlichen, arbeitsrechtlichen und betriebsverfassungsrechtlichen Fragen bot die Fallgestaltung nur wenig Konfliktstoff auf der Seite der Investoren, die daher in der Diskussion auch etwas zu kurz kamen. Das änderte sich erst bei den datenschutzrechtlichen Fragen, bei denen das Interesse der Investoren an einer ungeschmälerten Offenlegung aller für einen Unternehmenskauf relevanten Daten auf die Furcht der Insolvenzverwalter vor datenschutzrechtlichen Sanktionen und die restriktive Haltung der Betriebsräte zum Schutz personenbezogener Daten der betroffenen Mitarbeiter stieß.

Die fachliche Kompetenz der Teilnehmer des Workshops gewährleistete die Behandlung aller aufgeworfenen Fragen, auch wenn am Ende die datenschutzrechtlichen Fragestellungen durch die einzuhaltenden zeitlichen Vorgaben limitiert waren.

Workshop Insolvenzrecht

Akademische Rätin Britta Böing und Professor Dr. Jens M. Schmittmann, Essen

I. Sachverhalt

Frau S ist alleinige Gesellschafterin und Geschäftsführerin der S GmbH. Diese betreibt in gemieteten Räumen eine Vinothek. Die Geschäfte laufen, nicht zuletzt wegen der hohen Preistransparenz im Internet sowie den vielfältigen anderen Beschaffungsmöglichkeiten für gehobene Weine, immer schlechter, so dass S am 30. August 2018 Antrag auf Eröffnung des Insolvenzverfahrens stellt.

Das zuständige Insolvenzgericht ordnet am 31. August 2018 einen Zustimmungsvorbehalt an und bestellt RA R zum vorläufigen Insolvenzverwalter.

R erstattet auftragsgemäß das Gutachten, in dem er u.a. auch auf Haftungsansprüche gegen S eingeht, stellt eine kostendeckende Masse fest und schlägt dem Gericht die Eröffnung des Insolvenzverfahrens vor. Das Gericht eröffnet am 1. Oktober 2018 das Insolvenzverfahren und bestellt R zum Insolvenzverwalter.

Nachdem Frau S das Gutachten gelesen und erkannt hat, dass sie nicht nur für nicht bezahlte Sozialversicherungsbeiträge und offene Lohnsteuer ihrer Mitarbeiter persönlich haftet, sondern auch wegen verspäteter Insolvenzantragstellung und Verstoß gegen die Massesicherungspflicht, stellt sie einen Insolvenzantrag über ihr eigenes Vermögen. Das Verfahren wird unter Bewilligung von Stundung der Verfahrenskosten am 1. November 2018 eröffnet und RA I zum Insolvenzverwalter bestellt.

Aufgaben:

(1) Im vorläufigen Verfahren möchte Frau S für die S GmbH weiterhin einen elektronischen Newsletter an die Kunden versenden und auf Sonderangebote hinweisen. Sie schreibt nur Kunden an, die wirksam eingewilligt haben. Der vorläufige Insolvenzverwalter R fragt sich, ob er einschreiten muss.

(2) Nach Eröffnung des Verfahrens über die S GmbH schreibt der Insolvenzverwalter die Kunden selbst mit einem elektronischen Newsletter an und lädt zu einer Verkostung mit Verkauf. Bestehen dagegen rechtliche Bedenken?

(3) In der Folge möchte ein Mitbewerber das Unternehmen der S GmbH übernehmen. Ihm geht es um den restlichen Lagerbestand, der auch einige Raritäten enthält, aber vor allem um die Kundendaten.

Der Insolvenzverwalter fragt sich, ob er die Kundendaten überhaupt im Wege eines Asset Deal veräußern darf oder ob ihm nur der Share Deal offensteht, um die Interessen des Erwerbers zu erfüllen.

(4) Im Insolvenzverfahren über das Vermögen der S verlangt ein Gläubiger vom Insolvenzverwalter Abschriften aller Zwischenberichte, in denen u.a. auch Daten der unterhaltsberechtigten Personen der Schuldnerin enthalten sind.

Der Insolvenzverwalter I fragt sich, ob er diese Berichte an den Gläubiger herausgeben darf. Im Nachhinein kommen ihm Zweifel, ob es überhaupt rechtmäßig war, Daten der Unterhaltsberechtigten in den Bericht einzuarbeiten.

(5) Zur Aufklärung von Anfechtungssachverhalten verlangen sowohl R als auch I vom Finanzamt die Übersendung von Steuerkontoauszügen. Das Finanzamt verweigert die Übersendung unter Hinweis auf das Steuergeheimnis.

Zu Recht ?

(6) S verlangt – ohne Angabe von Gründen – vom Insolvenzverwalter I einen Datenträger mit allen über sie vom Insolvenzverwalter gespeicherten Informationen.

Zu Recht ?

II. Lösungshinweise

1. Versand des Newsletters im vorläufigen Insolvenzverfahren

Gegen den Versand des elektronischen Newsletters könnten wettbewerbsrechtliche und/oder datenschutzrechtliche Bedenken bestehen.

Gemäß § 7 Abs. 1 S. 1 UWG ist eine geschäftliche Handlung, durch die ein Marktteilnehmer in unzumutbarer Weise belästigt wird, unzulässig. Gemäß § 7 Abs. 2 Nr. 3 UWG ist eine unzumutbare Belästigung stets anzunehmen bei Werbung unter Verwendung elektronischer Post, ohne dass eine vorherige ausdrückliche Einwilligung des Adressaten vorliegt.

Nach der Rechtsprechung des BGH stellt die Verwendung von elektronischer Post für die Zwecke der Werbung ohne Einwilligung des Empfängers grundsätzlich einen Eingriff in seine geschützte Privatsphäre und damit in sein allgemeines Persönlichkeitsrecht dar.[1]

Im vorliegenden Fall schreibt S nur Kunden an, die wirksam eingewilligt haben, so dass wettbewerbsrechtliche Bedenken nicht durchgreifen.

1 So BGH, Urt. v. 10. Juli 2018 – VI ZR 225/17, ZIP 2018, 2238 ff. = CR 2018, 716 ff.

Ob zu Recht datenschutzrechtliche Bedenken bestehen, hängt von der Einordnung des vorläufigen Insolvenzverwalters in das System des Datenschutzrechts ab. Zunächst stellt sich die Frage, wer „Verantwortlicher" im Sinne von Art. 4 Nr. 7 DSGVO ist. Danach ist „Verantwortlicher" die natürliche oder juristische Person, Behörde, Einrichtung oder andere Stelle, die allein oder gemeinsam mit anderen über die Zwecke und Mittel der Verarbeitung von personenbezogenen Daten entscheidet. S bzw. die S GmbH sind unproblematisch als „Verantwortlicher" anzusehen. Fraglich ist allerdings, ob der vorläufige Insolvenzverwalter als „Verantwortlicher" im Sinne des Art. 4 Nr. 7 DSGVO angesehen werden kann. Nach dem Sachverhalt hat das Gericht am 21. August 2018 einen Zustimmungsvorbehalt angeordnet. R ist somit sog. „schwacher" vorläufiger Insolvenzverwalter im Sinne von § 21 Abs. 2 S. 1 Nr. 2 Alt. 2 InsO. Der vorläufige Insolvenzverwalter hat eine Sicherungsfunktion. Der Schuldner behält die Verwaltungs- und Verfügungsbefugnis über sein Vermögen, bedarf zur Verfügung jedoch der Zustimmung des vorläufigen Insolvenzverwalters.[2] Der schwache vorläufige Insolvenzverwalter ist auch weder verpflichtet noch berechtigt, das Schuldnervermögen und somit die Daten in Besitz zu nehmen. Dies obliegt gemäß § 148 InsO erst dem Insolvenzverwalter.

Somit ist der "schwache" vorläufige Insolvenzverwalter nicht als „Verantwortlicher" im Sinne des Art. 4 Nr. 7 DSGVO[3] anzusehen.[4]

R muss also nicht einschreiten.

2 Vgl. *Hölzle* in: Schmidt, Insolvenzordnung, 19. Aufl., München, 2016, § 21 Rn. 58.

3 Vgl. zur Bedeutung der DSGVO im Insolvenzrecht: *Bornheimer/Park*, Stellung und Verpflichtungen des (vorläufigen) Insolvenzverwalters und sachverständigen im Lichte der Datenschutz-Grundverordnung, NZI 2018, 877 ff.; *Schmitt/Heil*, Neue Haftungsfallen für Insolvenzverwalter durch die Datenschutz-Grundverordnung, NZI 2018, 865 ff.; *Theurich/Degenhardt*, Datenschutz versus Gläubigerinformationsrechte, NZI 2018, 870 ff.; *Thole*, Der (vorläufige) Insolvenzverwalter als Verantwortlicher im Sinne des Art. 4 Nr. 7 DSGVO, ZIP 2018, 1001 ff.

4 So *Bornheimer/Park*, NZI 2018, 877, 879; *Thole*, ZIP 2018, 1001 ff.; *Theurich/Degenhardt*, NZI 2018, 870, 871.

2. Versand des Newsletters im eröffneten Verfahren

Der Versand des Newsletters im eröffneten Verfahren könnte rechtlich abweichend zu beurteilen sein.

Wettbewerbsrechtlich könnte problematisch sein, ob die vorinsolvenzlich erteilte Einwilligung der Kunden auch nach Eröffnung des Insolvenzverfahrens noch gilt. Die S GmbH besteht über die Eröffnung des Insolvenzverfahrens hinaus weiter und ist identisch mit der Gesellschaft, der gegenüber die Einwilligung erteilt worden ist. Die Einwilligung kann auch nicht dahingehend ausgelegt werden, dass der Einwilligende diese nur für den Fall erklärt, dass der Versender des Newsletters nicht im Insolvenzverfahren ist. Im Hinblick darauf, dass das Insolvenzverfahren – anders als noch das Konkursverfahren – nicht zwingend auf die Liquidation des Unternehmens gerichtet ist, sondern auch der Unternehmenserhaltung dient[5], kann nicht davon ausgegangen werden, dass die Einwilligung nur bis zur Eröffnung des Insolvenzverfahrens gelten soll. Wettbewerbsrechtliche Bedenken greifen daher nicht durch.

Datenschutzrechtlich ist bei Eröffnung des Insolvenzverfahrens zu fragen, welche Stellung der Insolvenzverwalter nun einnimmt.[6] Zum Teil wird vertreten, dass es sich beim Insolvenzverwalter um eine öffentliche Stelle im datenschutzrechtlichen Sinne handelt. Öffentliche Stellen im Sinne von § 2 Abs. 2 BDSG sind Behörden, die Organe der Rechtspflege und andere öffentlich-rechtlich organisierte Einrichtungen des Landes, einer Gemeinde, eines Gemeindeverbandes oder sonstiger der Aufsicht des Landes unterstehender juristischer Personen des öffentlichen Rechts sowie deren Vereinigung ungeachtet ihrer Rechtsform.

Darüber hinaus könnte es sich beim Insolvenzverwalter um einen „Beliehenen“ handeln.[7] Nimmt eine nicht öffentliche Stelle hoheitliche Aufgaben der öffentlichen Verwaltung wahr, ist sie gemäß § 2 Abs. 4 S. 2 BDSG insoweit öffentliche Stelle im Sinne des BDSG.

5 Vgl. *Schmidt* in: Schmidt, § 1 InsO Rn. 9.

6 Vgl. zur Einordnung datenschutzrechtlicher Vorschriften als Marktverhaltensregeln: OLG Köln, Urteil vom 17. Januar 2014 – I-6 U 167/13, NJW 2014, 1820 ff. = ZD 2014, 421 ff. (*Anlegerbrief von Rechtsanwälten*).

7 Vgl. *Bornheimer/Park*, NZI 2018, 877, 880.

Die Gesetzesbegründung spricht zwar von dem „Amt des Insolvenzverwalters", gleichwohl ist damit aber keine Entscheidung des Gesetzgebers über die Rechtsstellung des Insolvenzverwalters verbunden.[8] Als in der Praxis brauchbar hat sich die Amtstheorie erwiesen. Der Insolvenzverwalter ist Amtsträger, der seine Legitimation unmittelbar aufgrund gesetzlicher Regelung erhält. Er handelt in Erfüllung der ihm auferlegten gesetzlichen Verpflichtungen nicht hoheitlich, sondern materiell-rechtlich wie prozessual im eigenen Namen, mit Wirkung für und gegen die Masse.[9]

Der Verband Insolvenzverwalter Deutschlands (VID) hat herausgearbeitet, dass der Insolvenzverwalter z.B. bei der Tabellenführung und bei den Zustellungen anders als zur Zeit der Konkursordnung Aufgaben wahrnimmt, die ansonsten das Gericht wahrzunehmen hätte. Die Übertragung hoheitlicher Aufgaben an den Insolvenzverwalter entlastet die Insolvenzgerichte. Der VID setzt sich dafür ein, dass bei der Übertragung der Aufgaben aus Gründen der Rechtssicherheit ersichtlich sein soll, in welcher Funktion der Insolvenzverwalter gegenüber Gericht, Schuldner, Insolvenzgläubiger und Dritten auftritt.[10]

Nach geltender Rechtslage ist der Insolvenzverwalter weder als Behörde noch als Beliehener anzusehen.

Der Insolvenzverwalter hat gemäß § 148 Abs. 1 InsO das gesamte zur Insolvenzmasse gehörende Vermögen sofort in Besitz und Verwaltung zu nehmen. Der Insolvenzverwalter ist berechtigt und grundsätzlich auch verpflichtet, sich in den unmittelbaren Besitz der zur Insolvenzmasse gehörenden Gegenstände zu setzen, wobei er allerdings auch Hilfspersonen einsetzen kann, wenn die Umstände dies erfordern.[11] Der Insolvenzverwalter ist daher verpflichtet, den Datenbestand der S GmbH in Besitz und Verwaltung zu nehmen. Mit Eröffnung des Insolvenzverfahrens ist der Insolvenzverwalter „Verantwortlicher" im Sinne von Art. 4 Nr. 7 DSGVO, da er die Person ist, die allein oder gemeinsam mit anderen über die Zwecke und Mittel der Verarbeitung von personenbezogenen Daten entschei-

8 So *Sternal* in: Schmidt, § 80 InsO Rn. 17.

9 So *Sternal* in: Schmidt, § 80 InsO Rn. 19.

10 So VID, Stellungnahme des Verbandes Insolvenzverwalter Deutschlands vom Referentenentwurf eines Gesetzes zur Anpassung des Datenschutzrechts an die Verordnung (EU) 2016/679 und zur Umsetzung der Richtlinie (EU) 2016/680.

11 So *Jungmann* in: Schmidt, § 148 InsO Rn. 3.

det. Er ist damit für die Verarbeitung nach Art. 4 Nr. 2, Art. 6 DSGVO verantwortlich.

Soweit zum Teil die Auffassung vertreten worden ist, dass nicht der Insolvenzverwalter, sondern das Insolvenzgericht „Verantwortlicher" im Sinne des Art. 4 Nr. 7 DSGVO ist, kann dem nicht gefolgt werden. Da gemäß § 80 InsO das Recht, das zur Insolvenzmasse gehörende Vermögen zu verwalten und über es zu verfügen auf den Insolvenzverwalter übergeht und nicht auf das Insolvenzgericht, ist auch das Insolvenzgericht keine Behörde, Einrichtung oder andere Stelle, die allein oder gemeinsam mit anderen über die Zwecke und Mittel der Verarbeitung von personenbezogenen Daten entscheidet.[12]

3. Verkauf von Kundendaten

Mit Eröffnung des Insolvenzverfahrens geht die Verwaltungs- und Verfügungsbefugnis über die Gegenstände der Insolvenzmasse auf den Insolvenzverwalter über. Nach dem Berichtstermin hat der Insolvenzverwalter gemäß § 159 InsO unverzüglich das zur Insolvenzmasse gehörende Vermögen zu verwerten, soweit die Beschlüsse der Gläubigerversammlung nicht entgegenstehen.

Unter Verwertung im Sinne des § 159 InsO wird die endgültige Umwandlung des realen Vermögens des Schuldners in Geld verstanden.[13] Soweit der Insolvenzverwalter den restlichen Lagerbestand verkaufen will, wirft dies keine weiteren rechtlichen Fragen auf. Problematisch ist allerdings der Verkauf der Kundendaten.

Grundsätzlich sind auch Daten als Bestandteil der Insolvenzmasse anzusehen.[14]

12 So *Thole*, ZIP 2018, 1001 ff.

13 So *Jungmann* in: Schmidt, § 159 InsO Rn. 2.

14 So *Beyer/Beyer*, Verkauf von Kundendaten in der Insolvenz – Verstoß gegen datenschutzrechtliche Bestimmungen?, NZI 2016, 241 ff.; *Berberich/Kanschik*, Daten in der Insolvenz, NZI 2017, 1 ff.; *Geiser*, „Big Data im Insolvenzverfahren, ZInsO 2017, 1185 ff.; *Eckhardt/Menz*, Datenschutz bei der Übertragung von Kundendaten in der Insolvenz, ZInsO 2016, 1917 ff.

Der Insolvenzverwalter schließt im Rahmen seiner Verwertungshandlung mit Käufern Kaufverträge, die wiederum die Grundlage für die spätere Verschaffung von Eigentum und Besitz an der Kaufsache sind. Ein Rechtsgeschäft, das gegen ein gesetzliches Verbot verstößt, ist gemäß § 134 BGB nichtig, wenn sich nicht aus dem Gesetz ein anderes ergibt. Verbote im Sinne des § 134 BGB sind Vorschriften, die eine nach unserer Rechtsordnung grundsätzlich mögliche rechtsgeschäftliche Regelung wegen ihres Inhalts oder wegen der Umstände ihres Zustandekommens untersagen. Verbotsgesetze betreffen damit Rechtsgeschäfte, die der Betroffene vornehmen kann, aber nicht vornehmen darf.[15] Das verbotswidrige Rechtsgeschäft ist nichtig. Die Nichtigkeit erstreckt sich in der Regel auf das Rechtsgeschäft im Ganzen.[16]

Das OLG Frankfurt am Main hatte einen Sachverhalt zu entscheiden, in dem noch § 28 BDSG a. F. anwendbar war. Nach § 28 Abs. 3 BDSG war die Verarbeitung oder Nutzung personenbezogener Daten für Zwecke des Adresshandels oder der Werbung (nur) zulässig, soweit der Betroffene eingewilligt hat (§ 28 Abs. 3 S. 1 BDSG) oder das sogenannte Listenprivileg (§ 28 Abs. 3 S. 2 BDSG) eingreift. Der Begriff der personenbezogenen Daten umfasst dabei alle Informationen, die über eine Bezugsperson etwas aussagen und mit ihr in Verbindung zu bringen sind. Klassische Daten wie Name, Postanschrift, Telefonnummer und E-Mail-Adresse fallen ohne Weiteres darunter.[17]

Auch der (einmalige) Verkauf von Daten im Rahmen der Insolvenzverwertung fällt unter den Begriff des Adresshandels im Sinne des § 28 Abs. 3 S. 1 BDSG, da es sich dabei um eine Vermarktung im Sinne einer Realisierung des (vermeintlichen) wirtschaftlichen Wertes der Daten handelt.[18]

Schließlich ist der Verkauf der streitgegenständlichen Daten nicht durch das Listenprivileg des früheren § 28 Abs. 3 S. 3 BDSG gerechtfertigt ge-

15 So *Ellenberger* in: Palandt, Bürgerliches Gesetzbuch – Kommentar, 77. Aufl., München, 2018, § 134 Rn. 5.

16 So *Ellenberger*, § 134 BGB Rn. 13.

17 So OLG Frankfurt am Main, Urt. v. 24. Januar 2018 – 13 U 165/16, ZIP 2018, 644 ff. = K&R 2018, 190 ff. = ZD 2018, 179 ff. Rn. 43.

18 So OLG Frankfurt am Main, Urt. v. 24. Januar 2018 – 13 U 165/16, ZIP 2018, 644 ff. = K&R 2018, 190 ff. = ZD 2018, 179 ff. Rn. 44.

wesen. Dazu ist Voraussetzung, dass es sich um listenmäßig oder sonst zusammengefasste Daten über Angehörige einer Personengruppe handelt. Dies ist hier hinsichtlich der Kunden der Vinothek nicht ersichtlich.

In der Folge hat das OLG Frankfurt am Main eine Nichtigkeit des Vertrages über den Verkauf der Kundendaten wegen Verstoß gegen § 28 Abs. 3 BDSG a. F. und § 7 Abs. 2 Nr. 3 i.V.m. Abs. 1 UWG gemäß § 134 BGB angenommen.[19]

Auch wenn die vorstehenden Regelungen heute nicht mehr anwendbar sind, so ist gleichwohl ein Verstoß gegen gesetzliches Verbot anzunehmen. Gemäß Art. 6 Abs. 1 DSGVO ist die Verarbeitung nur rechtmäßig, wenn mindestens eine der dort genannten Bedingungen erfüllt ist. Gemäß Art. 4 Nr. 2 DSGVO bezeichnet „Verarbeitung" jeden mit oder ohne Hilfe automatisierter Verfahren ausgeführten Vorgang und jede solche Vorgangsreihe im Zusammenhang mit personenbezogenen Daten wie das Erheben, das Erfassen, die Organisation, das Ordnen, die Speicherung, die Anpassung oder Veränderung, das Auslesen, das Abfragen, die Verwendung, die Offenlegung durch Vermittlung, Verbreitung oder andere Form der Bereitstellung, den Abgleich oder die Verknüpfung, die Einschränkung, das Löschen oder die Vernichtung.

Die Übertragung des Datenbestandes auf einen Erwerber ist ohne Weiteres als Übermittlung oder Verbreitung der Daten anzusehen, die nur rechtmäßig ist, wenn Voraussetzungen aus Art. 6 DSGVO gegeben sind.

Es stellt sich daher die Frage, ob eine Einwilligung im Sinne von Art. 6 Abs. 1 lit. a DSGVO vorgelegen hat. In diesem Fall muss der Verantwortliche gemäß Art. 7 Abs. 1 DSGVO nachweisen, dass die betroffene Person in die Verarbeitung ihrer personenbezogenen Daten eingewilligt hat, was freilich nur wirksam ist, wenn die Einwilligung freiwillig und informiert erteilt worden ist.

In dem vom OLG Frankfurt am Main entschiedenen Fall, bei dem noch auf § 4a Abs. 1 BDSG a. F. abzustellen war, hatte keine wirksame Einwilligungserklärung vorgelegen, weil weder die betroffenen Daten noch die

19 So OLG Frankfurt am Main, Urt. v. 24. Januar 2018 – 13 U 165/16, ZIP 2018, 644 ff. = K&R 2018, 190 ff. = ZD 2018, 179 ff. Rn. 42.

Kategorien etwaiger Datenempfänger oder der Nutzungszweck konkret genug bezeichnet worden waren, um den gesetzlichen Anforderungen zu genügen.[20]

Nur der Vollständigkeit halber wird darauf hingewiesen, dass dem Käufer kein Anspruch auf Rückzahlung eines eventuell geleisteten Kaufpreises zusteht, weil dem die Regelung des § 817 S. 2 BGB entgegensteht.[21]

Für die Praxis bleiben daher – will der Insolvenzverwalter nicht sehenden Auges ein nichtiges Rechtsgeschäft abschließen – nur zwei Wege. Die – allerdings in der Praxis kaum umsetzbare – Einholung einer konkreten und freiwilligen Einwilligung eines jeden Betroffenen oder aber die Durchführung eines Anteilskaufvertrages. Im Fall des sogenannten „Share Deals" werden die Daten nicht übertragen, sondern bleiben beim gleichen Rechtsträger. Dies wird allerdings nur in Sachverhalten zum Erfolg führen, in denen ein Erwerber bereit ist, die Gesellschaftsanteile zu übernehmen.

4. Übersendung von Berichten an Gläubiger

Ein Gläubiger hat gegen den Insolvenzverwalter grundsätzlich keinen Anspruch auf Übersendung von Abschriften von Gutachten und Berichten bzw. Zwischenberichten. Gleichwohl wird häufig in der Praxis eine solche Übersendung vorgenommen, um die Insolvenzgerichte zu entlasten.

Erteilt der Insolvenzverwalter dem Gläubiger keine Abschriften, so wird dieser prüfen, ob er vom Insolvenzgericht Akteneinsicht und gegebenenfalls Abschriften verlangen kann.

Ausgangspunkt ist § 299 Abs. 1 ZPO, wonach die Parteien die Prozessakten einsehen und sich aus ihnen durch die Geschäftsstelle Ausfertigungen, Auszüge und Abschriften erteilen lassen können. Die Norm ist im Insolvenzverfahren über § 4 InsO anwendbar, da eine Sondervorschrift in der Insolvenzordnung nicht existiert.

20 So OLG Frankfurt am Main, Urt. v. 24. Januar 2018 – 13 U 165/16, ZIP 2018, 644 ff. = K&R 2018, 190 ff. = ZD 2018, 179 ff. Rn. 47.

21 Vgl. *Mankowski*, Asset-Deal in der Insolvenz und Datenschutz, EWiR 2018, 209 f.; *Weiß*, Sollte der Insolvenzverwalter lieber unwirksame Verträge über Adressdaten schließen?, ZInsO 2018, 1717 ff.

Gläubigern steht nach überwiegender Auffassung entsprechend § 299 Abs. 2 ZPO das Recht zu, Einsicht in die Verfahrensakten zu nehmen.[22] Die Gewährung von Akteneinsicht auf der Geschäftsstelle des Insolvenzgerichts ist nicht die einzige Möglichkeit, dem Gläubiger Einsicht zu gewähren. Es kommt auch die Übersendung von Abschriften etc. in Betracht.[23]

Auch ein potentieller Gläubiger hat Anspruch auf Akteneinsicht, wenn er ausreichend glaubhaft gemacht hat, dass ihm möglicherweise eine Gläubigerstellung zusteht.[24]

Soweit in den Schriftsätzen des Insolvenzverwalters die Namen und gegebenenfalls die Geburtsdaten der unterhaltsberechtigten Personen enthalten sind, handelt es sich um „personenbezogene Daten" gemäß Art. 4 Nr. 1 DSGVO. Der Insolvenzverwalter hat diese Daten auch verarbeitet im Sinne von Art. 4 Nr. 2 DSGVO. Der Insolvenzverwalter hat diese Angaben beim Schuldner erhoben und an das Insolvenzgericht übermittelt.

Die Übersendung von Abschriften der Schriftsätze, die der Insolvenzverwalter an das Insolvenzgericht gerichtet hat, an den Gläubiger stellt ebenfalls eine Verarbeitung dar, die nur im Rahmen von Art. 6 Abs. 1 DSGVO rechtmäßig ist.[25]

22 Vgl. OLG Hamm, Beschl. v. 18. September 2003 – 15 VA 8/03, ZIP 2004, 283 ff.; OLG Naumburg, Beschl. v. 23. Mai 2010 – 5 VA 11/10, NZI 2010, 766.

23 So *Schmittmann/Theurich/Brune*, Das insolvenzrechtliche Mandat, 5. Aufl., Bonn, 2017, § 2 Rn. 164.

24 So OLG Köln, Beschl. v. 29. Mai 2017 – 7 VA 11/17, ZInsO 2017, 2438.

25 Vgl. *Arns*, Datenschutz-Compliance in der Insolvenzverwalterkanzlei – Neue Anforderungen nach DSGVO und BDSG-neu, Verbraucherinsolvenz aktuell 2018, 65 ff.; *Hartung*, Datenschutz und Insolvenzverwaltung, ZInsO 2011, 1225 ff.; *Reisener/Weiß*, Datensparsamkeit, Datenvermeidung und Pseudonymisierung: Problembewußtsein für Datenschutz in der Insolvenzverwaltung?!, ZInsO 2017, 416 ff.

a) Einwilligung (Art. 6 Abs. 1 lit. a DSGVO)

Die Verarbeitung wäre z.B. dann rechtmäßig, wenn die betroffene Partei ihre Einwilligung zu der Verarbeitung der sie betreffenden personenbezogenen Daten gegeben hätte.

Es ist davon auszugehen, dass die unterhaltsberechtigten Personen vorliegend keine Einwilligung gegeben haben, so dass eine Rechtfertigung aus Art. 6 Abs. 1 lit. a DSGVO ausscheidet.

b) Erfüllung eines Vertrages (Art. 6 Abs. 1 lit. b DSGVO)

Weiterhin ist eine Verarbeitung rechtmäßig, wenn die Verarbeitung für die Erfüllung eines Vertrags, dessen Vertragspartei die betroffene Person ist, oder zur Durchführung vorvertraglicher Maßnahmen, die auf Anfrage der betroffenen Person erfolgen, erforderlich ist.

Ein Vertragsverhältnis ist hier ersichtlich nicht gegeben.

c) Erfüllung rechtlicher Verpflichtung (Art. 6 Abs. 1 lit. c DSGVO)

Die Verarbeitung ist zudem rechtmäßig zur Erfüllung einer rechtlichen Verpflichtung erforderlich, der der Verantwortliche unterliegt.

Der Insolvenzverwalter steht unter der Aufsicht des Insolvenzgerichts. Gemäß § 58 Abs. 1 S. 2 InsO kann das Gericht vom Insolvenzverwalter jederzeit einzelne Auskünfte oder einen Bericht über den Sachstand und die Geschäftsführung von ihm verlangen. In der Praxis ist es üblich, dass das Insolvenzgericht dem Insolvenzverwalter im Berichtstermin bzw. der ersten Gläubigerversammlung aufgibt, in regelmäßigen Abständen zur Gerichtsakte zu berichten. Dabei handelt es sich wegen der Rechtsgrundlage in § 58 Abs. 1 S. 2 InsO um eine rechtliche Verpflichtung. Die Durchsetzung erfolgt durch das Insolvenzgericht gemäß § 58 Abs. 2 InsO durch Androhung und Festsetzung von Zwangsgeld.

Gleichwohl sind die Grundsätze für die Verarbeitung personenbezogener Daten einzuhalten. Personenbezogene Daten müssen gemäß Art. 5 Abs. 1 lit. c DSGVO dem Zweck angemessen und erheblich sowie auf das für die

Zwecke der Verarbeitung notwendige Maß beschränkt sein („Datenminimierung"). Dies bedeutet, dass zu fragen ist, ob und gegebenenfalls in welchem Umfang die Daten bezüglich der unterhaltsberechtigten Personen verarbeitet werden dürfen. Ob und in welchem Umfang der Schuldner unterhaltsberechtigte Personen hat, ist für die Durchführung des Insolvenzverfahrens von Bedeutung. Davon hängt z.B. ab, in welchem Umfang das Einkommen des Schuldners dem Insolvenzbeschlag unterliegt und für die Gläubiger durch den Insolvenzverwalter eingezogen werden kann. Es ist dafür erforderlich, den Status (Ehefrau, Kind etc.) sowie die voraussichtliche Dauer zu dokumentieren. Der Name der unterhaltsberechtigten Person ist demgegenüber nicht von Belang. Der Insolvenzverwalter hätte daher gegenüber dem Insolvenzgericht nur den Status, die Anzahl und das Geburtsjahr der unterhaltsberechtigten Personen ausführen dürfen, nicht aber die Namen und die genauen Geburtsdaten.

d) Lebenswichtige Interessen der Person (Art. 6 Abs. 1 lit. d DSGVO)

Die Verarbeitung ist ebenfalls rechtmäßig, wenn sie erforderlich ist, um lebenswichtige Interessen der betroffenen Person oder einer anderen natürlichen Person zu schützen, was vorliegend allerdings nicht einschlägig ist.

e) Wahrnehmung einer Aufgabe im öffentlichen Interesse (Art. 6 Abs. 1 lit. e DSGVO)

Die Verarbeitung ist zudem rechtmäßig, wenn die Verarbeitung für die Wahrnehmung einer Aufgabe erforderlich ist, die im öffentlichen Interesse liegt oder in Ausübung öffentlicher Gewalt erfolgt, die dem Verantwortlichen übertragen wurde.

Das Insolvenzverfahren hat zum einen eine exekutorische Funktion, da es der Gesamtvollstreckung dient.[26] Zum anderen hat das Insolvenzverfahren eine Marktbereinigungsfunktion, da es wirtschaftlich nicht überlebensfähige Unternehmen aus dem Markt nimmt und damit verhindert, dass sie weiterhin am Rechtsverkehr teilnehmen und weitere Verbindlichkeiten,

26 So *Schmidt* in: Schmidt, § 1 InsO Rn. 4.

insbesondere gegenüber öffentlich-rechtlichen Gläubigern, die sich ihre Geschäftspartner nicht aussuchen können, begründet werden.[27] Die Durchführung des Insolvenzverfahrens kann damit als im öffentlichen Interesse liegend angesehen werden.

Aber auch hier ist der Grundsatz der Datenminimierung gemäß Art. 5 Abs. 1 lit. c DSGVO zu beachten.

f) Wahrung der berechtigten Interessen des Verantwortlichen (Art. 6 Abs. 1 lit. f DSGVO)

Die Verarbeitung ist letztlich rechtmäßig, wenn sie zur Wahrung der berechtigten Interessen des Verantwortlichen oder eines Dritten erforderlich ist, sofern nicht die Interessen oder Grundrechte und Grundfreiheiten der betroffenen Person, die den Schutz personenbezogener Daten erfordern, überwiegen, insbesondere dann, wenn es sich bei der betroffenen Person um ein Kind handelt. Die Verarbeitung erfolgt nicht zur Wahrung der berechtigten Interessen des Verantwortlichen, also des Insolvenzverwalters. Im Ergebnis hat der Insolvenzverwalter somit darauf zu achten, dass dem Insolvenzgericht nicht mehr Informationen zur Verfügung gestellt werden als erforderlich. Dies gebietet der Grundsatz der „Datenminimierung“ gemäß Art. 5 Abs. 1 lit. c DSGVO.

5. Klartextkontoauszüge und Steuergeheimnis

Die Abgabenordnung kennt keinen allgemeinen Anspruch auf Akteneinsicht und Auskunft des Steuerpflichtigen gegen die Finanzverwaltung. Es besteht lediglich der Anspruch gegen die Finanzverwaltung, dass diese über einen Antrag auf Akteneinsicht nach pflichtgemäßem Ermessen entscheidet.[28]

Es ist zu erwägen, die DSGVO als Anspruchsgrundlage für eine Auskunftserteilung nutzbar zu machen. Gemäß Art. 15 Abs. 1 DSGVO hat die betroffene Person das Recht, von dem Verantwortlichen eine Bestätigung darüber zu verlangen, ob sie betreffende personenbezogene Daten verar-

27 So *Schmittmann/Theurich/Brune*, Das insolvenzrechtliche Mandat, § 2 Rn. 7.
28 So BFH, Beschl. v. 15. September 2010 – II B 4/10, BFH/NV 2011, 2.

beitet werden. Zudem hat der Betroffene ein Recht auf Auskunft über diese personenbezogenen Daten und die im Einzelnen genannten Informationen. Das Verhältnis zu anderen Auskunfts- und Informationszugangsansprüchen wird in § 32e AO geregelt. Insoweit wird auf §§ 32a bis 32d AO verwiesen. Weitergehende Informationsansprüche über steuerliche Daten sind ausgeschlossen. Gemäß § 32c Abs. 1 Nr. 2 AO besteht das Recht auf Auskunft der betroffenen Person gegenüber der Finanzbehörde gemäß Art. 15 DSGVO nicht, soweit die Auskunftserteilung dem Rechtsträger der Finanzbehörde in der Geltendmachung, Ausübung oder Verteidigung zivilrechtlicher Ansprüche oder in der der Verteidigung gegen ihn geltend gemachter zivilrechtlicher Ansprüche im Sinne des Art. 23 Abs. 1 lit. j DSGVO beeinträchtigen würde. Auskunftspflichten der Finanzbehörde nach dem Zivilrecht bleiben unberührt.

Die Finanzverwaltung vertritt inzwischen die Auffassung, dass sie nicht zur Auskunftserteilung gemäß Art. 15 DSGVO verpflichtet ist.

Darüber hinaus vertritt das Bundesfinanzministerium die Auffassung, das die Informationspflicht bei beabsichtigter Weiterverarbeitung nicht besteht, wenn die Erteilung der Information den Rechtsträger der Finanzbehörde in der Geltendmachung, Ausübung oder Verteidigung zivilrechtlicher Ansprüche oder in der Verteidigung gegen ihn geltend gemachter zivilrechtlicher Ansprüche (z.B. Amtshaftungsansprüche, Schadensersatzansprüche, Insolvenzanfechtungsansprüche) beeinträchtigen würde.[29]

Zudem ist zu prüfen, ob zumindest in den Bundesländern, in denen ein Informationsfreiheitsgesetz besteht, Auskunftserteilung von der Finanzverwaltung verlangt werden kann. Gemäß § 32e S. 2 AO sind weitergehende Informationsansprüche über steuerliche Daten ausgeschlossen. Der Gesetzgeber ist der Auffassung, dass durch § 32e AO n.F. sichergestellt wird, dass die Vorschriften der DSGVO und der §§ 32a bis 32d AO in Verbindung mit § 2a Abs. 5 AO zur Reichweite von Informations- und Auskunftsansprüchen der betroffenen Personen über geschützte Daten im Sinne des § 30 Abs. 2 AO nicht durch Informationsfreiheitsgesetze des Bundes und der Länder verdrängt oder umgangen werden können. Auch bei anderweitigen Informationszugangsansprüchen sollen die von der

29 So BMF, Schrb. v. 12. Januar 2018 – V A 3 – S 0030/16/10004-07, DOK 2018/ 0002690.

DSGVO und der AO aufgestellten datenschutzrechtlichen Rahmenbedingungen gelten und die Informationsfreiheitsgesetze des Bundes und der Länder bereichsspezifisch verdrängen.[30]

Nach der Rechtsprechung des Bundesverwaltungsgerichts, die freilich zur alten Rechtslage ergangen ist, messen sich die allein auf das Steuerverfahren bezogenen Bestimmungen sowie das Konzept einer „absichtsvollen Nichtregelung" von Akteneinsichts- bzw. Auskunftsansprüchen keine Geltung für das Informationszugangsbegehren nach dem IFG bei. Denn der Insolvenzverwalter mache diesen Anspruch nicht gemäß § 80 Abs. 1 InsO und § 34 Abs. 3 i.V.m. Abs. 1 AO an der Stelle des Insolvenzschuldners im Rahmen des bestehenden Steuerrechtsverhältnisses geltend. Vielmehr ziele der Informationszugang auf die Prüfung von Anfechtungsansprüchen nach §§ 129 ff. InsO. Die Angaben seien nicht für die materiellrechtlichen Steueransprüche, sondern in erster Linie für die insolvenzrechtlich relevanten Zahlungsschlüsse als gegebenenfalls anfechtbare Rechtshandlungen im Sinne von § 129 Abs. 1 InsO von Interesse. Der gegen das Finanzamt gerichtete Anspruch des Insolvenzverwalters auf Rückgewähr insolvenzrechtlich angefochtener Leistungen zähle folglich nicht zu den Ansprüchen aus dem Steuerschuldverhältnis.[31]

Geht man davon aus, dass die Neuregelungen in der Abgabenordnung hinsichtlich der Informationsfreiheitsgesetze der Länder, soweit sie bestehen, keine Sperrwirkung haben, so kann der Insolvenzverwalter die Herausgabe von Steuerkontoauszügen von der Finanzverwaltung verlangen.[32]

Es kommt auch nicht darauf an, ob es sich um das Insolvenzverfahren über das Vermögen einer juristischen oder einer natürlichen Person handelt. Das Steuergeheimnis wird bei Einsicht des Insolvenzverwalters in die den Schuldner betreffenden steuerlichen Unterlagen nicht verletzt. Das Steuergeheimnis steht zudem dem Auskunftsanspruch des Insolvenzver-

30 So BT-Drucksache 18/12611, S 89.

31 So BVerwG, Urt. v. 26. April 2018 – 7 C 5/16 Rn. 12, ZIP 2018, 1554 ff. = NZI 2018, 715 ff. mit Anm. *Schmittmann*; Vorinstanz OVG Nordrhein-Westfalen, Urt. v. 24. November 2015 – 8 A 1226/14.

32 So BVerwG, Urt. v. 26. April 2018 – 7 C 5/16, ZIP 2018, 1554 ff. = NZI 2018, 715 ff. mit Anm. *Schmittmann*.

walters gegenüber dem Finanzamt auch dann nicht entgegen, wenn die Auskunft mit Blick auf mögliche Anfechtungen begehrt wird.[33]

6. Anspruch auf Datenträgerüberlassung

Gemäß Art. 15 Abs. 1 DSGVO hat die betroffene Person das Recht, von dem Verantwortlichen eine Bestätigung darüber zu verlangen, ob sie betreffende personenbezogene Daten verarbeitet werden. Zudem hat sie ein Recht auf Auskunft über diese personenbezogenen Daten und die im Einzelnen genannten Informationen. Der Verantwortliche stellt gemäß Art. 15 Abs. 3 DSGVO eine Kopie der personenbezogenen Daten, die Gegenstand der Verarbeitung sind, zur Verfügung.

Grundsätzlich hat die S daher einen Anspruch gegen den Insolvenzverwalter auf zur Verfügungstellung der Daten in elektronischer Form. Stellt die betroffene Person den Antrag elektronisch, so sind gemäß Art. 15 Abs. 3 S. 2 DSGVO die Informationen in einem gängigen elektronischen Format zur Verfügung zu stellen, sofern sich nichts anderes ergibt. Die erste Kopie ist kostenfrei zur Verfügung zu stellen. Für alle weiteren Kopien, die die betroffene Person verlangt, kann der Verantwortliche nach Art. 15 Abs. 3 S. 2 DSGVO ein angemessenes Entgelt auf der Grundlage der Verwaltungskosten verlangen.

Schließlich stellt sich noch die Frage, ob der Insolvenzverwalter unter Berufung auf Art. 15 Abs. 4 DSGVO die Herausgabe einer Fotokopie verweigern kann. Gemäß Art. 15 Abs. 4 DSGVO darf das Recht auf Erhalt einer Kopie die Rechte und Freiheiten anderer Personen nicht beeinträchtigen. Die Schuldnerin erlangt z.B. durch die zur Verfügungstellung des Datenträgers Informationen über die von den Gläubigern geltend gemachten Forderungen. Dies ist allerdings unproblematisch, da es sich um zivilrechtliche Forderungen handelt, die gegen die Schuldnerin gerichtet sind und ihr selbst das Recht zusteht, von Gläubigern angemeldete Forderungen zu bestreiten, § 176 S. 2 InsO. Auch hinsichtlich der sonstigen Verzeichnisse, insbesondere des Verzeichnisses der Massegegenstände (§ 151 InsO), des Gläubigerverzeichnisses (§ 152 InsO) sowie der Vermögens-

33 So BVerwG, Urt. v. 26. April 2018 – 7 C 5/16, ZIP 2018, 1554 ff. = NZI 2018, 715 ff. mit Anm. *Schmittmann.*

übersicht (§ 153 InsO) bestehen keine Bedenken, dass dadurch die Rechte und Freiheiten anderer Personen beeinträchtigt werden.

Der Schuldner selbst hat gemäß § 175 Abs. 1 S. 2 InsO ein Recht, angemeldeten Forderungen zu widersprechen, so dass ihm auch Kenntnis dieser Forderungen zu gewähren ist. Darüber hinaus bleibt der Schuldner auch bis zur Verwertung durch den Insolvenzverwalter Eigentümer der Gegenstände, die dem Insolvenzbeschlag unterliegen.

Nach alledem bestehen für den Insolvenzverwalter keine Hinderungsgründe, dem Schuldner einen Datenträger zur Verfügung zu stellen.

Daten und Datenschutz in Insolvenzfahren und Restrukturierung*

Professor Dr. Christoph Thole, Universität zu Köln

I. Daten und Dateneigentum

Die rechtliche Behandlung von Daten in Insolvenz und Restrukturierung ist nicht allein auf die Frage des Datenschutzes und die neue Datenschutzgrundverordnung beschränkt, sondern bewegt sich innerhalb der übergreifenden Thematik, wie Daten als Vermögenswert im Insolvenzverfahren zu behandeln sind. So erfasst das Datenschutzrecht von vornherein nur personenbezogene Daten, während nicht-personenbezogene Daten damit rechtlich gesehen nicht etwa zum Nullum werden, sondern ihrerseits Gegenstand weitergehender Regelungen sein können.

Daten sind Informationen. Sie erlangen in vielfältiger Weise rechtliche Relevanz und Aktualität. Das gilt sowohl für das Vertragsrecht als auch das Deliktsrecht, aber auch für das Sachenrecht, das Immaterialgüterrecht oder eben auch das Insolvenzrecht. Darüber hinaus haben Daten bisher ausdrücklich einen Niederschlag in den strafrechtlichen Regelungen zum Ausspähen oder zur Veränderung von Daten in § 202a StGB und § 303a StGB gefunden. Die aus zivilrechtlicher Sicht am breitesten diskutierte Frage ist, ob es so etwas gibt wie ein Eigentum an Daten (und nicht nur an

* Gekürzte Wiedergabe des am 11.10.2018 gehaltenen Vortrags.

den Datenträgern). Diese Frage betrifft vor allem die rechtliche Konstruktion des Schutzes von Daten beispielsweise vor einer Vorenthaltung oder Zerstörung. Die dazu bereits laufenden und auch wachsenden Diskussionen werden unter anderem angefeuert durch die Binnenmarktstrategie der EU-Kommission. Die EU-Kommission hat in jüngerer Zeit noch einmal deutlich gemacht, dass sie Datenerzeugerrechte an nicht personenbezogenen Daten aufbauen möchte.[1] Darüber hinaus sind digitale Inhalte und damit wiederum Daten Gegenstand der Richtlinie des Europäischen Parlaments und des Rates über bestimmte vertragsrechtliche Aspekte der Bereitstellung digitaler Inhalte, weil digitale Inhalte danach Gegenleistung für bestimmte Leistungen sein können.[2] Man bezahlt sozusagen mit seinen Daten.

Das „Dateneigentum" wird auf verschiedene Art und Weise geschützt. Dabei sind die Konzepte unterschiedlich. Teils werden Daten als sonstiges Recht im Sinne des Deliktsrechts (§ 823 BGB) eingeordnet, teils als Immaterialgüterrecht sui generis, obwohl Daten insoweit nicht in ein staatliches Register eintragungsfähig sind, teils wird auf den Skripturakt abgestellt und derjenige als „Eigentümer" angesehen, der technischer Hersteller dieser Daten ist.[3] Die herkömmliche Lösung geht dahin, auf das Eigentum am Datenträger abzustellen, weil auf diese Weise eine Sachqualität hergestellt wird. Wird also der Computer zerstört, erhält der Dateneigentümer deshalb Schadensersatz, weil hier eine Sache, nämlich der Computer samt digitalem Inhalt zerstört worden ist. Problematisch ist es nur, wenn „Dateneigentümer" und Sacheigentümer auseinanderfallen. Einen immaterialgüterrechtlichen Schutz gibt es nur bedingt. So werden Daten ggf. über § 12 und § 14 UrhG geschützt, wenn sie eine entsprechende geistige Schöpfung darstellen. Allerdings sind die Dinge im Fluss. Derzeit steht die Umsetzung der sogenannten Know-how-Richtlinie des Parlaments und des Rates vom 8.6.2016 an.[4] Diese Richtlinie ist vom deut-

1 Mitteilung zum Aufbau einer datengetriebenen Wirtschaft vom 10.1.2017, berichtend *Specht*, NJW 2017, 3567.

2 Vorschlag der Europäischen Kommission für eine Richtlinie des Europäischen Parlaments und des Rates über bestimmte vertragsrechtliche Aspekte der Bereitstellung digitaler Inhalte vom 9.12.2015, KOM(2015) 634 endg.

3 Vgl. statt vieler *Hoeren*, MMR 2013, 486.

4 Richtlinie (EU) 2016/943 des Europäischen Parlaments und des Rates vom 8.6.2016 über den Schutz vertraulichen Know-hows und vertraulicher Geschäftsinformationen (Geschäftsgeheimnisse) vor rechtswidrigem Erwerb sowie rechtswidriger Nutzung und Offenlegung (ABl. L 157 vom 15.6.2016, S. 1).

schen Gesetzgeber umzusetzen. Sie soll umgesetzt werden mit dem Geschäftsgeheimnisgesetz[5], das als Geschäftsgeheimnis Informationen bezeichnet, die von wirtschaftlichem Wert und Gegenstand von angemessenen Geheimhaltungsmaßnahmen durch den rechtmäßigen Inhaber sind. Dieses Gesetz wird unter anderem einen Anspruch auf Herausgabe der im Besitz oder Eigentum des Rechtsverletzers stehenden Dokumente, Gegenstände oder elektronischen Dateien beinhalten, die das Geschäftsgeheimnis enthalten oder verkörpern. Auch insoweit werden also Daten wieder rechtlich relevant werden. Damit verbunden sein kann unter anderem (Einzelheiten sind hier nicht zu entfalten) ein Aussonderungsrecht in Bezug auf Daten, die der Inhaber des Geschäftsgeheimnisses von dem Rechtsverletzer herausverlangt. Auch ein Unterlassungsanspruch ist hier denkbar. Auch ist es möglich, dass künftig insofern Masseverbindlichkeiten entstehen, wenn der Insolvenzverwalter gegen fremde Geschäftsgeheimnisse verstößt oder diese verletzt.

II. Vom Schuldner gesammelte Daten als Teil der Masse

Eine Grundsatzfrage, die auch das Datenschutzrecht tangiert, ist die Frage, inwiefern vom Schuldner gesammelte Daten überhaupt als Teil der Masse anzusehen sind. Das allgemeine zivilrechtliche Problem der fehlenden Sachqualität von Daten schlägt sich in § 35 InsO nieder. Danach gehört zur Masse das Vermögen des Schuldners, was wiederum nur Sachen und Rechte einbezieht. Auch insofern kann man als Behelfskonstruktion auf die Sachqualität des Datenträgers abstellen oder auf die Rechtsqualität von Ansprüchen, die der Schuldner beispielsweise gegen den Cloud-Pro-vider hat, bei dem die Daten gespeichert sind.

Teilweise wird vertreten, Datenschutzrechte des Betroffenen bei personenbezogenen Daten seien gegenüber dem Insolvenzverwalter als Aussonderungsrecht geltend zu machen.[6] Die DSGVO und das BDSG stellten sich insofern als gesetzliche Aussonderungsrechte dar. Dagegen spricht al-

5 RegE vom 18.7.2018 zum Gesetz zur Umsetzung der Richtlinie (EU) 2016/943 zum Schutz von Geschäftsgeheimnissen vor rechtswidrigem Erwerb sowie rechtswidriger Nutzung und Offenlegung, abrufbar unter: https://www.bmjv.de/SharedDocs/Gesetzgebungsverfahren/DE/GeschGehG.html (zuletzt abgerufen am 14.12.2018).

6 *Blunk*, Verwertbarkeit von Datenbeständen in der Insolvenz, S. 50 ff.; *Bultmann*, ZInsO 2011, 992, 994; *Jülicher*, ZIP 2015, 2063, 2064.

lerdings, dass diese Regelung nur eine Verwendungsbeschränkung für die Verwendung und den Umgang mit personenbezogenen Daten darstellt. Die Daten gehören also zur Masse, was nichts daran ändert, dass mit ihnen datenschutzkonform umgegangen werden muss.

III. Datenschutzrecht und Anwaltsrecht

Bevor auf das Datenschutzrecht im Einzelnen eingegangen werden kann, gilt es noch, den Blick auf eine aktuelle Entscheidung des Anwaltsgerichts Berlin zu werfen[7]. In dieser Entscheidung ging es um eine Akteneinsicht, die von einer Anwaltskanzlei beim Insolvenzgericht genommen worden war. Aus der Insolvenzakte wurden Gläubigeradressen generiert und diese dann verwendet, um in einem Werbeschreiben an die darunter befindlichen Gläubiger einer von der Insolvenzschuldnerin emittierten Schuldverschreibung dafür zu werben, dass die Anwaltskanzlei als gemeinsamer Vertreter der Anleihegläubiger bestellt wird. Das Anwaltsgericht meinte, dass es sich um einen Berufsrechtsverstoß im Sinne von § 43 BRAO handele, wenn die Daten der Beworbenen datenrechtlich unzulässigerweise aus einer nicht frei zugänglichen Quelle, hier der Insolvenzakte, stammen und die Betroffenen nicht eingewilligt haben.

IV. Die DSGVO im Insolvenzverfahren

Damit ist bereits der Datenschutz in der Insolvenzverwaltung angesprochen, der seit dem 25.5.2018 durch die DSGVO geregelt ist. Einzelheiten sind anderweitig dargelegt. Die DSGVO betrifft den Umgang mit personenbezogenen Daten und definiert als Verarbeitung im Sinne der Verordnung das Erheben, Speichern, Verändern, Übermitteln, Sperren, Löschen oder Nutzen von Daten durch den Verantwortlichen. Der Verantwortliche ist ein Zentralbegriff der DSGVO. Ihn treffen die relevanten Pflichten, etwa die Dokumentations- und Auskunftspflichten. Die DSGVO hat insbesondere auch die Rechte der Betroffenen gestärkt, über bestimmte Datenverarbeitungen benachrichtigt zu werden oder auch Auskunft zu erhalten. Zu den Rechten gehört auch das sog. „Recht auf Vergessenwerden" im Sinne von Art. 15 DSGVO.

7 AnwG Berlin, NJW 2018, 2421.

1. Benachrichtigungspflicht bei Speicherung von Daten über Dritte

Der insolvenzrechtliche Kontext ist schnell hergestellt. So ist fraglich, ob die Verwalterkanzlei bei der Speicherung von Daten zu unterhaltsberechtigten Familienmitgliedern des Schuldners diesen Mitgliedern ungefragt Auskunft darüber zu geben hat, dass ihre Daten in der Akte vermerkt werden. Dies wäre nach der Grundregel des Art. 14 DSGVO eigentlich zu bejahen, weil die Daten nicht selbst bei der betroffenen Person erhoben werden. Es greift aber wohl die Ausnahme des Art. 14 Abs. 5 lit. c DSGVO, denn danach besteht keine Benachrichtigungspflicht, wenn die Erlangung oder Offenlegung durch Rechtsvorschriften der Union oder der Mitgliedstaaten in geeigneter Weise ausdrücklich geregelt ist. Außerdem besteht keine Benachrichtigungspflicht, wenn die Daten dem Berufsgeheimnis unterliegen, Art. 14 Abs. 5 lit. d DSGVO. Auf dieser Grundlage lässt sich eine Ausnahme annehmen, weil insbesondere der anwaltliche Insolvenzverwalter bereits den anwaltlichen Geheimhaltungspflichten unterliegt.

2. Auskunfts- und Einsichtsrecht des Schuldners

In gleicher Weise lässt sich fragen, ob der Schuldner in die Handakte des Insolvenzverwalters und sämtliche intern ausgetauschte E-Mails etc. Einsicht nehmen und darüber Auskunft begehren kann. Das Problem besteht darin, dass die DSGVO im Hinblick auf das Auskunftsrecht nach Art. 15 DSGVO keine Bereichsausnahme für justizielle Verfahren vorsieht. Begründen lässt sich eine Ausnahme aber damit, dass – wie dies Art. 23 DSGVO zulässt – im nationalen Recht bestimmte Beschränkungen vorgesehen sind. So wird über § 29 BDSG eine Geheimhaltungspflicht normiert, die hier richtigerweise „nach dem Wesen des Insolvenzrechts" besteht, sodass dann auch kein Auskunftsrecht besteht.

3. Der Verwalter als Verantwortlicher

Verantwortlicher im Sinne des Art. 4 Nr. 7 DSGVO ist nach dem Wortlaut der Verordnung die Stelle, die allein oder gemeinsam mit anderen über die Zwecke und Mittel der Verarbeitung entscheidet. Dabei können die Zwecke und Mittel dieser Verarbeitung auch durch das Unionsrecht oder das nationale Recht vorgegeben sein. Wenn man sich nun fragt, ob der Insolvenzverwalter die Stellung als Verantwortlicher hat, ist zunächst nach Verantwortungsbereichen abzugrenzen. Was die Insolvenzverwalterkanzlei angeht, so ist sie in ihrem Tätigkeitsbereich selbstverständlich Verantwortlicher. Auch das Gericht ist bei der Führung der Insolvenzakte Verantwortlicher. Die eigentliche Kernfrage ist, ob der Insolvenzverwalter in der Funktion als Repräsentant des Schuldners ebenfalls in die Schuhe des Verantwortlichen schlüpft, was die Unternehmensdaten angeht.[8] Der Verantwortliche ist vom bloßen Auftragsverarbeiter dadurch abzugrenzen, dass ersterer die Entscheidung über Zweck und Mittel der Verarbeitung trifft. Zur früheren Datenschutzrichtlinie gibt es entsprechende Materialien wie insbesondere das Arbeitspapier 169, die sogenannte Stellungnahme 1/2010 der Art.-29-Datenschutzgruppe.[9] In diesem Papier wird noch einmal deutlich gemacht, dass auch ein tatsächlicher Einfluss auf die Datenverarbeitung und Zweck und Mittel der Verarbeitung ausreichen können. Der Verantwortliche ist derjenige, der die Entscheidung über Warum und Wie bestimmter Verarbeitungen trifft. Er ist der Herr über die Daten. Wenn man davon ausgeht, wird im Ergebnis zu Recht im Schrifttum der Verwalter im eröffneten Verfahren in Bezug auf die Unternehmensdaten als Verantwortlicher angesehen.

Man kann natürlich fragen, ob nicht vielleicht sogar das Gericht als Verantwortlicher anzusehen ist, weil es durch Einsetzung des Verwalters letztlich erst Zweck und Mittel der Verarbeitung festlegt. Das ist indessen schief. Denn Mittel und Zweck in einem abstrakten Sinne sind bereits durch das Gesetz und den Zweck der Insolvenzverwaltung festgelegt. Richtigerweise ist das Gericht selbst Datenschutzverantwortlicher in Bezug auf die Führung der Insolvenzakte; was die Betriebsfortführung im Unternehmen und die Daten aus dem Unternehmen angeht, kann man dies aber wohl kaum sagen, weil das Gericht hier eine bloße Rechtsaufsicht über den Verwalter ausübt. Der Verwalter ist also Verantwortlicher, indessen nicht öffentliche Stelle im Sinne der Sonderregelungen in den §§ 22, 23, 25 BDSG. Der Verwalter ist nicht Beliehener.[10] Denkbar wäre das allenfalls im Bereich der Zustellungen nach § 8 InsO, soweit sie auf den Insolvenzverwalter übertragen sind.

8 Dazu *Thole*, ZIP 2018, 1001, 1002 ff.

9 Stellungnahme 1/2010 zu den Begriffen „für die Verarbeitung Verantwortlicher" und „Auftragsverarbeiter", WP 169. Die Datenschutzgruppe wurde gemäß Artikel 29 der Richtlinie 95/46/EG eingesetzt.

10 *Thole*, ZIP 2018, 1001, 1004.

Auch von einer gemeinsamen Verantwortlichkeit von Schuldner und Insolvenzverwalter ist nicht auszugehen, weil sich im Gegenteil die Verantwortungsbereiche hier voneinander abgrenzen und abgrenzen müssen. Der Verwalter ist deshalb verantwortlich, weil er die Verwaltungs- und Verfügungsbefugnis über die Daten hat, und er hat sie spätestens dann, wenn er auch einen tatsächlichen Einfluss auf die Datenverarbeitung hat. Sind allerdings Datenpakete aus welchen Gründen auch immer noch nicht massebefangen gemacht worden, weil sie zwar technisch gesehen in die Verwaltungs- und Verfügungsbefugnis fallen, aber noch nicht entdeckt worden sind, wird man meines Erachtens auch keine datenschutzrechtliche Verantwortlichkeit annehmen können, insbesondere auch dann nicht, wenn eine Inbesitznahme zunächst nur zu Sicherungszwecken erfolgt, ohne dass die Daten bzw. Datenträger in die Masse integriert werden. Letztlich fehlt es dann auch an einem Verarbeiten, wenn die Daten unberührt gelassen werden. Insofern ergibt sich richtigerweise in Bezug auf bloße Altdaten, die nicht verarbeitet werden, auch keine Verantwortlichkeit des Insolvenzverwalters. Anders ist es dann, wenn er diese Altdaten verarbeitet. Dann muss er insbesondere auch bereits erkannte Datenschutzverstöße aus der Vergangenheit reparieren und die Datenschutzkonformität herstellen.

4. Der vorläufige Verwalter

Ob auch der vorläufige Verwalter verantwortlich ist, ist im Schrifttum bisher unterschiedlich eingeschätzt worden.[11] Richtigerweise ist ein schwacher vorläufiger Verwalter gerade nicht verantwortlich, da er keinen rechtlich gesicherten Einfluss auf die Datenverarbeitung hat. Gleiches gilt entgegen dem Schrifttum auch für den schwachen vorläufigen Verwalter mit Zustimmungsvorbehalt, weil der Zustimmungsvorbehalt nur Verfügungen betrifft. Auch eine entsprechende Ermächtigung durch das Gericht kommt schon mangels Rechtsgrundlage nicht in Betracht, weil das Gericht nicht seinerseits zu einer Verantwortlichkeit im Sinne des Datenschutzrechtes ermächtigen kann. Beim starken vorläufigen Verwalter ist demgegenüber bei entsprechender Verarbeitung von einer Verantwortlichkeit auszugehen, während der Sachverständige nicht „verantwortlich" ist, sondern im Auftrag des Gerichts tätig wird.

11 Dazu *Thole*, ZIP 2018, 1001, 1008 f.

5. Weitere Fragen

Es stellt sich noch eine Reihe von weiteren insolvenzrechtlichen Fragen, die an dieser Stelle gekürzt erörtert werden. Dazu gehört unter anderem die Frage, welche Wirkungen eigentlich die von dem Betroffenen erteilte Einwilligung im Insolvenzfall hat. Die Widerruflichkeit der Einwilligung bleibt insofern erhalten. Umgekehrt bedeutet die Insolvenzeröffnung über das Vermögen des Unternehmens nicht, dass die Einwilligung eo ipso wegfällt, weil sich ihr Zweck geändert hat. Die Eröffnung betrifft nur die Durchsetzbarkeit von primären Erfüllungsansprüchen, hat aber insofern auf die erteilte Einwilligung zur Datenverarbeitung keinen Einfluss. Anders ist es, wenn der Vertrag vollständig abgewickelt wird. Dann ergibt sich eine Zweckänderung nach Erlöschen und Ablehnung des Vertrages, wobei man aber davon ausgehen kann, dass eine Einwilligung auch zu Abwicklungszwecken noch fortwirkt.

Was die Auftragsverarbeitung angeht, so kann die Frage auftauchen, was passiert, wenn der Auftragsverarbeiter, zum Beispiel ein Cloud-Anbieter, selbst in Insolvenz fällt. Hier ist vor allem zu ermitteln, welche Rechtsnatur der Cloud-Vertrag hat. Das hängt entscheidend davon ab, welche Vertragsart gewählt ist. Es gibt verschiedene Ausgestaltungen, die mit den Stichworten Software as a Service (SaaS), Platform as a Service (PaaS) oder Infrastructure as a Service (IaaS) beschrieben sind. Während international solche Cloud-Verträge meist als Service Contracts bezeichnet werden,[12] kann man sie nach deutschem Verständnis in ihrem Grundtypus als Mietverträge in Bezug auf den Speicherplatz ansehen, die gegebenenfalls mit weiteren Leistungen, die dienst- und werkvertraglich zu qualifizieren wären, ergänzt werden. Insofern wird typischerweise § 103 InsO aus Sicht des Cloud-Kunden anwendbar sein, weil § 108 InsO nur bei unbeweglichen Sachen greift. Darüber hinaus besteht in der Insolvenz des Auftragsverarbeiters auch ein Aussonderungsanspruch in Bezug auf die eingestellten Daten, der sich jedenfalls aus § 667 Alt. 1 BGB ergibt.[13]

Ein letztes Problem ist der Asset Deal, der häufig Probleme aufwirft. Hier wurde früher häufig nach dem sogenannten bayerischen Modell vorgegangen, d.h. nach der vom Bayerischen Landesamt für Datenschutzaufsicht favorisierten Lösung.[14] Das Modell sah vor, dass die Betroffenen vor dem Asset Deal angeschrieben werden und über den Verkauf informiert

12 *Boehm*, ZEuP 2016, 358, 365.

13 OLG Düsseldorf, NZI 2012, 887.

14 Dazu *Berberich/Kanschik*, NZI 2017, 1, 9.

werden müssen. Die Betroffenen müssen zwar nicht individuell der weiteren Nutzung ihrer Daten durch den Erwerber zustimmen, aber eine angemessene Frist zum Widerspruch erhalten. Diese Lösung ist schon praktisch nicht immer einfach, weil sämtliche Gläubiger nochmals kontaktiert werden müssen.

Richtigerweise wird man auch unter der DSGVO davon ausgehen können, dass ein Asset Deal in Betracht kommt, ohne dass die Kunden oder Arbeitnehmer erneut einwilligen müssen. Es liegt nämlich jedenfalls nach Art. 6 Abs. 1 lit. f DSGVO dann ein berechtigtes Interesse vor, wenn die Vertraulichkeit der übermittelten Daten gewahrt ist. Die Verarbeitung ist zur Wahrung der berechtigten Interessen des Verantwortlichen nämlich erforderlich, weil die übertragene Sanierung notwendig ist, um dem Verfahrenszweck zu dienen.

Dass gleichwohl der Datenschutz beim Verkauf aus der Insolvenz ein Problem darstellt, beweist eindrucksvoll die neuere Entscheidung des OLG Frankfurt[15]. Hier hatte der Insolvenzverwalter Daten per USB-Stick an den Geschäftsführer einer Adresshandelsfirma verkauft. Die Daten befanden sich allerdings auch weiterhin auf dem Server der Schuldnerin. Diesen Server verkaufte der Verwalter an eine andere Firma als Geschäftsausstattung. Die darauf befindlichen Daten wurden vom Erwerber weiterverkauft an eine D-GmbH. Diese D-GmbH nutzte die Serverdaten für Werbemails bezogen auf eine pornografische Website. Nunmehr klagte die Adresshandelsfirma gegen den Insolvenzverwalter aus abgetretenem Recht des Erwerbers des Sticks (des Geschäftsführers). Das OLG hielt den Kaufvertrag mit dem Geschäftsführer für nichtig gemäß § 134 BGB. Eine datenschutzrechtliche Erlaubnis der Datenübertragung, insbesondere aus § 28 Abs. 3 S. 2 BDSG a.F., sei nicht gegeben. Gleichwohl war eine Rückforderung des Kaufpreises nach § 817 S. 2 BGB ausgeschlossen, weil beide Parteien zu gesetzeswidrigen Zwecken gehandelt hätten. Im Ergebnis bedeutet dies, dass die Masse den Kaufpreis behalten durfte, gleichzeitig aber den für den Serververkauf realisierten Kaufpreis vereinnahmen konnte.

15 OLG Frankfurt, ZInsO 2018, 886.

V. Fazit

Insgesamt zeigen die Hinweise, dass das Datenschutzrecht auch weiterhin auf der Agenda bleibt. Es stellt einen Teilaspekt des übergeordneten Problems dar, wie Daten im Insolvenzverfahren und in Restrukturierungsfällen zu behandeln sind. Man muss kein Prophet sein, um zu erkennen, dass die Bedeutung des Themas in den nächsten Jahren eher wachsen denn abnehmen wird.

Arbeitsbedingungen in der Krise und in der Insolvenz

Professor Dr. Richard Giesen, ZAAR, Ludwig-Maximilians-Universität München

I. Einführung: Drei Phasen der Krise und drei Quellen der Gestaltung von Arbeitsbedingungen

Die Unternehmenskrise lässt sich – grob – in drei Phasen aufteilen.

Am Anfang steht die Phase, in welcher das Unternehmen unter wirtschaftlichen Schwierigkeiten leidet, ohne dass dies verfahrensrechtlich aufgearbeitet würde. In dieser Phase kann sich bereits Überschuldung ergeben oder es können Tatbestände greifen, welche Rechtsgeschäfte später anfechtbar machen, so dass sich schon zu dieser Zeit besondere rechtliche Vorkehrungen empfehlen können.

Es folgt der Insolvenzantrag, für den ebenfalls wieder Unterscheidungen getroffen werden können, je nach dem, welcher Antragsgrund besteht, wer den Antrag gestellt und ob Eigenverwaltung beantragt wurde. Nach der Antragstellung folgen zudem Anordnungen des Insolvenzgerichts, insbesondere die Einsetzung eines vorläufigen Insolvenzverwalters mit unterschiedlichen Befugnissen als „starker“, „schwacher“ oder „halbstarker“ Insolvenzverwalter.

Soweit der Insolvenzantrag nicht mangels Zulässigkeit, mangels Insolvenzgründen oder – wie so oft – mangels Masse abgelehnt wurde, wird dann das eigentliche Insolvenzverfahren eröffnet.

Wenn sich somit zeigt, dass sich die betreffenden Phasen in vielerlei unterschiedliche Teilphasen und besondere Zeiträume aufteilen lassen, ergibt sich dennoch die Möglichkeit der Dreiteilung in Krise, Eröffnungsverfahren und Insolvenzverfahren. Diese drei Phasen sind auch für das Arbeitsrecht von Bedeutung, da jeweils unterschiedliche Rahmenbedingungen der individual- und kollektivarbeitsrechtlichen Ordnung existieren. Zudem ergeben sich Auswirkungen auf die sozialrechtlichen Fördermöglichkeiten für Beschäftigte und Unternehmen, insbesondere mittels Insolvenzgeld sowie Leistungen für Transfermaßnahmen und Transferkurzarbeitergeld. Auch hier ist die Dreiteilung wieder nur eine grobe Unterscheidung: Individualarbeitsrecht, Kollektivarbeitsrecht und Sozialrecht.

Im hiesigen Beitrag soll ein Überblick über einige Aspekte des Zusammentreffens der drei Phasen und der drei Teilordnungen gegeben werden. Aus ihnen ergeben sich in unterschiedlicher Weise Chancen auf eine teilweise oder vollständige Aufrechterhaltung von Arbeitsplätzen und auch die Nichtzerschlagung betrieblicher Werte.

II. Krise ohne Antrag (vor Beantragung des Insolvenzverfahrens)

In der ersten der oben beschriebenen Phase kann man von der Krise ohne Antrag sprechen; es geht also um die Situation des Unternehmens vor Beantragung des Insolvenzverfahrens.

1. Individualarbeitsrecht

In dieser Situation sind zunächst keine arbeitsrechtlichen Besonderheiten ersichtlich. Insbesondere die Vorgaben der betriebsbedingten Kündigung richten sich nach § 1 KSchG.

Im Geltungsbereich des KSchG, also in Betrieben mit mehr als zehn Arbeitnehmern und bei Arbeitsverhältnissen von mehr als sechs Monaten Dauer (§ 1 Abs. 1,§ 23 Abs. 1 S. 3, 4 KSchG, vgl. im Übrigen auch § 14 KSchG) ist die Sozialwidrigkeit der Kündigung zu untersuchen.[1] Die Prüfung der Sozialwidrigkeit ist bei betriebsbedingten Kündigungen (die verhaltens- und personenbedingte Kündigung müssen im hiesigen Kontext nicht näher diskutiert werden) relativ komplex. Es bedarf insbesondere „dringender betrieblicher Erfordernisse" in Form des Wegfalls der Beschäftigungsmöglichkeit zu den ursprünglichen Arbeitsbedingungen mit Ablauf der Kündigungsfrist.[2] Die Möglichkeiten, Kündigungen tarifvertraglich und – insbesondere – betriebsverfassungsrechtlich durch Interessenausgleiche mit Namenslisten zu flankieren, richten sich nach § 1 Abs. 4, Abs. 5 KSchG.[3] Des Weiteren müssen die ordnungsgemäße Anhörung bzw. Zustimmung des Betriebsrats nach § 102, § 103 BetrVG sichergestellt sein. Hinzu kommen die Berücksichtigung der allgemeinen Kündigungsvoraussetzungen wie das Schriftformgebot (§ 623 BGB) und die

1 Vgl. allgemein zu den Voraussetzungen des Kündigungsschutzes *Oetker* in: Erfurter Kommentar, 19. Aufl. 2019, § 1 KSchG, Rn. 16 ff.

2 Vgl. *Oetker* in: Erfurter Kommentar, 19. Aufl. 2019, § 1 KSchG, Rn. 211 ff.

3 Vgl. *Oetker* in: Erfurter Kommentar, 19. Aufl. 2019, § 1 KSchG, Rn. 351 ff.; s. aus der Rechtsprechung etwa BAG 24.10.2013 – 6 AZR 854/11, NZA 2014, 46; BAG 17.3.2016 – 2 AZR 182/15, NZA 2016, 1072.

mögliche Einschlägigkeit besonderer Kündigungsverbote insbesondere des Sonderkündigungsschutzes (§ 17 MuSchG, § 18 BEEG, § 11 TzBfG, §§ 168 ff. SGB IX; § 15 KSchG, § 5 PflegeZG, § 22 BBiG, vgl. auch § 612a, § 613a Abs. 4 S. 1 BGB). Bei Massenentlassungen kommen noch die betriebsverfassungsrechtlichen und verwaltungsrechtlichen Verfahren nach § 17 KSchG hinzu.

Besondere Schwierigkeiten ergeben sich, sobald die betriebliche Tätigkeit nur teilweise eingestellt werden soll. Bei mehreren betroffenen Arbeitnehmern, von denen nicht jeder entlassen werden soll, muss eine Sozialauswahl gemäß § 1 Abs. 3 KSchG vorgenommen werden. Das erfordert nach § 1 Abs. 3 S. 1 KSchG die Bildung von Gruppen vergleichbarer bzw. austauschbarer Arbeitnehmer und den Vergleich ihrer Sozialdaten. Dabei ergeben sich erhebliche Schwierigkeiten in der Rechtsanwendung, weil die Bildung von Arbeitnehmergruppen und die Erfassung sowie die Berücksichtigung der Sozialdaten einschließlich ihrer ständigen Aktualisierung sowohl hinsichtlich der Tatsachenlage als auch hinsichtlich der diesbezüglichen Rechtslage fehleranfällig ist.[4]

2. Betriebsverfassung: Betriebsänderungen nach §§ 111 ff. BetrVG

Personalabbaumaßnahmen sind, soweit sie größere Umfänge annehmen, Betriebsänderungen i.S.d. § 111 BetrVG[5] und führen somit – unter Beachtung von § 112a BetrVG – zur Verpflichtung, einen Interessenausgleich zu verhandeln. Hierbei existiert ein mittels Einigungsstellenanrufung erzwingbares Mitbestimmungsrecht für den Abschluss eines Sozialplans. Ist das Verfahren nach §§ 111 ff. BetrVG nicht vor der Betriebsänderung durchgeführt worden, sind Nachteilsausgleiche gemäß § 113 BetrVG zu leisten – nach Ansicht vieler Landesarbeitsgerichte besteht zudem ein Unterlassungsanspruch des Betriebsrats.[6] Die Einigungsstelle, welche im

4 Vgl. *Oetker* in: Erfurter Kommentar, 19. Aufl. 2019, § 1 KSchG, Rn. 299 ff.

5 Vgl. *Kania* in: Erfurter Kommentar, 19. Aufl. 2019, § 111 BetrVG, Rn. 10 ff.

6 Für einen Unterlassungsanspruch etwa LAG Hamm 17.2.2015 – 7 TaBVGa 1/15, NZA-RR 2015, 247 ff.; dagegen etwa LAG Rheinland-Pfalz 27.8.2014 – 4 TaBVGa 4/14, NZA-RR 2015, 197 ff.; s. eingehend und m.w.N. *Kania* in: Erfurter Kommentar zum Arbeitsrecht, 19. Aufl. 2019, § 111 BetrVG Rn. 27 f.; *Hohenstatt/Willemsen* in: Henssler/Willemsen/Kalb, Arbeitsrecht Kommentar, 8. Aufl. 2018, § 111 BetrVG, Rn. 78 ff.

Dissensfall über den Sozialplan entscheidet, ist gemäß § 112 Abs. 4, Abs. 5 BetrVG zumindest in einem weiteren, nicht voll justiziablen Rahmen den Geboten der wirtschaftlichen Vertretbarkeit unterworfen.[7] Das gesamte Verfahren bei der Einigungsstelle bis zur rechtskräftigen Klärung der Wirksamkeit ihres Spruchs kann zu erheblichen Verzögerungen führen. Kommt es beispielsweise nicht zur Einigung über die Person des neutralen Vorsitzenden, muss das Arbeitsgericht im aufwendigen Beschlussverfahren diese Personalie entscheiden. Trotz prozessrechtlicher Beschleunigungsanordnungen (vgl. § 100 ArbGG, § 76 Abs. 2 S. 2, 3, Abs. 5 S. 4 BetrVG) dauert es bei entsprechender Verzögerung manchmal dann noch über ein Jahr, bis eine Entscheidung in der Welt ist.

Umgekehrt lässt sich mit Hilfe der Betriebsverfassung auch ein Beschleunigungseffekt erkaufen. So können die Betriebsparteien in einer freiwilligen Betriebsvereinbarung Zahlungen an Arbeitnehmer vorsehen, die gegen ihre Kündigung keine Kündigungsschutzklage erheben oder Aufhebungsverträge schließen. Bei solchen beschleunigenden Regelungen, welche Anreize zu Aufhebungsverträgen und zügige Rechtssicherheit bezüglich Kündigungen bringen können, spricht man von „Klageverzichtsprämien“ oder auch von „Turboprämien“. Sie werden von der Rechtsprechung gebilligt.[8]

3. Einverständliche Lösungen: Beispiel Freiwilligenprogramme

In der Krise ist die freiwillige Lösung von Arbeitsverhältnissen, also die Vermeidung der (betriebsbedingten) Kündigung, kaum möglich, weil das hierfür notwendige Einverständnis der jeweilig betroffenen Arbeitnehmer in der Regel mit Abfindungen entgolten werden muss. So werden beim Arbeitsplatzabbau in den letzten Jahren zunehmend so genannte „Freiwilligenprogramme“ aufgelegt, bei denen der Arbeitgeber keine Kündigungen ausspricht, sondern einer größeren Anzahl der Arbeitnehmer Aufhebungsverträge anbietet. Die diesbezüglichen Angebote umfassen Abfindungszahlungen sowie oft noch weitere Leistungen wie beispielsweise

7 Vgl. *Hohenstatt/Willemsen* in: Henssler/Willemsen/Kalb, Arbeitsrecht Kommentar, 8. Aufl. 2018, § 112 BetrVG, Rn. 58 ff. m.w.N.

8 BAG 31.5.2005 – 1 AZR 254/04, NZA 2005, 997, Rn. 23 ff.; BAG 9.12.2014 – 1 AZR 146/13, NZA 2015, 438, Rn. 40 ff.; vgl. auch BAG 8.12.2015 – 1 AZR 595/14, NZA 2016, 767.

Umschulungsmaßnahmen und Umzugsbeihilfen. Teilweise wird dies mit Sozialplänen nach §§ 111 f. BetrVG verbunden. All das führt nicht nur zu erheblichen finanziellen Lasten: Die dabei aufgewendeten Abfindungsbeträge liegen regelmäßig weit über den Summen, die beispielsweise in § 1a KSchG festgelegt sind bzw. von Arbeitsgerichten als Vergleichssummen bei umstrittenen Kündigungen vorgeschlagen werden.[9] Zudem ergibt sich ein strukturelles Problem daraus, dass es meist Arbeitnehmer mit hohen Beschäftigungschancen sind, welche sich auf eine Abfindungsleistung einlassen, da ihnen der Zugang zu einem neuen Arbeitsplatz am leichtesten fällt. Daraus folgt die Notwendigkeit, dringend benötigte Beschäftigte im Unternehmen zu halten und ihrem möglichen Unmut über hohe Zahlungen vorzubeugen, die an Kollegen geleistet werden, welche das Unternehmen verlassen. Außerdem werden von vielen Betriebsräten selbst bei reinen Freiwilligkeitsregelungen erzwingbare Mitbestimmungsrechte in Anspruch genommen. Oft führen Unternehmen daher entsprechende Beteiligungsverfahren durch, nicht zuletzt mit Blick auf möglicherweise drohende arbeitsgerichtliche Unterlassungsanordnungen.[10]

4. Flexibilisierung ohne Zugriff auf das Arbeitsverhältnis

Bei alledem bestehen, auch in der Krise, meist nur wenige Möglichkeiten, durch die Flexibilisierung von Arbeitsbedingungen zur Vermeidung von Personalabbau zu kommen. Grundsätzlich gilt, dass die Arbeitsgerichtsbarkeit das Risiko der technischen Einsetzbarkeit eines Arbeitnehmers oder auch das Risiko der fehlenden Wirtschaftlichkeit eines Arbeitsplatzes prinzipiell dem Arbeitgeber zuweist. Das ist nicht nur Konsequenz des kündigungsrechtlichen Bestandsschutzes, sondern folgt auch daraus, dass der Arbeitgeber kraft seines arbeitsrechtlichen Direktionsrechts grundsätzlich über die Tätigkeit des Arbeitnehmers zu bestimmen hat. Der Arbeit-

9 S. dazu oben II 1.

10 S. näher *Kliemt*, Freiwilligenprogramme – Chancen und Risiken bei Restrukturierungen, Festschrift Willemsen, 2018, S. 235 (240 ff.); zur Massenentlassungsanzeige bei Freiwilligenprogrammen *Kliemt* a.a.O.; *Seidel/Wagner* BB 2018, 692 (696 f.); zur Betriebsratsbeteiligung LAG Hannover 27.6.2016 – 11 Sa 1010/15, juris, m. Anm. *Löbig*. Juris PR-ArbR 2018/2 Nr. 5. Vgl. auch *o. Verf.*, Streit um Sanierung Opel-Betriebsrat blockiert Abfindungsprogramm, Spiegel Online 27.4.2018, http://www.spiegel.de/wirtschaft/unternehmen/opel-betriebsrat-blockiert-freiwilliges-abfindungsprogramm-a-1205179.html (letzter Abruf 12.1.2019).

nehmer stellt seine Tätigkeit also im Grundsatz unabhängig davon zur Verfügung, ob der Arbeitgeber sie sinnvoll einsetzen kann. Deshalb schuldet der Arbeitgeber bei deren fehlender Inanspruchnahme im Annahmeverzug gemäß § 615, §§ 293 ff. BGB dennoch die Vergütung nach § 611a Abs. 2 BGB. Der Arbeitnehmer muss sich nach § 615 S. 2 BGB nur den Wert ersparter Aufwendungen und anderweitiger Einnahmen bzw. Einnahmemöglichkeiten anrechnen lassen. Literatur und Rechtsprechung haben aus diesen Grundgedanken die Regel von der Tragung des Wirtschafts- und des Betriebsrisikos durch den Arbeitgeber entwickelt. Selbst wenn die Arbeitsleistung unmöglich wird, weist man das diesbezügliche Risiko, wenn es in der Sphäre der vom Arbeitgeber kontrollierten Tätigkeit liegt, als so genanntes „Betriebsrisiko“ dem Arbeitgeber zu.[11]

Aufgrund dessen wird auch die betriebsbedingte Änderungskündigung zum Zweck der Entgeltreduzierung nur unter so strengen Bedingungen für zulässig gehalten, dass sie in der Praxis keine Bedeutung hat.[12]

Zudem ist es üblich, selbst für relativ hohe Vergütungsgruppen einen tarifvertraglichen Entgeltsatz festzulegen, der nicht leistungs- und/oder erfolgsabhängig reguliert werden kann. Zwar ist es den Arbeitsvertragsparteien unbenommen, zusätzlich zum Tarifminimum entsprechende Vereinbarungen zu treffen – Weil das Tarifentgelt aber in der Regel denjenigen Betrag spiegelt, den der jeweilige Arbeitgeber leisten kann, kommt es im Bereich der Tarifentlohnung kaum zu solchen Flexibilisierungsabreden. Ähnlich stellt sich die Situation auf betrieblicher Ebene dar, wo der Betriebsrat gemäß § 87 Abs. 1 Nr. 10, 11 BetrVG entsprechende Abreden treffen kann – es mangels Zuständigkeit für die leitenden Angestellten in der Regel aber nicht in größerem Maße tut. Flexibilisierungspotentiale, die das Arbeitsrecht auch für den Fall der Krise bereithält, können daher in der Praxis meist nicht genutzt werden.

11 S. im Einzelnen *Preis* in: Erfurter Kommentar, 19. Aufl. 2019, § 615 BGB Rn. 120 ff.

12 Voraussetzung ist, dass sie der Verwirklichung eines schlüssigen Sanierungskonzepts dient und bei Aufrechterhaltung der bisherigen Personalkostenstruktur weitere, betrieblich nicht mehr auffangbare Verluste entstünden, die absehbar zur Reduzierung der Belegschaft oder zur Betriebsschließung führen würden, BAG 27.9.2001 – 2 AZR 236/00, NZA 2002, 750; *Stoffels*, ZfA 2002, 401 (411 ff.); *Oetker* in: Erfurter Kommentar, 19. Aufl. 2019, § 2 KSchG, Rn. 60 ff.; *Molkenbuhr* in: Henssler/Willemsen/Kalb, Arbeitsrecht Kommentar, 8. Aufl. 2018, § 2 KSchG, Rn. 73 ff.

5. Kurzarbeit und Kurzarbeitergeld nach §§ 95 ff. SGB III

Kurzarbeitergeld dient dazu, in Zeiten vorübergehender Unternehmenskrisen betriebsbedingte Kündigungen zu vermeiden und stattdessen mittels beitragsfinanzierter Unterstützung Entgeltausfälle teilweise und zeitweise aufzufangen. Obwohl es sich somit um ein sozialrechtliches Instrument mit der Funktion sozialer Vorsorge für die Beschäftigten handelt, kann Kurzarbeitergeld der Sache nach mittelbar auch unternehmerische Flexibilität bei wirtschaftlich bedingten Auslastungsschwächen unterstützen.[13] Die Leistungen setzen nach §§ 95 ff. SGB II unter anderem[14] voraus, dass im Unternehmen „ein erheblicher Arbeitsausfall mit Entgeltausfall vorliegt“ (§ 95 S. 1 Nr. 1 SGB III). Der Arbeitsausfall ist gemäß § 96 Abs. 1 SGB III dann erheblich, wenn „1. er auf wirtschaftlichen Gründen oder einem unabwendbaren Ereignis beruht, 2. er vorübergehend ist, 3. er nicht vermeidbar ist und 4. im jeweiligen Kalendermonat (Anspruchszeitraum) mindestens ein Drittel der in dem Betrieb beschäftigten Arbeitnehmerinnen und Arbeitnehmer von einem Entgeltausfall von jeweils mehr als 10 Prozent ihres monatlichen Bruttoentgelts betroffen ist …“.

Das bedeutet allerdings nicht, dass Kurzarbeitergeld ein geeignetes Mittel wäre, jegliche unternehmerische Krise zu bewältigen. Die „wirtschaftlichen Gründe“ setzen voraus, dass der Arbeitsausfall „durch eine Veränderung der betrieblichen Strukturen verursacht wird, die durch die allgemeine wirtschaftliche Entwicklung bedingt ist“, und ein „unabwendbares Ereignis“ ist insbesondere dann gegeben, „wenn ein Arbeitsausfall auf ungewöhnlichen, von dem üblichen Witterungsverlauf abweichenden Witterungsverhältnissen beruht…“.

Bei alledem ist zu berücksichtigen, dass die Einführung von Kurzarbeit zwecks Leistung von Kurzarbeitergeld nach §§ 95 ff. SGB III einer ar-

13 Vgl. zur Unternehmensnützigkeit von Arbeitsförderungsleistungen, insbesondere von Kurzarbeitergeld, *Schnitzler* in: Rieble/Junker/Giesen (Hrsg.), Funktionswandel der Sozialversicherung – von der Arbeitnehmer- zur Unternehmenshilfe und zum Marktakteur, 2013, S. 15 ff.; *Hase*, daselbst, S. 37 ff., insbesondere S. 45 ff.; *Giesen*, daselbst, S. 95 ff., insbesondere S. 100 ff.

14 Die weiteren betrieblichen und persönlichen Voraussetzungen sowie das Erfordernis der Anzeige des Arbeitsausfalls bei der Agentur für Arbeit müssen hier nicht näher diskutiert werden, vgl. dazu die Kommentierung der §§ 95 ff. SGB II von *Bieback* in: Rolfs/Giesen/Kreikebohm/Udsching, Beck OK, Stand 2018.

beitsrechtlichen Grundlage bedarf. Zwar muss der Arbeitnehmer entsprechend dem Ausmaß der Kurzarbeit – bis hin zur „Kurzarbeit Null" – während der Kurzarbeitsphase weniger oder nicht mehr arbeiten; jedoch verliert er entsprechend den Anspruch auf die Vergütung, die nur teilweise duch das Kurzarbeitergeld ersetzt wird. Deshalb bedarf es einer arbeitsvertraglichen oder tarifvertraglichen Grundlage für diese Umstellung des Arbeitsverhältnisses. Zusätzlich hat das BAG es auch zugelassen, dass die Betriebsparteien eine solche Regelung treffen können.[15]

6. Transfergesellschaften und Förderleistungen nach §§ 110 f. SGB III

Zudem bestehen schon im Vorfeld möglicher Insolvenzen bei endgültigem Personalabbau Möglichkeiten, diese durch den Einsatz von Transfergesellschaften und mit Hilfe von Leistungen der Bundesagentur für Arbeit zu flankieren. Da dies – bedauerlicherweise – oft erst in der Insolvenz geschieht, soll die betreffende Thematik näher unten im Kapitel zum Insolvenzverfahren dargestellt werden, unter IV 4. und IV 5.

7. Antizipation eines möglichen Insolvenz(antrags)verfahrens

Bei alledem muss ein drohendes Insolvenz(antrags)verfahren von den Beteiligten berücksichtigt werden. Der Arbeitnehmer wird all diejenigen Vereinbarungen unterlassen, bei denen er in Vorleistung tritt. Insbesondere eine Abfindung, deren Auszahlung (vielleicht aus steuerlichen Gründen) aufgeschoben wird, sollte möglichst zügig auf ein Rechtsanwalts-Anderkonto eingezahlt oder auf sonstige Weise insolvenzsicher ausgestaltet werden. Selbiges gilt für Leistungen der betrieblichen Altersvorsorge, soweit diese nicht vom Pensionssicherungsverein aufgefangen werden. Auch für Arbeitszeitkonten, die nicht von einem Insolvenzsicherungssystem erfasst sind, ist dies zu beachten. Nicht zuletzt drohen Insolvenzanfechtungen nach §§ 129 ff. InsO oder (sofern es nicht zum Insolvenzverfahren

15 BAG 18.11.2015 – 5 AZR 491/14, NZA 2016, 565 f., Rn. 15.

kommt) Anfechtungen nach dem Anfechtungsgesetz (AnfG) in den Blick zu nehmen.[16]

Im Bereich des Kollektivarbeitsrechts ist zu beachten, dass Betriebsvereinbarungen und Sozialpläne, die vor Verfahrenseröffnung vereinbart wurden, nach §§ 120, 124 InsO wegfallen können. Selbst soweit dies nicht geschieht, sind auch bei ihnen Verbindlichkeiten, welche Arbeitsleistungen aus der Zeit vor Verfahrenseröffnung betreffen, lediglich einfache Insolvenzforderungen und keine Masseforderungen.[17]

III. Eröffnungsverfahren

1. Nach Verfahrensantrag: Fortbestand von Arbeitsverhältnissen und Arbeitsbedingungen

Soweit ein Insolvenzantrag gestellt und ein vorläufiger Insolvenzverwalter durch das Insolvenzgericht eingesetzt ist, ändert dies an der arbeitsrechtlichen Situation grundsätzlich nichts. Die Arbeitsverhältnisse bleiben unverändert bestehen, und es greifen weiterhin die soeben II. beschriebenen Regelungen.

2. Arbeitsrechtliche Befugnisse des vorläufigen Insolvenzverwalters

Es ist jedoch zu beachten, dass die arbeitsvertragsrechtlichen Befugnisse im Insolvenzeröffnungsverfahren nach näherer Maßgabe der §§ 21 f. InsO vom Insolvenzgericht neugestaltet werden können. Dieses kann nach § 21 Abs. 2 Nr 1, § 22 Abs. 1 InsO einen „starken" vorläufigen Insolvenzverwalter einsetzen, nach § 22 Abs. 2 InsO einen „schwachen" vorläufigen Insolvenzverwalter oder auch nach § 22 Abs. 2 InsO einen „halbstarken"

16 Vgl. dazu BAG 17.12.2015 – 6 AZR 186/14, NZA 2016, 508, Rn. 14; BAG, 18.9.2014 – 6 AZR 145/13, ZInsO 2015, 47, Rn. 46; *Müller-Glöge* in: Erfurter Kommentar zum Arbeitsrecht, 19. Aufl. 2019, Einf. InsO, Rn. 24 ff.

17 Dazu näher unten IV.2.b.

vorläufigen Insolvenzverwalter.[18] Zudem kommt die vorläufige Eigenverwaltung nach § 270a InsO in Betracht.[19]

3. Vorfinanzierung von Arbeitsentgelt mittels Insolvenzgeld im Vorfeld der Verfahrenseröffnung, § 170 SGB III

Der vorläufige Insolvenzverwalter hat unter Umständen die Möglichkeit, die Arbeitnehmer ohne Bezahlung, stattdessen unter Nutzung des später entstehenden Anspruchs auf Insolvenzgeld, bis zu drei Monate weiterarbeiten zu lassen, um während dieser Zeit das Unternehmen (ganz oder teilweise) zu sanieren. Meist teilt er dem Insolvenzgericht kurz vor Ablauf der betreffenden Zeitdauer mit, dass die Insolvenzgründe bestünden und dass (je nach Masse) eine Verfahrenseröffnung angezeigt sei oder nicht. Das Gericht eröffnet dann das Verfahren oder weist den Verfahrensantrag mangels Masse ab. Im Zeitpunkt dieser Entscheidung entsteht, weil ein Insolvenzereignis i.S.d § 165 Abs. 1 S. 2 Nrn. 1, 2 SGB III eintritt, der Insolvenzgeldanspruch, welcher bis zu drei Monate derjenigen Zeit umfasst, die vor Insolvenzverfahrenseröffnung unter der Regie des vorläufigen Insolvenzverwalters gearbeitet wurde. Auf diese Weise erhalten die Arbeitnehmer Entgeltersatz für die währenddessen geleistete Arbeit. Faktisch kann somit im Vorfeld bis zu drei Monate unter weitgehender Einsparung von Personalmitteln gewirtschaftet werden.

Um die Arbeitnehmer über die Zeitspanne zwischen Verfahrensantrag und Verfahrenseröffnung auch vorläufig nicht ohne Geld zu lassen (und um zu verhindern, dass sie ihre Arbeitskraft nach § 273 BGB zurückhalten oder kündigen), behelfen sich vorläufige Insolvenzverwalter oft mittels der Vorfinanzierung des Insolvenzgeldes durch eine hinzugezogene Bank. Die Bank zahlt den Arbeitnehmern über maximal drei Monate die Nettoentgeltbeträge, wofür sie sich von den Arbeitnehmern die Entgeltansprüche abtreten lässt (sog. Forderungskaufverfahren).[20] Wenn dann später das

18 Dazu *Spelge* in: KR, Gemeinschaftskommentar zum KSchG u.a., 12. Aufl. 2019, § 113 InsO Rn 2 ff.

19 Dazu *Giesen* in: Jaeger, Insolvenzordnung, Bd. 3, 2014, vor § 113 InsO Rn. 10, 23.

20 Früher war auch die Vorgehensweise als Darlehensgewährung nach § 488 BGB bzw. ehemals § 607 BGB gebräuchlich, sog. Kreditierungsverfahren, vgl. zu alledem BSG 22.3.1995 – 10 RAr 1/94, ZIP 1995, 935 (hier wurde das Forderungskaufverfahren gebilligt); BSG 8.4.1992 – 10 RAr 12/91, ZIP 1992,

Verfahren eröffnet oder mangels Masse eingestellt ist, beantragt die Bank, welche aufgrund der Abtretung gemäß § 170 Abs. 1 SGB III auch Insolvenzgeldgläubigerin geworden ist, gemäß §§ 323 ff. SGB III Insolvenzgeld. Die dargelegte Konstruktion der Vorfinanzierung von Insolvenzgeld durch die Bank als dritte Person[21] ist deshalb erforderlich, weil der Arbeitgeber (Schuldner) nicht selbst die Vorfinanzierung vornehmen kann. In dieser Situation würde der Arbeitnehmer an den Arbeitgeber einen gegen diesen Arbeitgeber selbst gerichteten Anspruch abtreten.[22]

Gemäß § 170 Abs. 4 SGB III wird der Anspruch des Gläubigers oder Pfandgläubigers, an den das Insolvenzgeld abgetreten oder dem es verpfändet wurde, ausgeschlossen, wenn nicht die Agentur für Arbeit zustimmt. Die Zustimmung darf nur erfolgen, "wenn Tatsachen die Annahme rechtfertigen, dass durch die Vorfinanzierung der Arbeitsentgelte ein erheblicher Teil der Arbeitsplätze erhalten bleibt". Laut Verwaltungsanweisungen der Bundesagentur für Arbeit ist ein solcher erheblicher Arbeitsplatzerhalt anzunehmen, wenn die betriebliche Funktion als solche fortbesteht und im Betrieb nach Maßgabe der Quotenregelung des § 112a BetrVG eine gewisse Mindestzahl an Arbeitnehmern erhalten bleibt. Wenn also etwa im Betrieb bisher 500 Arbeitnehmer tätig waren und durch die Insolvenzgeldzahlung 60 Arbeitsplätze nach Maßgabe etwa eines nachvollziehbaren Sanierungsplans erhalten bleiben können, werden demnach die Voraussetzungen des § 170 Abs. 4 SGB III erfüllt.[23] Die Zustimmung kann nach dem deutlichen Wortlaut des § 170 Abs. 4 S. 1 SGB III nur vor dem Eintritt des Insolvenzereignisses erteilt werden.[24]

941; BSG 9.12.1998 – 1 RAr 1/97, ZIP 1998, 2169 (hier wurde das Kreditierungsverfahren in Frage gestellt, seine Zulässigkeit letztendlich aber offengelassen); vgl. *Klüter* WM 2010, 1483 (1485 f).

21 S. zu möglichen Meldepflichten für Großkredite nach dem KWG *Kuder* in: Obermüller, Insolvenzrecht in der Bankpraxis, 9. Aufl. 2016, Rn. 5.434 ff.; *Klüter*, WM 2010, 1483 (1491).

22 Vgl. BSG 9.12.1998 – 10 RAr 1/97, ZIP 1998, 2169.

23 Fachliche Weisungen der Bundesagentur für Arbeit zum Insolvenzgeld, § 170 SGB III, Nr. 170.4, 170.7, vom 20.12.2018, https://con.arbeitsagentur.de/prod/apok/ct/dam/download/documents/dok_ba016429.pdf (letzter Abruf 14.1.2018); *Peters-Lange* in: Gagel, Kommentar um SGB III, Stand 2018, § 170 Rn 78.

24 *Klüter*, WM 2010, 1483 (1488); vgl dort S. 1489 auch zur Rücknahme der Zustimmg – im Fall ihrer Erschleichung – nach § 45 Abs. 2 SGB X.

IV. Das eröffnete Insolvenzverfahren

1. Individualarbeitsrecht

a) Nach Verfahrenseröffnung: Fortbestand von Arbeitsverhältnissen und Arbeitsbedingungen

Der Dienstvertrag nach § 611 BGB und ebenso der Arbeitsvertrag nach § 611a BGB bleiben gemäß § 108 Abs. 1 S. 1 InsO auch im eröffneten Insolvenzverfahren zunächst unverändert bestehen.[25]

b) Arbeitsrechtliche Befugnisse des Insolvenzverwalters

Jedoch wird die Rolle des Arbeitgebers, wenn keine Eigenverwaltung nach §§ 270 ff. InsO angeordnet ist,[26] gemäß § 80 Abs. 1 InsO durch den Insolvenzverwalter wahrgenommen.[27] Deshalb ist eine Kündigung durch den Schuldner unwirksam[28] und kann auch nicht die Frist nach § 4 S. 1 KSchG auslösen.[29] In der Insolvenz erlöschen vom Schuldner erteilte Vollmachten nach § 117 Abs. 1 InsO.[30]

25 BAG 19.10.2004 – 9 AZR 647/03, ZIP 2005, 457; *Braun*/Beck InsO § 113 Rn 5; *Müller-Glöge* in: Erfurter Kommentar zum Arbeitsrecht, 19. Aufl. 2019, § 113 InsO Rn 1. Die Zuordnung eines Arbeitsverhältnisses zur Masse richtet sich nach § 35 Abs. 1 InsO, vgl. dazu *Giesen* in: Jaeger, Insolvenzordnung, Bd. 3, 2014, vor § 113 InsO Rn. 12.

26 Zur Eigenverwaltung nach §§ 270 ff. InsO BGH 16.6.2016 – IX ZR 114/15, ZIP 2016, 1295; BAG 24.9.2015 – 6 AZR 492/14, NZA 2016, 102; *Giesen* in: Jaeger, Insolvenzordnung, Bd. 3, 2014, vor § 113 InsO Rn. 23.

27 BAG 15.12.2011 – 8 AZR 692/10, BB 2012, 1472, Rn 24; *Müller-Glöge* in: Erfurter Kommentar zum Arbeitsrecht, 19. Aufl. 2019, § 113 InsO Rn. 1; vgl. auch GmS 27.9.2010 – GmS – OBG 1/09, NZA 2011, 534.

28 BAG 26.3.2009 – 2 AZR 403/07, NZA 2009, 1146.

29 BAG 26.3.2009 – 2 AZR 403/07, NZA 2009, 1146.

30 Vgl. zum möglichen Eintritt in bisherige Prozesse, insbesondere in bisherige Kündigungsschutzprozesse, *Spelge* in: KR, Gemeinschaftskommentar zum KSchG u.a., 12. Aufl. 2019, § 113 InsO Rn 8 ff.; *Giesen* in: Jaeger, Insolvenzordnung, Bd. 3, 2014, vor § 113 InsO Rn. 28.

c) Verkürzung von Kündigungsfristen und Erleichterung von Kündigungen

Zudem erleichtert § 113 InsO in der Insolvenz des Arbeitgebers die Kündigung des Arbeitsverhältnisses. Es kann seitens des Verwalters und seitens des Arbeitnehmers ordentlich mit dreimonatiger Frist zum Monatsende gekündigt werden, soweit nicht ohnehin eine kürzere Frist einschlägig ist. Das gilt auch, wenn die Kündigungsfrist durch Gesetz, Tarifvertrag, Arbeitsvertrag oder sonst rechtsgeschäftlich länger festgesetzt ist, und es gilt ebenfalls, wenn eine feste Vertragsdauer oder ein Kündigungsausschluss aufgrund Tarifvertrags, Arbeitsvertrags oder sonst rechtsgeschäftlich festgesetzt ist.[31] § 113 InsO schließt zudem die „Wiederholungskündigung“ nicht aus, also die Nachholung nach Verfahrenseröffnung zwecks Fristverkürzung.[32]

Bei alledem ist aber zu beachten, dass § 113 InsO nur die Kündigungsfrist und den vereinbarten Kündigungsausschluss betrifft, nicht den gesetzlichen Kündigungsgrund.[33] Es gilt also allgemeines und besonderes Kündigungsschutzrecht.[34]

Zudem erleichtert § 125 InsO als Sonderregel zu § 1 Abs. 5 KSchG Kündigungen unter Einsatz von Namenslisten in Interessenausgleichen. Hierbei ist zu beachten, dass nach § 125 InsO eine ausgewogene Personal-

31 *Müller-Glöge* in: Erfurter Kommentar zum Arbeitsrecht, 19. Aufl. 2019, § 113 InsO Rn. 6 ff.; für die Anwendung von § 113 InsO bei Begründung des Arbeitsverhältnisses durch den Verwalter LAG Berlin-Brandenburg 11.7.2007 – 23 Sa 450/07, ZIP 2007, 2002; dagegen aber *Spelge* in: KR, Gemeinschaftskommentar zum KSchG u.a., 12. Aufl. 2019, § 113 InsO Rn. 24; differenzierend, nämlich für die vertragliche Abdingbarkeit von § 113 InsO durch den Verwalter, *Giesen* in: Jaeger, Insolvenzordnung, Bd. 3, 2014, vor § 113 InsO Rn. 56 ff., 60.

32 BAG 22.4.2010 – 6 AZR 948/08, NZA 2010, 1057.

33 Vgl. zu tarifvertraglichen Regelungen BAG 19.1.2000 – 4 AZR 911/98, KTS 2001, 186; BAG 23.4.2009 – 6 AZR 263/08, ZIP 2009, 106 *Spelge* in: KR, Gemeinschaftskommentar zum KSchG u.a., 12. Aufl. 2019, § 113 InsO Rn. 33.

34 *Spelge* in: KR, Gemeinschaftskommentar zum KSchG u.a., 12. Aufl. 2019, § 113 InsO Rn 31 ff.; S. zu § 1 Abs. 4 KSchG und § 125 InsO BAG 24.10.2013 – 6 AZR 854/11, NZA 2014, 46; zu § 125 InsO BAG 28.6.2012 – 6 AZR 682/10, NZA 2012, 1090; BAG 19.12.2013 – 6 AZR 790/12, ZInsO 2014, 730.

struktur nicht nur gesichert, sondern auch geschaffen werden kann.[35] Weitere Möglichkeiten zur Flankierung von Kündigungsstreitigkeiten bieten §§ 126 f. InsO, die allerdings selbst so komplex ausgestaltet sind, dass sie in der Praxis weitgehend unangewendet bleiben.

Ansprüche aus dem Arbeitsverhältnis für die Zeit nach der Eröffnung des Insolvenzverfahrens kann der Arbeitnehmer gemäß § 53, § 55 Abs. 1 Nr 2 Alt. 2 InsO als Massegläubiger geltend machen. Ansprüche für die Zeit davor sind i.d.R. einfache Insolvenzforderungen i.S.d. § 38 InsO, soweit nicht die Ausnahme des § 55 Abs. 2 S. 2 InsO eingreift.[36] Arbeitsverhältnisse, die bei Ende des Insolvenzverfahrens noch bestehen, gehen wieder auf den Schuldner über. Dieser hat die aus ihnen folgenden Ansprüche auf die Arbeitsleistung und ihn treffen auch die daraus resultierenden Verpflichtungen wie insbesondere die Vergütungspflicht.[37]

Mit der Übernahme der Verwaltungs- und Verfügungsbefugnis erhält der Verwalter auch die Befugnis, mit Wirkung für die Masse Arbeitsverträge zu schließen. Bei Vertragsschluss für die Masse sind die Vergütungsansprüche Masseansprüche im Sinne des § 55 Abs. 1 Nr. 1 InsO.

2. Kollektivarbeitsrecht

a) Tarifverträge in der Insolvenz

Die Verfahrenseröffnung ändert nichts an der Geltung von Tarifvertragsnormen.[38] Das betrifft sowohl Firmentarifverträge, die der Schuldner als Arbeitgeber selbst geschlossen hat, als auch Verbandstarifverträge, welche kraft seiner Mitgliedschaft im Arbeitgeberverband gelten. Jedoch kann der Insolvenzerwalter die Mitgliedschaft kündigen, was zur Nachwirkung nach § 3 Abs. 3 TVG führt. Zudem kann er – auch bei fortbestehender Mitgliedschaft im Arbeitgeberverband – mit einer Gewerkschaft stets ei-

35 *Spelge* in: KR, Gemeinschaftskommentar zum KSchG u.a., 12. Aufl. 2019, § 113 InsO Rn. 34.

36 S. dazu *Giesen* in: Jaeger, Insolvenzordnung, Bd. 3, 2014, vor § 113 InsO Rn. 37 ff.

37 *Giesen* in: Jaeger, Insolvenzordnung, Bd. 3, 2014, vor § 113 InsO Rn. 296.

38 BAG 19.1.2000, 4 AZR 910/98, KTS 2001, 186; BAG 5.2.2009 – 6 AZR 110/08, NZA 2009, 1215; BAG 27.6.2000 – 1 ABR 31/99, NZA 2001, 334; *Caspers* in: Münchener Kommentar zur InsO, 3. Aufl. 2013, vor § 113 Rn 12 f.

nen Firmentarifvertrag schließen, etwa zu Sanierungszwecken. Gelegentlich kommen solche Vereinbarungen zustande, etwa über längere Arbeitszeiten, geringeres Stundenentgelt, Kürzungen bei der betrieblichen Altersvorsorge, befristete Verzichte auf ordentliche Kündigungen etc.

b) Betriebsverfassung in der Insolvenz

Betriebsverfassungsrechtliche Regelungen, insbesondere Betriebsvereinbarungen, behalten nach der Eröffnung des Insolvenzverfahrens ebenfalls ihre Gültigkeit; der Betriebsrat und die übrigen Arbeitnehmervertretungen führen ihre Funktionen fort. Der Insolvenzverwalter übernimmt auch hier die Funktion des Arbeitgebers und kann deshalb ebenso wie dieser Betriebsvereinbarungen, Regelungsabreden, Sozialpläne und Interessenausgleiche kündigen oder neu abschließen.

Allerdings enthalten die §§ 120 ff. InsO einige Sondervorschriften: Gemäß § 120 InsO können massebelastende Betriebsvereinbarungen unter erleichterten Bedingungen nach entsprechenden Verhandlungen gekündigt werden. Die §§ 121 f. InsO ermöglichen die erleichterte und beschleunigte Durchführung des Betriebsänderungsverfahrens nach §§ 111 ff. BetrVG.

Von besonderer Bedeutung sind die §§ 123 f. InsO, welche das Schicksal und den Neuabschluss von Sozialplänen in der Insolvenz betreffen. Sozialpläne, die kurz vor einem Antrag auf Eröffnung des Insolvenzverfahrens zustande gekommen sind, stehen in aller Regel bereits in engem Zusammenhang mit der Insolvenz des Arbeitgebers. § 124 Abs. 1 InsO sieht deshalb vor, dass sie, sofern sie innerhalb der letzten drei Monate vor Verfahrensantrag geschlossen wurden, sowohl vom Insolvenzverwalter als auch vom Betriebsrat widerrufen werden können. Geschieht dies, können Leistungen, die ein Arbeitnehmer vor Verfahrenseröffnung auf seine Ansprüche aus dem Sozialplan erhalten hat, nach § 124 Abs. 3 S. 1 InsO gleichwohl nicht wegen des Widerrufs zurückgefordert werden. Wird im Insolvenzverfahren dann ein neuer Sozialplan aufgestellt, so können gemäß § 124 Abs. 2 InsO die vom Widerruf des bisherigen Sozialplans betroffenen Arbeitnehmer in diesem berücksichtigt werden. Für neue Sozialpläne gelten dann die masseschützenden Beschränkungen des § 123 InsO. § 123 Abs. 1 InsO begrenzt die Gesamthöhe der Sozialplanforderung auf 2,5 Monatsverdienste der von der Entlassung betroffenen Arbeitnehmer (absolute Obergrenze). Gemäß § 123 Abs. 2 S. 2 InsO darf nur ein Drittel der

Teilungsmasse auf die Sozialplanforderungen verwendet werden, es sei denn, es besteht ein Insolvenzplan (relative Obergrenze).[39]

Ansprüche aus Sozialplänen, die vor Verfahrenseröffnung geschlossen wurden, sind laut Rechtsprechung des BAG in der Regel Insolvenzforderungen nach § 38 InsO, und zwar unabhängig davon, ob sie gemäß § 124 Abs. 1 InsO widerrufen werden können oder nicht.[40] Eine Ausnahme ergibt sich für Sozialpläne mit so genannten Dauerregelungen, welche die mit der Betriebsänderung einhergehenden wirtschaftlichen Nachteile durch laufende Leistungen ausgleichen. Beispiele sind regelmäßig zu zahlende Ausgleichsleistungen für schlechtere Arbeitsbedingungen oder verkürzte Arbeitszeiten, Wegezeitvergütungen oder Ausbildungszuschüsse.[41] Ansprüche aus Sozialplänen, die nach Verfahrenseröffnung vom Insolvenzverwalter geschlossen wurden, sind gemäß § 123 Abs. 2 S. 1 InsO Masseverbindlichkeiten.[42] Bei alledem ist unerheblich, ob die dem Sozialplan zugrunde liegende Betriebsänderung i.S.d. § 111 BetrVG vor oder nach Verfahrenseröffnung eingetreten ist, weil das Gesetz auf den Zeitpunkt des Sozialplanabschlusses abstellt.[43]

3. Betriebsübergang, § 613a BGB, § 128 InsO

Auch in der Insolvenz gilt § 613a BGB. Veräußert also der Insolvenzverwalter einen Betrieb oder Betriebsteil, gehen die betroffenen Arbeitsver-

39 Vgl. dazu *Niering*, NZI 2010, 285; *Giesen* in: Jaeger, Insolvenzordnung, Bd. 3, 2014, § 123 InsO, Rn. 38 ff.

40 Für nicht gemäß § 124 Abs. 1 InsO widerrufbare „Altsozialpläne" BAG 6.8.2002 – 1 AZR 247/01, NZA 2003, 449. Für gemäß § 124 Abs. 1 InsO widerrufbare Sozialpläne BAG 31.7.2002 – 10 AZR 275/01, ZIP 2002, 2051 = NZA 2002, 1332. Das ist auch dann der Fall, wenn die Entstehung oder Fälligkeit des betreffenden Anspruchs erst in die Zeit nach Verfahrenseröffnung fällt, BAG 6.8.2002 – 1 AZR 247/01, NZA 2003, 449; s. zu alledem *Caspers* in: Münchener Kommentar zur InsO, 3. Aufl. 2013, § 124 Rn 26; *Spelge* in: KR, Gemeinschaftskommentar zum KSchG u.a., 12. Aufl. 2019, § 113 InsO Rn. 81.

41 *Caspers* in: Münchener Kommentar zur InsO, 3. Aufl. 2013, § 124 Rn 27.

42 *Kowalski*, KTS 2002, 261 (269); kritisch zur Einordnung als Masseverbindlichkeit *Häsemeyer*, ZIP 2003, 229; *Adam*, DZWIR 2009, 441 (443).

43 BAG 28.6.2012 – 6 AZR 682/10, NZA 2012, 1090 = AP InsO § 125 Nr 9 m. Anm. *Walker/Kürth*; LAG Hamm 30.4.2010 – 10 TaBV 7/10, ZIP 2010, 2315; *Caspers* in: Münchener Kommentar zur InsO, 3. Aufl. 2013, § 123 Rn 12 f.

hältnisse gemäß § 613a Abs. 1 S. 1 BGB auf den Betriebserwerber über, sofern die Arbeitnehmer nicht nach § 613a Abs. 6 BGB dem Übergang widersprechen. Besonderheiten können sich für den Fortsetzungs- bzw. Wiedereinstellungsanspruch des gekündigten Arbeitnehmers ergeben. Das BAG lehnt diesen in der Insolvenz dann ab, wenn der Betriebsübergang erst nach Ablauf der Kündigungsfrist stattfindet, also nach dem Ende des ordentlich gekündigten Arbeitsverhältnisses.[44] Zudem haftet der Betriebserwerber nach der Rechtsprechung nicht für Verbindlichkeiten des Veräußerers, die Insolvenzforderungen darstellen.[45]

Im Übrigen ist generell – also auch außerhalb eines insolvenzrechtlichen Kontexts – anerkannt, dass der Betriebsveräußerer ebenso wie der Betriebserwerber wegen des Abbaus von Arbeitsplätzen auch während des Betriebsübergangs sowie davor und danach Kündigungen aussprechen kann.[46] Kündigungsberechtigt ist dabei der jeweilige Arbeitgeber, also vor dem Betriebsübergang der Veräußerer und danach der Erwerber. Dies ist keine nach § 613a Abs. 4 S. 1 BGB verbotene Kündigung, weil sie nicht wegen des Betriebsübergangs erfolgt, sondern nach § 613a Abs. 4 S. 2 BGB aus anderen Gründen erklärt wird. Eine solche „Kündigung wegen Erwerberkonzepts“ setzt nach der Rechtsprechung voraus, dass ein „verbindliches Konzept oder Sanierungsplan“ vorliegt, „dessen Durchführung im Zeitpunkt der Kündigungserklärung bereits greifbare Formen angenommen hat“. Es muss also zum einen konkret absehbar sein, welche Än-

44 BAG 28.10.2004 – 8 AZR 199/04, NZA 2005, 405; BAG 13.5.2004 – 8 AZR 198/03, DB 2004, 2107; LAG Hessen 25.1.2001 – 11 Sa 908/99, ZInsO 2002, 48; LAG Hamburg 20.3.2002 – 5 Sa 3/02, ZIP 2003, 772; LAG Hamm 4.6.2002 – 4 Sa 593/02, AR-Blattei ES 915, Nr 23; LAG Hamm 4.6.2002 – 4 Sa 57/02, AR-Blattei ES 915, Nr 21; *Annuß*, ZInsO 2001, 49 (59); *Caspers* in: Münchener Kommentar zur InsO, 3. Aufl. 2013, § 128 Rn 26.

45 BAG 20.6.2002 – 8 AZR 459/01, ZIP 2003, 139 = NZA 2003, 222; BAG 19.10.2004 – 9 AZR 647/03, ZIP 2005, 457; BAG 19.10.2004 – 9 AZR 645/03, NZA 2005, 527; BAG 19.12.2006 – 9 AZR 230/06, DB 2007, 1707; BAG 9.12.2008 – 3 AZR 384/07, NZA 2009, 1341; BAG 30.10.2008 – 8 AZR 54/07, NZA 2009, 432; BAG 31.1.2008 – 8 AZR 27/07, NZA 2008, 101; BAG 22.10.2009 – 8 AZR 766/08, ZIP 2010, 849; *Gaul*, Arbeitsrecht S. 1489; *Hamm*, AiB 2009, 441 (444); *Lembke*, BB 2007, 1333; *Plössner*, NZI 2003, 401 (403); Mohrbutter/Ringstmeier/*Plössner*, § 29 Rn 172. S. bereits zur KO die Rechtsprechung BAG 17.1.1980 – 3 AZR 160/79, NJW 1980, 1124; BAG 4.12.1986 – 2 AZR 246/86, ZIP 1987, 454 ff.

46 Hierbei sind sie wie sonst auch, soweit einschlägig, an die Vorschriften des Kündigungsschutzes gebunden, s. näher *Preis* in: Erfurter Kommentar, 19. Aufl. 2019, § 613a BGB Rn. 150 ff.

derungen der betrieblichen Abläufe beim Erwerber vorgenommen werden. Zum anderen spricht das BAG, wie gesagt, von „verbindlicher“ Konzeption.[47] Das bedeutet wohl, dass diese konkrete Absehbarkeit mittels Rechtspflichten abgesichert sein muss. In der Regel wird das der Kaufvertrag über die Unternehmenswerte sein, der zwischen Betriebsveräußerer und Betriebserwerber geschlossen wurde, und dem das Erwerberkonzept als Anlage beigefügt wird.

4. Transfergesellschaften und Betriebsübergang

Zur Ermöglichung rechtssicheren Personalabbaus und zur Vermeidung der Rechtsfolgen des § 613a BGB setzt man häufig, insbesondere bei der Betriebsveräußerung aus der Insolvenz, so genannte Transfergesellschaften ein. Diese werden vom Insolvenzverwalter oder vom Erwerbsinteressenten entweder gerade zum Zweck der Personalübernahme und -qualifizierung gegründet, oder es werden entsprechende Vereinbarungen mit bestehenden Gesellschaften getroffen.

Einer der Gründe für die Bildung von Transfergesellschaften liegt darin, dass Erwerbsinteressenten für Betriebe oder Betriebsteile meist nicht die komplette Belegschaft übernehmen möchten, und dass man Kündigungen nach dem Erwerberkonzept wegen ihrer befürchteten Rechtswidrigkeit scheut. In dieser Situation tritt die Transfergesellschaft auf, welche nicht Betriebsmittel übernimmt, sondern nur die Belegschaft oder Teile der Belegschaft. Für diese wird „Kurzarbeit Null“ und die Teilnahme an Beschäftigungs- und Qualifizierungsmaßnahmen vereinbart. Zusätzlich schließen Insolvenzverwalter und Transfergesellschaft einen Dienstleistungs- und Kooperationsvertrag, in dem deren Leistungen und die hierfür seitens der Masse geschuldeten Unterstützungszahlungen geregelt sind, ebenso wie die Bedingungen der Inanspruchnahme von Leistungen nach dem SGB III. Letztere umfassen Zuschüsse nach § 110 SGB III, vor allem aber das Transferkurzarbeitgergeld nach § 111 SGB III, welches längstens für 12 Monate erbracht wird (s. näher unten IV.5.). Das Transferkurzarbeitgergeld wird auf Kosten des Veräußerers (hier also: der Masse) häufig noch aufgestockt. Mit Blick auf die Laufzeit des Transferkurzarbeitergeldes werden die Arbeitsverhältnisse bei der Transfergesellschaft meist ent-

47 BAG 20.3.2003 – 8 AZR 97/02, NZA 2003, 1027; BAG 20.9.2006 – 6 AZR 249/05, NZA 2007, 387.

sprechend befristet; die Zulässigkeit dieser Befristung folgt aus § 14 Abs. 2 S. 1 TzBfG. Die Beschäftigten der Transfergesellschaft bieten außerdem dem Betriebserwerber den Abschluss von Arbeitsverträgen bei ihm an.

Auf diese Weise „landen" viele der früher im Betrieb Beschäftigten oft wieder an ihren alten Arbeitsplätzen, die (ganz oder teils) mit den alten Betriebsmitteln ausgestattet sind. Bei dieser Konstruktion ist im Verhältnis der Transfergesellschaft zum Interessenten kein Betriebsübergang i.S.d. § 613a Abs. 1 S. 1 BGB gegeben, weil die Transfergesellschaft über keine materiellen oder immateriellen Betriebsmittel verfügte, welche den Betrieb oder Betriebsteil nach dieser Regelung ausmachen könnten. Das BAG sieht in diesem Vorgehen grundsätzlich keine Umgehung von § 613a BGB. Die Unwirksamkeit der Verträge hat das Gericht lediglich in einem Fall angenommen, in dem die übernommenen Arbeitnehmer, welche durch Losentscheid ausgewählt wurden, formal nur einen Tag bei der Transfergesellschaft beschäftigt und tatsächlich nie dort eingesetzt wurden.[48] Ebenso hat das Gericht in einer Konstellation entschieden, in welcher der zu übernehmende Arbeitnehmer gleichfalls nicht bei der Transfergesellschaft eingesetzt wurde und bereits mehrere unterschiedlich gefasste Arbeitsverträge unterschrieben hatte, von denen einer – zwecks Vertragsannahme – vom Erwerbsinteressenten gegengezeichnet werden konnte.[49] Teilweise lässt das BAG den Vertrag auch dann nicht gelten, wenn bei dem Einsatz der Transfergesellschaft „offensichtlich bezweckt wird, die Sozialauswahl zu umgehen".[50]

Betriebsverfassungsrechtliche Beteiligungsrechte ergeben sich bei der Übertragung von Arbeitnehmern auf eine Transfergesellschaft in der Re-

48 BAG 18.8.2011 – 8 AZR 312/10, NZA 2012, 152 (sog. *„Lotterie-Entscheidung"*).
49 BAG 25.10.2012 – 8 AZR 572/11, NZA 2013, 236.
50 BAG 23.11.2006 – 8 AZR 349/06, NZA 2007, 866.

gel daraus, dass eine Betriebsänderung i.S.d. § 111 BetrVG gegeben ist.[51] Erzwingbar durch Einigungsstellenanrufung ist hierbei nach § 112 Abs. 4 BetrVG ein Sozialplan. Dieser regelt meist den Einsatz der Transfergesellschaft sowie die Förderungsmöglichkeiten nach dem SGB III, also insbesondere nach §§ 110 f. SGB III.

5. Förderung von Transfermaßnahmen und Transferkurzarbeitergeld, §§ 110 f. SGB III

Damit sind die Sozialleistungen zugunsten der Transfergesellschaft und der Beschäftigten angesprochen.

Im Gegensatz zum Kurzarbeitergeld nach §§ 95 ff. SGB III wird Transferkurzarbeitergeld auch und gerade dann gezahlt, wenn ein Arbeitsausfall nicht vorübergehend (§ 96 Abs. 1 Nr. 2 SGB III), sondern voraussichtlich endgültig ist. Seine Leistung hat die Funktion, Entlassungen zu vermeiden und die Vermittlungsaussichten während der Beschäftigung durch die Beschäftigung in einer Transfergesellschaft zu verbessern. Ebenso wie beim allgemeinen Kurzarbeitergeld ist Anspruchsinhaber des Transferkurzarbeitergeldes der Arbeitnehmer, jedoch ist der Antrag nach § 323 Abs. 2 SGB III vom Arbeitgeber oder vom Betriebsrat zu stellen. Beide haben sich im Vorfeld der Vereinbarung von Transfermaßnahmen von der Bundesagentur für Arbeit beraten zu lassen. Transferkurzarbeitergeld wird für bis zu 12 Monate geleistet.

Hinzu kommen Leistungen zur Förderung von Transfermaßnahmen nach § 110 SGB III. Diese setzen u.a. eine Betriebsänderung voraus, durch welche Arbeitslosigkeit droht. Auch für sie bedarf es im Vorfeld einer Einigung durch die Betriebsparteien samt Beratung durch die Bundesagentur für Arbeit, insbesondere im Rahmen ihrer Verhandlungen über einen Inte-

51 Soweit ausnahmsweise bei der Gründung oder Nutzung der Transfergesellschaft keine Betriebsänderung vorliegt oder die Voraussetzungen des § 111 nicht gegeben sind, weil es sich um ein Kleinunternehmen handelt, sind das allgemeine Unterrichtungsrecht des Betriebsrats nach § 80 Abs. 2 BetrVG sowie das Beteiligungsrecht nach § 92 BetrVG zu beachten. In dieser Situation können diesbezügliche Absprachen mit dem Betriebsrat als freiwillige Betriebsvereinbarungen nach § 88 BetrVG geschlossen werden. In jedem Fall besteht auch ein Vorschlagsrecht und Beratungsrecht des Betriebsrats nach § 92a BetrVG.

ressenausgleich oder einen Sozialplan. Zudem müssen Maßnahmen betroffen sein, die von einem Dritten durchgeführt werden und der Eingliederung in den Arbeitsmarkt dienen sollen. Die Förderung beträgt 50 Prozent der erforderlichen und angemessenen Maßnahmekosten, jedoch höchstens 2.500 Euro je geförderten Arbeitnehmer. Beispiele förderungsfähiger Maßnahmen sind nach den Verwaltungsanweisungen der Bundesagentur für Arbeit insbesondere Maßnahmen zur Feststellung der Leistungsfähigkeit, der Arbeitsmarktchancen und des Qualifikationsbedarfs (Profiling), Bewerbungstraining, Informationen über den Arbeitsmarkt, Stellensuche, Outplacement; Maßnahmen, um eine bereits begonnene Berufsausbildung fortzuführen; Maßnahmen der beruflichen Weiterbildung; Maßnahmen zur Förderung der Aufnahme einer Beschäftigung, z.B. Mobilitätshilfen, Einstellungszuschüsse für Arbeitsverhältnisse bei anderen Arbeitgebern; zeitlich begrenzte Tätigkeit bei einem anderen Arbeitgeber; Maßnahmen zur Vorbereitung der Gründung und Begleitung einer selbständigen Existenz.[52]

V. Fazit

Insgesamt ergibt sich ein relativ komplexes Zusammenwirken der drei Rechtsbereiche des Individualarbeitsrechts, des Kollektivarbeitsrechts und des Sozialrechts in den drei Phasen der „einfachen“ Krise, des Eröffnungsverfahrens und des Insolvenzverfahrens.

Generell lässt sich festhalten, dass der Gesetzgeber erst in der Insolvenz die Flexibilisierungsmöglichkeiten für arbeitsrechtliche Gestaltungen und die arbeitsvertraglichen Bindungen im Arbeitsverhältnis lockert. Dies in dem Bestreben, Arbeitsplätze zu sichern und die Reorganisation von Betrieben oder Betriebsteilen zu ermöglichen. Damit verbunden ist die Einschätzung, dass in der Insolvenz die Unternehmenskrise tatsächlich manifest ist, die Flexibilisierungsmöglichkeiten also keine zu große Wettbewerbsverzerrung zugunsten unwirtschaftlicher Unternehmen mit sich bringen. Somit soll der Druck auf die Arbeitsbedingungen in konkurrierenden Unternehmen, die keine Solvenzprobleme haben, in Grenzen ge-

52 Fachliche Weisungen der Bundesagentur für Arbeit zu § 110 SGB III, Nr. 110.21, vom 20.12.2018, https://con.arbeitsagentur.de/prod/apok/ct/dam/download/documents/dok_ba016428.pdf (letzter Abruf 14.1.2018).

halten werden. Zugleich folgt aus den referierten Gesetzesregeln, dass im Vorfeld der Krise prinzipiell keine Flexibilisierungsmöglichkeiten bestehen. Es besteht lediglich die Möglichkeit, mit den einzelnen Arbeitnehmern, mit dem Betriebsrat oder der im Unternehmen vertretenen Gewerkschaft zu freiwilligen Vereinbarungen zu kommen, welche die Insolvenz vermeiden helfen. Das gelingt in der Praxis vor allem dann, wenn die Betriebs- und/oder Tarifvertragsparteien gut informiert sind und man an eine überkommene vertrauensvolle Zusammenarbeit anknüpfen kann.

Die sozialrechtliche Flankierung von Maßnahmen ist teilweise flexibel ausgestaltet, teilweise aber auch stark regelgesteuert. Als relativ flexibel erweisen sich die Vorschriften über die Förderung von Transfermaßnahmen und Transferkurzarbeitergeld, §§ 110 f. SGB III. Sie knüpfen in ihren Tatbeständen nicht an die Insolvenz an und können daher schon zu Beginn einer Krise eingreifen. Faktisch ist ihre Anwendung meist von einem gut funktionierenden Konsens der Betriebspartner abhängig, der sich in einem dreiseitig ausgestalteten Sozialplan, also mit Beteiligung der Bundesagentur für Arbeit, manifestieren sollte. Stark regelgesteuert ist dagegen die Möglichkeit, mittels der Vorfinanzierung von Insolvenzgeld, § 170 SGB III, eine Entgeltfinanzierung von bis zu drei Monatsvergütungen der Belegschaft zu erhalten. Sie lässt sich ausschließlich für die Zeit vor einem sogenannten Insolvenzereignis (insbesondere Verfahrenseröffnung oder Einstellung mangels Masse) einsetzen. Dieser enge Rahmen verhindert, dass die betreffenden Mittel zur Krisenüberwindung eingesetzt werden. Mittels des Kriteriums der Erfolgsaussicht hinsichtlich der Rettung von Arbeitsplätzen in § 170 Abs. 4 S. 2 SGB III wird hierbei versucht, wirtschaftlich sinnlose, weil aussichtslose Leistungen zu vermeiden. Insgesamt ergibt sich somit auch für die Sozialleistungen, dass sie umso eher verfügbar sind, je weiter die Krise fortgeschritten ist. Das hat den Nachteil, dass die Leistungen oft zu spät kommen. Die Vorgehensweise des Gesetzgebers ist aber auch hier nachvollziehbar, weil man verfrühte wettberwerbsverzerrende oder unnötige Ausgaben der Bundesagentur vermeiden möchte.

Quid novum? Haftungsrisiken für Geschäftsführer in der Unternehmenskrise

Rechtsanwalt Reinhard Willemsen, Luther Rechtsanwälte, München

Die Haftung des Geschäftsführers ist im Hinblick auf strafrechtliche, zivilrechtliche und steuerrechtliche Haftungstatbestände zu unterscheiden. Anlässlich des Urteils des BGH vom 26. Januar 2017 (IX ZR 285/17) soll noch kurz zur Haftung des Beraters Stellung genommen werden.

I. Strafrechtliche Haftung

1. Insolvenz Verschleppungshaftung

Gemäß § 15a InsO haben die Mitglieder des Vertretungsorgans einer juristischen Person unverzüglich Insolvenzantrag zu stellen wenn die Voraussetzungen vorliegen, spätestens jedoch innerhalb von drei Wochen. Gemäß § 15a Abs. 4 InsO stellt die nicht rechtzeitige Antragstellung oder die Antragstellung mit einem unvollständigen Antrag einen Straftatbestand dar.

In der Praxis sind die tatsächlich strafrechtlich verfolgten Fälle einer Insolvenzverschleppung selten, da die Voraussetzungen für die Insolvenzantragspflicht im Einzelnen dargelegt und bewiesen werden müssen, was sich in der Mehrzahl der Fälle als schwierig erweist.

2. Bankrottstraftaten

Die sogenannten Bankrottstraftaten sind in §§ 283 ff. StGB geregelt. In aller Regel versuchen die Staatsanwaltschaften sich eher auf die Strafbarkeit nach diesen Vorschriften zu konzentrieren, da sie deutlich einfacher nachweisbar sind. Dies gilt namentlich für die Verletzung der Buchführungspflicht und die Gläubigerbegünstigung.

3. Vermögensrechtliche Straftaten

Neben den Insolvenzstraftaten im engeren Sinne, finden sich im Zusammenhang mit der Insolvenz eines Unternehmens häufig auch „normale“ vermögensrechtliche Straftaten (Eingehungsbetrug, Untreue, Vorenthalten von Sozialversicherungsbeiträgen etc.). Auch diese sind in der Regel leichter nachweisbar als die Insolvenzverschleppung.

II. Zivilrechtliche Haftung

Bei der zivilrechtlichen Haftung ist in der Insolvenz des Schuldners danach zu unterscheiden ob der einzelne Gläubiger selbst den Anspruch gegenüber dem Organ geltend machen kann oder ob dies nur der Insolvenzverwalter (für alle Gläubiger gemeinsam) darf.

Wegen des Grundsatzes der möglichst gleichmäßigen Gläubigerbefriedigung ist letzteres die Regel.

1. Von einzelnem Gläubiger durchsetzbare Ansprüche

a) Ansprüche aus § 823 BGB i.V.m. Schutzgesetzen

Ansprüche aus der Verletzung von Vorschriften des Deliktsrechts können individuell gelten gemacht werden, also insbesondere dann, wenn das Organ persönlich sich eines Betruges, einer Untreue etc. schuldig gemacht hat.

b) Ansprüche aus Individualverträgen

Gleiches gilt, wenn das Organ gegenüber einzelnen Gläubigern persönlich haftet, beispielsweise aus Garantie oder Bürgschaft. In manchen Fällen (wenn das Organ gleichzeitig auch Gesellschafter ist und der Schuldgrund in einem Darlehen besteht) MUSS der Gläubiger sogar zunächst gegen das Organ vorgehen, bevor er weitere Sicherheiten in Anspruch nehmen kann.

2. Haftung gegenüber der Gesellschaft – nur von Verwalter durchsetzbar

Im Gegensatz zu den o.g. individuellen Ansprüchen, sind die Ansprüche der Gesellschaft gegenüber den Organen in der Regel nur vom Insolvenzverwalter verfolg- und durchsetzbar.

a) Haftung nach § 43 GmbHG (§ 93 AktG)

Hierunter fallen zunächst alle Ansprüche, die sich aus einem Fehlverhalten des Organs gegenüber der Gesellschaft ergeben. Hierzu gehören beispielsweise Zahlungen aus dem nach § 30 GmbHG gebundenen Gesellschaftsvermögen. Voraussetzung für eine Haftung des Geschäftsführers nach § 43 GmbHG ist ein sorgfaltswidriges Verhalten. In der Insolvenz spielt die Haftung nach § 43 GmbHG (ähnliches gilt für die Haftung nach § 93 AktG) eine eher untergeordnete Rolle.

b) Haftung nach § 64 GmbHG

Die Vorschrift des § 64 GmbHG untersagt dem Geschäftsführer einer GmbH (ähnliche Vorschriften gibt es auch für die anderen Kapitalgesellschaften) die „Zahlung“ an Dritte nach Eintritt der Insolvenzreife, es sei denn, diese Zahlungen sind mit der Sorgfalt eines ordentlichen Geschäftsführers vereinbar. Der Begriff der Zahlung wird dabei weit verstanden und umfasst jede Vermögensminderung.

Die Vorschrift ist Gegenstand einer schier unübersehbaren Anzahl von Urteilen – auch des BGH und Aufsätzen. Die Urteile sind gekennzeichnet durch ein nur schwer durchschaubares System von Ausnahmen, Rückausnahmen und Rückrückausnahmen. Hauptproblem für den Geschäftsführer ist dabei die Frage, wann Insolvenzreife vorlag.

„Insolvenzreif“ ist eine Kapitalgesellschaft dabei, wenn Sie überschuldet oder zahlungsunfähig ist.

aa) Überschuldung

Überschuldung liegt vor, wenn das Vermögen der Gesellschaft geringer ist, als seine Verbindlichkeiten, aus einer Verwertung des Vermögens also nicht alle Gläubiger befriedigt werden können. Trotz einer solchen bilanziellen Überschuldung liegt keine rechtliche Überschuldung vor, wenn die Fortführung des Unternehmens überwiegend wahrscheinlich ist.

In der Praxis scheidet damit eine rechtliche Überschuldung aus, wenn eine sogenannte „positive Fortbestehensprognose“ vorliegt. Umgekehrt liegt bei einer negativen Fortbestehensprognose mit hoher Wahrscheinlichkeit eine eingetretene Überschuldung vor, weil die Vermögensgegenstände nicht nach ihren bilanziellen sondern nach den Zerschlagungswerten zu bewerten sind, was erfahrungsgemäß den Wert des Aktivvermögens drastisch senkt.

Der Insolvenzverwalter als Anspruchsteller geht dabei von der Handelsbilanz aus. Besteht ein „nicht durch Eigenkapital gedeckter Fehlbetrag“ so wird er ab dieser Feststellung eine Überschuldung annehmen.

Der Geschäftsführer muss dann nachweisen, dass eine positive Fortbestehensprognose bestand bzw. aus anderen Gründen keine Überschuldung vorlag (beispielsweise durch Vorlage einer werthaltigen Patronatserklärung oder einer Rangrücktrittsvereinbarung). Wichtig ist in jedem Fall eine ausreichende Dokumentation, insbesondere der Fortbestehensprognose, die in der Regel von einem darin erfahrenen Wirtschaftsprüfer erstellt werden sollte.

bb) Zahlungsunfähigkeit

In der Praxis für den Geschäftsführer deutlich gefährlicher ist der Insolvenzantragsgrund der Zahlungsunfähigkeit. Nach der Rechtsprechung des BGH liegt diese vor, wenn die Gesellschaft nicht in der Lage ist, innerhalb von 21 Tagen mindestens 90 % der fälligen und ernstlich eingeforderten Verbindlichkeiten zu bezahlen. Hierunter fallen NICHT gestundete Forderungen, da diese nicht fällig sind. Hier ist es besonders wichtig sehr gewissenhaft zu dokumentieren, dass eine Forderung gestundet wurde und warum der Geschäftsführer meint, dass sie nicht ernstlich eingefordert wird.

Der Insolvenzverwalter bestimmt die Zahlungsunfähigkeit – retrograd – anhand der Insolvenztabelle. Er stellt fest, welches die älteste Forderung von „nicht unbeträchtlicher“ Höhe ist. Nach der Rechtsprechung reicht bereits die Nichtzahlung einer einzigen solchen Forderung aus, um von einer „Zahlungseinstellung“ auszugehen. Diese wiederum indiziert den „Eintritt der Insolvenzreife“. Teilweise liegt dieser Zeitpunkt sehr deutlich vor der vom Geschäftsführer angenommenen Insolvenzreife.

In der Literatur wird teilweise argumentiert, dass es für den Geschäftsführer doch ganz leicht sei, die Haftung nach § 64 GmbHG zu vermeiden, wenn er nur rechtzeitig genug Insolvenzantrag stellt. Die Schwierigkeit besteht darin, dass dies durch die vom Verwalter gewählte „retrograde“ Methode vielfach gar nicht möglich ist. So hat der Geschäftsführer wenig Einfluss darauf, wann ihm eine Leistung in Rechnung gestellt wird. Außerdem gibt es häufig genug Fälle, in denen die Höhe der Rechnung streitig ist und daher nicht sofort gezahlt wird. Alle diese Forderungen, sind im Insolvenzfall dann noch offen und werden zur Tabelle angemeldet.

cc) „Zahlungen“

Unter „Zahlung“ im Sinne des § 64 GmbHG ist jeder Vermögensabfluss zu verstehen. Es findet keine Saldierung statt!. Hat also eine Gesellschaft in der Zeit nach Eintritt der Insolvenzreife gem. aa) und bb) bis zum Antrag auf Eröffnung des Insolvenzverfahren 200 ausgegeben und 195 eingenommen, so beträgt die Masseschmälerung nicht 5 sondern 200.

Einzige Ausnahme: Für den Zahlbetrag wird eine gleichwertige Gegenleistung „eingekauft“. Letzteres gilt allerdings nur dann, wenn es sich dabei um körperliche Gegenstände handelt. Die Zahlung von Dienstleistungen ist daher immer masseschmälernd.

Keine „Zahlungen“ im Sinne des § 64 GmbHG sind darüber hinaus Überweisungen von einem debitorischen Konto, da sie keinen Vermögensabfluss bewirken, sondern lediglich die Schulden erhöhen. Vorstehendes gilt nicht, wenn das debitorische Konto gesichert ist, da dann die übrigen Gläubiger (in Höhe des gesicherten Betrages) weniger Masse zur Verfügung haben. Keine Zahlung liegt wiederum vor, wenn das Konto zwar gesichert ist, die Sicherung aber nicht zur vollständigen Deckung des Saldos ausreicht. Die Liste dieser Ausnahmen und Rückausnahmen ist schier endlos.

dd) Vereinbarkeit mit der Sorgfalt eines ordentlichen Geschäftsführers

Eine Haftung des Geschäftsführers entfällt, wenn sie „mit der Sorgfalt eines ordentlichen Geschäftsführers“ vereinbar ist. Dies ist regelmäßig vom Geschäftsführer nachzuweisen, der zu diesem Zeitpunkt (häufig werden die Ansprüche gegen den Geschäftsführer erst sehr spät geltend gemacht) keinen Zugriff mehr auf Unterlagen und Dokumente des Unternehmens hat.

Zu den „erlaubten“ Zahlungen gehören alle Zahlungen, die zur Aufrechterhaltung des Geschäftsbetriebs notwendig sind: Strom, Gas, Wasser, Löhne, Gehälter etc. dürften darunter fallen. Auch die Zahlung der Sozialversicherungsbeiträge, der Umsatzsteuer und anderer gesetzlich vorgeschriebener Abgaben. Ansonsten ist jede Zahlung darauf hin zu überprüfen ob diese aufgrund einer Pflichtenkollision geleistet wurde (das sind alle Zahlungen, zu denen der Geschäftsführer gesetzlich verpflichtet ist) oder ob durch die Zahlung Nachteile für die Insolvenzmasse abgewendet wurden.

Aber Achtung: Dieses Haftungsprivileg gilt nur während der „Dreiwochenfrist“ des § 15a InsO.

Wegen der „retrograden“ Ermittlung der Zahlungsunfähigkeit durch den Verwalter, läuft der Geschäftsführer Gefahr, diese Frist zu versäumen.

ee) D&O Versicherung

Bislang waren Geschäftsführer, die aus § 64 GmbHG in Anspruch genommen wurden der Auffassung, dass diese Ansprüche von der D&O Versicherung gedeckt waren. Lediglich das OLG Celle hatte bereits 2016 darauf hingewiesen, dass die D&O Versicherung möglicherweise nicht haftet. Dies wurde nunmehr vom OLG Düsseldorf bestätigt. Nach Auffassung des OLG handelt es sich bei § 64 GmbHG um einen Anspruch „eigener Art“, der letztlich allein die Interessen der Gläubigergesamtheit im Blick habe. Aus Sicht der Gesellschaft sei durch eine verbotene Zahlung nach § 64 GmbHG kein Schaden entstanden, da ja auf eine real existierende Forderung gezahlt werde.

Der Schutz der Gläubiger der Gesellschaft ist jedoch nach Auffassung des Oberlandesgerichts nicht vom Schutzzweck der D&O umfasst. Der Geschäftsführer muss also persönlich einstehen.

Da die Haftung eines GmbH-Geschäftsführers nach § 64 GmbHG – wie gezeigt – in der Insolvenz der Gesellschaft sehr wahrscheinlich ist, ist jeder Geschäftsführer gut beraten, diesen Haftungstatbestand gesondert in die Versicherungspolice mit aufzunehmen.

3. Haftung gegenüber Sozialversicherungsträgern

Neben der (strafrechtliche) Haftung aus § 266a StGB haftet der Geschäftsführer auch zivilrechtlich aus § 823 Abs. 2 BGB für Verletzungen der Pflicht zu Zahlung des Arbeitnehmeranteils der Sozialversicherung.

Daneben kommt eine Haftung nach § 826 BGB wegen einer vorsätzlichen sittenwidrigen Schädigung in Betracht. In der Praxis haben die Sozialversicherungsträger jedenfalls ein erhebliches Erpressungspotential gegenüber den haftenden Organen.

4. Haftung gegenüber den Gesellschaftern

Auch eine (zu) frühzeitige Insolvenzantragstellung bietet – jedenfalls für den Fremdgeschäftsführer – Haftungsrisiken. Stellt er nämlich einen Insolvenzantrag beispielsweise wegen drohender Zahlungsunfähigkeit, die keinen zwingenden sondern lediglich einen fakultative Insolvenzantragsgrund darstellt, macht er sich nach der Rechtsprechung des BGH gegenüber den Gesellschaftern möglicherweise schadenersatzpflichtig, weil der Wert des Unternehmens auf diese Weise gemindert wird.

III. Haftung gegenüber dem Finanzamt

Nach § 69 AO haftet der Geschäftsführer einer GmbH als deren gesetzlicher Vertreter, soweit Ansprüche aus dem Steuerschuldverhältnis (§ 37 AO) infolge vorsätzlicher oder grob fahrlässiger Verletzung der ihm auferlegten Pflichten nicht bzw. nicht rechtzeitig festgesetzt oder nicht bzw. nicht rechtzeitig erfüllt werden.

Der Geschäftsführer haftet insbesondere dann, wenn das Finanzamt „schlechter“ behandelt wird als andere Gläubiger, wenn also kurz vor Insolvenzantrag noch andere Gläubiger befriedigt werden, dass Finanzamt aber nichts (oder deutliche weniger) erhält.

IV. Beraterhaftung

Aufsehen erregte ein Urteil des BGH vom 26. Januar 2017 (IX ZR 25/14). In dem entschiedenen Fall war ein Steuerberater mit der Erstellung der Jahresabschlüsse beauftragt worden. Diese wiesen kontinuierlich einen „nicht durch Eigenkapital gedeckten Fehlbetrag“ auf.

Nach der Entscheidung ist der Steuerberater verpflichtet zu prüfen, ob sich auf der Grundlage der ihm zur Verfügung stehenden Dokumente Anhaltspunkte für eine mangelnde Fortführungsfähigkeit der Gesellschaft ergeben. Liegen entsprechende Anhaltspunkte vor, muss er den Geschäftsführer hierauf ausdrücklich hinweisen.

Unterlässt er diesen Hinweis, haftet der Steuerberater möglicherweise für den durch die verspätete Insolvenzantragstellung entstehenden Schaden, wobei der BGH ausdrücklich darauf hinweist, dass dieser Anspruch möglicherweise durch ein entsprechendes Mitverschulden des Geschäftsführers erheblich gemindert sein kann.

Die Entscheidung dürfte auf sämtliche Berater – auch und insbesondere Restrukturierungsberater – analog anwendbar sein.